KB252071

실버산업론

실버산업론

초판 1쇄 인쇄 2008년 3월 14일
초판 1쇄 발행 2008년 3월 21일

지은이 / 김동환

펴낸곳 / 도서출판 나눔의집
펴낸이 / 박정희
주　소 / 152-790 서울시 구로구 구로3동 182-13번지
　　　　대륭포스트타워 2차 1205호
전　화 / 02-2082-0260~2
팩　스 / 02-2082-0263
www.ncbook.co.kr

값 15,000원
ISBN 978-89-5810-130-7

●파본은 구입하신 곳에서 바꿔 드립니다.

정오표

정(正)	오(誤)
의료·요양관련 산업 역시 주거관련 산업과 유사하게 다른 실버산업분야에 비해 관련 분야의 특성상 비교적 대규모 자본가에 의해 초기부터 시작되어 성장기에 이른 공급업체도 일부 있다고 보인다. 우리나라 전체 유료노인요양시설은 2007년 7월 현재 대략 457개가 운영 중에 있다. 이 중에서 실비요양시설은 260개소, 유료요양시설은 103개소, 전문요양시설은 실비가 24개소, 유료가 70개소로 모두 94개소에 이르고 있다 (표1-10참조).	의료·요양관련 산업 역시 주거관련산업과 유사하게 다른 실버산업분야에 비해 관련분야의 특성상 비교적 대규모 자본가에 의해 초기부터 시작되어 성장기에 이른 공급업체도 일부 있다고 보여 진다. 우리나라 전체 유료노인요양시설은 2007년 7월 현재 대략 195개가 운영중에 있다. 이중에서 실비요양시설은 96개소, 유료요양시설은 44개소, 전문요양시설은 실비가 21개소, 유료가 34개소로 모두 55개소에 이르고 있다(표1-10참조).

표 1-10 유료노인요양시설 현황

시·도	유료노인요양 시설수	유료노인요양 입소인원 정원	유료노인요양 입소인원 현원	유료노인요양 종사자수	유료노인전문요양 시설수	유료노인전문요양 입소인원 정원	유료노인전문요양 입소인원 현원	유료노인전문요양 종사자수	노인전문병원 시설수	노인전문병원 입소인원 정원	노인전문병원 입소인원 현원	노인전문병원 종사자수
서울	9	211	165	69	15	397	327	227				
부산	5	72	65	38								
대구					1	36	36	20				
인천	6	378	211	125	2	159	132	60				
광주	2	33	31	12					3	553	497	186
대전	3	40	9	11	2	14	13	7				
울산									9	952	712	474
경기	37	826	610	236	38	1,735	1,108	689				
강원	7	110	63	34	2	59	28	17	19	4,802	2,401	994
충북	1	9	9	4								
충남	11	307	189	79	1	9	5	4				
전북	7	79	41	21	1	35	3		7	848	720	370
전남	2	53	53	16	1	17	12	6	29	2,744	2,744	890
경북	1	5	5	3	4	67	28	21	4	303	275	152
경남	11	235	152	62	3	72	39	22	7	976	850	431
제주	1	23	23	9					5	861	783	328
합계	103	2,381	1,626	719	70	2,600	1,731	1,073	83	12,039	8,982	3,825

자료 : 보건복지부(2007), 『2007 노인복지시설현황』

실버산업론

김동환 지음

사회복지 전문출판 나눔의집

목 차

머리말

우리나라는 세계에서도 그 유래를 찾아보기 힘들만큼 빠른 속도로 고령화되고 있다. 2006년 현재 65세 이상 노령인구가 총인구에서 차지하는 비율은 9.5%이며 2018년에는 14.3%로 고령사회에 진입하게 되고 다시 2026년경에는 20.8%로 마침내 초(超)고령사회에 도달할 것으로 전망하고 있다. 노령화는 출생률과 사망률의 변화에 의해 야기된 인구학적 전환의 결과로서 21세기 전 지구적인 현상이기도 하다. 인구의 고령화 현상으로 인해 나타나는 여러 가지 문제들은 비단 우리나라뿐 아니라 선진국과 후진국을 막론하고 20세기 문명의 성과이자 도전으로 세계적 문제가 되었고, 국가 정책의 중요한 관심사로 주목받고 있다.

이렇듯 인구의 고령화현상과 맞물려서 노인에 대한 가족구성원의 부양의식 저하, 가족구조의 변화, 노령층의 경제력 향상, 노인복지서비스에 대한 공적부담의 한계, 노인 대안문제의 심각성, 그리고 삶의 질 향상과 관련된 노령층 욕구 다양화 등에 따라 실버산업이 등장하였다. 근래에 들어 사회일반에서는 고령사회의 심각성을 조금씩 인식해 가고는 있으나 실버산업에 대한 이해를 돕는 학문적 체계나 이론적 축적은 아직 미흡하기 이를 데 없다. 문제는 실버산업을 육성하고 지원할 정부나 지방자치단체 측과 공급자로서의 참여기업 측에 있어서 양측 모두 실버산업에 대한 올바른 이해와 깊은 통찰이 요구된다는 점이다.

1993년 12월 노인복지법 개정 이후 2002년 7월 고령사회에 대비한 정부의 노인보건복지종합대책을 시작으로 2004년 고령사회 대책 로드맵 수립과 실버산업진흥법 추진, 2005년 5월 저출산고령사회기본법 공포로 대통령 직속의 저출산고령사회위원회가 출범하고 추진기구로 보건복지부에 저출산고령사회정책본부가 설치되면서 실버산업에 대한 분야별 연구보고서 결과물들이 하나 둘씩 발표되었다. 그럼에도 불구하고 실버산업에 대한 수익성과 공익성, 또는 경제시장과 사회시장이라는 두 축을 균형감 있게 다룬 개론서는 보기 드물다. 즉 실버산업에 대한 관점은 영리조직에 통용되는 수익성 추구 관점만 가져서도, 비영리조직의 공익성 추구 관점만 가져서도 안 되며, 이 두 영역에 대한 적절한 조화와 균형적 시각을 필요로 한다.

이 교재는 이런 점을 배경으로 하여 집필하고자 하였다. 그러나 실버산업은 사회복지학, 경영학, 노년학, 관광학, 가정학, 식품영양학, 건축학, 간호학, 의류학 등 매우 다양한 분야에 걸쳐 학제적 접근이 필수적인 사항으로 이 모든 것을 망라하기는 어려운 점이 있다. 하여 낭조 의도한 내용 중에 일부 분야는 다루지 못한 것도 있고 기대와 포부를 가지고 시작하였으나 결과는 부족한 것투성이다. 특히 세부 분야에서는 참고자료 수집이 여의치 않아 고령및미래사회위원회(2005)와 저출산고령사회위원회(2006)의 자료에 많이 의존한 점을 밝히면서 미흡한 부분은 앞으로 학생들을 지도하면서 지속적으로 보완해 나갈 작정이다.

끝으로 이 책의 잘못된 부분에 대한 독자들의 비평에 항상 귀 기울일 것을 약속드리며 이 책이 발간될 수 있도록 애써 주신 도서출판 나눔의집 사장님 이하 임직원 여러분께 깊은 감사를 드린다.

2008. 1.

제 1 장 실버산업의 이해

1. 실버산업의 개념

실버산업(silver industry)[1]이란 일반적으로 중년기 이후 노년층들을 주 고객대상으로 하는 영리목적의 사업을 말하는 것으로 우리나라에서 이 용어가 사용되기 시작한 것은 1980년대 중반부터 실버마켓(silver market), 실버비지니스(silver business), 노인산업이라는 말과 함께이다(박남희·백재은, 2003). 우리나라보다 먼저 고령화 사회에 돌입한 일본의 경우에는 기업들이 실버시장에 관심을 가지기 시작한 1970년대 후반부터 사용하기 시작되었다는 의견이 지배적이나 그 유래에 대해서 학술적으로 명확히 기록된 자료는 없다.

실버란 용어는 황혼기 노인들의 은발(silver hair)에 빗대어 사회적 활동으로부터 은퇴하여 남은 삶을 지내는 노년계층을 의미한다. 이러한 실버에 대한 용어적 이해를 염두에 두고 실버산업에 대한 개념을 살펴보면, '고령층의 정신적·신체적 기능을 향상시키거나 유지시키고 고령자의 완전한 사회활동을 위하여 민간이 시장경제에 입각해서 상품이나 서비스를 공급하는 산업'(삼성경제연구소·삼우설계, 1992)이라고 규정하기

---

1) 영어권 국가에서는 실버산업에 가장 가까운 말로 'for-profit services' 라는 말이 쓰이고 있지만 우리나라에서 말하는 실버산업처럼 포괄적인 의미로 사용되지는 않는다. 특히 영어권 국가에서는 'silver industry' 라는 말은 은광산업(銀鑛産業)을 지칭한다. 대신 영어권에서는 elderly market, mature market, maturity market, older market, old market, old age market, senior market, senior citizen market, retire market, aging market, 50plus market 등이 사용되고 있다(최성재, 2002).

도 하고, '노인과 노후를 준비하는 사람을 소비계층으로 하여 생활의 안정과 편의, 건강 유지 등에 필요한 재화와 서비스를 시장경제의 원리에 입각하여 공급하는 제반 산업' (한국토지개발공사, 1995)이라고 규정하기도 한다.

황의록(1992)은 '민간 기업이 경제력 있는 노인인구계층 및 노후대책을 준비하는 예비 노인인구계층을 대상으로 하여 민간이 시장경제에 입각해서 상품이나 서비스를 공급하는 산업' 이라고 하였고, 이가옥 등(1993)은 실버산업을 협의와 광의로 나누고 '협의의 실버산업이란 노인(60세 이상으로 간주하고 있음)을 위한 주거 서비스, 입욕서비스, 가정봉사원서비스, 가정간호서비스 등 신체적 퇴화에 따른 기능서비스를 제공하는 산업만을 지칭하며 광의 실버산업은 그 대상범위를 고령자뿐만 아니라 노후생활을 준비하는 중·장년층까지를 대상으로 하여 산업분야도 신체적 기능퇴화에 관한 서비스뿐만 아니라 노후의 일상생활에 필요한 모든 상품과 서비스를 포함 한다' 고 하였다.

한편 이현기(1998)는 실버산업을 '노인복지산업 또는 실버서비스 산업으로 고려할 수 있고 고령자들과 노후대책을 염두에 두고 준비하는 사람들 모두를 소비계층으로 하여 생활의 안정과 편의 그리고 건강유지 등에 필요한 재화와 서비스를 시장원리에 의해 공급하는 산업으로 정의한다. 동시에 무분별한 마케팅이나 고령자를 단지 왕성한 소비자로 간주하는 시각을 배제 한다' 고 하였고, 김태현·이인수(1999)는 '일반적으로 50세 이상의 장·노년층 사람들이나 다소 젊더라도 특별한 정신적·신체적 이유로 노인들의 생활과 유사한 생물학·사회학적 특성을 보이는 사람들을 주 고객 대상으로 하는 영리목적의 사업' 이라고 하여 위의 다른 정의들과 비교하여 실버산업의 대상층을 노년층뿐만 아니라 장년층까지 그리고 노인의 특성에 가까운 사람들에게까지 확대하였으며 시장경제원리에 입각하더라도 복지적 요소가 중요한 것임을 강조하고 있다.

이러한 복지적 요소를 실버산업에서 중요하게 인식해야 하는 이유에 대해 최성재(2002)는 다음과 같이 밝히고 있다. '실버산업은 시장경쟁의 원리로 움직이며 경제시장의 한 영역을 구성하고 있다고 할 수 있다. 노인 스스로 민간부분의 경제적 시장에서 자신에게 필요한 재화와 서비스를 구입하도록 공급하는 것이므로 실버산업은 영리적 성격을 띤다고 할 수 있다. 그럼에도 불구하고 실버산업은 경제시장과 사회시장이 혼합한 복합적인 성격을 띠며 공익성을 강조하는 측면을 갖게 된다. 이는 실버산업이 국민의 일부인 노인을 대상으로 하며, 이들의 공통적인 욕구와 문제를 해결해 주기 위해 제공되는 서비스의 성격과 사회적 기능이 일반 경제시장과는 다르다는 점에 기인한다. 실버산업의 서비스 대상은 취약한 노인에 대하여 안전과 권익을 보장하기 위해 노력해야 한다는 측면에서, 그리고 정부가 경제시장에 개입하여 노인들이 필요로 하는 서비스를 안전하게 구입하도록 도와주어야 한다는 측면에서도 사회복지적 성격을 지닌다고 할 수 있다. 따라서 실버산업은 사회복지적 측면과 영리적 측면을 동시에 가지고 있다고 할 수 있다(김정석 · 박현민, 2005).'

이렇듯 실버산업이라는 용어는 아직까지 학문적으로 그 개념이 정의되어 있지 않기 때문에 그 의미도 추상적일 수밖에 없다는 한계점이 있으나 지금까지 논의를 바탕으로 제시된 실버산업에 대한 개념을 정리해 보면 다음과 같다.

① 실버산업의 대상 : 노인층을 포함한 신체적 · 정신적으로 노인의 특성을 보이는 비노인층 혹은 노후대책을 준비하는 예비노인계층이다.

② 실버산업의 대상 분야 : 협의의 대상으로서 주거 서비스, 입욕서비스, 가정봉사 원서비스, 가정간호서비스 등 신체적 퇴화에 따른 기능서비스 뿐만 아니라 광의의 대상으로서 노후의 일상생활에 필요한 모든 상품과 서비스를 포함한다. 동시에 전반적인 국민생활수준의 향상과 더불어 노인의 생활전반에 걸친 복지욕구의 다양화와 고도화로 계속 확장되어 가고 있다.

③ 실버산업의 공급주체 : 공급주체는 엄격히 말하면 민간기업체나 개인이 되어야 하나 일본의 경우와 같이 민간 기업뿐만 아니라 지방공공단체와 민간 기업이 공동으로 참여하는 방식과 비영리단체, 그리고 지방공공단체로부터 위탁을 받아 실버산업에 참여하는 경우도 고려할 수 있다.

④ 실버산업의 성격 : 실버산업은 시장원리에 입각한 영리산업이긴 하지만 노인을 대상으로 사업을 전개하기 때문에 어디까지나 민간부분의 노인복지사업영역으로 간주될 필요가 있다.

본 교재에서는 실버산업의 개념을 '구매력 있는 노인과 노후를 준비하는 사람을 대상으로 그들 욕구에 부합하는 상품과 서비스를 시장경제원리에 의하여 생산 · 공급하는 산업'으로 정의한다. 다만 복지적 특성을 지닌 공공성과 산업의 본질인 수익성이 조화를 이루는 점을 감안하여 노인복지시설의 경우, 정부가 직접 혹은 간접으로 재정지원을 하여 운영되더라도 유료화 프로그램으로 운영할 때는 실버산업의 범위에 포함시키고 일빈직으로 유료노인복지사업으로 분류되는 모든 영역을 포함시키기로 한다.

표 1-1 한국인의 평균수명, 노인인구 비율 및 부양지수[2] 추이

연도	평균수명			노인인구(60세 이상)			노인인구(65세 이상)		
	평균	남	여	수	비율	부양지수	수	비율	부양지수
1960	55.3	53.0	57.8	1,383	5.5	10.1	823	3.3	6.1
1970	63.2	59.8	66.7	1,705	5.4	10.3	1,039	3.3	6.1
1980	65.8	62.7	67.1	2,268	6.2	10.1	1,465	3.8	6.2
1990	71.3	67.4	75.4	3,300	7.7	11.6	2,144	5.0	7.2
1995	72.9	69.5	76.7	4,037	9.10	13.3	2,543	5.7	8.0
2000	74.3	71.3	77.4	4,784	10.7	15.6	3,168	6.8	9.4
2021	77.0	74.9	79.1	9,268	17.7	27.3	6,625	13.1	18.4

자료 : 통계청(2002), 장래인구추계(1990~2021)

2. 실버산업의 등장배경과 특성

1) 실버산업의 등장배경

실버산업의 등장은 인구의 고령화현상과 맞물려 부양의식의 저하, 가족구조의 변화, 노령층의 경제력 향상, 노인복지서비스에 대한 공적부담의 한계, 노인대안문제의 심각성, 삶의 질 향상과 관련된 노령층 욕구의 다양화 등 변화하는 사회 환경에 그 배경을 둔다. 실버산업의 전개과정은 크게 학문과 실천적인 두 가지 측면으로 구분해 볼 수 있다. 우선 학문적으로는 전통적으로 사회복지 공급체계인 사회시장(social market)에서 공급되는 것의 일부를 시장경제체계를 통하여 공급하려는 시도와 함께 민영화(privatization) 경향과 맞물려 사회복지학계의 중요한 이슈가 되었고, 의학분야에서는 노인병리학(geriatrics)을 중심으로 노인재활분야에서 그리고 노년학, 보건학, 인구학, 주거심리 및 경제학, 금융학 등에서의 노후생활에 대한 논의가 실버산업의 등장에 대한 이론적 토양을 제공하였다고 할 수 있다. 실천적으로는 노인소비계층에 대한 연구가 1960년대에 마켓교육자(marketing educator)에 의해 실시된 것을 시작으로 초기에는 노인 구매력의

---

2) 노인인구의 수와 비율의 증가는 노인부양지수(노인인구/생산인구100)를 증가시키게 되는데, 이는 노인부양에 대한 사회적 부담의 증가를 의미한다. 60세 이상을 노인으로 규정한다면 노인부양지수가 2000년에는 16으로 생산인구(15~59세) 10명이 1.6명을 부양했다면 2010년에는 2명을, 2020년에는 3명을 부양해야 할 것으로 예측된다. 그리고 65세 이상을 노인으로 규정한다면 2000년에는 생산인구 10명이 노인 1명을 부양했다면 2010년에는 1.4명을, 2020년에는 2명을 부양해야 할 것으로 예측된다.

표 1-2 주요국가 고령화 속도 (노인인구비율 변화 소요기간)

구분	도달년도			증가소요년수	
	7%	14%	20%	7%→14%	14%→120%
일본	1970	1994	2006	24	12
프랑스	1864	1979	2019	115	40
독일	1932	1972	2010	40	38
영국	1929	1976	2020	47	44
이탈리아	1927	1988	2008	61	20
미국	1942	2014	2030	72	16
한국	2000	2018	2026	18	8

자료 : 보건복지부(2005), 『노인보건복지산업안내』

과소평가로 실버시장에 대한 이득이 없다고 보았으나 1970년대 이르러 인구 학자들의 장기적인 연령구성 변화 추적 자료를 근거로 노인층의 확대와 더불어 실버산업을 새롭게 인식하는 계기가 되었다(고정자, 2005). 이 두 가지 관점을 토대로 실버산업의 등장 배경을 노인인구의 증가, 가족형태의 변화 및 기능약화, 노인층의 경제력 향상과 욕구의 다양화, 그리고 공급주체의 다원화 등으로 정리하면 다음과 같다.

(1) 노인인구의 증가

통계청의 장래인구추계에 의하면 우리나라는 사망률 저하와 평균수명연장 및 출산율 감소로 노인인구가 (표1-1)과 같이 빠른 속도로 증가하고 있다. 또한 평균수명연장은 노인인구 수의 증가와 직결되는 문제로 현재까지 한국에서 진전되어 온 인구 고령화 속도는 선진국에서도 그 유래를 찾아보기 어려울 정도로 빨랐고 앞으로는 더욱 그러할 것이라고 예측된다(표1-2참소).

평균수명 연장은 '유병장수' 라는 말로 표현되듯이 많은 노인들이 노인성 질환을 앓고 있는 상태에서 장수하는 현상을 빚어 의학이 발달하지 못한 사회에서 발병과 사망시점 간 기간이 짧았던 것에 비해 오늘날의 노인성 질환은 만성화, 장기화 되는 경향이 뚜렷하다. 따라서 노화현상으로 보호를 요하는 허약노인, 치매노인, 독거노인, 거동이 불편한 노인, 만성퇴행성 질환 등의 건강문제가 있는 노인들과 정신적 장애의 문제노인들도 많이 급증하면서 그들을 수발하기 위한 여러 가지 서비스와 기기 및 장비가 필요하게 되었다. 특히 고령 후기 노인을 보살피는 문제를 자녀들의 노력, 또는 노동력만으로는 해결하기 어려운 상황에 도달하였다(한국노인문제연구소, 1993)[3]. 따라서 동거노인의 가족부양사가 과중한 부남을 완화하고 효율적으로 부양할 수 있도록 정보적 지원,

---

3) 한국노인문제연구소(1993), 『실버산업개발전략: 노인복지와 민간부분의 역할』. 서울: 홍익제.

직접적인 신체·서비스의 지원과 함께 부양자를 위한 실버산업의 개발과 지원이 요구되며, 바로 이를 통해 노인과 주변 가족들의 삶의 만족도가 증진될 수 있다.

(2) 가족형태의 변화 및 기능약화

현대 가족구조는 가족 수의 감소, 여성의 취업 및 사회활동 참여 증가, 가족의 보호기능 약화로 3세대 비율이나 자녀동거가구가 줄어들고 있을 뿐만 아니라 소가족화 현상과 함께 핵가족의 비율이 83.4%(한국보건사회연구원, 2005)에 이르고 있다. 이는 전통적으로 경로효친 사상에 의해 노인의 부양이 가족 내에서 이루어지는 것과는 거리가 먼 것이며 특히 젊은 세대의 가족부양의식의 약화는 부양에 대한 노인의 가치관에도 변화를 가져와 노인들 스스로도 자녀와의 동거를 희망하는 경우는 9.6%에 불과했다.[4]

노인의 희망 거주형태가 자녀와의 동거비율은 낮아지는 반면 핵가족화나 별거비율이 높아지는 경향에 따라 노인이 가족들로부터 수발이나 요양, 보호를 직접 받는 것이 더욱 어려워지고 있다. 따라서 이러한 가족부양기능의 축소는 가족보호를 보완 혹은 대체할 장치로써 가족 이외의 공적보호나 사적보호에 대한 수요를 급증하게 할 것이다. 즉 가족의 역할을 일시적 혹은 장기적으로 대신할 서비스의 개발과 필요성이 제기된다. 그럼에도 불구하고 재정상의 한계로 인해 공적보호가 노인에 대한 복지서비스를 전담할 수는 없는 실정이다. 국가의 서비스는 기본적이고 공통적인 욕구를 국민적 최저수준으로 만족시켜주는 정도에서 크게 벗어나기 어려울 것이고 노인의 다양한 욕구에 대한 보다 질 높은 서비스는 시장에서 개인적으로 충족시킬 수밖에 없다.

이는 가족 이외의 다양한 건강보호의 방법으로 무료 및 유료의 간병인, 가정봉사원, 탁노소, 요양시설 서비스 등을 제공할 수 있는 재가복지서비스 분야의 실버산업의 등장을 촉진하게 된 배경이 된다.

(3) 노인층의 경제력 향상과 욕구의 다양화

경제여건의 변화에 따라 전반적인 국민소득수준이 높아지고 각종 연금제도 등의 확

---

4) 노인이 건강이 악화된 후에 거주형태를 생각해 본 경우를 묻는 질문에 유배우 상태라면 배우자와만 살고 싶다는 응답이 가장 많아 69.2%이며, 다음이 노인요양시설에서 살고 싶다 21.0%, 그리고 자녀와 함께 살고 싶다는 응답은 9.6%에 그쳤다. 무배우일 경우는 노인요양시설에 들어가겠다는 응답이 가장 많아 45.5%이며, 다음이 자녀와 함께 살겠다는 응답이 31.2%, 복지서비스나 별거자녀의 도움을 받으며 혼자 살겠다가 22.7%로 매우 다양하다(한국보건사회연구원, 2005).

대로 정년퇴직 이후에도 고정 수입원을 갖는 고령자들이 늘어남에 따라 이들을 고객으로 삼는 실버산업이 등장하게 되었다.

즉 전반적인 소득수준 향상[5]으로 다양한 상품과 서비스를 노인 자신의 판단에 의해 구매하고자 할 뿐만 아니라 경제력 있는 노인이 증가하면서 자녀에 의존하기보다는 독립된 생활을 즐기려는 경향이 뚜렷해졌다. 이러한 상황에서 국가에서 제공하는 서비스는 다양해지는 노인들의 공통적 욕구를 만족시키는 데는 한계가 있기 때문에 일정한 수준 이상의 서비스는 개별적으로 비용을 지불하고 경제시장에서 구입할 수밖에 없으며 이러한 상황에서 실버산업의 필요성이 더욱 강조된다고 하겠다.

또한 전후 베이비 붐 세대인 현재의 중년층이 노인이 되는 시점인 2020년경에는 현재와는 다른 노인문화가 형성될 것으로 보인다. 이들은 과거와 같은 단순한 전통적인 가치관에서 성장한 세대가 아니라 경제적인 풍요를 일구어낸 경제력이 있는 세대이다. 따라서 과거의 노인과는 다른 형태의 경제적 수준뿐만 아니라 이를 통한 자기개발과 새로운 관계망 형성 및 라이프스타일을 구성함으로써 다양한 욕구를 충족하고자 할 것이기 때문에 활동적인 노인층을 대상으로 하는 여가 분야 및 금융 분야 등에서의 실버산업 활성화가 기대된다.

(4) 공급주체의 다원화

실버산업은 전통적으로 사회복지 공급체계인 사회시장에서 공급되는 것의 일부를 시장경제체계를 통하여 공급하려는 시도의 하나로 민영화[6] 문제와 맞물려 있다. 이는 우선 노인층의 다양한 욕구에서 출발한다. 생활수준의 향상과 더불어 노인들의 욕구도 생존적인 수준을 넘어 삶의 질과 생활의 편의를 추구하는 수준에까지 이르렀고 1980년대 중반부터는 많은 노인들이 비용을 지불하고라도 양질의 서비스를 받고자 하였다. 이에 민간영역(영리 및 비영리단체)들이 유료 서비스의 제공에 관심을 표시하였고 정부에서는 1993년 12월 노인복지법을 개정하여 영리단체나 개인도 유료 양로시설, 유료 요양시설 및 유료 재가복지 서비스(가정봉사원 파견 서비스, 노인주간보호 및 단기보호)를

---

5) 55세 이상 인구의 인당 연간소득이 1990년 1,640천 원에서 2001년 4,782천 원으로 증가함
6) 노인복지를 포함해 사회복지를 민영화하는 여러 방법 중에서 서구 국가들이 사용하는 전형적인 방법은 공공부문이 재원조달의 주된 책임을 맡으면서 사회복지의 생산과 전달체계는 공공부문에서 민간부문으로 이전하는 것이다. 이는 사회복지에 대한 주된 책임은 국가가 맡으면서도 사회복지를 생산하고 전달하는 과정에 시장을 이용함으로써 여러 민간의 공급들이 경쟁을 통해 비용을 절감하여 한정된 자원을 효율적으로 이용할 수 있는 장점을 갖는다.

제공할 수 있도록 허용하였다. 이러한 노인복지법 개정은 아직 맹아상태인 실버산업의 윤곽을 좀 더 잘 드러내게 하는 역할을 하였다.

또한 노인들을 대상으로 하는 실버산업은 노인들의 기본적인 욕구 이외의 추가적인 욕구를 민간재원과 주체에 의해 충족시킨다는 점, 혹은 기본적인 욕구일지라도 공공부분의 재정부족과 인력부족 등의 이유로 민간주체가 대신 그 서비스를 전달할 수 있다는 점에서 사회복지 민영화의 측면을 갖게 된다. 이는 노인의 다양한 욕구와 맞물려 복지정책의 책임이 국가 외에 다른 주체로까지 확산될 수 있음을 보여주었으며 그에 따라 사회시장원리 뿐만 아니라 경제시장원리가 추가되면서 복지다원주의 내지는 혼합경제시대를 맞게 되었다. 즉 이제는 국가위주의 서비스뿐만 아니라 실버산업을 주체하는 민간인의 경제시장의 관점에서 보다 다양하고 활성화된 노인복지서비스 제도의 발전을 기대할 수 있게 되었음을 뜻한다.

2) 실버산업의 특성

실버산업의 특성은 실버산업의 정의에 따라 그리고 개별사업별로 다르게 정의될 수 있으나 앞서 제시한 정의에 따라 그리고 모든 사업에 적확한 정의가 아니더라도 일반적이며 가급적 공통적으로 적용될 수 있는 특성을 제시하고자 한다. 실버산업 특성에 대해서는 여러 분류[7]들이 있으나 일반적인 산업적 특성 외에 공익성과 수익성이 결부되어 전개되는 상황에 따라 실버산업의 특성을 나열하면, 복지형 산업, 중소기업형 산업, 보건·복지·의료 연계형 산업, 노동집약적 서비스형 산업, 지역사업형 산업, 인구 집중형 산업, 그리고 여성 중심형 산업 등 7가지로 분류할 수 있다.

(1) 복지형 산업

실버산업의 성격규정과 관련하여 최성재(2002)는 사회복지의 범위는 사회복지 공급

---

7) 삼성경제연구소(1992), 원융희(2000), 김정석·박현민(2005) 등은 대체로 공익성과 수익성의 결부형, 중소기업형, 연계형, 노동집약형, 지역사업형, 도시형 등을 따르고 최혜경·정순희(2001)은 복지산업형, 영리산업형, 시간소비형, 여성주도형, 다품종소량형, 정보산업형, 평판산업형, 서비스지향형, 회원제 산업형 등으로, 한림대(2005)는 고령친화산업의 제약요인에 초점을 맞추어 ① 시장원리가 강조되나 고령자의 삶의 질을 훼손시켜서는 안 되며 ② 노인의 다양한 수요를 적기에 충족하기 위해서는 중소형기업이 적합하고 ③ 다양한 분야가 상호 연계서비스 되어야 하며 ④ 노동집약적이고 ⑤ 지역과의 연계성이 중요하며 ⑥ 수요가 경제규모를 이루어야 한다고 했다(박수천, 2005).

체계인 사회시장에서 공급되는 것의 일부를 시장경제체계 즉 경제시장을 통하여 공급하려는 시도를 중시하고 실버산업은 경제시장의 한 영역에 속하지만 노인을 대상으로 한다는 점과 그 시장에서 제공되는 서비스의 성격과 사회적 기능이 일반적 경제시장과 다르다는 점에서 사회시장의 성격과 경제시장의 성격을 모두 갖고 있다고 하였다.

이런 관점은 국가는 실버산업의 보호육성자로서 노인들의 공통적인 욕구와 문제를 해결해 주는 방법으로 실버산업의 틀을 인정하고 지원하며 동시에 참여기업들로부터 노인의 안전과 권익보장에 대한 책임을 묻는 형태의 공익성을 우선으로 하되 수익성이 결부된 형태로 이를 복지성 산업이라고 할 수 있겠다. 이는 일반적 산업 특성에 따른 자유경쟁원리를 바탕으로 하기는 하지만 기업 활동의 대상인 고령자들은 사회적 약자일 수 있으며 보호의 대상이 될 수 있다는 점에서 단순히 상품이나 서비스를 판매하는데 그치지 않고 기업의 신용과 신뢰를 통해 적극적으로 고령자들에게 안정감과 평안함, 신뢰도 함께 제공할 수 있어야 함을 뜻한다.

(2) 중소기업형 산업

실버산업에서 제공되는 상품과 서비스의 성격은 고령자의 수요가 다양할 뿐만 아니라 지속적으로 변화하기 때문에 수요의 세분화에 민감하게 대응하기 위해서는 중소형 기업에 적당하다. 그 배경으로는 첫째, 실버산업에서 다루는 상품 및 서비스의 수요는 복잡하고 다양하여 대량생산에는 부적당하여 중소형 기업에 적합하다. 둘째, 실버산업에서 유통되는 상품이나 서비스 생산에 고도의 기능과 대규모의 생산실비를 필요치 않기 때문에 중소형 기업에 적합하며, 셋째, 실버산업에서 다루는 많은 상품과 서비스는 대기업과 경합하지 않고 보완적인 역할을 할 여지가 충분하기 때문에 중소형 기업에 적합하다고 할 수 있다(정수영, 1996). 따라서 실버산업은 개인의 다양한 기호, 선호도, 심신의 부자유의 정도 등 특정한 요구에 대응할 수 있는 다품종소량형 생산방식[8]을 따르되 혁신성과 범위의 경제를 추구하여 생산요소의 기능을 조절하여 효율적 생산을 꾀할 수 있을 것이므로 특성상 대 자본이 필요로 한 주택과 의료부분 등을 제외한 대부분의 실버산업 내 분야는 대기업보다는 중소기업이 실버산업에 더 적합하다는 것이다.

---

8) 소품종대량생산방식에 대응하는 방법으로서 수많은 품종을 소금씩 생산하는 방식인데, 이는 고도의 기술이 필요한 특별주문품이나 혹은 소품종대량생산을 할 수 없을 정도의 설비나 규모를 갖지 못하는 기업 등이 소량주문이라도 수주치 않을 수 없는 경우에 이용됨이 보통이다.

연계의 형태	조직	정보교환	형태	전문용어
연락(連絡)	개별조직	수시로 정보교환	점적인 서비스	communication
연계(連繫)	타 조직	정기적인 업무연계	선적인 서비스	coordination
통합(統合)	하나의 조직	상시정보교환 연계	면적인 서비스	integration

자료 : 김옥희(2006, 재인용)

(3) 연계형 산업

실버산업은 그 서비스가 갖고 있는 속성상 다양한 영역간의 서비스가 복합적으로 제공될 필요가 있다. 즉 실버산업은 그 대상이 노인과 노인의 특성을 지닌 허약하고 의존적인 사회적 취약계층일 가능성이 높기 때문에 보건 · 의료 · 복지분야와의 연계가 필요한 서비스 특성을 지닌다. 마에다 노부오(前田信夫, 1990)가 제시한[9] (표1-3)에서와 같이 연락의 형태는 실버산업 내 개별분야들의 활동이 제한적으로 이루어지는 단계이며 연계는 타조직과의 정기적인 업무연계를 통해 활동의 폭이 크게 확대되고 통합에 이르면 개별조직들이 사안별로 하나의 조직처럼 상시적인 정보교환체계를 통해 서비스의 대상자들의 욕구에 지속적이고 적절히 대응할 수 있게 된다.

또한 자원의 공동 활동에 기초한 산업클러스터의 형태를 취함으로써 공동으로 연구개발 · 판매 · 생산 활동 등을 전개하여 개별기업의 비용효율성을 높일 수 있다고 볼 때, 실버산업은 '규모의 경제성' 보다는 '범위의 경제성' 또는 '연결의 경제성' 을 추구하는 연계형 산업이라고 할 수 있다.

(4) 노동집약적 서비스형 산업

실버산업은 대상자 특성상 노동장비율(labor equipment ratio)[10]이 낮아서 장비나 자본소요가 적고 노동집약도가 높은 산업특성을 지닌다. 고령자는 건강한 사람으로부터 수발을 필요로 하는 사람에 이르기까지 다양하기 때문에 보호의 연속성에 따른 매우 세

---

9) 연계는 단순한 조직 간의 연락이기보다는 업무를 추진하기 위한 협력관계의 강화이고, 이러한 협력관계가 강화되면 될수록 업무간의 통합조직이 이루어진다고 말한다. 따라서 연락, 연계, 통합의 발전단계를 구체화하여, 상호 이해한다면, 보건 · 의료 · 복지의 연계에서도 발전적인 관계로 이어갈 수 있다고 주장한다.

10) 노동장비율(유형고정자산÷종업원수)은 자본집약도(capital intensity) 또는 반대로 노동집약도(labor intensity)를 나타내는 것으로 자본장비율이라고도 하며 일반적으로 중화학공업에서는 노동장비율이 높아서 절약적 성격을 갖는데 비해 섬유공업 등 경공업에서는 노동장비율이 낮아서 자본절약적인 성격을 가지고 있다.

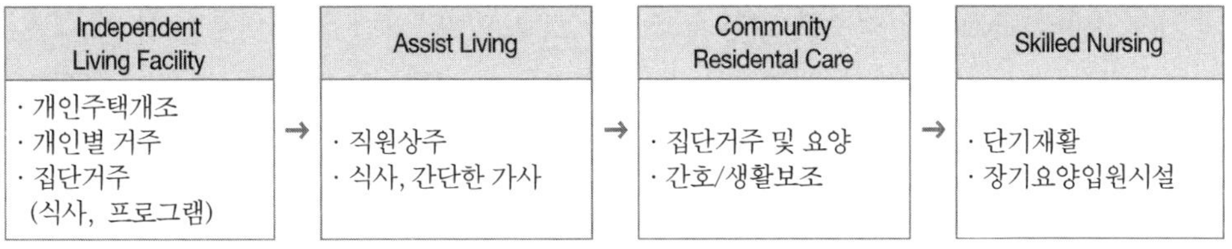

자료 : 김찬우(2005), 『OECD 국가의 노인장기요양서비스 체계비교와 정책적 함의

그림[1-1] 노인장기요양서비스 체계

분화된 서비스의 제공이 필요하다. 예컨대, [그림1-1]과 같이 일상생활의 장애정도에 따라서 독립주거시설(Independent Living Facility)부터 간호사배치 요양원(Skilled Nursing)까지 4단계의 요양서비스의 연속망 안에서 재가 또는 시설별로 거주서비스를 달리 하는 경우, 대상자의 건강상태에 따라 가벼운 케어부터 24시간, 365일 지속적으로 서비스를 제공해야 하는 부분까지 다양한 보호서비스의 스펙트럼이 존재한다. 따라서 이와 관련된 실버산업 분야에서는 특정한 자격을 갖춘 노동력이 많이 소요되는 노동집약적 산업 특성을 띠게 된다.

(5) 지역사업형 산업

노년기에는 내향성(interiority)및 수동성(passivity)의 증가로 이동성이 적고 한정된 지역에서 거주하는 특성을 지닌다. 홍형옥 등(2004)은 많은 노인들은 자신이 살던 집에서 노후에도 계속 살 수 있기를 원하고 있다는 것이 다양한 연구에서 보고되고 있다고 하였다. 그리고 노인들의 물리적인 환경을 끊임없이 변화시키면 사람들은 사회적 관계를 형성하거나 유지시키기 어려울 뿐만 아니라 주거이동으로 말미암은 사회적 관계의 파괴는 노인에게 심각한 영향을 미친다고 하였다.[11] 고령에 이를수록 노인이 스스로 원해서 하는 주거이동보다는 요양보호 등의 이유로 강제이동이 발생할 가능성이 커지고 있는 가운데 노인의 강제 이동에 관한 연구에서도 역시 주거이동 후 노인의 정서적 · 육체적 건강이 나빠졌다는 것을 아트만과 워너(Altman & Werner, 1985)의 연구 결과를 통해서 제시하고 있다.

위의 노년기 특성 외에도 수구초심(首丘初心)에서 유래한 인(仁)에 대한 사상이 고향을 그리워하고 근본을 잃지 않는, 죽어서도 고향에 묻히겠다는 동양의 정서가 노인과

---

11) 반면, 최근 교통통신 기술의 발달로 주거이동이 반드시 사회적 관계의 단절을 초래하지 않는다는 연구 결과도 있으므로 앞으로 더 많은 논의가 필요한 점도 추가하였다.

주거지역과의 관계에 일정부분 영향을 줄 것으로 보인다. 이런 점에 비추어 볼 때, 고령자를 대상으로 서비스를 제공하는 산업으로써 실버산업이 지역과의 연관성이 매우 높다는 점을 알 수 있다. 고령자의 신체적·정서적 특징과 함께 지역적·문화적 특성에 따라 선호하는 기기나 용품이 다르며, 지속적인 서비스 제공의 수월성을 위해서도 지역과 밀접한 연관관계를 지녀야 한다고 볼 때 실버산업은 지역사업형 산업이라고 할 수 있다.

(6) 인구 집중형 산업

실버산업의 대상고객인 노인 혹은 노인의 특성을 지닌 연령층은 단정적으로 말할 수는 없지만 대략 50세 전후부터 80세 이상까지 그 분포가 매우 광범위하다.

뿐만 아니라 이들은 경제활동에서 부분 또는 완전히 배제되어 부분적인 경제활동 참여나 여가활동으로 소일하고 있거나 건강상태에 따라 사회활동으로부터 부분 또는 완전히 분리되어 분리와 합류를 반복하는 관계로 그 주거형태나 주거지 또한 매우 다양한 분포를 보인다.

저출산·고령화로 노인인구의 비중이 증가하였다고는 하나 실버산업에 참여하는 기업의 입장에서 볼 때 이들은 비고령자층에 비해 상대적으로 새로운 상품에 대한 적용성이 낮아 시장에 잘 노출되지 않기 때문에 고객으로의 확보가 쉽지 않게 된다. 이는 기업이 고려해야 할 많은 문제들 가운데서도 가장 우선적인 사항으로 적정규모의 고객확보는 계속기업의 존망을 좌우하게 된다.

따라서 실버산업은 도시와 같이 인구가 집중되어 수요가 경제규모를 이룸으로써 고객확보가 용이한 곳에서 활성화되기 쉬우므로 인구 집중형 산업 특성을 지닌다.

(7) 여성 중심형 산업

통계자료에 의하면 60세 이상 고령인구에서 차지하는 남녀 성비와 평균수명, 그리고 성별, 연령별, 사망률에서 여성은 남성보다 더 많은 비중을 차지하며 평균적으로 더 오래 살고, 고령초기보다는 고령후기에 사망률이 높은 것으로 나타났다. 이는 주로 고령 생존자를 대상으로 하는 실버산업에서 중요시해야 할 요소 중에 하나이다. 단언하자면 우선 여성이 남성보다 오래 산다는 점이다(2002년 남자 73.4세, 여자 80.4세). 또한 노년기 이전부터 일상의 구매결정을 행사하는 비율이 여성이 높고, 소비생활에 있어서 경제관념도 더 철저하다. 마지막으로 소비자의 평가에 의한 광고, 이른바 소비자의 입에 의

분야	영역	부문	내용
주거관련	시설서비스	주거시설부문 재가서비스부문	유료양로원, 3세대주택 수발서비스, 급식서비스, 복지 기기
의료관련	시설용품서비스	병원부문 제약부문 의료정보부문 인력파견부문	노인전문병원 노인성질환 약품 병원관리, 의학정보 의료요원의 알선, 파견
여가활동	서비스	사회활동부문 여가활동부문	취업, 교육 스포츠, 취미생활, 오락
금융관련	상품서비스	연금부문 보험부문 자산관리부문	공적연금, 사적연금 개호보험, 연금형보험 신탁, 부동산관리
생활 관련	용품	의류부문 식품부문 생활용품부문	일상복, 정장복, 환자복 건강식품, 기호식품 가전제품, 일상용품

자료 : 삼성경제연구소 · 삼우설계(1992), 『실버산업의 현황과 전망』

한 구전효과(口傳效果)가 위력을 발휘할 것으로 예측되므로 이점에서 여성이 정보전달을 매체화할 가능성이 높다는 점 등이 실버산업이 여성 중심형 산업이라는 이유이다(최혜영 · 정순희, 2001).

3. 실버산업의 유형분류

실버산업의 유형에 대한 분류는 연구자(기관)마다 매우 다양하다. 삼성경제연구소 · 삼우설계(1992)는 (표1-4)와 같이 실버산업을 주거관련, 의료관련, 여가활동, 금융관련, 생활 관련분야 등 5개 분야로 나누고 세부적으로는 주거관련분야의 시설서비스 영역에 주거시설과 재가서비스 부문을, 의료관련분야의 시설용품서비스 영역에 병원부문 제약부문, 의료정보부문, 인력파견부문을, 여가활동분야의 서비스영역에 사회활동부문, 여

표 1-5 실버산업의 유형 (대한건설협회)

분 야		내 용
주거관련시설 및 서비스	장기체재형 케어부가주택 단기체재형	실버타운, 전용맨션 3세대주택, 리폼(reform) 유료노인홈 유료너싱(nursing)홈 주간보호시설
케어(care)관련 서비스	주택케어 식사서비스 개호상품유통	청소, 세탁 등 개호용품임대
건강관련서비스	건강관리	노인검진센터, 건강관리센터 노인전문병원, 노인성질환약품
스포츠·레저관련	여행 스포츠 휴양시설	실버를 위한 여행대리점 게이트볼 등 요양 및 휴게소, 건강센터
교육관련서비스	취미 오락 종교시설 교육	노래교실, 원예, 민속놀이 등 유희시설, 야외공연장, 관광농원 등 종교교실 노인대학, 문화강좌, 다목적회관 등
안전관련서비스	긴급통신 구제서비스	긴급통신서비스
사는 보람서비스	직업개발 직업정보 교제서비스 사회봉사활동	직업알선, 고령자 재교육 직업정보지, 노후생활지도 결혼알선 청소년상담

자료 : 대한건설협회(1995), 『실버산업의 현황과 개발방향』

가활동부문을, 금융관련분야의 상품서비스 역역에 연금부문, 보험부문, 자산관리부문을 그리고 생활 관련분야의 용품영역에 의류부문, 식품부문, 생활용품부문 등 매우 광범위한 분야를 포괄하고 있다. 대한건설협회(1995)는 (표1-5)와 같이 주거관련 시설 및 서비스, 케어(care)서비스, 건강관련 시설 및 서비스, 스포츠·레저관련 시설 및 서비스, 교육관련 서비스, 안전관련 서비스, 사는 보람 서비스 등 7개 분야로 나누고 주거관련 시설 및 서비스는 장기체재형, 케어부가주택, 단기체재형 등으로, 케어(care)서비스는 주택케어, 식사서비스, 개호상품유통 등으로, 건강관련 시설 및 서비스는 건강관리를, 스포츠·레저관련 서비스는 여행, 스포츠, 휴양시설 등으로, 교육관련 서비스는 취미, 오락, 종교시설, 교육 등으로, 안전관련 서비스는 긴급통신, 구제서비스 등으로, 그리고 사는 보람 서비스는 직업개발, 직업정보, 교제서비스, 사회봉사활동 등으로 구분하여

표 1-6 실버산업의 유형 (일본 후생성)

분야	대상범위
주거관련분야	유료노인홈, 치매노인전용 유료노인홈, 케어서비스가 부가된 분양형 노인맨션, 노인아파트
개호서비스관련분야	재택개호서비스, 입욕서비스, 급식서비스, 침구의 세탁 등 요개호 노인을 대상으로 하는 서비스 분야
복지기기관련분야	노인용침대, 입욕장치, 욕창방지매트, 종이기저귀 등 거동이 불편하거나 요개호상태 노인의 생활에 도움이 되는 복지기기 분야
금융관련분야	노령기를 대비하기 위한 연금, 보험, 신탁, 재산관리서비스 등의 금융분야
의료관련분야	노인병원, 제약, 의료서비스, 의료기기 등 노인의 건강과 관련된 시설, 용품 및 서비스 분야
레저관련분야	고령자의 여가활동을 위한 스포츠, 레저, 교양, 취미활동 등 레저분야
일상생활분야	고령자의 일상생활에 필요한 생활기기, 건강식품, 건강기기 등의 생활분야

자료 : 일본 후생성(1994), 『후생백서』

매우 상세한 사업내용을 제시하였다.

한편 일본 후생성의 실버산업 분류(후생성, 1994)를 살펴보면, 주거관련분야, 개호서비스관련 분야, 복지기기관련 분야, 금융관련 분야, 의료관련분야, 레저관련 분야, 일상생활분야 등의 7가지로 분류하고 있다. 주거관련분야에는 유료노인홈, 치매성 노인전용 유료노인홈, 케어서비스가 부가된 분양형 노인맨션, 노인아파트 등이 포함되며, 개호서비스 관련 분야는 재택개호서비스, 입욕서비스, 급식서비스, 침구의 세탁서비스 등을, 복지기기관련 분야는 노인용 침대, 입욕장치, 욕창방지 매트, 종이기저귀, 노인용 의료 등을, 금융관련 분야는 연금, 보험, 신탁, 재산관리 서비스 등을, 의료관련 분야에는 노인병원, 제약, 의료서비스, 의료기기를, 레저관련 분야에는 스포츠, 레저, 교양, 취미활동 등을 일상생활 분야에는 고령자의 일상생활에 필요한 생활기기, 건강식품, 건강기기 등을 포함시켜 매우 다양하고 광범위한 영역을 포함하고 있다.

대통령자문 고령화및미래사회위원회는[12] 2005년에 (표1-7)의 1차부문과 같이 고령 소비자의 우선 선호도가 높고 현재 관련 산업기반 구축이 잘 되어 있는 고령친화산업 전략품목을 제시하였고 이어 저출산고령사회위원회로 명칭이 변경된 이후 보건복지부와 공동으로 2차 고령친화산업 전략품목을 각각 제시하였다. 1차에서 분류한 분야는 요양산

---

12) 고령화및미래사회위원회(2005)는 실버산업을 노인인구의 신규 수요를 국가의 차세대 성장동력화하기 위해 ① 성장과 분배의 선순환 구조형성, ② 국가균형발전에 기여, ③ 혁신형 중소기업 육성으로 내수촉진과 고용창출에 기여, ④ 고령친화상품개발을 통한 수출증대, ⑤ 경제 그 이상의 가치로 고령자의 사람다움 추구 등의 목표를 세워 추진하고자 하였다.

표 1-7 고령친화산업 전략품목

부문		전략품목
1차	요양산업	재가요양서비스
	기기산업	간호지원 및 실내외 이동지원시스템, 한방의료기기, 재택, 원격진단, 진료 및 휴대형 다기능 건강정보시스템
	정보산업	홈케어, 정보통신보조기기, 노인용 컨텐츠
	여가산업	고령친화휴양단지
	금융산업	역모기지제도, 자산관리 서비스
	주택산업	고령자주택개조, 실비고령자요 임대주택
	한방산업	항 노화 한방기능성식품, 한방보건관광, 노인용 한방화장품, 노인성질환 한약제제 개발
	농업산업	전원형 고령친화 농업테마파크타운, 고령친화귀농교육, 은퇴농장
2차	교통산업	저상버스, 고령자 감응 첨단신호기, 형광표지판
	식품산업	특수의료용도식품, 건강기능식품
	의약품산업	신경계용약, 순환계용약, 대사성 의약품
	장묘산업	화장 및 납골용품, 웰엔딩준비 및 체험교실개장 및 이장 서비스
	의류산업	건강보조 스마트 웨어, 건강개선용 레저스포츠웨어 체형교정용 이너웨어
	교육산업	일자리 교육 및 훈련

자료 : 저출산고령사회위원회(2006)[13] 『고령친화산업 활성화 전략』

업, 기기산업, 정보산업, 여가산업, 금융산업, 주택산업, 한방산업, 농업산업 등 8개 분야이고 2차에서는 교통산업, 식품산업, 의약품산업, 장묘산업, 의류산업, 교육산업 등 6개 분야를 추가하여 총 14개의 사업분야를 포함함으로써 노인들의 욕구와 사회변화를 반영하였고 이는 실제 관련기업의 산업기반도 그 만큼 정비되었음을 보여주고 있다. 이러한 점에 비추어 볼 때, 실버산업은 고정적이라기보다는 매우 유동적인 특성을 지닌 경제활동영역이라고 할 수 있다.

기타 분류유형으로는 한국보건사회연구원(1996)과 주거주택, 요양시설, 재가서비스, 기기용구, 금융보험, 여가교육, 정보 · 한방 · 농업, 생활 · 의료를 삼성경제연구소(2002)는 주거, 요양, 식사 · 안전, 기기, 금융보험, 여가교육, 유니버셜 디자인(universal design), 생활 · 의료를, 보건복지부 실버위원회[14](2004)는 주거, 요양 및 재가, 기기용구, 금융보험, 여가교육을, 그리고 한림대(2005)는 주거 및 요양, 기기용구, 금융보험, 여가교육 등을 각각 실버산업 유형분류에 포함시키고 있다. 그리고 대한실버산업협회는 주거시설, 의료요양, 여가교육정보, 용구용품, 그리고 금융보험 등 6개 분야로 분류

---

13) http://www.precap.go.kr/index.jsp(고령화및미래사회위원회)
14) http://www.kasinet.or.kr/intro/intro_04.asp(대한실버산업협회)

표 1-8 실버산업의 유형

분야	대상범위
주거관련	실버타운, 유료양로시설, 유료복지주택, 노인전용아파트 및 호텔
의료 · 요양	노인전문병원, 유료노인요양시설, 유료노인전문요양시설(치매, 중풍) 노인전문병원 등의 시설요양과 재가요양 서비스
기기관련	의료, 생활, 주거, 여가활동, 산업지원 분야의 의료복지기기 등
여가활동	노인관광, 레저 · 스포츠, 취미, 오락, 교육, 직업알선 및 사회참여
금융관련	노후 대비 연금, 신탁, 자산운용, 보험상품 등
생활 · 용품	노인의생활(평상복, 환자복, 외출복), 노인식생활(영양식, 건강식품), 케어용품, 일상실버용품, 의료보조용품 등

하고 있다. 이상과 같이 여러 연구자들과 기관, 나라에서 제시한 실버산업의 유형을 살펴본 결과 본서에서는 (표1-8)과 같이 주거, 의료 · 요양, 재가서비스, 여가활동, 금융관련, 그리고 생활 및 용품관련 등 6개 분야를 선정하여 다루고자 한다.

4. 실버산업의 정책추진과 현황

실버산업의 출발은 과거 노인계층을 소득이 없는 집단, 비활동적이며 건강하지 못한 집단, 혜택 받지 못하는 집단 정도로만 인식하였던 시점으로부터 노인계층을 긍정적인 집단, 활동적이고 건강하며 이득이 되는 집단으로 새롭게 인식하게 된 시점으로 거슬러 올라가게 된다.

이런 상황 인식은 정부의 공공부문에 대한 민간에의 이양 혹은 참여, 소위 민영화 추진속도와 과정과도 연관성을 갖게 되는 것으로 여기서는 우리나라의 실버산업에 대한 정부의 추진경위와 정책동향 등을 통해 앞으로의 실버산업을 전망하기로 한다.

1) 실버산업의 추진경위

우리나라의 고령화 문제는 세계적으로도 유례가 없는 빠른 속도록 진행된다는 점과 저출산과 평균수명연장을 동반하는 심각성을 갖는다. 현재 우리나라 인구의 평균나이는 30대 초반이다. 40년 뒤에는 50대가 평균나이가 된다. 고령화 위협은 인구의 상당수가 건강, 경제 및 생활위험에 노출된다는 것이다. 이는 생존의 문제이며 생존의 문제는 정부의 몫이다. 그러나 정부가 제공하는 공익적 서비스의 질과 양에는 한계가 분명하다. 또한 소비자도 질 낮고 총량이 부족한 공익서비스에 강한 불만을 갖게 된다. 따라서 경제력 있는 고령자를 중심으로 수익자부담의 원칙에 따라 보다 질 좋고 충분한 양의 서비스와 재화를 소비할 수 있도록 산업기반을 확대해 주자는 것이다.

정부가 인구구조 고령화에 관심을 두고 정부 부처 간 사업지원을 실시한 것은 2002년 7월 국무총리실 『노인보건복지대책위원회』의 종합계획에서 '실버산업 활성화 방안'을 검토하면서 부터이다. 그 이전에는 각 부처가 개별·분산적인정책방식(일부 장애인 보조용구, 실버타운 등)으로 일부 시행되었을 뿐이다.

2004년 1월 당시 인구·고령사회대책팀이 국정과제보고를 통하여 처음 추진과제로 제안하고 종합적인 대책마련을 위한 노력을 기울였으나 정부 부처 간 종합·유기적인 지원체제가 마련되지 않았다. 국정과제보고 내용에 따라 2004년 4월부터 민·관의 전문가를 중심으로 연구를 진행하여 대한노인회 등 정책수요자(13개 기관)의 의견을 수렴하고, 부처협의를 거쳐 고령친화산업 활성화 전략 국정과제를 보고, 추진하였다. 2005년 정부는 고령친화산업관련 예산을 일부 편성하여 관련 사업평가 등 일부 사업이 진행되고는 있으나, 명확한 정책목표가 설정되지 못한 관계로 정책추진에 있어서도 '고령친화적' 혹은 '고령인지적' 관점이 잘 반영되지 못하는 실정에 있다.

2005년 5월에 정부는 국무회의를 통하여 고령화 및 인구대책 기본법안의 제명을 저저출산·고령사회기본법안을 수정하고 "고령사회정책"을 "저출산·고령사회정책"으로 관련 용어 등을 수정하였다. 정부는 저출산·고령화 문제에 본격 대응하기 위하여 범국가적 추진 체계를 구축하기 위하여 1995년 저출산·고령사회기본법을 제정하였고, 대통령 직속으로 "저출산·고령사회위원회"를 설치하였다. 아울러 정책추진기구로 보건복지부에 "저출산고령사회정책본부"를 설치하였다. 저출산·고령사회기본계획은 매 5년마다 수립·추진하고 있으며, 정부부처와 지자체는 상기 기본계획에 따라 매년 시행계획을 수립하여 시행하도록 하였다.

2) 실버산업의 분야별 현황

우리나라 실버산업 제품의 라이프 사이클, 시장규모 및 미래의 성장성, 정부의 정책 등을 기준으로 보았을 때, 우리나라의 실버산업은 아직 초기 단계에 해당되며 제품의 라이프사이클 상 도입기나 성장기에 있는 사업이 많고 성숙기와 쇠퇴기 사업은 거의 없다고 추측된다. 여기서는 이미 정리한 (표1-8)와 같이 6개 분야에 대한 기존의 분류와 현황에 관련된 자료수집의 용이성을 근거로 주거관련분야, 의료요양분야, 의료복지기기 분야, 여가활동분야, 금융관련분야, 생활용품 분야 등의 현황을 간략히 살펴본다.

(1) 주거관련 실버산업

노인의 주거는 고령화로 인한 질병 및 장애 증가와 이에 따른 보호의 어려움 등으로 물리적, 사회적, 심리적인 면에서 노인이 생활하기에 적합한 주택, 즉 노인주택을 갖고자 하는 욕구가 다양해질 것이며 특히 노인을 부양하고 보호하던 가족관계가 급속하게 변화됨을 감안할 때, 경제적인 상태나 건강상태에 따라 노인이 거주하기 쉬운 다양한 노인시설이나 주택을 공급할 필요가 있다.

민간기업의 참여를 허용한 1993년에 개정된 『노인복지법』을 근거로 이후 많은 민간기업에서 유료 노인주거시설에 참여하는 방안을 검토한 바 있으나, 실제 사업에 착수한 기업은 아직까지는 소수에 불과하고, 대부분의 업체에서는 사업계획만을 수립한 채 사업시행시기를 관망히고 있는 상대이다. 우리나라 전체 유료노인주거시설 가운데 2007년 7월 현재 유료양로시설은 74개에 현원이 2,395명이며, 유료노인복지주택의 경우 15개소에 현원이 1,638명으로 미흡한 상태에 있다(표1-9참조).

(2) 의료요양관련 실버산업

저출산고령사회위원회(2005)의 자료에 따르면 우리나라 65세 노인 5명 중 4명 꼴로 만성질환에 시달리고 있고 고령화의 진전에 따라 치매, 중풍 등 요양보호 필요노인 및 요양비용의 급속한 증가가 예상되고 있다.

즉 요양보호 대상자의 경우 2003년 59만 명에서 2010년에는 79만 명으로 다시 2020년에는 114만 명에 이를 것으로 예상하고 있으며 요양비용 또한 2003년의 4.3조 원이 2007년에는 5.8조 원으로 다시 2020년에는 8.3조 원으로 늘어날 것이나 요양시설의 양적 부족으로 인해 고령자들이 충분한 서비스를 받지 못하고 있으므로 민간차원에서 유

표 1-9 유로노인주거시설 현황

시·도	유료양로				유료노인복지주택			
	시설수	입소인원		종사자수	시설수	입소인원		종사자수
		정원	현원			정원	현원	
서울	4	598	213	97	2	664	198	70
부산	1	29	17	4	3	562	366	29
대구								
인천	5	88	42	20				
광주								
대전								
울산								
경기	20	1,949	1,153	281	6	2,051	809	138
강원	10	433	155	66	1	60	5	3
충북	4	95	52	21	1	42	19	7
충남	17	569	361	94				
전북	2	69	58	11	1	146	200	2
전남	3	67	8	12				
경북	4	233	115	23	1	40	41	5
경남	4	332	221	41				
제주								
합계	74	4,462	2,395	670	15	3,565	1,638	254

자료 : 복지보건부(2007), 『2007 노인복지시설현황』

료의 서비스를 이용하고자 하는 고령자를 대상으로 요양병원 및 시설을 설립할 필요가 제기되고 있다.

의료요양분야는 이와 같이 의료에 대한 수요가 큰 폭으로 증대되고 있으며 단순히 병원시설 내에서 고령자의 치료를 행하는 의료기능 뿐만 아니라 다른 실버산련 분야와 연계하여 복합기능(유료양로원과 같은 주거기설 등과 연계한 주거 + 의료의 복합기능)을 갖거나, 재택 케어와 서로 보완적인 관계를 유지할 필요성도 제기되고 있다.

의료요양관련 산업 역시 주거관련산업과 유사하게 다른 실버산업분야에 비해 관련 분야의 특성상 비교적 대규모 자본가에 의해 초기부터 시작되어 성장기에 이른 공급업체도 일부 있다고 보여진다. 우리나라 전체 유료노인요양시설은 2007년 7월 현재 대략 195개가 운영 중에 있다. 이 중에서 실비요양시설은 96개소, 유료요양시설은 44개소, 전문요양시설은 실비가 21개소, 유료가 34개소로 모두 55개소에 이르고 있다(표1-10참조).

시·도	유료노인요양				유료노인전문요양				노인전문병원			
	시설수	입소인원		종사자수	시설수	입소인원		종사자수	시설수	입소인원		종사자수
		정원	현원			정원	현원			정원	현원	
서울	9	211	165	69	15	397	327	227	83	12,039	8,982	3,825
부산	5	72	65	38								
대구					1	36	36	20				
인천	6	378	211	125	2	159	132	60				
광주	2	33	31	12					3	553	497	186
대전	3	40	9	11	2	14	13	7				
울산									9	952	712	474
경기	37	826	610	236	38	1,735	1,108	689				
강원	7	110	63	34	2	59	28	17	19	4,802	2,401	994
충북	1	9	9	4								
충남	11	307	189	79	1	9	5	4				
전북	7	79	41	21	1	35	3		7	848	720	370
전남	2	53	53	16	1	17	12	6	29	2,744	2,744	890
경북	1	5	5	3	4	67	28	21	4	303	275	152
경남	11	235	152	62	3	72	39	22	7	976	850	431
제주	1	23	23	9					5	861	783	328
합계	103	2,381	1,626	719	70	2,600	1,731	1,073	166	24,078	17,964	7,650

자료 : 통계청(2002), 장래인구추계(1990~2021)

(3) 의료복지 기기관련 실버산업

재가서비스 관련 실버산업은 1980년대 중반부터 노인에 대한 시설보호중심에서 가정에 있는 노인에 대한 보호와 지원으로 전환할 필요성이 제기됨에 따라 1987년 한국노인복지회 및 은천노인복지회에서 가정봉사원 파견사업을 시범적으로 실시함으로써 시작되었다. 그간의 가정간호사업, 주간보호사업, 단기보호사업 등이 재가복지사업에 포함되어 오다 2005년 재가노인복지사업 운영이 지방이양 사업으로 추진되어 아직 실버산업으로의 전환기반이 취약한 점이 있으나 우리나라 노인의 절대 다수(99.7%)가 지역사회 내 일반 가정에서 생활하고 있는 재가노인이라는 사실과 1993년 개정된 노인복지법에 따라 재가노인 복지사업의 유료화가 합법화된 이래 사업주체도 사회복지법인을 공익법인으로 제한하지 않고 영리적 단체나 개인도 가능하도록 허용하고 있는 점, 그리고 2008년 7월 시행을 앞둔 노인장기요양보험제도는 관련분야의 서비스를 양적으로나

질적으로 확대시킬 것으로 전망된다.

(4) 여가활동관련 실버산업

노인들은 대부분의 시간을 노동보다는 휴식을 취하는 경우가 많아 여가시간을 이용한 각종 활동을 산업화하고 이를 새로운 사업기회로 발전시킬 필요가 있다. 이를 가능케 하는 요인은 연금혜택의 보편화이다. 2000년 말 연금이 보편화되면서 노인들의 구매력은 더욱 증가하여 실버시장은 지속적인 성장세에 있고 소득증가로 노인들은 적극적인 여가활동에 관심이 증가하고 있다. 또한 2008년 7월 시행 예정인 노인장기요양보험제도 역시 노인들의 의료 및 요양비용을 덜어주기 때문에 가처분 소득의 상승효과도 여가활동 관련 실버산업에는 긍정적으로 작용할 것이다.그러나 노인을 위한 여가상품은 저렴한 가격으로 제공되어야 하고 생활관습이나 문화적 차원에서 노인들의 접근이 용이한 상품이어야 하며, 노인의 특성을 연구하여 이를 바탕으로 개발되고 단순한 재미보다는 생산적이며 성취감을 느낄 수 있는 여가활동이 되도록 유도해야 한다. 우리나라 노인들의 여가활동을 살펴보면 (표1-11)과 같이 다른 나라에 비해 주로 집안 내에서 소극적이고 비용절약적인 여가활동을 하고 있는 것으로 알려져 있다.

(5) 금융관련 실버산업

통계청의 2006년 고령자 통계를 보면, 노인들이 겪는 가장 큰 어려움은 주로 경제적

표 1-11 가구형태별 주된 소일방법

(단위 : %)

주된 소일방법	전체	독신가구	부부가구	자녀동거가구	기타
경제활동참여	13.1	17.1	17.2	12.3	5.3
이웃노인, 친구만나기	11.8	7.6	14.1	12.3	5.3
노인정, 노인대학 참석	14.7	15.2	9.2	16.4	13.7
집안일, 손자돌보기	17.1	8.6	5.7	20.4	28.4
취미활동, 운동	10.3	6.7	19.8	8.4	6.3
종교활동	5.3	17.1	4.6	4.2	4.2
특별히 하는 일 없음	25.8	26.7	27.1	25.2	33.7
기타	2.0	10.	2.3	2.0	3.2
계	100.0 (1,384)	100.0 (105)	100.0 (262)	100.0 (992)	100.0 (95)

자료 : 송파노인종합복지관(1996), 『송파지역 노인복지 욕구측정 및 프로그램』

문제(44.6%)와 건강문제(30.1%)이며 이는 3년 전에 비해 경제적 문제가 건강문제보다 비중이 더 커진 것을 나타낸다. 금융관련 실버산업은 인구의 고령화에 대응하여 개인 금융자산의 축적과 관리를 통해 노후 소득의 안정적 흐름을 유지하는 금융서비스 전반을 이르는 것(저출산고령사회위원회, 2005)으로 고령자에게는 사회보장제도의 보완적 기능을 담당하여 노후의 경제생활안정을 꾀하게 하는 것이다. 우리나라 노인계층을 위한 노후 소득보장체계는 아직까지도 초보단계이며 성숙기에 도달하기까지는 앞으로 많은 시간이 필요한 상황이다. 금융관련 실버산업은 공적소득보장과 노인취업을 통한 생활안정 방법과 함께 사적소득보장으로서 개인저축과 개인연금, 기업연금과 퇴직금제도와 같은 내용을 포함한다. 앞으로 실버계층을 대상으로 하는 민간의 각종 연금저축과 간병보험, 그리고 노후생활자금을 연금형식으로 지급하는 역모기지론과 같은 다양한 상품들이 개발될 것으로 전망되며 실버계층의 인구 비중 증가 및 경제력 확대에 따라 향후 관련 산업의 성장이 기대된다.

(6) 생활 및 용품관련 실버산업

생활용품관련 실버산업이란 정부가 제공하는 공익적 서비스는 한계가 있으므로 경제력이 있는 고령자를 중심으로 수익자 부담의 원칙에 따라 보다 질 좋은 생활 관련 서비스와 재화를 소비할 수 있도록 하기 위한 산업이라 정의내리고자 한다. 생활용품관련 실버산업의 범위는 노인의 의생활분야, 노인의 식생활분야, 그리고 노인의 일상생활분야 등으로 구성하였다. 서출산고령사회위원회(2005)는 의료복시기기산업을 고령친화산업으로 선정하면서 그 특성을 BT · IT · NT지능형 융합기술 산업으로 기존생활, 건강용 의료복지기기의 편리성 및 안전성을 개선시킨 Universal Design 제품으로써 고령친화폰, 재택원격 헬스케어 시스템, 모듈형 휠체어, 인공의수족, 전동식 침대 및 생활 건강용품 등을 제시하고 있다. 이에 따른 전망은 2003년 2조 3천억원에서 2010년 4조 882억원으로 증가할 것으로 보았다. 관련 생활 및 용품은 노인의 의생활, 노인의 식생활, 그리고 생활용품 등 3개 영역으로 구분할 수 있다(표1-12참조).

표 1-12 생활용품 관련 실버산업의 범위

부문	내 용
노인 의생활	일상복, 정장복, 환자복
노인 식생활	건강식품, 기호식품, 치료식, 급식배달서비스
생활용품	가전제품, 일상용품
	가정의료용품, 의료보조용품

제 2 장 실버산업 소비자로서 노인

1. 노인과 노화

'노인의 주름살은 지난 인생의 장면들을 담은 추억의 창고이다. 그리고 누구의 얼굴에도 예외 없이 주름은 진다. 그래서 노인의 삶은 모든 늙지 않은 이에게 미래의 운명이다. 이것이 바로 늙은 인생의 나날이 존중되어야 할 이유이다.' 누구에게나 닥치는 노화를 이해하기 위해서 노인에 대한 접근방식이 바뀌어야 하는 이유를 분명히 일러주는 말이다. 노화(老化, aging)란 인간이 태어나서 죽을 때까지의 삶의 과정에서 나타나는 생물학적 · 심리적 · 사회적 변화를 의미한다.[1] 노인세대를 둘러싼 사회 환경이 변화되어 가면서 노인들도 차츰 변하고 있다.

1) 노인의 개념

노인에 대한 정의는 노인이 처하여 있는 사회 · 문화적 상황 및 개인적 상황 등에 따

---

[1] 미국의 질병통제예방센터(CDC: Center for Disease Control and Prevention)는 건강한 노화에 대해 노년기에 신체적, 정신적, 사회적 안녕감과 기능을 최적으로 개발하고 유지하는 것이라고 하였다. 최근 노년학에서는 성공적 노화(successful aging)보다는 건강한 노화 혹은 활기찬 노화(heathy aging or active aging)가 새로운 패러다임으로 자리잡고 있다(Victor et. al., 2005).

라 다양하기 때문에 한마디로 정의하기 어렵다. 사전적으로는 '늙은 분'을 노인이라고 하나 노인의 개념이 단순한 것만은 아니다. 만일 생리적·신체적·정신적·심리적·사회적 연령을 기준으로 한다 해도 몇 세부터가 노인인지는 개인에 따라 차이가 있기 때문에 일률적으로 정의하기가 어렵다(김태현, 2001).

일반적으로 노년학자들은 노인을 정의하는 데에 ① 늙음 자체, ② 역연령, ③ 사회적 연령, 그리고 ④ 늙음에 대한 자각의 관점 등을 준거로 삼고 있다(최순남, 1999).

첫째, 늙음 자체로 볼 때 미국의 노년학회(1951)는 "노인이란 인간의 노화 과정에서 나타나는 생리적·심리적·환경적 행동의 변화가 상호작용하는 복합 형태의 과정"이라고 정의하고, 이를 세분하여 다음과 같이 정리했다.

① 환경변화에 적절히 적응할 수 있는 자체 조직에서 결함을 가진 사람

② 생활 자체가 자신을 통합하려는 능력이 감퇴되어 가는 시기에 있는 사람

③ 인체의 기관, 조직 기능 등에 감퇴 현상이 일어나는 시기에 있는 사람

④ 삶 자체에서 적응이 정신적으로 결손 되어 가는 사람

⑤ 인체의 조직 및 기능의 소모로 적응 감퇴 상태에 있는 사람 등이다.

브린(Breen, 1960)의 견해에 따르면, 노인이란 생리적·육체적으로 변화기에 있는 사람, 심리적인 면에서 개성의 기능이 감퇴되고 있는 사람, 그리고 사회적 변화에 따라서 사회적 관계가 과거에 속해 있는 사람이라고 정의하고 있다.

둘째, 역연령(曆年齡)에 따라 노령을 파악하려는 뉴가르텐(B. Neugarten)은

① 연소 노인(young-old)은 55~65세로서, 이들 대부분은 일을 할 수 있으며 돈 버는 능력과 사회적 승인이 최고조에 달해 있는 사람

② 중고령 노인(middle-old)은 65~75세로서, 퇴직자자들이 많이 포함되며

③ 고령 노인(old-old)은 75세 이상으로서, 신체적으로 약하고 병약하며 고립되고 궁핍한 계층의 노인들이라고 하였다. 우리나라는 만 60세를 회갑연(回甲年)[2]으로 하는 전통이 전해져 오고 있으며 국민기초생활보장법(1999)에서 보호 노인 대상자

---

2) 이로 인해 보통 우리 사회에서는 60세를 노인의 연령으로 보는 경향이 있다. 이는 모든 기본적 경제 통계에서 생산 활동 인구를 만 14세 이상 59세 이하로 규정하고 있을 뿐만 아니라 한국 노인 자신이 노인 생활의 시작 시기를 60세로 생각하고 있다는 점 등이 노인을 조작적으로 정의하는 데 있어 60세를 기준으로 삼도록 하는 이유가 되고 있다(김태현, 2001)

를 65세 이상으로, 노인복지법에서도 역시 65세를 각각 노인으로 규정하고 있다. 역연령에 의해 일률적으로 노인이라고 규정되는 것은 개인차에 의한 능력의 차이 논의가 있을 수 있으며 개발도상국의 평균수명은 45~50세이지만, 선진국의 경우는 75~80세로 그 사회·문화에 따라 다르게 나타날 수 있다.

셋째, 역할수행능력에서 볼 때, 심신의 노화로 인해서 사회활동을 할 수 없는 사람을 노인으로 보자는 견해가 있다. 오오미치 안지로(大道安次郞, 1970)는 현대 산업 사회에서 노인의 연령선은 정년제에서 찾아야 한다고 보았으며, 레만(Leheman, 1953)은 나이와 성취력과의 관계에서 예술, 과학, 음악, 문학, 의학, 기술 등의 분야에서 종사한 사람들의 탁월한 업적의 절정기는 30대였으며, 60세 이후에는 업적 능력이 현저히 떨어져 70세경에는 거의 멈추었다고 보고했다. 그러나 노인의 연령선을 정년제나 연금수급 연령에서 찾아야 한다는 견해에는 논의의 여지가 있다. 왜냐 하면, 연금 수급 연령의 경우, 서구에서는 65세 이상이 보편화되어 있으나 우리나라는 65세이며 정년제 또는 서구에서는 정한 은퇴 연령이 없으나 우리나라는 대부분의 기업정년이 55~58세로 되어 있기 때문이다.

넷째, 늙음에 대한 자각은 우선 인간이 몇 세부터 자기 자신을 노인으로 인정하느냐 하는 심리적 자각이 있다. 즉 신체적 증후에 의해 늙음을 자각하는 경우는 쉽게 피로하게 되고, 또 이러한 피로가 쉽게 회복되지 않았을 때. 기력이 약화되고 신체가 허약하여 신체적 활동이 부자유할 때, 그리고 신체의 국부 증후에 의해 늙었다고 느끼는 경우로 보행의 부지유, 시력 감퇴, 청력 둔화, 치아 탈락, 흰머리 및 딜모, 성욕 감퇴, 기억력 감퇴 등으로 나타났다. 정신적·사회적 경험으로부터 노성을 자각하는 사람은 직업에서 은퇴하였을 때, 가장의 지위로부터 물러났을 때, 배우자 또는 동료와의 사별, 자식이나 친지의 사별, 자녀의 성장과 손자녀의 출생, 일반 사람들로부터 할아버지 할머니라고 불렸을 때 등이다.

에릭슨(Erikson, 1963)은 이러한 과정을 노년기의 절망감 혹은 위기감으로 표현했다. 그는 노인들은 이 시기에 두 가지 뚜렷한 기분을 갖게 되는데, 그 하나는 인생을 다시 살 수 없다는 후회와, 다른 하나는 자신의 부족함과 결함을 외부 세계로 투사(projection)함으로써 그것을 부인하려는 심리라는 것이다.

2) 노화이론

노화는 시간경과에 따른 연속적 현상으로, 일정한 외부환경에 대한 적응력의 점진적 소실로 인해 생명력이 감퇴되어 가는 자연적인 과정으로 생각된다. 백발의 출현이나, 피부주름 등은 노화과정에 나타나는 대표적 현상들이다(정해영, 1991). 노화의 개념에 대하여 중세시대에는 전염병, 태만, 무지로 인하여 인간 체내에 존재하는 수분이 감소하고 이상 수분이 증가함으로써 생체의 열량이 상실되어 일어나는 현상이라고 하였으나, 최근에는 노화란 '세포와 신체조직 전 기관에 걸쳐 일어나는 기능적, 구조적, 생화학적 변화로 체내의 항상성이 붕괴되어 가는 일련의 과정' 으로 설명되고 있다(전혜연 외, 2005). 노화에 대한 이론적 고찰을 위해 노인의 신체적 노화, 심리적 노화, 그리고 사회적 노화 등을 살펴보기로 한다(한국노년학회, 2002).

(1) 신체적 노화

인류는 예로부터 노화를 규명하기 위한 연구를 계속해 오고 있지만 아직도 노화의 보편적 이론은 정립되지 못 하고 있다. 여기서는 신체적 노화에 관한 대표적인 네 가지 이론을 소개하며, 이들 각각은 신체적 노화 과정의 일면을 보여주고 있다.

가. 소모이론

독일의 생리학자인 바이즈만(August Weismann) 박사가 처음으로 소모 이론(wear and tear theory)을 소개하였는데, 그는 신체와 그 세포들이 과용과 남용으로 인해 손상을 받는다고 믿었다. 간, 위, 콩팥, 피부 등과 같은 기관들은 우리의 음식물이나 환경 속에 존재하는 독소, 지방, 당분, 카페인, 알코올 및 니코틴의 과도한 섭취, 태양 자외선, 그리고 신체적 · 정서적 스트레스 등에 의해 소모된다. 그러나 이러한 소모는 기관에만 국한된 것이 아니라 세포수준에서도 일어난다.

우리가 젊다면, 신체 자체의 유지와 회복 체계가 정상적인 과도한 소모효과를 계속해서 보상해 준다. 그러나 나이가 들면 들수록, 식생활, 환경 독소, 박테리아, 바이러스 등에 의해 신체가 손상을 회복시키는 능력이 저하된다. 그러므로 많은 노인들이 질병으로 인해 사망하게 된다. 따라서 노화를 지연시키거나 방지하기 위한 영양보충과 다른 항노화 치료법을 통해 신체의 기관과 세포를 회복하고 유지하는 능력을 자극하여 노화과정을 역전시키는데 도움을 줄 수 있다.

나. 신경 호르몬 이론

딜먼(Dilman) 박사가 주장한 신경 호르몬 이론(neuroendocrine theory)은 우리의 호르몬과 다른 중요한 신체 요소들을 지배하는 생화학 물질의 복합적 연결망이라 할 수 있는 신경 호르몬 체계에 중점을 둔 이론이다. 우리가 젊다면 호르몬 수치는 정상을 보인다. 예를 들어 청소년기나 성인기에는 성장 호르몬, 남성 호르몬, 여성 호르몬 등이 우리 몸에 필요한 기능을 하는데 필요한 정상적인 생리적 농도를 유지한다. 하지만 우리가 늙으면, 신체의 호르몬 분비가 감소하여 우리의 신체 기능에 해로운 결과를 나타낸다. 성장 호르몬, 남성 호르몬, 여성 호르몬, 그리고 갑상선 호르몬 등은 나이가 들면 급격히 감소하여 체중이 증가하지 않더라도 근육에 대한 지방의 비율이 증가한다.

호르몬은 우리의 신체 기능을 회복시키고 조절하는 주요 기능을 담당하고 있다. 만일 노화로 인해 호르몬 분비가 감소되면 우리 신체가 자신을 회복하고 조절하는 능력이 저하된다. 따라서 항노화 치료의 일종인 호르몬 보충 요법을 통해 신체의 호르몬 시계를 재조정하여 노화의 효과를 지연시키거나 역전시키는데 도움을 줄 수 있다.

다. 유전조절이론

유전조절이론(genetic control theory)은 우리의 DNA 내에 노화가 유전적으로 입력되어 있다는 것이다. 우리는 독특한 유전적 암호를 가지고 태어나기 때문에 어떤 형태의 신체적·정신적 기능을 나타내도록 이미 정해져 있다. 따라서 얼마나 빨리 늙을 것인지, 얼마나 오래 살 것인지 하는 것은 유전적 영향을 많이 받는다. 우리들 개개인은 스스로 파괴되는 기계로 세상 속에 들어와 있는 것이라고 할 수 있다. 우리들은 언젠가는 약해져서 멈추는 생체학적 시계를 가지고 있다. 시계가 약해지면 우리의 신체가 노화되어 결국에는 사망에 이른다. 그러나 유전의 모든 면과 마찬가지로 유전적 시계가 약해지고 멈추게 되는 시기는 개인에 따라 차이가 커서 우리가 어떻게 성장하느냐, 그리고 우리가 어떻게 사느냐 등에 많은 영향을 받는다.

항노화 의학에서는 DNA에 대한 손상을 예방하고 회복을 증진시키기 위해 우리의 세포 내에서 DNA의 기본적인 골격을 강화시키려는 시도를 한다. 이러한 방식을 통해 항노화 의학은 우리가 유전적 운명에서 벗어나는데 어느 정도 도움을 줄 수 있다.

라. 자유기 또는 활성산소이론

자유기 이론(free radical theory)은 1954년 거시만(Gershman)박사가 소개하였으나

미국 네브라스카 의대 하만(Harman)박사에 의해 발전되었다. 자유기란 전통적인 분자들과는 달리 자유로운 전자를 하나 가지고 있어서 매우 불안정하고 파괴적인 방식으로 다른 분자들과 반응하는 특징을 가진 모든 분자들을 총칭하는 용어이다.

전통적 분자에서는 전자들이 쌍을 이루어 안정된 분자를 만들어내지만 자유기는 여분의 전자를 가지고 있어 음성전기를 띠며 이것이 다른 쌍의 전자를 빼앗아 전기적 평형을 이루려는 과정에서 신체에 광범위한 손상을 입히게 된다는 것이다. 또한 자유기는 우리의 세포막 구조를 공격하여 리포푸신(lipofuscin)으로 알려진 물질을 포함하는 대사성 쓰레기 물질을 생성한다. 신체에 리포푸신이 많아지면 '노화반점(老化斑點)'이 생기는데, 이것은 세포 파괴로 인한 대사성 쓰레기 물질이 과도하게 생긴 것을 의미한다.

자유기 손상에 대한 또 다른 관점은 산소자체가 자유기이기 때문에 우리가 호흡하고 운동하면 자유기를 생성하여 노화과정을 촉진시킨다는 것이다.

항산화 전문가들은 노화를 예방하기 위해 천연 항산화제와 합성 항산화제를 처방하거나 자유기와 맞서 싸우는 또 다른 물질로는 자유기 제거기(free radical scavenger)를 이용하여 자유기가 다른 분자들을 공격하여 교차 결합을 하지 못하게 하기도 한다.

(2) 심리적 노화

심리적으로 볼 때, 노화 과정이란 퇴화와 성숙을 함께 내포하고 있는 자기조절 과정이다. 여기서는 다양한 심리적 변화 중에서 주로 인지적 변화와 성격의 변화 과정 및 적응의 문제를 다루고자 한다.

가. 인지 능력의 변화

노화가 진행됨에 따라 감각·지각 능력이 감퇴할 뿐만 아니라 지적 능력이 저하되고 기억력과 학습능력이 떨어진다. 이러한 변화는 세상의 정보를 접하는 데 한계를 초래해서 노인들의 삶의 질에 중요한 영향을 미치게 된다.

a. 감각·지각의 변화

인간의 감각양식은 촉각이나 미각처럼 감각 수용기 가까이 있는 자극에 반응하는 근접감각과 시각이나 청각처럼 감각 수용기 멀리 떨어져 있는 자극에 반응하는 원근감각이 있으며 이들 감각의 노화에 따른 손상정도는 다르게 나타난다.

- 시각 : 나이가 들면 동공의 크기와 조절능력이 감퇴하여 동공을 통과하는 빛의 양이 줄어드는데 이를 '축동증'이라 한다. 또한 수정체의 투명도와 조절능력이 감퇴하여 물체가 선명하게 보이지 않을 뿐 아니라, 가까이 있는 물체나 멀리 있는 물체를 자유 자재로 볼 수가 없다. 따라서 노인들은 젊은이들보다 훨씬 더 밝은 조명이 필요하며, 될 수 있는 한 큰 활자로 된 인쇄물을 사용할 필요가 있다. 또한 정상적 노화는 아니지 만 노화와 함께 생기는 시각 장애 중에 백내장과 녹내장이 있다. 백내장은 외피의 불 순물을 제거함으로써 치료될 수 있으나, 녹내장은 조기에 치료하지 않으면 시력을 잃 을 위험이 있다.

- 청각 : 나이가 들면 음에 대한 민감성이 떨어지고, 고음을 잘 듣지 못하며, 복잡한 소 음 속에서는 소리를 잘 구별하지 못하는데, 이를 노인성 난청이라 한다. 특히 고음을 듣는 능력은 50대부터 급격히 감퇴하는데 전화벨이나 호루라기 소리만 들어도 귀에 통증을 느낄 정도가 되면, 이를 타이니터스(tinnitus) 질환이라 한다. 또한 소리음을 실 제보다 더 강렬하게 지각하는 보청현상이 나타나는데, 흔히 노인들이 복잡한 장소에 서 젊은이보다 시끄러움을 더 느끼고 혼란스러워하는 것은 이런 이유 때문이다. 따라 서 노인들에게 말할 때는 낮은 목소리로 크게 말할 필요가 있다.

- 촉각과 통각 : 노화로 인해 모세 혈관의 혈액 순환이 원활하지 못하면, 촉각 수용기의 수가 감소하여 촉각 역(threshold)이 높아진다. 이처럼 촉각이 감퇴하면 통증을 느끼 는 통각 역시 감퇴하리라 예상할 수 있다. 그러나 연령이 증가함에 따라 통각이 감퇴 된다는 사실은 아직 입증되지 않고 있다.

  따라서 많은 노인들이 만성적인 질병 속에서도 고통을 잘 참아 내는 것은 그 만큼 인 내심이 증가하기 때문이라는 것을 의미한다.

- 후각과 미각 : 나이가 들면 맛과 냄새를 맡는 기능이 감퇴하여 식욕이 없어진다. 후각 에 대한 연구들은 매우 일관성이 없으나, 나이 들면 향기를 구별하는 능력이 감퇴한다 고 한다. 또한 미각 역시 높아져 단맛, 쓴맛, 짠맛, 신맛을 구별하는 능력이 감퇴한다.

- 균형감각 : 흔히 노인들은 낙상하기 쉽고 어지럼증을 호소하는데, 이는 몸의 균형을 잡아 똑바른 자세를 유지하도록 하는 내이강(內耳腔)에 문제가 생기기 때문이다. 특 히 65세 이후 노인이 잠시 몸의 균형을 잃고 비틀거리는 어지럼증은 내이강 자체의 노화 때문이라기보다는 자세가 변할 때 생기는 일시적인 혈액 장애에 기인한 것일 수 있다.

- 지각 : 지각은 감각 기관을 통해서 들어온 정보를 선별해서 형태를 파악하고 의미를

붙이는 과정이다. 나이가 들면 새로운 자극을 지각하는 속도가 느려지지만, 일단 자극이 지각되면 그 흔적이 오래도록 남아 있어 다음에 들어오는 정보를 처리하는 데 방해가 된다. 또한 주의 집중력이 감퇴하여 복잡한 자극들 속에서 하나의 형태를 찾아내기가 어렵다. 그리고 애매모호한 그림에서 어떤 형태를 찾아내거나, 여러 개의 그림조각을 모아 하나의 형태로 지각하는 공간 통합 능력 역시 떨어진다.

b. 지적 능력의 변화

노화와 지적 능력 감퇴에 관한 연구가 초기에는 노화에 따른 지적능력 감퇴설이 지배적이었으나 최근에는 성인기 이후 지능의 신축성과 후(後) 형식적 사고, 지혜와 같은 질적인 면에 관심이 쏠리면서 인생 후반의 지적 성숙성이 시사되고 있다.

- 유동성 지능과 결정화된 지능 : 유동성 지능이란 정신의 유동성을 상징하는 것으로서 귀납적 추리, 공간 지각 능력이 포함되며, 신경 조직 손상의 축적, 신경원의 감소와 상관이 있다. 그리고 결정화된 지능은 경험에 의해 축적된 지식의 결정체로서 어휘력, 수리력, 언어 유창성이 포함된다. 나이가 들면서 유동성 지능이 감퇴하는 것은 기민함, 주의 집중력, 정보 조직력의 상실에 기인한다는 설이 있으나 결정화된 지능은 물론이고 유동성 지능도 신축성이 있다는 사실이 밝혀지면서, 교육이나 훈련에 의해 성인기 이후 지능을 향상시키기 위한 노력이 계속되고 있다.
- 후형식적 사고와 지혜 : 나이가 들면 주의력, 조직력의 감퇴로 인해 차츰 정보 처리의 양이 감소하고 비효율적인 방식으로 정보 처리를 하게 된다. 그러나 이러한 감퇴는 직업과 관련된 전문적 지식의 축적과 후형식적 사고, 지혜의 발달로 보상될 수 있다. 후형식 사고란 상대적 사고, 변증법적인 사고를 포함하는데, 일단 개인이 자신의 전문 영역에서의 지식을 상대적이고 변증법적으로 발달시키면 좀 더 창조적이고 세련된 작업을 할 수 있다. 그리고 실제 생활에서도 정서를 논리적으로 통합해서 일상의 문제들을 새로운 조망으로 성숙하게 해결할 수 있는 지혜가 생긴다.

c. 학습과 기억 능력의 변화

나이가 들면 배우고 기억하는데 어느 정도 문제가 생긴다. 우선 부호화 과정을 보면, 나이가 들면 정보처리 속도가 느려져 1초 미만의 짧은 순간에 주어진 정보를 부호화해서 저장하기가 어렵다. 따라서 노인들은 속도를 요하는 과제에 매우 취약하다. 또한 정보를 영구히 저장하기 위해서는 구성력이 필요한데, 노인들은 학습 자료를 체계적으로 분류하는 조직력이 떨어진다. 말하자면 옷장에 옷을 뒤죽박죽 섞어 넣듯이 비효율적으로 저장한다는 것이다. 또한 정보 처리의 깊이가 얕아서 의미수준(단어의 뜻)보다는 감각 수준(단어의 형태)에서 처리하며, 기계적인 학습을 하기 때문에 쉽게 망각하게 된다. 인출과정에서도 노인들은 정보를 체계적으로 저장하지 못하기 때문에 저장된 정보를 잘 꺼내 쓰지를 못한다.

따라서 노인들에게 새로운 것을 학습시킬 때는 시간제한을 하지 않고 천천히 하도록 해야 한다. 그리고 추상적이고 무의미한 것보다는 구체적이고 의미 있는 학습 자료를 사용하거나 시청각 매개물을 사용할 때 더욱 효율적인 학습을 시킬 수 있다.

나. 노년기 성격특성의 변화

나이가 들면 들수록 성격이 원심성(遠心性)에서 구심성(求心性)으로 변화해 가는데 이 둘 사이의 균형을 이루는 시기가 바로 중년기이다. 즉 성인 초기에는 모든 관심과 활동이 외부로 향하던 것이 노년기로 갈수록 차음 내부로 향한다.

a. 조심성과 경직성

노인들은 매사에 행동이 느리고 무슨 일을 판단해서 행동에 옮기는데 매우 조심스러우며, 매사를 남에게 의지하려는 의존성이 생긴다. 또한 새로운 변화를 싫어하는 경직성이 증가한다. 즉 새로운 방식으로 일을 한다거니 새로운 기구를 사용하기 싫어하며 예전의 방식을 고수하려 한다. 그리고 자신이 애용하던 '물건에 대한 애착심'이 강하다. 이러한 물건들은 자신의 삶의 발자취이자, 세월의 변화 속에서 이러한 물건을 주위에 둠으로써 정서적 안정감과 마음의 평안을 유지할 수 있기 때문이다. 그러나 노년에 경직성이 너무 심해지면 사회적 변화에 둔감해지고 독선적이 될 우려도 있다. 흔히 노인들이 행동이 느리고 답답해 보이며 고집불통처럼 느껴지는 것은 바로 이런 이유 때문이다.

b. 개방성과 외향성

나이가 들어도 여전히 젊은 시절의 외향적이고 개방적인 특성을 유지하는 사람들이 있다. 이러한 외향성과 개방성은 노화에 대한 적응 및 삶의 질과 밀접한 상관이 있다. 예컨대 외향적인 사람들은 적극적으로 사회적 접촉을 하기 때문에 나이 들어도 비교적 궁정적인 정서 경험을 많이 한다. 또한 개방성이 높은 사람들은 삶의 변화에 융통성이 있어 노화에 대한 적응이 수월하다.

c. 양성화

나이가 들면서 남자는 자신의 내부에 있던 여성성(anima)이 출현하여 친애적·양육적이 되고, 여성은 내부의 남성성(animus)이 출현하여 독립적이고 자기주장적이 되어가면서 전통적 성역할에 대한 지각이 변화한다. 이처럼 장·노년기에 남성성과 여성성이 균형을 이루어 양성화되는 것은 인격적인 성숙한 과정이라고 설명되고 있다. 그 이유는 '성숙'이란 남성성인 이성(이성)과 여성성인 정서(정서) 사이의 조화를 이루는 능력이라고 재평가되고 있기 때문이다. 실제로 이러한 양성적인 노인들이 비교적 주관적 안녕감이 높고 정서적 조절 능력이 증가하여 이해심이 많고 관용적이며, 성역할에 대한 구분이 없이 서로 양보하고 돕는 경향이 있다.

d. 유산을 남기려는 경향

유산은 재산, 유물, 기술, 창조적인 생산품, 업적, 전통과 가치, 관습 등 다양한 형태를 띤다. 대체로 사람들은 자녀를 양육해서 가계를 유지하는 것을 가장 가치 있는 유산이라고 본다. 자녀들의 성취와 공헌은 자신들의 노고의 결실이자 중요한 유산의 일부분이다. 그러나 일 역시 중요한 유산이다. 많은 사람들이 자신의 일의 세계에서 업적을 남기기를 바라며 후손들이 자신을 최소한 좋은 사람으로 기억해 주기를 바란다. 혹자는 사회단체에 기부금을 헌납하거나 사회 복리를 위해서 자원 봉사활동을 한다. 이처럼 유산을 남기려는 경향은 노후의 삶을 건강하고 풍요롭게 할 뿐만 아니라 다음 세대의 삶의 질을 높이는 데 도움이 될 수 있다.

다. 노년기 적응 유형

은퇴이론에 의하면 나이가 들면 모든 사회적 활동에서 물러나서 조용히 쉬는 것이 더 행복하다고 하는 반면에, 활동이론에서는 기력이 남아 있는 한 사회적 활동을 유지하는 것이 더 행복하다고 주장한다. 그러나 활동 수준이 안녕감에 미치는 영향은 개인의 성격 유형에 따라 다른 것을 볼 수 있다.

a. 성숙형

이들은 인생의 성취와 실패, 그리고 노화 현상을 담담하게 수용한다. 은퇴 후에도 자신의 여유 시간을 재구성하여 적극적으로 활동하며 인간관계 속에서 삶의 생기를 찾고 만족감을 얻는다. 또한 새로운 변화에 융통성이 있고 비교적 정신적 갈등이 없으며 삶의 만족도가 매우 높다.

b. 은둔-초점형

이들 역시 자신의 삶을 긍정적으로 통합하나 사회적 책임과 역할에서 벗어난 것을 홀가분하게 생각한다. 이들은 복잡한 대인 관계를 싫어하며 한 가지 일에 초점을 맞춘다거나 조용히 혼자 있기를 좋아해서 활동 수준이 비교적 낮은 편이나 삶의 만족도는 매우 높다.

c. 무장-방어형

이들은 노화로 인해 찾아오는 달갑지 않은 변화를 최소화하기 위해 적극적으로 활동하는 사람들이다. 어느 유형보다 활동수준이 높고 성취 지향적이다. 이들은 죽을 때까지 할 일이 있고 바쁘며 사기도 높고 즐거운 사람들로 삶의 만족도가 상당히 높은 사람들이다.

d. 분노-자학형

자신의 인생이 젊은 시절의 꿈이나 욕망대로 이루어지지 않는 것을 비통해 하며 절망과 회환에 사로잡힌 사람들이다. 분노형은 실패의 원인을 불행한 시대, 경제 사정, 가족 등 외적인 면에 투사하는 반면에 자학형은 자기 탓으로 돌리고 자신을 혐오한다. 이들은 늙음을 수용하지 않고 우울해하며 자신의 무가치함과 불쾌함을 느낀다.

e. 위축-의존형

위축형은 노화의 위협에 사로잡혀 사회적 접촉을 피하여 폐쇄적으로 살아가는 사람들이다. 또한 의존형은 건강유지를 위한 신체적 활동 이외에는 모든 것을 가족이나 친지에게 의존하는 수동적인 사람들이다. 이들은 활동 수준도 낮고 삶의 만족도 역시 매우 낮다.

f. 와해형

사고, 지능, 판단 능력이 결핍되어 있고 정서 감정에 대한 통제력이 없어 변덕스러우
며 활동 수준도 매우 낮고 삶의 만족도가 낮은 사람들이다.

(3) 사회적 노화

노화의 사회학적인 측면에서 보면 연령의 의미나 노화의 개념은 다수의 사회 구성원
들이 임의로 규정하는 사회적 정의에 지나지 않는다. 일부 노인들은 이러한 임의 규정
에 동의하지 않거나 심지어 그것에 도전하는 사람들도 있다. 여기서는 노인의 사회적
개념과 사회학적 노화이론을 살펴보기로 한다.

가. 노인의 사회학적 개념

사회학적 측면에서 노화란 나이가 드는 과정이며 노인이나 노년기의 의미를 이해하
기 위해 사회학적인 연령의 의미를 살펴보면, 우선 연령 그 자체가 하나의 사회적 위치
또는 지위의 성격을 띠며, 사람들은 그 지위(연령)에 상응한 사회적 역할을 수행하도록
문화에 의해 규제된다. 이를 테면 25세의 청년과 45세의 중년, 그리고 65세의 노인에게
요구되는 행동이나 역할의 내용은 제각기 다른 성격을 띠게 된다.

이는 한 개인이 노년기에 접어들어 중년으로 기대되는 사회적 역할을 떠나서 노인에
게 기대되는 새로운 역할을 수행해야 한다는 얘기가 된다. 노인이 수행해야 할 사회적
역할의 정의는 오늘날 산업화, 도시화로 말미암아 점점 더 모호해지고 있으며 이로 인
해 노인들은 역할 수행을 통한 정체감 위기(identity crisis)에 빠져 혼란스러워하거나 무
력감을 느끼게 된다. 이러한 노인들의 역할 상실(role loss)의 경향은 과거 가부장권을
행사하며 권위와 존경의 상징으로 군림해 온 것과 크게 대조된다. 즉 사회적 역할을 상
실한 채 고독과 좌절감 속에서 말년을 보내야 하는 노인들의 수가 날로 증가하고 있다
는 것이다.

나. 사회학적 노화 이론

사회학적 측면에서 다루는 노화 이론들은 주로 노년기에 일어나는 사회관계의 변화,
즉 노인들의 지위와 역할 변화에 대한 설명으로 구성된다. 여기서는 근대화이론, 역할
이론, 활동 이론, 은퇴 이론, 지속성 이론, 하위문화 이론, 연령 계층화 이론, 상호주의
이론, 사회적 교환이론, 정치 경제 이론 등을 살펴보기로 한다.

a. 근대화 이론

근대화 이론(modernization theory of aging)은 카우길과 홈스(Cowgill & Homes)가 제시한 것인데, 그것은 근대화라는 인류사적 변화의 과정이 노인의 지위를 떨어뜨리고 이들의 사회적 위치를 점점 불리하게 만든다는 요지의 이론이다. 이 이론은 시간과 공간을 초월해서 모든 사회에 보편적으로 적용될 수 있는 성질의 것이 못 된다는 비판을 받고 있으나, 근대화 과정에서 나타나는 산업화와 도시화가 노인의 지위 하락을 가져온다는 주장은 어느 정도 한국적 현실에도 맞는, 설득력 있는 이론으로 간주된다.

b. 역할 이론

역할 이론(role theory)에 따르면, 인간은 자신이 수행하는 사회적 역할들에 의해 자신의 사회적 존재의 의미를 확인하면서 그에 상응하는 자아 개념을 지켜나가게 된다. 그런데 문제는 많은 사람들이 노년기에 접어들면 새로운 역할의 취득은 별로 없는데 다른 한편으로는 과거에 수행하던 역할들을 상실하게 되면서 사회적 정체감과 자아 존중감이 흔들리게 된다는 것이다. 그러나 최근에는 다수의 노인들이 주체성과 독립성을 유지하며 건강하게 노후의 삶을 누리고 있음이 밝혀지고 있다(Baltes & Baltes, 1990; Rowe & Kahn, 1998 재인용).

c. 활동 이론

활동이론(activity theory)은 하비거스트(Havighurst, 1963; 1968 재인용)와 그의 동료들에 의해 처음으로 주장되었다. 이 이론은 노인들의 의지나 요구에 관계없이 노인들을 소외시키는 사회적 경향을 최소화하고 이들에 대한 사회적 무관심과 냉대를 극복하기 위해서는 노인들 자신이 중년의 활동적인 생활양식과 역할 수행을 계속해서 지켜나가야 한다는 것이다. 말하자면 노년기와 노인에 대한 사회적 무관심과 편견에 도전하는 역동적인 노인들이야말로 성공적인 노화의 길을 여는 사람들인 셈이다.

d. 은퇴 이론

은퇴 이론(disengagement theory)은 커밍과 헨리(Cumming & Henry 1960 재인용)가 처음 주장한 이론으로 노년 사회학에서 가장 널리 알려져 있으면서도 가장 많이 논쟁의 대상이 된 노화이론이다.

이 이론은 노인의 은퇴를 불가피한 것이며 또한 모든 사회에서 그것은 기능적이고 보편적이라는 가정을 제시한 점에서 그 동안 많은 비판을 받아 왔다. 즉 모든 사람들이 늙으면 은퇴하거나 비활동적이길 바라는 것은 아니며 또는 모든 노인들이 늙어서 병약하고 기력이 떨어져 활동력을 상실하는 것도 아니라는 점에서 노인이 은퇴하는 것은 자연스럽고 정상적이라는 주장은 문제가 있다는 것이다.

e. 지속성 이론

은퇴 이론과 활동 이론의 경험적 취약성은 노화 과정에 있는 노인들의 사회적 적응에 관한 제3의 사회심리학적 이론인 지속성 이론(continuity theory)을 출현하게 했다. 이 이론에 의하면 젊을 때부터 언제나 소극적이거나 비활동적이었던 사람은 노년기에도 그렇게 살아갈 것이며, 마찬가지로 항상 활동적이고 적극적이었던 사람은 나이가 들었다고 해서 쉽게 물러 앉아 조용히 지내지 않는다는 것이다.

중요한 점은 누구나 평생을 두고 일관성 있는 태도와 행동 유형을 지켜 나감으로써 자아 존중감과 생활 만족도를 지속적으로 확보하고자 한다는 것이다.

f. 하위문화 이론

하위문화 이론(subculture theory)은 노인들도 다른 소수 집단과 마찬가지로 독자적이면서 특유한 성격의 하위문화를 공유하고 있으며, 이러한 노인들의 문화는 노인 개인의 정체성과 자아상의 토대가 되고 있을 뿐만 아니라 그들을 뭉치게 하는 집단의식의 형성을 가능하게 한다는 것이다.

g. 연령 계층화 이론

연령 계층화 이론(age stratification theory)은 모든 사회가 '사회경제적 계급(socioeconomic class)'에 의해 계층화되어 있듯이 사람들은 청년, 중년, 노년 등으로 나이에 따라 범주화 내지 계층화한다는 이론으로, 나이에 따라 구분되는 각 연령층은 독특한 역할과 사회적 책임을 다하도록 하는 연령 규범(age norm)에 의해 규제된다는 것이다.

h. 상호주의 이론

상호주의 이론(interaction theory)은 인간의 사회적 노화와 관련하여 노인과 그들 둘러싼 주위 환경 사이의 역동적인 상호작용 과정에 초점을 맞춰 노인들이 변화하는 사회적 상황과 요구에 어떻게 적응하는가에 관심을 가진다. 상호주의 이론은 내용의 강조점에 따라 상징적 상호작용론[3], 낙인 이론[4], 그리고 사회적 붕괴 이론[5] 등으로 구분된다.

i. 사회적 교환이론

사회적 교환이론(social exchange theory)은 노인들의 지위를 결정하는 핵심요인은 노인들의 사회에 대한 기여도와 이들에 대한 사회적 자원의 비용 사이의 균형이라는 것이다. 노년기에 있어서도 돈이나 기타 사회적 자원을 가진 노인은 가족이나 친척들 앞에서 권력을 행사하며, 그렇지 못할 경우 노인은 소외되거나 의존적인 지위를 감수할 수밖에 없다는 것이다.

라서 권력의 기반이 되는 사회적 자원을 별로 소유하지 못한 노인들은 사회적 냉대와 차별 대우를 받을 수밖에 없게 되며 이것이 노인 문제의 바탕이 된다는 것이다.

j. 정치경제이론

정치 경제 이론(political economy theory)의 입장은 사회계급이라는 구조적 장벽이 노인들로 하여금 가치 있는 자원에의 접근을 막고 있으며 사회의 지배 집단들은 자신들의 이익을 위해 이 같은 계급 불평등을 계속 유지하려고 노력하는 데에서 노인 문제가 발생한다는 것이다.

이 이론은 노인문제에 대한 개인적·사회심리학적 접근을 거부하고 그 보다는 사회적·경제적·정치적 주건이 문제의 원인이이라는 구조적 접근에 의한 거시적 분석에 초점을 맞추고 있다.

---

3) 노인과 상호 작용하는 주위 환경과 사람들의 노인 행동에 대한 반응이 노인의 노화 과정에 부정적인 영향을 미치는 점에 관심을 가지면서 노인은 이 같은 변화하는 상황을 잘 극복할 수 있어야 한다는 점을 강조한다(한국노년학회, 2003, p.98).
4) 주위 사람들이 노인을 비생산적이고 쓸모없는 인간이라고 규정하면 이 같은 낙인이 찍힌 노인은 사회적 교범과 낙인에 맞춰 스스로 그렇게 행동하려는 경향을 보인다는 것이다(위의 책, p.98).
5) 낙인 이론의 연장으로 노인이 일상적인 삶의 과정에서 어떤 실수를 서설렀을 때 주위 사람들이 그것을 왜곡되게 평가함으로써 그 노인을 서서히 나약하고 의존적인 사람으로 만들어 가게 된다는 것이다(위의 책, p.98).

표 2-1 연령계층별 인구 및 구성비 추이 (2000~2026)

	2000	2005	2006	2010	2018	2026
총인구	47,008	48,294	48,497	49,220	49,934	49,771
0~14세	9,911	9,240	9,026	8,013	6,495	5,796
15~64세	33,702	34,671	34,874	35,852	36,276	33,618
65세 이상	3,395	4,383	4,597	5,354	7,162	10,357
구성비	100.0	100.0	100.0	100.0	100.0	100.0
0~14세	21.1	19.1	18.6	16.3	13.0	11.6
15~64세	71.7	71.8	71.0	72.8	72.6	67.5
65세 이상	7.2	9.1	9.5	10.9	14.3	20.8

자료 : 통계청, 『장래인구특별추계』, 2005

2. 노년인구 구조의 변화

노년인구 구조의 변화는 전체 인구에서 노인들이 차지하는 비중 증가로 인한 고령화, 여성 노인들이 남성 노인들보다 평균수명이 높은 데에 따른 여성노인의 증가, 농촌노인의 고령화 심화, 그리고 기타요인으로 도시화, 산업화, 그리고 황혼 이혼에 따른 노인 단독가구의 증가로 구분해 볼 수 있다.

1) 고령화

우리나라는 평균 기대 수명의 증가[6], 사망률의 감소[7]로 인하여 세계적으로 유례없는 빠른 속도의 고령화가 진행되고 있다. 2006년 7월 1일 현재 총인구 중 65세 이상 인구가 차지하는 비율은 9.5%로 2005년 9.1%에 비해 0.4% 증가하였고 10년 전인 1996년 6.1%

---

6) 2003년 현재 평균기대수명은 전체 77.5세이며 성별로는 남자 73.9세, 여자 80.8세임(통계청, 2006).
7) 2005년 사망률은 남자의 경우 인구 천 명 당 5.5명, 여자는 인구 천 명 당 4.5명으로 남자가 여자보다 1.0명 높은 수준으로 연령별로는 60대의 경우 남자가 18.6명, 여자가 7.3명이고, 70대의 경우는 남자 47.4명, 여자 25.5명임(통계청, 2006).

	1980	1990	1996	2005	2006	2017	2020	2030
노년부양비(%)	6.1	7.4	8.6	12.6	13.2	19.0	21.8	37.3
노령화지수	11.2	20.0	26.9	47.4	50.9	104.7	124.2	214.8
노인1명당 생산가능인구(명)	16.3	13.5	11.6	7.9	7.6	5.3	4.6	2.7

자료 : 통계청, 『장래인구특별추계』, 2005

에 비해서는 3.4%가 증가하였다. 우리나라는 지난 2000년 65세 이상 인구비율이 7.25에 이르러 「고령화사회」에 진입하였고 향후 2018년에는 이 비율이 14.3%가 되어 「고령사회」에 진입하고 2026년에는 20.8%가 되어 「초고령사회」에 도달할 것으로 전망하고 있다(통계청, 2006).

우리나라의 경우는 고령화 속도가 여느 선진국과 비교(표1-2)해 보더라도 매우 빠른 것으로 나타나고 있어 앞으로 도래할 고령화 사회에 직면하여 나타날 여러 가지 사회문제에 더욱 시급히 대처해 나가야 한다. 우리나라의 출산율은 1970년 4.53명에서 2007년 현재 1.03명으로 급격히 줄었으며 이는 2.1명을 낳아야 인구가 유지되는데 그 절반 정도만 낳고 있다는 것으로 이 같은 출산율의 급격한 저하는 고령화 지수[8]를 매우 큰 폭으로 변화시키고 있다. 이 같은 고령화 추이는 노인 인구 층의 다른 연령층과의 상대적 규모가 변한 데서도 기인한다. 노인 인구의 증가율이 전체 인구의 증가율을 앞서고 있고 특히 14세 이하의 연소 인구의 증가율을 앞서고 있음은 연소인구, 생산인구 및 노인인구의 상대적 구성비를 변화시키게 된다. 2006년 생산기능인구 7.6명이 노인 1명을 부양하고 있으며 노년부양비(比)는 2006년 현재 13.2%로 2005년 대비 0.6% 증가하였으며, 10년 전인 1996년 8.6에 비해 4.6% 증가하였다. 또한 2006년 노령화지수는 50.9로 유년인구 100명당 노인인구가 51명인 셈이다. 이것이 2017년에 이르면 노령화지수가 104.7로 노인인구가 유년인구를 초과할 것으로 보인다(표2-2).

유년인구와 노령인구로 구성되는 비생산인구에서 두 집단이 차지하는 구성비의 변화는 두 인구집단에 대한 부양형태가 다르다는 점에서 노령인구지수의 변화가 국가정책 수립 상 매우 중요한 의의를 지니게 된다. 이것은 앞으로 우리나라가 지향하는 노인복지정책의 방향 전체를 결정하게 된다. 결과적으로 노인인구의 급증으로 경제활동 인구의 비중이 상대적으로 감소하여 노인부양의 부담이 커지며, 보건·의료적으로는 노

---

8) 고령화지수=(65세 이상인구/0-14세인구)×100

인질환에 의한 개인, 가족 및 국가의 재정적 부담을 가중시키게 된다.

2) 여성노인의 증가

노인문제는 곧 여성노인의 문제라고 말할 정도로 여성노인이 전체 노인 인구에서 차지하는 비중은 남성 노인을 크게 앞지르고 있다. 2006년 남자인구 중 65세 이상은 7.6%이고 여자 인구 중 65세 이상은 11.4%(통계청, 2006)로 고령이 될수록 여성노인이 증가하는 현상에 따라 우리나라의 인구 고령화 속도의 빠른 진행은 남녀 노인의 심각한 성비 불균형을 그 만큼 빠르게 심화시키는 한 요인이 되고 있으며 이것은 다시 여성 노인의 낮은 유배우율[9]을 초래하고 있다.

우리나라는 전통적인 남아선호 사상이 강하여 출생 전 태아의 성감별에 의한 인공유산과 남아영아에 대한 건강관리를 치중하여 유아기의 인구는 남자가 여자를 크게 앞지르는 것이 해방 후 최근까지의 일관된 현상이다(이인수, 2006 재인용). 그러나 점점 나이 들어가면서 남성이 여성에 비해 생계유지활동과 음주, 흡연에 기인한 사망 위험요인 증대로 남성의 평균수명이 여성에 비해 5년 이상 짧게 나타나고 있다. 평균수명이 남자보다 여자가 더 긴 것은 세계적인 현상으로 U.S. National Center for Health Statistics(1982~1993 재인용)에 의하면 다음과 같은 원인이 제기된다.

① 사고에 의한 손상 및 중독 사망(예: 교통사고, 작업 중 부상, 전쟁 등)에 있어 여자보다 남자가 현저히 높다.

② 음주 및 흡연과 관련된 사망(예: 간질환, 폐암 등)에 있어 여자보다 남자가 현저히 높다.

③ 여자에 비해 남자가 직업과 관련된 건강악화 가능성이 현저히 높다.

성비에 따른 고령인구 추이를 보면 (표2-3)와 같이 2006년 현재 65세 이상 인구의 성비(여자 100명당 남자인구)는 2006년 67.8명으로, 2005년보다 0.7% 상승하였으며 10년 전인 1996년 59.4명에 비해서는 8.4% 높아졌다[10].

---

9) 유배우율(rate of married)은 법적인 배우자(남편, 부인)가 생존해 있는 노인 수를 해당연령층의 전체 노인수로 나눈 값의 백분율(%)를 말한다. 2005년 현재 65세 이상 인구의 혼인상태
10) 이는 남자 고령자의 사망률이 낮아져 성비가 개선되고 있기 때문이다.

(단위 : 천 명, %, 여자 100명 당)

	2000	2005	2006	2010	2020	2030
65세 이상	3,395	4,383	4,597	5,354	7,821	11,899
구성비	7.2	9.1	9.5	10.9	15.7	24.1
성 비	62.0	67.1	67.8	70.5	77.0	81.2
〈남자〉	1,300	1,760	1,858	2,213	3,403	5,332
구성비	5.5	7.2	7.6	8.9	13.5	21.5
〈여자〉	2,095	2,623	2,739	3,141	4,418	6,566
구성비	9.0	10.9	11.4	12.9	17.8	26.7

자료 : 통계청, 『장래인구특별추계』, 2005

　　이러한 평균수명 남녀 격차는 노인의 유배우율에 영향을 미치게 마련이고 남자의 평균수명률이 낮기 때문에 여성노인의 숫자가 독신으로 지내는 남성노인을 크게 능가하게 된다. 고령여성의 증가는 고령화 사회의 당면 과제 중의 하나인 여성 노인의 빈곤문제[11]와 결부된다. 또한 여성노인의 건강과 관련하여서는 여성 노인 특유의 질병에 대한 관심이 증대되어야 한다. 예컨대 많은 여성 노인이 관절통과 만성요통을 경험하고 있기 때문에 시급히 실비의 물리치료 서비스 확대 등이 고려되어야 할 것이다. 뿐만 아니라 신체적인 수발이 필요한 노인의 절대 다수도 여성이고, 그러한 수발을 제공하는 사람의 절대다수도 여성이므로 노인 수발이 여성의 희생을 바탕으로 이루어지지 않도록 하는 제도적 기반 마련이 요구된다 하겠다. 고령인구의 다수를 차지하는 여성 노인의 보호 서비스 강화 및 기능 확대 또한 고령화 사회의 도전이고 당년 과제이다(조성남, 2004). 노후혼인상태를 보면, 남자 노인의 경우는 유배우자의 구성 비율이 다수를 차지하고 있고 이는 남자의 경우 사별이나 이혼 후 다시 재혼하는 경향이 높기 때문이다. 반면에 여자 노인의 경우 사별자의 구성 비율이 높아 유배우자의 거의 3배에 달하고 있다(김두섭, 2001).

---

11) 성별 소득원별 소득유무를 비교해 보면, 근로 및 사업 · 부업 소득이 있는 비중이 여성노인(17.5%)의 경우 남성노인(44.1%)의 40% 수준에 불과하며 자산소득이 있는 비중도 여성노인(7.2%)은 남성노인(21.8%)의 33% 수준에 불과한 것으로 나타났다. 공적연금 소득이 있는 비중도 여성노인(6.3%)은 남성노인(26.9%)의 23.4%에 불과했다. 그러나 공공부조인 국민기초생활보장급여 소지비율은 남성의 2.5배에 달했고, 경로연금 소지비율도 남성의 1.7배에 달했다. 사적이전 소득 있는 비율도 여성노인(82.5%)이 남성노인(72.8%)에 비해 다소 높았다(보건사회연구원, 2005, 노인의 삶의 질 향상을 위한 정책방안 연구 : 여성 · 농어촌 · 독거노인의 생활실태를 중심으로).

3) 농촌노인의 고령화 심화

우리나라 고령인구의 비율은 도시지역보다 농촌지역이 훨씬 높게 나타나고 있다. 2005년 인구주택총조사 결과 농촌(읍면부)지역의 65세 이상 인구 비율은 18.6%로 도시(동부)지역의 7.2% 보다 훨씬 높게 나타나고 있다. 도시지역의 65세 이상 인구비율은 2000년 5.5%에서 2005년 7.2%로 1.7% 증가한 반면, 농촌지역은 2000년 14.7%에서 2005년 18.6%로 3.9% 증가한 것으로 나타났다. 또한 2005년 전체 인구 중 농촌지역 거주인구 비율이 18.5%인 것에 비해, 65세 이상 인구의 경우에는 그 두 배인 37.1%가 농촌지역에 거주하고 있는 것으로 나타났다(통계청, 2006).

농촌노인의 고령화는 신체적으로 건강하지 못한 노인의 비율이 도시보다 농촌에서 더 높다는 것을 의미하며 그럼에도 불구하고 자녀로부터 동거부양을 받고 있지 않는 단독가구의 노인비율은 농촌지역 62.6%, 도시지역 43.0%(통계청, 2002)로 농촌지역이 상대적으로 더 높다. 또한 신체수발이나 일상적인 편의 등의 도움이 필요할 때, 경제적 지원이나 정서적 지원과 달리 원거리에 살고 있는 자녀로부터의 서비스 지원이 즉각적이지 않고 현실적으로 받기 어려운 상황에 있다는 점이다. 농촌노인은 신체적 건강, 경제적 형편, 복지 서비스 이용에 있어 도시노인에 비해 많은 불리함이 있는 것이 사실이다. 그럼에도 불구하고 농촌이 도시지역에 비해 긍정적인 측면이 있다면 이는 전통적인 사회관계를 가진 공동체라는 점일 것이다. 공동체 안에서의 잦은 교류와 친밀한 관계가 오래 유지되는 공동체적 특성이 노인들의 고립을 막고 일상에 있어 긍정적인 사회적 관계를 증가시켜 노인의 사회적 건강을 증진시킬 가능성도 높힐 수 있다. 따라서 고령노인이 도시에 비해 많은 농촌의 환경에 맞게 노인복지적 서비스를 계획하고 실행해야 할 것으로 보인다.

4) 기타

우리나라 고령자 통계(통계청, 2006)에 따르면 노인들이 홀로 살거나 노인부부세대만 거주하는 노인 단독가구가 증가하고 있다. 이는 지난 2000년에 비하여 1세대 가구 2세대 가구는 각각 4.3%, 1.0% 증가한 반면, 3세대 이상 가구는 크게 감소(-7.4%)하여 대조를 보이고 있다. 연령별로 보면 65~69세, 70~79세 연령층은 1세대 가구에, 80세 이상

(단위 : 명, %)

		전국	도시(동부)	농촌(읍면부)	농촌거주인구(%)
2000	전체인구(A)	45,985,289	36,642,448	9,342,841	20.3
	65세이상인구(B)	3,371,306	2,001,341	1,370,465	40.6
	비율(B/A)	7.3	5.5	14.7	-
2005	전체인구(A)	47,041,434	38,337,699	8,703,735	18.5
	65세이상인구(B)	4,365,218	2,746,833	1,618,385	37.1
	비율(B/A)	9.3	7.2	18.6	-

자료 : 통계청, 『장래인구특별추계』, 2005

은 3세대 이상 가구에 가장 많이 거주하고 있었다.

이러한 현상에는 여러 가지 원인이 있겠으나 도시화와 산업화에 따른 자녀들의 도시 이주 후 홀로 농촌에 남는다든가 부부의 사별 후 홀로지내거나 황혼기 이혼과 같은 것 들을 고려해 볼 수 있다. 특히 최근 65세 이상 인구의 이혼이나 재혼건수는 지속적으로 증가하고 있다. 2005년 65세 이상 인구의 이혼건수는 남자기준 2,612건, 여자기준 922 건이었고, 10년 전인 1995년과 비교하여 남자기준 이혼건수는 4.4배, 여자기준 이혼건 수는 6.7배 증가하였다. 전체 이혼 건수에서 65세 이상 고령자의 이혼이 차지하는 비중 은 남자기준의 경우 2.0%로 10년 전 0.9%에 비해 1.1% 증가하였고, 여자기준은 0.7%로 10년 전 0.2%에 비해 0.5% 증가하였다. 65세 이상의 재혼 건수도 계속 증가추세를 보여 10년 전과 비교하여 '이혼 후' 재혼이 크게 증가하였는데, 남자기준은 3.6배, 여자기준 은 3.2배 증가한 것으로 나타났다. 이러한 노인 세대의 움직임은 비록 소수이긴 하지만 분명 과거에는 보기 드문 현상으로 이에 따른 복지욕구나 서비스도 면밀히 파악해야 할 것으로 보인다.

3. 노년기 생활 특성

노년기는 연령의 증가와 더불어 신체적, 심리적 기능 저하, 역할의 상실, 소득의 감소, 사회로부터의 고립 등 다양한 변화를 경험하는 시기이다. 이러한 변화는 노인의 활동범위를 공식적 단체나 활동으로부터 가족이나 친척, 이웃 등의 비공식적 관계망으로 축소시킬 뿐만 아니라 비공식적 관계망의 도움과 지지에 대한 의존성을 점차 증가시킨다. 따라서 여기서는 노년기 가족구조 및 사회경제 생활 등을 살펴보기로 한다.

1) 노년기 가족구조

노년기 가족에 있어 노인의 위치와 역할은 다른 가족원이 노인에게 가지는 기대와 요구, 사회전체, 특히 직업생활을 통해서 가지는 기대와 요구에 의해 규제된다. 즉 생산 생활과 소비생활을 분리하고 있는 현대 생활에서 가족원 중에서 소득이 없는 노인은 유아와 같은 소비자로서의 위치에 머무르고 부담으로 존재하게 된다.

유아의 경우, 수입이 없는 것이 당연한 일로 인정되지만 노인의 경우는 수입이 없는 노인과 수입이 있는 노인이 있기 때문에 반드시 당연한 것으로 받아들여지지 않는다(이윤숙, 1993). 노인문제의 발단은 가족 속에서의 노인의 역할과 기능이 약화되거나 소멸된 데서 찾을 수 있으며 그에 따른 심리적인 긴장과 갈등으로부터 시작된다(임춘식, 2001).

가족은 노인부양의 일차적 책임을 갖는 집단으로 우리나라 노인들은 정서적, 금전적, 도구적 측면 등에서 가족에 대한 의존도가 매우 높은 것으로 보고되고 있으며(박영란, 1987; 서미경, 1990) 급격한 가족구조의 변동 및 이에 따른 다양한 가족의 출현, 부양의식의 약화로 인해 가족의 부양능력 잠재력은 현저히 약화되는 있는 것으로 나타나고 있다. 한국보건사회연구원(2004)에 의하면 전국노인생활실태 및 욕구조사에서, 노인의 거주가구형태는 자녀동거 38.6%, 노인부부 34.4%, 노인독신 20.6%, 기타 조손가구 및 비혈연가구 6.4%로 나타났다. 또한 통계청의 2006년 사회통계조사에 따르면, 부모가 생존해 있는 가구 수가 61.6%인데 이중 부모가 자녀와 함께 사는 경우는 42.4%, 따로 살고 있는 경우가 56.3%에 달했다.

이와 같이 가족구조와 노인부양의식이 변화된 상황 속에서 가족은 노인의 보호와 부양을 부담 없이 받아들일 수 없는 현실로 치닫고 있다. 설사 노인이 그것을 기대한다 할지라도 젊은 세대는 이것을 정당한 의무로 받아들이지 않을 가능성이 있으며 이런 추세는 점점 더 확대되어 갈 것이기 때문에 노인부양이 가족 안에서 해결되기를 기대하기는 점점 어려워지고 있다. 이러한 변화 속에서 요구되는 것은 국가, 사회적 차원에서 노인부양에 대한 체계화된 대응책을 마련하는 것이다. 가족부양이 현저히 약화되고 있는 상황에도 불구하고 법제도적으로 여전히 상당한 가족부양을 전제로 제한적인 사회적 부양만을 인정한다면 현실과 제도의 차이로 인하여 노인부양 사각지대가 발생하게 될 것이기 때문이다(석재은·유은주, 2007).

전체 사회에서의 노인 고유의 사회적 역할은 존재성을 상실하고 있으며 가족적 역할에서도 이전과 같은 명확하게 구분된 노인의 위치와 그에 걸맞은 역할은 상실되어 가고 있다. 그러나 이윤숙(1993)은 사회변동의 과정에서 도리어 노인이 자녀부부의 가족생활에 보완적 성격을 가지고 노인 고유의 역할을 할 수 있다는 점을 제시하고 있다.

첫째, 고도의 기술과 직업 훈련을 필요로 하는 산업화 과정에서 한편에서는 퇴직 노인의 빈곤화가 진행되고, 다른 한편에서는 저임금과 주택난으로 스스로 새로운 가족을 형성하려는 능력이 부족한 자녀 세대가 증가한다. 여기서 부모 세대의 경제적 원조가 기대된다. 학자금, 결혼 자금, 주택비 등의 형태로 성장한 자녀의 노인에 대한 의존은 오히려 장기화되고 있다. 또 손자의 입학, 주택 구입 자금의 원조 등 노인의 경제적 원조의 역할은 오히려 증가하고 있다는 점이나.

둘째, 젊은 맞벌이 부부의 직업생활을 위한 과도한 요구는 가정에서 자녀 세대에 정서적 교육과 충분한 시간을 갖지 못하는 그들을 위해 손자들의 조부모로서의 뒷바라지와 가정 교육이란 차원에서 필요한 보조적 기능을 담당한다.

셋째, 급격한 사회 변동과정에서 노인의 전통적 태도나 행동 양식은 보수적이라고 하여 배척되기 쉬우나 가족의 종교행사, 친족 간의 교제는 노인 고유의 역할로서 인정된다.

넷째, 가정에서의 여가 활동으로서 정원 가꾸기와 화초 기르기 등은 노인이 즐겨 선택하는 취미 생활의 하나이다. 이것은 가족원 모두의 정서적 안정과 환경 미화적 차원에서도 크게 기여한다.

다음으로 노인의 가족적 역할이 가족 구조의 변화와 어떻게 관련되는지 생각해 보자. 자식부부와 동거하는 직계가족은 친자 중심적인 가족 형태이기 때문에 가족의 역할 구조도 노인과 자식부부라는 상호 의존적 관계가 성립된다. 자식부부가 노인의 뒷바라지를 하거나, 노인이 자식 부부를 대신하여 손자의 뒷바라지를 하는 것은 직계 가족의 특징적 역할 분담이다. 자식부부와 별거하고 있어도 노인이 자식부부에게 어떠한 경제적 원조를 하고 있다면 기능적으로는 직계 가족의 특징적 역할을 담당하고 있는 셈이 된다. 그러나 노인과 자식 부부가 별거하고 있는 경우의 부부 가족은 부부 중심의 가족 형태이기 때문에 부부 상호 의존관계가 역할구조의 중심이 되는 것은 당연한 일이다. 따라서 노인이 단신 또는 부부만의 독립 생계를 유지하고 신변 처리도 자식 부부에게 의존하지 않고 노인과 자식 부부가 정서적 유대관계가 강한 친구나 이웃 관계 정도의 관계를 유지하는 경우는 부부 중심 친자 관계로 볼 수 있다. 따라서 부부 관계의 역할에 중점을 두어 노인의 경우나 사회활동에 삶의 보람을 가지는 노인의 경우는 자식 부부에게 의탁하고 싶지 않다고 생각하는 경우가 많을 것이고, 친자관계에 중점을 두는 노인의 경우는 자녀와의 동거 생활을 당연한 일로 받아들일 것이다. 개인의 생활 경력에서 일찍이 부모와 별거하는 생활에 익숙해 있는 자와 그렇지 않은 자 사이에는 노후의 가족 형태에 대한 생각이 각기 다를 것이다.

그럼에도 불구하고 노인과 자녀 부부 사이의 관계는 주로 가족 형태상의 문제보다는 역할상의 상호의존 관계에서 성립되는 경우가 많다. 세대간의 공간적 거리를 둔 별거 가족의 형태에서도 시간이나 비용을 들이지 않고 부담 없이 교류하여 가족의 역할을 서로 나눌 수 있는 정서적 관계에 있는 경우는 부부 가족을 단독으로 취급하는 것보다 전체적 상관관계로 볼 필요가 있다. 또 세대 간의 동거가 행해지는 직계 가족에서도 노인과 자식 부부가 대등하게 서로의 인격을 존중하면서 역할 교환을 행하고 노인이 가족 밖에서 개인으로서 명예로운 일에 종사하거나 모임 등에 참석하여 활동하고 있는 경우는 노인과 자녀와의 관계를 수정 직계 가족이라고 부를 수 있을 것이다.

그러나 어떤 경우에도 노인의 경제적 자립성이 사회적으로 보장되지 않는다면 노인의 정신적 자립성을 잃어버리는 결과가 되고 나아가서 이와 같은 가족 형태는 성립될 수 없게 된다. 이점에서 노후의 가족 형태는 동거, 별거에 관계없이 근본적으로 공통하는 사회적 전제가 필요하다. 때문에 핵가족에 이르는 노인의 가족 내 위치와 역할은 노인 스스로의 경제적, 정서적 독립과 함께 사회 국가 차원의 기본적으로 보장된 원조가 필요하며 국가 사회의 원조 없이는 가족 내에서 노인의 위치와 역할은 권위에서 대등, 평등에서 예속으로 전락할 것이다. 가족 내에서 설 땅을 잃어버린 노인의 역할은 삶의 보람을 잃어버리고 마지못해 사는 기계적인 참여에 불과할 것이다.

2) 노년기 생활의 발달과업

노년기에 접어들면서 겪는 가장 큰 어려움은 은퇴 이후 죽음에 이르는 과정까지 놓여진 무한정한 시간이다. 노인들은 일정 시점에 이르면 노동 및 사회활동으로부터 자발적 혹은 강제적 은퇴를 겪게 되며, 이것은 역할 없는 역할 속에서 '원치 않는 계속되는 여가(full-time leisure)'의 고통이 된다(나항진, 2002).

노년기는 젊은 시절의 활발한 사회활동을 하던 성인기와는 달리 역할 상실로 정체감이 모호해지고 의욕을 상실해 가는 역할의 불연속성을 초래하는 시기이다. 이제 인생주기의 마지막 단계로 인생을 성숙시켜 완성시켜야 하는 시기인 것이다. 이 시기에 사회참여의 범위가 클수록, 그리고 중년기에 가졌던 활동유형과 별 차이가 없을수록 생활만족도가 높다는 연구가 나오고 있다(정지영 외, 2003). 건강이 우선 조건이 되지만, 내면적 성취와 사회적응 및 제2의 사회참여에의 의욕을 보이는 노년기의 사회활동은 역할 상실을 대체하는 기능을 하여 노인들에게 생활만족을 가져다주는 중요한 요인이 되게 한다는 것이다.

한편 노인이 되어 스스로 원하는 곳에서 살기 위해서는 이제 노후 생활에 대한 준비가 절대적으로 필요하다. 개인의 생애 중 어떤 특수한 시기에 행해야 하는 발달과업이 있다면 노년기도 예외는 아니다. 이 발달 과업을 성취하여야 후일의 발달과업도 잘 치르게 마련이지만 실패하는 경우는 개인적 불행과 더불어 사회적 인정도 못 받고 후일의 과업도 원만히 치를 수 없다. 대체로 노년기에는 그에 알맞은 신체적, 사회적, 심리적 과업이 있으며 이를 위해서는 철저한 준비가 필요하다고 볼 수 있다(임춘식, 2001).

연령별에 따른 후기 인생의 발달과업은 대체로 56세에서 104세까지 각 부분에 걸친 발달과업으로 인생변화는 모든 연령에서 흔한 것이며 변화를 위한 적응은 계속적인 과업이고, 몇 가지 과업은 유년, 중년, 노년기의 다양한 연령층을 거치는 동안 반복된다는 관점을 가진다. 이를 구체적으로 설명하면 (표2-5)와 같다.

표 2-5 노인의 연령별 발달과업

연령별	항 목	내 용
50대 : 일과 여가가치에 관한 의의 (56~64세)	직업	· 일(작업) 역할 재정의 · 전일제(full-time)직업을 떠남 · 부분제(part-time)선택 · 생활스타일 변화에 대한 조정 · 타인을 돕는 일을 지원함 · 재정상태를 재평가
	여 가	· 여가의 새로운 정의를 획득함 · 여가시간, 활동을 운영함 · 신체적, 심리적 건강을 사정 · 운동, 영양프로그램을 조정함
	내적생활	· 자신(self)을 재획득해 감 · 외부 생활세력의 이해를 구축해감 · 신체적, 정신적 변화에 대한 조정 · 스트레스를 관리함 · 자신의 삶을 재고 · 통합을 추구
	가 족	· 배우자와의 관계를 새롭게 하고 강화시킴 · 가족의 손실을 수용함 · 고령의 부모를 돕다 · 기혼자녀와의 관계를 가짐 · 조부모와 손자들의 역할을 조정
	친 밀 성	· 기존 관계를 유지하고 강화함 · 새로운 교우관계를 구축함 · 독신상태에 대한 조정 · 자신을 타인과 나눌 수 있는 능력을 확장
60대 : 분주한 윤리에 대한 재정의 (65~74세)	직업	· 인생과 작업역할 재정의 · 전일제(full-time)직업을 떠남 · 부분제(part-time)고려 · 직업재훈련 프로그램 참여 · 지역사회에 포함되는 것을 찾음 · 재정상태를 재고 · 자원봉사활동에 참여
	여 가	· 여가활동의 재정의 · 여가시간과 활동을 관리함 · 신체적, 심리적 건강을 사정 · 운동, 영양프로그램을 조정함 · 의학적 약물의 재고와 제한
	내적생활	· 삶의 의미를 추구 · 개인적 강점, 약점 평가 · 외부생활과 관계를 강화 · 죽음에 대한 개인적 태도를 재고 · 스트레스를 관리해감 · 자신의 삶을 재고 · 통합을 추구

연령별	항 목	내 용
60대 : 분주한 윤리에 대한 재정의 (65~74세)	가 족	· 부부와 자녀 관계를 재고 · 가족 내에서의 역할을 재평가 · 가족성원과 친구의 상실을 받아들임 · 생활거주지를 결정 · 가족성원과 친구의 개인적 기대의 재사정 · 개인관계의 강화
	친 밀 성	· 기존 관계의 강화함 · 새로운 교우관계를 구축함 · 독신상태에 대한 조정 · 자신을 타인과 나눌 수 있는 능력을 확장
70대 : 과거회상, 미래설계 (75~84세)	직업	· 주요한 인생역할로서의 일에 대해 해방 · 작업계획의 제한 · 직업에 포함되는 것을 줄임 · 재정상태를 재고
	여 가	· 여가에 대한 자기 자신의 개념강화 · 신체적, 정신적 건강의 재사정 · 운동, 영양프로그램의 조정 · 새로운 기술의 개발 · 생산성을 위한 기회탐구
	내적생활	· 인생력의 성공담을 구축 · 삶의 의미를 강화 · 외부생활 세계의 관계를 분류함 · 자신에 대해 더욱 만족해 감 · 현 인생 상황이라는 관점에서 자아상을 재창조 · 스트레스를 관리함 · 통합성 추구
	가 족	· 가족 관계를 평가히고 강회 · 생활 배치의 재고 · 친구 집단의 확장 · 동년배 집단과 해제 · 조부모 관계에 대해 투자함 · 운송자원에 대한 제고
	친 밀 성	· 성적정체감 유지 · 성에 대한 태도 조정 · 지적 관심을 개발하고 분담 · 타인에 대한 돕는 감정을 배양함 · 타인과 의사소통하는 능력을 증진함
80대 : 자아감과 개인역량을 강화 (85~94세)	직업	· 작업활동을 평가 · 작업약속을 제한함 · 시간 사용의 재고 · 재정상태를 조사함
	여 가	· 운동과 영양프로그램 유지 · 새로운 시적 경험을 위한 영역 선택 · 반추를 위한 시간을 가짐 · 창조적 활동의 확대

연령별	항 목	내 용
80대 : 자아감과 개인역량을 강화 (85~94세)	내적생활	· 삶의 의미를 추구 · 죽음과 죽는다는 것에 대한 올바른 개념을 명확히 함 · 내적평화를 개발 · 통합성 성취
	가 족	· 가족에 있어서의 개인역할을 명확히 함 · 가족성원에 대한 재정적 혹은 개인적 지원을 제공함 · 친구집단의 강화 · 가족을 대체할 것을 창출함 · 조부모 상태를 즐김
	친 밀 성	· 타인과의 관계를 유지하고 확장함 · 사회자원 집단에 참여 · 정서적 성숙을 사정함 · 육체적 변화에 대처 · 자신(self)에 대해 더욱 만족해 감
90대 : 영적 완전성 구축 (95~104세)	직업	· 일과 여가활동의 결함 · 흥미를 끄는 취미을 강조 · 흥미를 끄는 경력에 관한 정보를 유지
	여 가	· 시간과 자원을 관리 · 일을 대신하는 여가활동을 감상
	내적생활	· 영적 완점감의 성취 · 가지고 의지해 온 외부세력과의 강화 · 통합을 유지하고 즐김
	가 족	· 가족관계의 확장 · 가족 역할을 즐김
	친 밀 성	· 타인과의 관계를 유지하고 확장함 · 정서적 만족감을 유지 · 육체적 변화에 대처

3) 노년기 경제생활

노인의 삶을 이야기할 때 경제문제를 빼놓을 수는 없다. 최근 고령자 통계(통계청, 2006)에 의하면 노인들이 겪는 가장 큰 어려움이 주로 경제적 문제(44.6%)와 건강문제 (30.1%)로 나타날 만큼 노년기의 경제생활은 노인의 삶의 질과 직결된다고 할 수 있다.

(1) 노인가구의 경제상태

우리나라 노인가구의 경제 상태를 가계수지와 자산보유 현황을 통해 살펴보기로 한다.

(단위 : %)

	전가구	노인부부 가구	비노인 가구
가구분포	100	4.3	95.7
가구원수(명)	3.4	2.1	3.4
소득(천원)	2,919.8	1,159.8	2,998.8
구성비			
근로소득	62.1	10.2	63.0
사업소득	21.8	8.4	22.6
이전소득	7.7	54.6	6.9
기타	8.4	26.8	7.5
가계지출(천원)	2,395.1	1,132.5	2,451.7
소비지출(천원)	2,035.3	1,022.4	2,080.6
구성비			
식료품	26.5	30.7	26.4
주거 · 광열	8.5	12.8	8.4
의료	5.0	12.6	4.9
교육	11.3	2.5	11.5
교양 · 오락	4.8	4.3	4.8
교통 · 통신	17.5	9.9	17.7
기타	37.7	29.7	37.8

주 : 노인부부 가구는 가구주와 그 배우자가 65세 이상으로 18~64세인 가구원이 없는 가구임
자료 : 통계청, 『2005 가계조사』

가. 가계수지

우리나라 노인들의 경우 주 소득원의 대부분은 자녀에게 의존하고 있으며 그 다음이 본인의 일이나 직업을 통한 근로소득이다. 통계청(2006)에 따르면 2005년 노인부부 가구의 월평균 소득은 약 116만 원으로, 비노인 가구 소득 300만 원의 절반에도 못 미치는 38.7%에 불과하였다. 노인부부 가구의 소득 구성비를 보면 이전소득이 54.6%로 가장 높았고, 근로소득 10.2%, 사업소득 8.4%로 나타났다. 한편, 노인부부 가구의 가계지출은 113만 원으로 소득 116만 원보다 적어 3만 원 정도의 흑자를 보이고 있다.

노인부부 가구의 소비지출은 102만 원이며, 구성비를 보면 식료품비가 30.7%로 가장 높았고, 다음은 주거 · 광열비(12.8%), 의료비(12.6%), 교통 · 통신비(9.9%) 순으로 나타났다. 특히 의료비의 비중은 비노인 가구의 4.9%에 비해 7.7% 포인트 높은 수치를 보였다(표2-6참조).

이와 같이 한국 사회에서 현재 노인층 인구가 경제적 어려움을 경험하고 있는 이유는 이들의 인구사회학적 특성과 경험 때문이기도 하다. 이들은 일제 식민기에 출생해 대부분 경제적인 어려움을 겪고 성장했다. 또 이들의 교육수준은 대체로 낮고 대다수가 전통적인 농어업에 종사한 경력을 가지고 있다(김두섭, 2000). 그동안 우리나라 경제발전

에 헌신적으로 기여해 온 대다수의 오늘날 노인들이 가치관의 변화로 인해 더 이상 자식들로부터 부양을 기대하기 어려울 뿐만 아니라 사회적인 노인부양체계의 미비와 같은 여러 가지 요인 등으로 경제적으로 어려움을 경험하고 있는 것이다. 또한 노인층은 신체적 여건이 다른 연령층에 비하여 급격히 저하되는 특성이 있어 수입은 줄어들고 높은 연령으로 인한 많은 질병이 수반되어 그에 따른 지출은 더욱 많아지는 경향이 있다.

나. 자산보유 현황

노인 가구의 총자산과 순자산은 각각 일반가구의 절반 수준에도 못 미치는 45.7%, 46.6%에 지나지 않는다. 노인가구의 부채는 금융기관대출에 의한 부채보다는 부동산을 임대하여 받은 임대보증금이 큰 비중을 차지하고 있으며 자산구성 현황을 보면 노인 가구는 금융자산(15.1%)보다는 부동산(84.1%)에 대한 편중이 더욱 심한 것으로 조사되었다(통계청, 2006).(표2-7참조)

(2) 노인의 경제활동 참여

우리나라의 경우 고용을 통해 소득을 얻고 있는 대다수 경제활동 인구는 일정 연령이 되면 정년제도에 따른 강제 퇴직으로 인해 경제적 소득을 상실하게 된다. 현재 대부분이 55세를 기준으로 정년 제도를 채택하고 있으며, 최근에는 은퇴하기엔 이른 장년층까지 직장에서 내몰리는 조기 퇴직으로 자녀 교육 등으로 한창 지출이 많은 50대의 실업

표 2-7 노인가구유형별 자산보유 현황

(단위 : %)

항 목	전 체		일반가구		노인가구	
	금액	비중	금액	비중	금액	비중
총자산	28,112.3	(100.0)	29,123.8	(100.0)	13,329.6	(100.0)
- 저축총액	5,744.8	(20.4)	6,000.3	(20.6)	2,009.8	(15.1)
• 저축액	4,569.8	(16.3)	4,779.7	(16.4)	1,502.5	(11.3)
• 전 · 월세 보증금	1,175.0	(4.2)	1,220.7	(4.2)	507.3	(3.8)
- 부동산	21,604.1	(76.8)	22,315.7	(76.6)	11,203.6	(84.1)
• 주택	12,755.9	(45.4)	13,180.3	(45.3)	6,552.5	(49.2)
• 주택이회	8,848.2	(31.5)	9,135.4	(31.4)	4,651.1	(34.9)
-기타자산	763.5	(2.7)	807.8	(2.8)	116.2	(0.9)
부채총액	3,947.9	(100.0)	4,104.5	(100.0)	1,658.6	(100.0)
- 부채액	2,881.0	(73.0)	3,035.4	(74.0)	625.0	(73.0)
- 임대보증금	1,066.9	(27.0)	1,069.2	(26.0)	1,033.6	(27.0)
순자산	24,164.4	-	25,019.3		11,671.0	

주 : 노인부부 가구내 65세 이상 가구원만 있거나, 65세 이상 가구원과 18세 미만의 미혼 자녀나 손자녀가 함께 사는 가구
자료 : 통계청, 『가계자산조사보고서』, 2006

률이 높아지고 있는 실정이다.

우리나라 65세 이상 인구의 경제활동 참가율은 30.0%(통계청, 2006)로 나타났으며 성별로는 남자가 41.2%, 여자가 22.4%로 전년도에 비하면 0.2% 상승하였으나 거의 정체된 상태이며 15세 이상 인구의 경제활동 참가율 62.0%(남자 74.6%, 여자 50.1%)에 비하면 낮은 수치이고 특히 여성노인의 경우는 절반에도 미치지 못하고 있다(표2-8참조). 한편, 2005년 현재 산업별로 65세 이상 취업자의 분포를 보면, 농림어업이 52.7%로 가장 많았고, 다음은 사업 · 개인 · 공공서비스업(18.5%), 도소매 · 음식숙박업(17.7%), 광공업(5.3%) 순으로 나타났다. 성별로는 남녀 모두 농림어업 종사비율이 각각 49.5%, 56.6%로 가장 높았으며 다음으로 남자는 사업 · 개인 · 공공서비스업(21.6%)에, 여자는 도소매 · 음식숙박업(22.5%)에 많이 종사하는 것으로 나타났다.

우리나라 고령층(55~79세) 인구 중 향후 취업 희망자의 비율은 57.9%에 이르고 있으며, 이들의 주된 취업 희망 이유는 생활비에 보탬이 되어서(34.%), 일하는 즐거움 때문에(17.4%) 순이었고 성별 장래 취업희망률은 남자(72.2%), 여자(45.7%)로 남자가 여자보다 월등히 높게 나타났다(통계청, 2006).

이와 같이 오늘날 평균수명의 연장 추세를 고려할 때 우리나라의 정년 시기에 대한 낮은 연령규정은 퇴직이 실제적으로 노년기에 접어들기 이전에 이루어지고 있다는 점d와 함께 정년 이후의 시기가 더욱 길어지고 있다는 점에서 문제로 지적될 수 있다. 이는 결국 건강한 노인의 유용한 능력을 사장(死藏)하고 가족의 부양부담과 국가의 사회보장비용을 증가시키게 만드는 한 요인(조성남, 2004)이 되기 때문에 노년기의 다양한 스펙트럼을 고려한 국가정책이나 사회인식 등이 필요한 시점이나.

(3) 노년기의 다양한 스펙트럼

나이가 사람의 능력을 평가하는 기준이 되는 것은 옛말이 되고 있다. 평균수명의 증가와 삶의 조건 개선으로 보다 건강하고 젊은 노년기를 보내는 노인들이 늘어나고 있기 때문에 요즘의 노인들은 그 나이를 가늠키 힘들 정도로 젊고 활기찬 몸과 마음을 가지고 살아가고 있다. 미국의 한 조사에 따르면 55~61세 연령층의 86%, 62~64세 연령층의 84%, 65~68세 연령층의 80%, 69~74세 연령층의 78%가 자신들이 하는 일의 양이나 종류와 관계없이 작업하는 데에 있어서 아무런 어려움도 느끼지 않는다고 답했다. (표2-9) 과 같이 우리나라에서도 노인들의 경제활동 참가 욕구가 매우 크다는 사실을 알 수 있다(조성남, 2004).

표 2-8 65세 인상 인구의 경제활동 참가율 추이

(단위 : %)

	2001			2002			2003			2004			2005		
	전체	남	여	전체	남	여	전체	남	여	전체	남	여	전체	남	여
15세 이상	61.4	74.3	49.3	62.0	75.0	49.8	61.5	74.7	49.0	62.1	75.0	49.9	62.0	74.6	50.1
65세 이상	30.0	41.3	22.9	30.7	42.8	23.0	28.7	39.8	21.5	29.8	41.4	22.2	30.0	41.2	22.4

주 : 구간기간 4주 기준 적용
자료 : 통계청, 『경제활동인구조사』, 각년도

표 2-9 연도별 60세 이상 노인의 경제활동 참가 욕구

(단위 : %)

연도	현 취업자 중 계속취업희망자 비율	현 미취업자 중 계속취업희망자 비율
1981	69.2	34.4
1988	77.2	41.8
1990	65.6	38.3
1994	79.9	10.2
1998	79.3	12.5

자료 : 조상남, 『에이지 붐 시대』 2004 재인용

　　또한 다양해진 노년기 스펙트럼에는 노인의 소득 차에 의한 저소득층과 중상층 이상의 노인 등으로 다원화되고 있는 현상도 포함한다. 젊은 노인의 등장과 함께 노인의 경제적 안정을 희구하는 욕구가 그 만큼 커졌다고 할 수 있다. 즉 고정적인 수입을 통해 과거처럼 무기력하고 자식에게 의존하며 사는 존재가 아니라 적극적으로 스스로의 경제생활을 꾸려가고자 한다는 것이다. 물론 아직까지는 노인빈곤이 큰 문제이긴 하나 우리 사회에서 노년기 삶의 모습이 과거와는 다른 양태를 보인다고 할 수 있으며 이 또한 국가정책이나 제도마련에 적절히 반영되어야 할 사안이다.

제 3 장 실버산업의 공급자로서 기업

1. 기업과 사회 환경

기업의 재무성과 중심의 일반경영은 기업의 본질적인 부분이긴 하지만 동시에 기업
은 사회·문화적 존재이기도 한다. 사회의 존속을 위해 기업이 필요하듯이 기업 또한
사회와의 협력관계를 유지·발전시키지 않고는 존재하기가 어렵다할 것이다. 오늘날
기업이 처한 환경은 세계화로 인한 부작용과 윤리체계의 붕괴, 그리고 그로 인한 지구
환경의 위기로 기업으로 하여금 새로운 경영체계의 수립을 요구하고 있으며 여기서는
기업과 사회일반에 대한 관계를 중심으로 기업의 사회 환경을 살펴보고자 한다.

1) 기업과 경영

(1) 기업의 정의

기업이란 일반적으로 모든 산업분야에서 활동하는 모든 규모의 기업을 의미한다.
A. B. Caroll의 정의에 의하면, 기업(business)이란, 사적이고 상업성을 지향하는 조직체

로서, 규모에 있어 개인기업에서부터 재벌기업까지 다양한 규모로 존재한다(김성국, 2006). 또한 기업이란 '기본적으로 경제원칙에 입각하여 지출되는 비용(cost)에 비해 보다 큰 이익(benefits)을 창출하여 가치극대화(value maximization)라는 목표를 달성하기 위하여 운영되는 공동체 조직'이라고도 정의할 수 있다(곽수일 외, 1994).

(2) 경영의 정의

경영(management)이란 어떤 일을 다른 사람을 통해서 효율적이고 효과적으로 완수하는 과정이라 정의할 수 있다. 경영의 정의 가운데 '과정'이란 관리과정(management process)을 의미하며, 관리과정은 일반적으로 계획하고(planning), 조직하고(organizing), 이끌며(leading), 통제하는(controlling) 기능을 의미한다.

이러한 경영이 추구하는 바는 효율성과 효과성이라고 할 수 있는데, 먼저 효율성(efficiency)이란 '어떤 일을 제대로 하는 것'(doing things right)을 말하며, 산출물(output)을 투입물(inputs)로 나눈 값으로 측정된다. 일반적으로, 효율성이란 능률을 의미하는 것으로, 경영에 있어서 수단(means)에 해당된다. 또한 효과성(effectiveness)이란 '어떤 제대로 된 일을 하는 것'(doing the right things)을 의미한다. 효과성이란 목표의 달성정도로 나타낼 수 있다. 즉 효과성은 경영에 있어서 목표(ends)를 의미한다.

(3) 사회의 정의

사회는 공공의 전통, 가치관, 관심사를 가지고 공동생활과 활동을 영위하는 공동체, 국가, 또는 사람들의 집단이라고 할 수 있다. '경영과 사회'의 관계 속에서 논의되는 사회는 무수한 이해집단(interest groups), 다소 공식화된 조직체들, 다양한 단체들로 구성된 지역사회(local community) 또는 전체사회(entire society)를 의미한다.

2) 기업의 목적

(1) 기업의 경제적 목적

기업의 목적은 기업 활동이 지향하는 최종적 성과 내지 결과, 활동의 평가기준이 된다. 기업 목적은 관점에 따라 두 가지로 나누는데, 첫째는 기업 목적을 기업이 담당하는 제도적 역할로 보고 시장 메커니즘과 관련하여 경제적 목적과 비경제적 목적으로 보는 시각이고, 둘째는 기업 개념 구분상 전체론적 단일 목적론과 행위론적 다원 목적론으로 나누는 것이다(김성국, 2006).

먼저, 경제적 목적은 기업의 일차적인 책임으로 이윤추구를 목적으로 하는데 반해, 비경제적 목적은 사회적 책임과 관련된다. 기업의 일차적 책임으로서의 경제적 목적은 자본의 논리와 사회구조적 분업의 논리에 따라 자본가 기능과 경제적 기능을 실현하는 것을 의미한다. 자본가의 우위와 공사이익의 조화를 기초로 한 극대 이윤의 경제적 목적은 자연조화주의(낙관주의)에 근거하고 있다.

그러나 기업환경이 복잡성을 띠고, 기업이 이윤극대화를 지향하는 것과 그 과정에 대한 비도덕성의 문제가 제기될 뿐만 아니라, 인간의 제한된 합리성(bounded rationality)에 대한 인식 등으로 인해 다원 목적론적 만족 이윤의 원리를 지향하게 되었다. 그러므로 기업에서는 제품 서비스와 관련된 원천적인 책임이라 할 수 있는 경제적 목적과 더불어 기업의 사회적 책임과 관련된 비경제적 목적의 중요성을 인식하지 않을 수 없게 된 것이다.

(2) 기업의 비경제적 목적

기업이 비경제적 목적을 중요시하게 된 이유는 경제적 관점에서 전인적 관점으로 구성원에 대한 인식이 바뀌고, 소유권과 규모의 변화로 인해 기업 구조가 바뀌었으며, 기업 권력의 증대로 기업 기능에 사회적 기능이 중요시 되었을 뿐만 아니라, 다원사회로서의 사회구조의 변화와 가치관과 이데올로기의 변화로 사회기능이 변하였기 때문이나. 이러한 변화는 기업으로 하여금 사회문제 해결에 있어서 기업이 자신의 자원을 사용해 조력해야 한다는 사회적 계약의 의미를 내포하고 있다.

비경제적 목적은 기업이 사회의 한 조직으로 사회의 입장에서 사회적 규범을 수행해야 한다는 규범적 관점과 매슬로우(Maslow)의 욕구 5단계설을 거시적으로 적용하여 계몽된 사적 이익 하에서 사회적 책임을 수행하게 되면 장기적인 이익달성 가능성과 좋은 환경 조성이 가능하다는 심리적 관점(효용이론), 치료보다 예방을 우선하는 전략적 관점에서 지지를 받고 있다.

한편, 프리드만(Friedman)은 이윤증대가 기업의 책임인데 사회적 책임까지 부담하도록 하는 것은 본질적 기능수행을 저해한다고 하였으며, 레비트(Leavitt)의 경우에는 기업 권력 증대로 인한 다원 사회에 대한 위협을 예도 들어 비경제적 목적을 강조하는 시각에 대해 비판을 하고 있다.

이상과 같은 경제적 목적과 비경제적 목적간의 조화를 설명하기 위해서는 다음과 같은 세 가지 입장을 살펴볼 수 있다(김성국, 2006). 전통적 기업관, 모체적 기업관, 중도적 기업관이 그것으로, 첫째, 경제적 목적을 우선시 하는 수직적 계층 구조의 전통적 기업관에서는 단일 목적, 즉 극대이윤추구라는 경제적인 인간관을 강조하지만, 두 번째 비경제적 목적을 우선시하는 모체적 기업관에서는 다원 목적론적이고 전인적인 인간관을 강조한다. 그러나 사이먼(Simon)의 경우 극대 이윤보다는 최적 이윤의 개념을 가지고 경제적 목적과 비경제적 목적의 조화로서의 중도적 기업관을 주장하고 있다.

결과적으로 현대 사회에서는 다원 목적적 기업목적을 가지면서 이윤을 추구하는 경제적 목적과 이해 관계자 이익에 대한 봉사로서의 비경제적 목적을 존중하는 중도적 기업관을 지향하는 것이 바람직하다고 할 수 있다.

3) 기업과 사회의 관계

현대사회에서의 기업이란, 제도로서의 기관, 관리상의 경영기능, 그리고 경영인이라는 의미를 모두 함축한 개념이다. 사회는 구조적이고 기능적인 부분들의 전체 범위로서 구성원의 전반적인 생활양식으로 기업의 환경을 구성하게 되고, 기업과 관련된 사회는 모든 구성 요소들 간의 사회적 관계가 응집된 총체를 뜻한다.

따라서 기업은 사회에 대한 환경 적응적 측면과 사회적 책임의 측면이라는 두 가지 입장을 갖게 된다.

환경 적응적 측면은 기업목적이 환경과의 상호공존을 위해 동태적으로 환경에 적응하고 적극적으로 환경을 창조하는 것이며, 사회적 책임의 측면은 기업 활동이 환경에 피해를 주는 일 없이 수행되어야 한다는 소극적 책임과 기업이 강력한 사회적 영향력에 걸맞은 역할을 수행해야 한다는 적극적 책임으로 나뉜다.

기업과 사회를 파악하는 관점에는 기업을 사회의 하위 시스템으로 보고 다양한 요구를 수용하여 균형 달성에 중점을 두는 사회 시스템적 접근법과, 사회문제 해결에 있어서 기업의 주체적 입장을 강조한 관리전략적 접근법이 있다.

우선, 사회시스템적 접근법은 단순모형과 복합모형으로 나누어지는데, 전자의 경우는 기업의 자율 논리를 강조한 데 반해, 후자는 생태적 성격과 사회경제적 성격을 가진 것으로, 각 이해 집단의 복합적 사회문제해결을 첨가하여, 기업의 자율 논리에 따른 시장과정과 정부개입 논리에 따른 공공 정책과정, 이해관계자 집단의 참여과정에 의해 사회문제가 해결된다고 본다.

다음, 관리 전략적 접근법은 기업을 사회문제 해결의 주요 당사자로 강조하고 전략적으로 대응방안을 모색하는 경영과정에 초점을 두어 구체적 실천 방안을 제시하는 것으로, 1차적으로는 사후적인 해결에 주력하는 것이고, 2차적으로는 사전적 해결 및 예방으로 바람직한 환경관계를 유지하는 의사결정론적·상황론적 입장에서 살펴볼 수 있다.

(1) 기업-정부-사회의 상호연계 시스템

가. 시스템 관점

경영학은 흔히 '일반시스템 이론' (general system theory)으로 조직을 설명한다. 일반 시스템 이론이란, 모든 살아 있는 유기체들이 상호작용을 하고, 서로 영향을 주고받으며, 환경과 상호작용을 하는 시스템이다. 유기체(시스템)가 생존하는데 핵심적인 것은 '적응' 으로, 환경의 변화에 적절히 대응하는 것이 매우 중요하다.

한 나라의 경제활동(기업), 정치활동(정부), 문화(사회)는 상호 연계되어 있는 복합체라고 볼 수 있다. 기업은 시장과 상호작용을 하는 것이 아니라 정부와 일반사회로부터의 지대한 영향을 받는다. 따라서 기업과 사회는 상호작용하는 사회 시스템(interactive social system)이라고 할 수 있다.

나. 이해관계자 개념

a. 기업과 이해관계자

이해관계자(stakeholders)란 한 조직의 의사결정, 정책, 영업에 영향을 받거나 영향을 주는 모든 집단을 말한다. 이해관계자 집단의 크기가 크거나 이해가 다양하면 기업의 경영은 복잡한 양상을 띠게 된다. 정부는 이해관계자로서 기업의 시장진입과 퇴출에 관련된 조건을 정하는 역할을 한다. 이해관계자와 기업 간의 관계는 'threes-legged stool' (다리가 셋인 의자)와 같다. 이는 '호저(豪猪)의 딜레마' (porcupine dilemma)라고도 하는데 그 이유는 '불가근, 불가원(不可遠, 不可近)', 즉 너무 가까워도 안 되고, 너무 멀어도 안 되는 관계이기 때문이다.

b. 일차적 및 이차적 이해관계자

일차적 이해관계자는 기업의 생존과 활동에 직결되는 이해관계를 갖고 있는 이해관계자 집단을 말하고, 이차적 이해관계자는 주로 간접적으로 영향을 받는 이해관계자 집단을 말한다.

① 기업의 일차적 이해관계자

기업의 생존과 활동에 중요한 영향을 미치는 이해관계자집단으로서 다음과 같은 집단이 일차적 이해관계자 집단에 해당한다.

- 종업원(노동조합) : 기업에 노동 제공
- 주주(stockholders) : 기업에 자본 투자
- 채권자(creditors) : 기업에 자금을 꾸어줌
- 공급자(suppliers) : 기업에 필요한 물품 공급
- 고객(customer) : 기업이 생산한 제품을 구입
- 경쟁사(competitors) : 기업과의 경쟁
- 유통업자(retailers) : 기업의 제품을 시장에 유통시킴

② 기업의 이차적 이해관계자

기업활동의 결과로 직·간접적인 영향을 받는 이해관계자 집단으로는 다음과 같은 집단이 있다.

- 지역공동체(local community) : 기업환경을 제공하고 기업은 지역사회에 일자리를 제공함
- 정부나 공공기관(government) : 기업활동을 규제, 세금부과 등
- 언론매체(media) : 기업의 이미지 형성, 선도 및 홍보
- 일반대중(general public) : 기업에 대한 긍정적·부정적 여론 형성
- 사회활동 단체(social activist groups) : 사회적 요구(예: 여성단체, 소비자단체 등)
- 경영자문기관(business support group) : 기업경영에 대해 조사, 연구, 제안, 충고 (예: 상공회의소, 무역협회, 생산성본부, 능률협회, Think Tanks)
- 외국정부(foreign government) : 기업에 대해 우호적, 적대적 관계 형성

c. 이해관계자의 이해와 권력

각 이해관계자의 이해는 실로 다양하다. 이해관계자 권력(stakeholders power)이란 자원을 사용하여 특정 사건이 발생하게 하거나 바람직한 결과를 보장하는 능력을 말한다. 이해관계자 권력에는 다음과 같은 세 가지 종류가 있다.

① 투표권(voting power) : 이해관계자는 자신의 지분의 수량에 따라 비례적으로 투표권을 행사함으로써 기업에 영향력을 행사한다.

② 경제력(economic power) : 소비자, 공급자, 그리고 유통업자는 그들의 경제력을 기반으로 기업에 영향력을 행사한다.

③ 정치력(political power) : 정부는 입법활동과 규제를 통해 기업활동에 제약을 가할 수 있다.

d. 이해관계자 연합

이해관계자들이 특정한 이슈나 문제에 대해 공동의 인식과 견해를 갖고 있을 때 한시적으로 함께 활동하기 위한 연합체를 구성하는 것을 말한다. 주로 어떤 운동이 있을 경우 연합이 잘 되는데, 예를 들면 환경운동, 인권운동에 국제적으로 다양한 구성원이 참여하는 것을 보면 알 수 있다. 그러나 때때로 조정이나 정책결정에 있어서 의견조율이 잘 되지 않는 속성을 갖고 있다. 그러나 최근에는 민감한 사회문제에 시민운동 단체들이 횡적으로 활발하게 연합하여 공동으로 대처하는 경향이 증가하고 있다.

다. 기업과 사회관계를 형성하는 힘

a. 전략과 사회적 도전

오늘날 기업들은 어디에서 그리고 어떻게 경쟁할지에 대한 전략을 새롭게 생각하고 있다. 이러한 전략적 재사고(strategic rethinking)는 기업을 변화시키고 있다. 많은 기업이 그들의 사업을 구조조정(restructuring)하였으며, 불필요한 사업부를 퇴출시키고 경쟁력 없는 사업을 정리하는 노력을 경주하였다. 이러한 제품과 서비스의 질 향상과 비용절감을 위해 사업을 재설계하는 것을 리엔지니어링(reengineering)이라 부른다. 기업의 전략 변화는 이해관계자와의 관계에도 영향을 미친다. 가령, 경쟁력 강화를 빌미로 구조조정을 단행하면 대량 실직이 발생할 수 있기 때문이다. 따라서 리엔지니어링을 가능하게 하기 위해서는 '새로운 사회계약(new social contract)'이 필요하다. 새로운 사회계약이란, 이해관계자들이 경영자가 이해관계에 영향을 주는 의사결정을 하는데 있

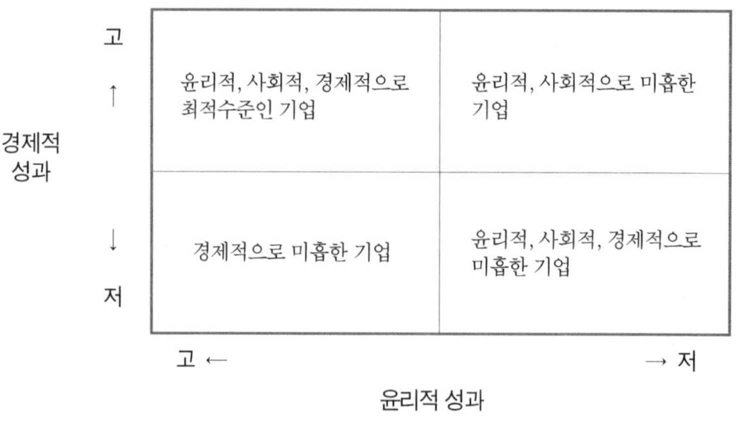

[그림3-1] 기업의 경제적 성과와 윤리적 성과

어서 이해관계자의 이해를 보호할 것으로 기대하고 믿어주는 신뢰관계를 의미한다.

b. 윤리적 기대와 공공가치

윤리적 기대는 기업경영에 있어서 매우 중요하다. 일반대중은 기업이 윤리적 원칙을 따를 것을 원하고 있다. 윤리적 원칙이란, 경영의사결정에 있어서 옳고 그름, 공정하고 불공정한 것을 판단하는 기준(guidelines)을 말한다. 따라서 기업이 두 가지 사회적 요구 간 균형을 이루고 이를 통합하는 방법을 모색해야 한다. 그래야만 사회로부터 공공의 지원과 신뢰를 획득할 수 있으며 기업의 합법성(business legitimacy)을 얻을 수 있기 때문이다. 여기서 두 가지 사회적 요구란 [그림3-1]에서 보는 바와 같이 높은 경제적 성과(high economic performance)와 높은 수준의 윤리적 기준(high ethical standards)을 의미한다.

c. 세계적, 경제적 변화

1990년대 기업 활동에 영향을 미친 가장 중요한 요인 가운데 하나는 전 세계적으로 진행된 경제적 변혁일 것이다. 세계경제 변혁의 주요 내용은 일본 기업의 급성장과 세계적 영향력 확대, 제3세계의 경제발전, 그리고 서유럽의 경제통합을 꼽을 수 있다. 또한 소련의 붕괴와 동유럽국가의 개방, 그리고 중국의 자본주의 체제도입도 세계적 경제 변혁에 중요한 변수로 등장하고 있다.

GATT(General Agreement on Tariffs and Trade, 관세 무역 일반협정)체제를 대체한 WTO(World Trade Organization, 세계무역기구)체제의 출범은 국제무역과 통상협상을 다자간 관계로 발전시켰으며, 1999년부터 실시된 유럽통화의 통합결과로 등장한 '유로(Euro)'는 국제통화의 새로운 질서를 알리고 있다.

d. 정부와 공공정책

최근에 이르러 정부의 역할도 도전을 받고 있다. 정부의 권한을 민간에 이양하라는 압력을 받고 있는 것이다. 정부 권한의 축소는 미국을 비롯한 서구 선진국에서 공통적으로 시행되는 규제완화(deregulation)와 민영화(privatization)조치로 대표되고 있다.

과거 중앙 집권적이고 권위적이며, 규제일변도의 정책이 자유시장경제와 민주주의 확대로 변화를 겪게 된 것도 세계적인 경제변혁에 속하는 현상이다.

e. 환경과 천연자원문제

최근에 이르러 기업의 경영활동에 위협적인 도전요소로 부각되는 것이 산업생산과 자연의 한계간의 균형을 맞추는 일이다. 산업생산의 과정 속에 그 부산물로 부득이하게 쓰레기와 오염이 발생하게 되는데, 산업생산의 결과로 빚어지는 대기, 하천, 토양오염으로부터 인간을 보호하는 환경운동은 기업 활동에 직접적인 도전이 되고 있다.

환경보호의 핵심내용은 오염의 방지, 쓰레기 배출의 최소화, 그리고 천연자원의 보존이다. 이 환경보호 운동은 국제적인 관심을 불러일으켰다. 오존층 파괴문제, 생물다양성 문제, 지구온난화 문제 등 환경재해에 대해 세계는 공동보조를 취하고 있다. 오늘날 국내, 국제적 환경보호의 흐름은 기업의 활동에 절대적인 영향을 미치고 있다.

(2) 기업의 대응

사회가 생산과 소비의 고도화로 풍요로워짐에 따라 사람들의 교육수준이 향상되고 의식수준도 높아졌다. 이에 따라 기업과 기업경영을 바라보는 눈도 변화하게 되었다. 즉 기업에 대한 사회적 기대(social expectancies)가 높아졌으며, 대기업의 횡포와 환경오염에 대한 시민들의 대항력(countervailing power) 또한 커지게 되었다. 사회구성원들은 기업의 독단과 비윤리적 행동으로부터 보호받는 것을 자신의 권리로 인식하게 되었고, 이러한 권리를 찾기 위해 사회단체를 조직하고 국내외적인 연대활동을 통해 기업에 대한 비판과 견제를 하고 있다.

이러한 기업에 대한 비판이 고조되면서 기업의 이해관계자를 구성하는 사회와 사회 구성원에 대한 관심이 크게 증가하였으며, 종래 기업-정부-사회 간 사회계약의 내용도 변화하게 되었다. 즉 기업이 사회 속에서 정당성을 확보하기 위해 변화된 사회에 적합한 새로운 사회계약에 동참하게 된 것이다.

이러한 사회변화에 영향을 준 것은 시민들의 권리의식이다. 권리의식은 다른 말로 성원자격 의식(成員資格意識, entitlement mentality)이라고 표현되는데, 즉 권리의식이란 사회구성원의 의식이 강해져서 한 개인이 기대만큼의 성과를 올리지 못하게 될 때 그것을 한 개인에게 잘못이 있다고 생각하기보다는 어떤 기관(institution)이나 사회(society)에 그 잘못이 있다고 책임을 사회에 돌리는 의식이다.

예를 들면, 누군가 실업자가 되었다면 그 사람의 개인적 잘못이라기보다는 사회에 책임이 있다고 생각하는 것이다. 왜냐하면, 그는 사회의 한 구성원이기 때문에 사회는 구성원인 그 사람에게 마땅히 일자리를 주어야 한다는 것이며 이러한 생각이 바로 권리의식 또는 성원자격 의식이다.

4) 변화하는 사회 환경과 기업경영

기업을 둘러싸고 있는 환경은 다양한 각도에서 살펴 볼 수 있는데, 여기서는 일반적으로 기업의 외부시장환경과 생산환경, 그리고 조직구성원의 의식과 문화의 측면을 살펴보고자 한다.

(1) 시장환경의 변화

오늘날 기업이 직면하고 있는 시장환경 변화의 주요요인은 과거와는 달리 소비자들의 욕구가 다양화됨에 따라 수요예측이 힘들어지고(demand uncertainty), 이에 따라 제품수명 주기(life cycle)의 단축과 예상치 못한 경쟁자의 등장, 그리고 끊임없는 신제품의 출현 등으로 인해 각 기업이 그 어느 때보다도 민감하고 탄력적으로 시장환경 변화에 대처하여야 한다는 것이다.

(2) 생산환경의 변화

기업에서는 다양한 시장환경 변화에 부응하여 제품을 생산하는 과정에 있어서도 많은 변화를 경험하고 있다.

먼저, 소비자의 욕구에 즉각적으로 대응하기 위해 과거의 대량생산체제(소품종대량생산)에서 다품종 소량생산체제로 이행하여 생산의 로트 사이즈(lot size)가 점차 작아지고 있으며, 재고비용 축소를 위한 재고감축에의 압력과 노동비용(인건비)의 증가, 3D 기피현상과 같은 생산(근로)의욕의 감소, 노동인력의 감축 등의 변화를 경험하고 있다.

(3) 조직구성원의 의식과 문화의 변화

기업의 외적인 환경변화와 함께 기업 내부의 조직구성원의 의식과 조직문화도 변화하고 있는데 그 주요 변화내용은 다음과 같다.

① 가치관과 기대의 변화로 사람들의 주요 관심이 일보다는 여가에 쏠리고 집단보다는 개인주의적인 가치관이 증가되고 있다.

② 노동신념상의 변화로 과거의 평생직장이라는 개념을 가지고 조직에 몰입하던 종업원들의 모습은 현대에 들어와 자아실현과 자기욕구 충족을 위한 잦은 직장이동과 낮은 애사심으로 나타나고 있다.

③ 여성근로자 수의 증가로 많은 여성들이 결혼 후에도 계속 근무를 하고 있으며,여성전문직이 급격히 증가하는 모습을 보이고 있다.

④ 여성인력의 사회참여가 커지고 맞벌이 부부가 증가함에 따라 인사의 탄력성이감소되고 해외 근무를 기피하는 현상이 두드러지게 나타난다.

⑤ 현대인들이 생활의 질을 중시하여 3D업종을 기피하는 현상이 나타나 제조업이 위기를 맞고 있다. 1차, 2차 산업에 비해 3차 산업, 즉 서비스 업종이 비대해지며, 투기심리의 영향으로 거품경제가 초래되기도 한다.

⑥ 민주화의 열풍이 거세지면서 노동자 세력이 커지게 되고 생산성을 웃도는 임금인상 요구압력과 경영참가의 요구, 정부의 ILO(International Labor Organization, 국제 노동 기구) 가입 등으로 인해 경영자 입장에서는 기업활동을 하는데 고려해야 할 다양한 요소들이 생겨나고 있다.

(4) 사회 환경의 변화

뿐만 아니라 기업은 이제 사회공헌활동을 다양한 경영분야에 활용하는 경영전략적 사회활동을 추구하고 있다. 특히 기업이윤과 사회공헌과의 조화 속에서 자사의 장점을 발휘할 수 있는 영역을 특화하여 사회공헌활동을 하려는 경향이 점차 높아지고 있다.

　　기업은 근본적으로 영리를 추구하는 집단이나 현대 자본주의는 국민복지 증진을 위한 기업의 적극적인 역할을 요구하고 있다. 역사적으로 국민복지의 문제는 정부의 영역으로 간주되어 정부는 사회제반분야의 균형과 성장을 위해 많은 예산을 투입해 왔다. 그러나 점차적인 사회의 다원화에 따라 정부의 역할에는 한계가 나타나기 시작했다. 이에 정부의 힘이 미치지 못하는 영역에서의 민간 기업이 펼치는 복지활동은 사회적 책임의 수행이라는 의미에서 그 중요성이 강조되고 있다.

2. 경영자와 기업윤리

　　전통적으로 경영자들은 이윤을 극대화하기 위해 노력하고, 투자자들은 경영자들이 제시하는 경영성과에 기초하여 투자를 하는 것이 자본시장의 질서이다. 그러나 최고의 경제적 성과를 보이던 기업들이 하루아침에 무너지는 현실 속에서 이와 같은 법칙이 무너지기 시작하였다. 이제 투자자들은 더 이상 이윤만을 많이 창출해내는 기업을 최고의 기업으로 생각하지 않게 된 것이다. 변화하는 사회 환경에 적응하는 기업 윤리는 어떤 것이어야 하는지, 경영자의 개념, 기업이념과 경영철학, 그리고 경영자의 역할유형 등을 통해 살펴보고자 한다.

1) 경영자의 개념

　　경영자(manager)란, 조직 내 구성원들의 행위를 지도하는 역할을 하는 사람을 말한다. 조직 내에는 크게 두 부류의 구성원이 존재하는데, 첫 번째 부류가 경영자이고 나머지는 운영자(operatives)라고 볼 수 있다. 운영자란 조직 내 직무나 과업을 직접 수행하는 자로서 다른 사람의 일을 감독하는 책임을 가지고 있지 않은 사람을 말한다. 경영자는 조직의 운영에 대해 책임을 지는데, 그 책임(responsibility)과 권한(power)은 경영자의 조직위계상의 지위에 따라 차이가 있다. 최고경영자(top management)는 조직의 방향과 전략을 결정하는 책임을 맡고 있는 경영자로서 전략적 의사결정(strategic decision making)을 내린다. 중간관리자(middle management)는 하급관리자와 최고경영자 사이에서 최고경영자의 지시를 받아 주어진 권한을 사용하여 하급관리자를 관리, 감독하는 역할을 수행한다. 하급관리자(first line-mangers, supervisor)는 운영자(operatives, 실무담당자)들을 현장에서 직접 감독하는 역할을 수행한다. 하급관리자는 업무적 의사결정(operative decision making)을 내리는 사람이다.

2) 경영자의 기능적 형태

기업의 소유자인 주주가 증권자본주의의 발전에 따라 소액주주화 되면서 주주의 기업에 대한 실질적인 경영참가는 줄어들고 그에 따라 기업의 실질적인 경영권을 경영자층이 지배하게 되는 현상이 늘고 있다. 또 현대의 경영기업이 복잡, 전문화됨에 따라 전문경영자가 출현하게 되었다.

(1) 소유경영자

자본가(출자자) 또는 주주가 직접 경영의 책임을 아울러 맡고 있는 경우, 이를 기업가라고 하며 다른 말로 '소유경영자' 라고 한다. 대부분 단독기업 또는 개인기업과 같은 비교적 기업규모가 작고 생산방식이 단순한 기업형태에서 볼 수 있다. 경영목적은 출자자의 영리추구이며, 운영은 이기적·독선적이 된다. 그러나 경영활동에 대한 일체의 손익책임을 자신이 지게 되고, 이러한 경영자는 현재 중소기업에서도 많이 볼 수 있다(정수영, 1995).

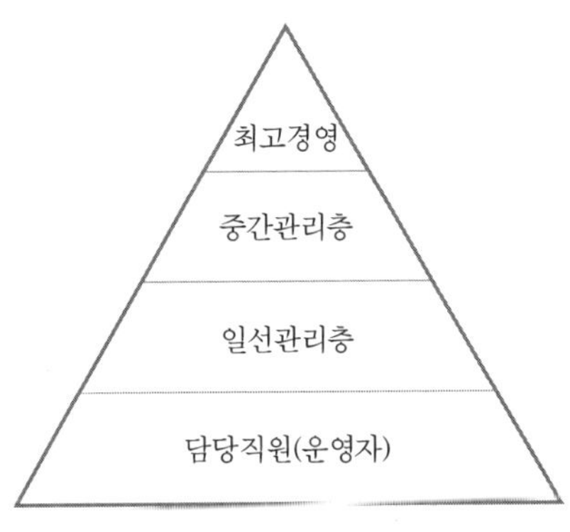

[그림3-2] 조직의 위계와 경영자

(2) 고용경영자

기업규모가 확대되고 경영활동의 내용이 복잡하게 되면 기업자가 스스로 경영활동의 전부를 담당할 수 없게 된다. 그래서 기업자는 자신의 대리를 고용하여 경영자의 지휘·감독에 대한 업무의 일부를 분담시키게 된다. 즉, 고용경영자는 경영기능의 일부만 책임지고, 나머지 책임은 자본가가 지게 되는 형태이다. 그러므로 고용경영자는 권한과 의사결정면에서 소유경영자와는 상이하지만, 자본가의 이익을 대변하고 이들의 지시와 계획 및 경영방침에 따라 기능을 수행해야 하므로 실질적으로는 소유경영자를 대변하는 성격을 지닌다. 이러한 고용경영자는 외견상 독립된 경영담당자처럼 보이지만 사실상은 어디까지나 기업자의 대리이며 기업자의 이익을 위하여 종사하게 된다.

(3) 전문경영자

점차 기업의 규모가 커지고 소유와 경영의 분리현상이 심화되면서, 자본가와는 달리 고도의 전문지식과 경험을 갖고 책임경영을 할 수 있는 경영자가 필요하게 되었는데, 이를 전문경영자라고 한다. 전문경영자는 출자기능을 제외한 모든 경영활동에 대한 책임을 지고, 자신의 전문지식과 과학적 의사결정 능력을 바탕으로, 경영전반에 대해 효과적이고 합리적인 운영을 해 나간다.

3) 기업이념과 경영철학

(1) 기업이념

이데올로기란 '좋은 삶', '바람직한 삶'을 위해서 우리들에게 필요한 것(기본적 가치)은 무엇이며, 이러한 가치를 실현하기 위해서는 우리 사회가 어떠한 형태로 조직되어야 하고, 그 속에서 우리의 행동은 어떠해야 한다는 것에 대한 신념체계이다.

기업 이데올로기란, 기업의 존재 이유를 설명하는 것으로서 기업가가 왜 노력과 헌신을 통해 기업의 성공을 이루려고 하는지에 관한 이유와 관련되어 있다고 한다. 이를 통해 볼 때, 기업이념 또는 기업 이데올로기(business ideology)란, 인간의 좋은 삶을 실현하기 위한 기업의 바람직한 모습, 그리고 기업의 기본적 가치와 목적이 무엇인가에 대해서 기업을 운영하는 사람들이 가지고 있는 신념체계를 말한다.

(2) 경영철학

경영철학은 경영자의 이데올로기(managerial ideology)라고도 말할 수 있는데, 소유와 경영의 분리현상이 심화되면서 경영자의 이데올로기도 새롭게 형성되었다.

현대의 경영자는 사적인 재산의 증식에만 관심을 둔 소유자가 아니라 기업 내부는 물론 기업외부의 다양한 이해당사자들의 이해 간에 균형을 유지하는 수탁자(trustee)이다. 때로는 상충하는 이해들을 사회에 기여하는 방향으로 조정하는 것이 경영자의 본분이다. 최근에는 최고경영자에 대한 사회적 대항 세력의 존재가 경영철학에 영향을 미치고 있다.

4) 경영자의 역할유형

경영자의 역할은 매우 다양하다. 즉 경영자는 크게 보면 대인관계에서 기업을 대표하며 정보의 흐름을 파악하여 분석하고 결과적으로는 기업의 목적에 부합하는 의사결정을 내려야 하는 역할을 수행한다.

(1) 대인관계 역할

우선, 경영자들은 그 조직을 대표하는 상징성을 갖는다. 다음으로 경영자들은 부하들이 수행하는 활동에 대한 지휘, 관리, 감독을 하는 리더로서의 역할을 수행하게 된다. 여기에는 채용, 훈련, 승진 및 배치, 해고 등의 인사 관련 활동과 부하직원들에 대한 동기부여 활동들, 그리고 조직 전체 목표와의 조화를 꾀하기 위한 통제활동 등이 포함된다. 마지막으로 경영자들은 조직 내부 및 외부조직과 연결고리의 역할을 수행하게 된다. 경영자들은 업무를 원만히 수행하기 위해 다른 조직 또는 개인들과 좋은 관계를 유지할 의무가 있으며, 이를 위해 대부분의 경영자들은 많은 시간을 할애하게 된다.

(2) 정보관리 역할

경영자들은 일상적이거나 비일상적인 정보의 흐름을 파악하는 중심에 위치하게 된다. 앞에서 세 가지 대인관계와 관련된 경영자들의 역할을 살펴보았듯이 경영자들은 네트워크의 중심에 서서 정보를 수집 및 배포하는 역할을 수행한다. 공식적, 비공식적으로 수행하게 되는 이와 같은 역할은 앞에서 살펴 본 연결고리로서의 역할을 통해 이루어지게 되며, 경쟁우위를 점하는 밑거름이 된다.

먼저 모니터로서의 역할을 보면, 조직에 영향을 줄 수 있는 변화와 기회, 그리고 문제점들에 대한 정보를 수집하여 환경을 분석하게 된다. 이와 같이 다양하게 수집된 정보는 다시 부하직원들에게 전달 및 보급하거나 조직외부의 조직 또는 개인에게 전달되게 되는데, 전자를 경영자의 배포자로서의 역할(disseminator role)이라고 하며, 후자를 경영자의 대변인으로서의 역할(spokesperson role)이라고 한다.

(3) 의사결정 역할

앞에서 살펴본 대인 관계 역할과 정보관리 역할이 중요하다고 하더라도, 경영자 역할의 최종 단계는 의사결정 역할에 있다고 할 수 있다. 즉, 앞의 두 유형의 역할들은 경영자들이 의사결정 활동을 수행하는 데 투입물로써 작용하며, 실질적인 경영자 활동의 핵심은 의사결정 역할이다.

앤소프(H. I. Ansoff)는 경영자들이 수행하는 의사결정 수준에 차이가 있음을 지적하고, 의사결정 유형을 전략적 의사결정, 관리적 의사결정, 업무적 의사결정으로 나누었다. 먼저, 전략적 의사결정(strategic decision)은 주로 기업의 외부환경과 관련된 사항을 다루는 것으로, 그 목적은 기업의 목표를 달성하기 위해 최선의 능력을 발휘할 수 있도록 자원을 할당하는 데 있다. 관리적 의사결정(administration decision)은 기업자원의 조직화와 관련된 것이며, 마지막으로 업무적 의사결정(operating decision)은 기업자원의 전환과정에서 그 효율을 최대화하는 것을 목표로 하는 것을 의미한다.

5) 사회 환경과 기업윤리

오늘날에는 기업의 국내·외적인 환경이 기업으로 하여금 기업윤리를 더욱 더 강화할 것을 강요하는 방향으로 변화하고 있다. 따라서 21세기에는 기업윤리가 기업의 커다란 경쟁력으로 새로이 등장하게 되었다.

(1) 기업윤리의 개념

기업은 사회라고 하는 큰 시스템의 한 하위시스템으로 인식될 수 있다. 그러므로 기업윤리라는 것은 사회에서 일반적으로 통용되는 윤리적 규범을 기업에 적용한 것으로 볼 수 있을 것이다. 즉 기업윤리라는 것은 기업이 정당하고 공정하며 정의롭게 경영활동을 수행하도록 인도해 주는 지점 혹은 기준이며, 기업이 계속하여 존속·발전하기 위해서 마땅히 행하거나 준수해야 할 도리 또는 규범이라고 할 수 있을 것이다.

그러므로 기업에서의 의사결정이나 행동이 경제원칙에만 따르지 않고 윤리적인 판별기준에 따라 이루어지고, 법규를 지키는 수준 이상으로 공정하고 정당하며, 사회의 가치기준에 맞는 것일 때 그 기업은 기업윤리를 지키고 있다고 말할 수 있게 된다.

또한 기업경영활동에 있어서 사회에 해를 끼치지 않고, 비도덕적인 종업원이나 경쟁자로부터 기업을 보호하며, 또한 사용자의 부당행위로부터 종업원을 보호하고, 기업구성원으로 하여금 자기의 윤리적 신념에 따라 행동할 수 있도록 허용하는 경우, 그것을 윤리적 기업행위라고 할 수 있을 것이다.

(2) 국내 기업윤리 환경

우선 국내적으로 1997년 말 외환위기와 관련한 대기업의 연쇄부도, 대우그룹의 분식회계 등의 비리사건을 거치면서 지배주주와 경영진에 의한 기업지배가 일반주주와 사회의 이익과 대립한다는 인식이 점차 확대되면서 이를 개선하자는 움직임이 형성되었다. 또한 종업원들도 삶의 질을 중시하고 자랑스럽고 명예로운 직장을 선호하게 되면서 기업 윤리의식이 종업원의 사기진작에 큰 영향을 미치게 된다는 것을 인식하기 시작하였다.

기업측면에서도 부실공사에 의한 성수대교 붕괴, 페놀 유출사건 등을 겪으면서 비윤리적 행위로 인한 손실이 기업의 존립을 위협할 정도로 막대하다는 것을 다시금 인식하게 되었다. 특히 2003년 1월 발표된 부패방지법과 '부패방지위원회' 의 출범, 같은 해 5월 시행된 '공직자윤리강령' 은 공직자는 물론 정부와 거래하는 기업의 불법 부패행위에 대한 처벌을 규정하고 있어서 개발 기업이 윤리경영을 해야 할 필요성이 한층 강화되기에 이르렀다(박상안 외, 2007).

(3) 국제 기업윤리 환경

세계무역기구(WTO)의 출범으로 인해 무역장벽이 완화되고, 각 부분에서의 시장개방이 확대되는 등의 자유무역체제가 점차 확립되어 감에 따라 이제 세계경제는 점차 국경 없는 무한경쟁의 시대로 바뀌어가고 있다.

새로운 통상 이슈에 대한 다자간 협상에서 논의되고 있는 중점사항은 뇌물방지와 부패문제인데 최근에는 지역주의 경향의 심화 속에서 추가적으로 윤리문제가 부각되고 있다.

유럽연합(EU), 북미자유무역협정(NAFTA), 아세안자유무역지대(AFTA), 아태경제협력기구(APEC)등 지역경제 블록이 1994년 1월부터 발동하는 등 WTO 출범에 의한 자유무역주의 채택과 더불어 지역주의가 상호 병존하고 있는 상태에 있다.

이러한 국제기구들이 심도 있게 논의하고 있는 비윤리적 부패행위의 구체적인 내용을 보면, ① 뇌물제공, ② 탈세행위, ③ 외화도피, ④ 환경오염, ⑤ 허위광고, ⑥ 비자금 조성(정경유착자금 조성), ⑦ 허위·과대광고, ⑧ 주가조작, ⑨ 체불임금(저임금 착취), ⑩ 부당노동행위, ⑪ 환경파괴(공해배출) 등으로 요약된다.

(4) 현대사회와 기업윤리의 중요성

기업윤리는 조직 구성원들에게 행동의 규범을 제시하고 건전한 시민으로서 인간의 윤리적 성취감을 충족시켜 주기도 한다. 그리고 기업 활동에 대한 윤리적·비윤리적 행위 등을 구분시킴으로써 사회의 이득이 되는 행위를 하게끔 독려하며 기업내부의 구성원, 즉 최고경영자로부터 관리자, 종업원에 이르기까지 행동에 대한 올바른 판단기준을 제시함으로써 구성원의 심리적 갈등을 완화시켜주며, 만족감을 주고 성장·발전을 저해하는 문제점 등을 해소시켜 준다.

이렇듯 기업윤리를 통해 얻을 수 있는 이점들이 존재하기 때문에 현대사회에서 기업윤리가 얼마나 중요한 가를 판가름 할 수 있게 된다. 다음에서는 현대사회에서 기업윤리가 얼마나 중요한가를 인식하게 하는 기업윤리의 실천을 통한 혜택에 대해 살펴보기로 한다.

① 높은 수준의 윤리성을 유지하는 기업은 사회로부터 두터운 신뢰와 좋은 평판을 얻어 지속적인 성장과 발전을 이룰 수 있게 해준다.

② 기업윤리는 기업 자체의 존립과 발전의 필요조건이 된다.

③ 기업윤리는 사회비용의 증가, 이해관계자집단의 압력 및 여론의 지탄을 예방하는 효과를 가져다준다.

④ 기업윤리는 기업의 무절제하고 비윤리적인 방법에 의한 이윤추구 행위를 적절히 규제 혹은 순화시켜 주는 혜택을 가져다준다.

⑤ 기업윤리는 내외환경에 큰 영향을 미쳐서 환경을 변화시키고 나아가 환경을 창조하는 성격을 지닌다.

⑥ 기업윤리는 21세기에 강화되고 있는 국제적인 윤리라운드에 대응하고 국제적인 신뢰수준을 향상시켜 국제경쟁력을 제고시켜 준다.

⑦ 기업윤리는 인적자원관리와 생산성 향상에 기여한다.

3. 실버산업을 위한 경영전략

노인소비자를 대상으로 하는 실버산업에 참여하는 기업들은 노인시장에 대한 단기적인 이해보다는 장기적인 안목에서 공익과 복지차원에서 노인소비자가 '삶의 보람'을 느낄 수 있는 상품과 서비스를 창조하여야 한다. 특히 노인에 대한 복지서비스적인 상품이나 서비스를 주요 사업 내용으로 하는 실버산업 참여기업들에게는 일반기업에 비하여 좀 더 높은 수준의 기업윤리의식이 요구되기도 한다. 그러나 실버산업 참여 기업들이 사회적 책임을 다하고 윤리경영을 하기 위해서는 우선 건실하고도 지속가능한 경영을 펼쳐나가야 할 사명을 가진다. 따라서 참여기업들의 핵심역량경영과 재무전략, 인사전략, 그리고 생산성 향상을 통해 성공적인 실버산업경영으로 나아가기 위한 경영전략을 류한호 역(2000)을 중심으로 발췌하여 살펴보기로 한다.

1) 핵심역량전략

(1) 고객만족

소비자를 만족시키기 위한 고객만족(CS: Customer Satisfaction)은 생산성과 수익성을 우선 고려하여야 한다. CS를 추진할 때 잊어서는 안 되는 점은 다음과 같다.

첫째로 기업과 고객이 만나는 모든 접점에 관심을 집중하고 있어야 한다. 예컨대 상품 자체의 품질은 물론이고 영업사원의 상품지식과 배달 담당자의 접객태도 등 기업과 고객 간의 모든 접점에 대하여 고객의 만족도를 점검하지 않으면 안 된다.

다음으로 모든 시간내를 내상으로 삼아야 한다. 이는 구입시점뿐만 아니라 구입 전이나 구입 후의 고객만족도도 고려의 대상이 되어야 한다는 의미이다. 구입 전의 고객만족도란 상품 구입 전에 카탈로그 등의 상품정보를 통해 접근하는 단계에서의 고객만족을 말한다. 가령 TV광고와 신문의 신상품소개 등을 통해 상품의 존재를 알고 있는 경우라면 어디로 가면 살 수 있는지 몰라서 생기는 욕구불만은 느끼지 않을 것이다.

여기서 중요한 것은 구입 후의 고객만족도이다. 물론 애프터서비스나 클레임에 대한 대응책 등은 누구나 고려할 수 있다. 하지만 이제부터는 고객에 대한 상품과 서비스의 라이프 타임(life time) 가치를 어떻게 높일 것인가 하는 문제가 중요하다. 라이프 타임 가치를 고려한다는 의미는 말 그대로 고객이 상품을 구입하여 폐기 또는 다시 구입할 때까지의 소유기간 동안 상품의 가치를 고객이 만족할 수 있는 수준으로 한결같이 유지하는 것이다. 이것이 중요한 이유는 라이프 타임 가치가 재주문의 결정적 요인이 되기 때문이다.

또한 기업 내 모든 활동을 고객만족과 결부시켜야 한다는 관점을 결코 잊어서는 안 된다. 고객과 직접 접촉하는 영업담당자는 고객의 소리를 대변하는 존재이다. 따라서 영업의 앞 공정을 맡고 있는 생산부분 담당자는 영업담당자를 사내고객이라 간주해도 무방하다. 과거부터 공장에서 좋은 뜻으로 전해 오는 '뒷 공정(工程)은 손님'이란 사고 방식을 사내활동 전 분야에 걸쳐 적용하고 철저하게 시행해야 한다.

고객을 만족시키기 위해서는 고객과의 접점에 놓인 판매 및 배송업무 등의 서비스만 철저하게 관리한다고 해서 완벽하다고 할 수는 없다. 그리고 이 많은 업무를 완벽하게 처리할 수 있도록 앞 공정의 과정 역시 철저하게 관리하기 위한 업무 프로그램을 재설계하고 구체화할 필요가 있다.

(2) 브랜드 경영

탈출구가 보이지 않는 불황과 시장의 성숙화로 상품 재고가 누적되고 있는 상황에서는 신제품의 투입으로 새로운 시장을 개척하기가 쉽지 않다. 따라서 신제품의 개발 및 도입과 더불어 마케팅의 가장 중요한 주제인 브랜드 경영이 새삼 강조되고 있다. 이는 브랜드의 가치를 향상시켜 기업과 제품의 부가가치를 높이는 기법인 것이다.

소비자는 대개 브랜드와 그 발매원인 기업과의 관계를 강하게 의식하는 경우가 많다. 즉 기업의 입장에서는 제품 브랜드가 사람들에게 널리 사랑받음으로써 자사에 대한 신뢰도가 높아진다고 생각할 수밖에 없다.

그렇다면 브랜드를 지키고 육성하기 위해서는 어떻게 해야 하는가. 우선 현재 보유하고 있는 브랜드의 현실적 힘(brand power)을 정확하게 파악하는 것이 중요하다. 여기엔 여러 가지 방법이 있는데, 가령 소비자 설문조사를 실시하여 해당 브랜드가 어느 정도 알려져 인지되고 있는가(brand acknowledgement), 사랑과 신뢰감을 주고 있는가(brand royalty), 신선함으로 다가가는가 아니면 자극적으로 다가가는가(brand activity) 등을 상세하게 파악한다.

이때 드러난 조사결과를 토대로 약점은 보완하고 장점은 강화할 수 있는 대책을 강구한다. 상품의 사용방법이 제대로 전달되고 있지 않다고 판단되면 텔레비전이나 잡지 등을 통해 광고를 추진한다. 브랜드 자체의 침투 정도가 명확하게 낮다고 판명되면 상품을 쇄신할 수밖에 없다. 브랜드의 정체성(identity, 브랜드 이미지의 통합)을 높이기 위해서는 이러한 작업을 지속적이고도 강력하게 추진해 나갈 필요가 있다.

(3) 아웃소싱

아웃소싱(outsourcing)을 말 그대로 해석하면 지금까지 회사 내부에서 처리했던 업무를 외부의 기업에게 위탁하는 것을 의미한다. 아웃소싱의 핵심은 외부기업이 지닌 전문적 능력을 최대한 활용하려는 데 있다. 따라서 어떤 일에 대해 자신보다 탁월한 처리능력을 지닌 곳에 위탁하는 것이 아웃소싱이다.

아웃소싱에는 '전문가의 능력을 활용한다.' 는 의미와 더불어 또 한 가지 커다란 의미가 담겨 있다. 그것은 바로 '한정된 경영자원을 중요한 분야에 집중할 수 있다' 는 것이다. 매년 갈수록 치열해지는 경쟁 환경 속에서 살아남기 위해서는 중요한 사업 분야에 경영자원을 집중해야 한다는 사실은 당연하다. 이것저것 모든 것들을 자체직으로 끌어안고 있을 여유가 없기 때문이다.

아웃소싱은 회사의 전략적 분야에 자원을 집중하기 위해 활용할 수 있는 하나의 수단이기 때문에 경쟁력의 기반이 되고 있는 기능을 외부에 맡겨서는 안 된다. 리스트럭처링의 과정에서 비용절감을 이유로 무턱대고 아웃소싱 했다가 중요한 기술을 축적할 수 있는 기반을 잃어버려 오히려 기술의 공동화를 초래한 경우도 있다. 이것은 완전히 본말이 전도된 셈이다.

이러한 기능은 각 기업의 경영자원 중 핵심을 이루고 있는 것이기 때문에 핵심역량 또는 핵심기술이라고 부른다. 이는 사업을 운영하는 이상 성공의 열쇠를 쥐고 있는 요인이며, 아무리 다른 회사에서 구입하는 것이 편하고 싸다 하더라도 끊임없이 축적하고 강화해 나가야 할 경영자산이다.

(4) 임파워먼트

임파워먼트(empowerment)는 과거의 지휘명령체계를 대신하는 새로운 조직운영 스타일로, 90년대 초반에 미국의 리엔지니어링 붐을 타고 등장하였다. 방법론까지 세밀하게 규정하여 톱다운(top-down)식으로 명령하던 종래의 방식으로는 격변하는 경영환경에 대응할 수 없다는 결론이 바로 임파워먼트가 등장할 수밖에 없었던 계기가 되었다.

오늘날 정보네트워크와 기술융합 등의 진전으로 업계의 벽이 낮아짐으로 인해 어느 날 갑자기 다른 업계에서 경쟁상대가 나타날 수도 있다. 또한 스피드 경영이 시대의 키워드로 정착될수록 의사결정에서 실행까지의 신속성이 절실히 요구되고 있다.

이러한 환경에서는 고객과 가장 가까이에 있는 사람들이 자율적으로 변화에 대응하여 업무를 추진할 수밖에 없다. 피라미드 조직의 경영층에 일일이 보고하고 허락받아 일하다 보면 경쟁에서 뒤처지고 만다.

결국 임파워먼트는 의사결정의 신속화를 기하려는 것이며, '제일선에서 일을 추진하는 사람들의 재량권 확대를 통해 자주적 결정을 촉진하는 것' 이다.

2) 재무전략

(1) 현금흐름 경영

현재의 경영환경에서 기업활동의 실태를 제대로 파악하기 위해서는 과거의 손익계산서와 대차대조표만으로는 불충분하다는 사실이 밝혀지고 있다. 이러한 가운데 주목받고 있는 것이 바로 '현금흐름(cashflow)' 이다. 이는 현금수입을 담보할 수 있는 능력을 의미한다. 그리고 이것의 확대를 목표로 행하는 사업운영이 바로 '현금흐름 경영' 이다. 세계화의 영향으로 경영자는 매출액과 이익에만 매달리는 사고방식에서 기업 가치를 중시하는 사고방식으로 전환해야 한다. 즉 외부에서 기업 가치를 측정하는 척도와 기업 내의 업적평가 지표가 크게 변하고 있는 것이다. 과거의 재무제표에 기초한 업적평가와 계수 관리는 이미 한계에 도달하였으며, 그 대신 현금흐름 등 새로운 경영지표의 중요성이 대두되고 있다.

현금흐름을 이용한 경영지표의 하나로 '경제적 부가가치(EVA)' 라는 것이 있다. EVA는 기업이 최종적으로 투자자(주주)에게 어느 정도의 가치를 제공할 수 있는가를 측정하는 지표로 매출액에서 그것을 직접 창출하는데 사용된 비용, 종업원에 대한 급여와 상여금, 금융기관에 지급한 이자, 국가와 지방공공단체에 납부하는 법인세와 지방세, 그리고 주주에 대한 배당금 등을 모두 제한 것이 바로 그것이다. 결국 이것이 의미하는 바는 기업의 이해관계자에 대한 지급금을 모두 제외한, 이른바 순수하게 기업이 창조한 경제적 부가가치가 진정한 기업 가치라는 것이다.

이와 같이 EVA를 기업에 도입함으로써 경영자는 투자자(주주)를 포함한 모든 이해 관계자들의 요구를 만족시켜 줄 수 있다. 모든 이해관계자들은 기업이 장기적으로 성장하고 강화될 수 있도록 공공의 목표를 공유할 수 있게 될 것이다. 동시에 사원 개개인에게는 자본의 효과적 활용에 대한 올바른 인식이 심어져 EVA개선을 위해 노력할 수 있도록 해 준다.

(2) 신용도 대책

기업의 신용도가 떨어지는 배경에는 우선 첫째로 심각한 경기 후퇴로 인해 기업의 재무체질이 악화되고 있다는 점, 그리고 두 번째로는 채무기업과 은행 간의 안정적인 관계가 무너지고 있는 점 등을 들 수 있다. 기업의 마지막 보루 역할을 해온 은행은 자기방어를 위해 대출금 회수에 급급하다. 그에 따라 상장기업이라 하더라도 자금조달이 어려우면 도산할 수밖에 없는 예가 비일비재하다. 과거처럼 은행대출에만 의존했던 자금조달방식으로는 이제 더 이상 지탱할 수가 없다. 때문에 자본시장과의 연결통로를 더욱 확장할 필요가 있다. 그러나 시장은 결코 예전처럼 녹록치 않다. 시장은 사채와 주식을 발행하고 있는 기업의 신용도에 대해 대단히 민감하다. 신용도가 떨어져 주가에도 악영향을 미친다. 기업의 신용력 저하로 은행의 자금회수 압력이 거칠게 몰아치면 기업은 생존 자체를 위협받을 수밖에 없다.

신용조사기관의 신용등급판정이 전횡적으로 이루어지지 않도록 하기 위해서는 상대편이 염려하고 있는 사항에 대해 정확하게 설명해 두는 편이 좋다. 신용등급판정을 높이기 위해서는 어떻게 해야 할 것인가. 우선 중요한 것은 간접금융시대의 관행인 여유자산 의존경영 및 경상이익주의를 버리고 시가 기반과 현금흐름을 중시하는 발상의 전환을 꾀하는 일이다. 기본적으로 신용조사기관은 기업의 재무제표를 신뢰하지 않는다. 그들이 관심을 기울이는 것은 회계장부에 그려진 기업의 모습이 아니라 실질적인 재무능력이다. 공표된 재무제표를 출발점으로 기업과의 직접적 대면과 주변조사를 통해 획득한 정보를 토대로 해당 기업의 경제 실태에 근접하는 채권보증, 퇴직급여의 적립 부족 등도 신용등급평가의 대상이다.

3) 인사전략

(1) 고용가능성

'고용하다(employ)'라는 동사와 '능력(ability)'이란 명사를 합성하여 만든 것이 '고용가능성(employability)'이라는 낱말이다. 여기서는 고용자가 아닌 피고용자의 능력을 말한다. 이는 결국 기업에서 일하는 개인이 '고용될(지속될)가치가 존재하는가'를 묻는 말이다.

고용가능성이란 낱말이 자주 등장하게 된 원인은 고용되어 있다는 사실이 당연시되던 시대가 변화하고 있기 때문이다. 즉 일자리가 언제 어떻게 변할지 모르는 상황이기 때문에 노동자는 고용가능성을 높여야만 살아남을 수 있다는 인식을 하게 된 것이다.

오늘날 리스트럭처링이나 다운사이징 등이 고용조정과 무관하다고 말하는 기업은 거의 없다. 또한 지금까지 지극히 안정적인 자리로 여겨 왔던 중간관리직조차 정년까지 같은 회사에 몸담을 수 있을 것이라고 보장할 수 없다. 따라서 각자의 고용가능성을 평가하기 위하여 성과·실적주의를 재검토하고, 이와 더불어 목표관리제도에 의한 재평가와 사원의 시장가치에 대한 산정방법 등을 도입하는 기업이 증가하고 있다.

근로자 개인을 평가하려는 경우, 만일 그 사람이 노동시장에 나서면 대략 얼마만큼의 가격(보수)을 받을 수 있는가를 따져본다거나, 심지어 장기간 고용되어 일해 온 사람에 대해서도 그 존재의 시장가치를 추정해보려는 발상이 초래되고 있다. 사람의 시장가치란 사회의 전문가에게 의뢰하지 않고서는 산정하기 어렵다.

고용가능성을 고려할 경우에는 자기의 기능이 업계에서 어느 정도 통용될 수 있는지에 대해 인지할 필요가 있다. 여기서 참고가 되어야 할 사항이 '포터블 스킬(portable skill, 휴대가능한 기능)'에 대한 인식이다. 고용가능성을 파악할 때는 개발, 생산기술, 경리, 영업, 인사 등 각 분야에서 필요로 하는 사항의 차이점을 보다 명확히 인식해야 한다. 직종에 따라서는 모든 곳에 통용될 수 있는 기능을 가져야만 업무를 추진해 나갈 수 있는 분야가 있는가 하면 특정기업에 한해 거기에 맞는 기능만 요구되는 경우도 있기 때문이다. 반드시 기억해야 할 것은 고용가능성이라는 개념의 근저에는 본인 스스로가 능동적으로 일하기 위해 지표를 만들어야 한다는 목적의식이 깔려 있다는 점이다. 이를 간과하여 지나치게 고용불안을 부추기는 낱말로 이 용어를 남용해서는 안 된다.

근로자 개인의 입장에서도 설사 같은 조직에 계속 몸담게 되더라도 자신이 다른 회사에서도 마찬가지 대우를 받을 수 있을지에 대해 심각하게 자문해 봐야 할 때이다.

(2) MBO

성과를 측정하는 수단으로 거의 모든 기업에서 이용하고 있는 것 MBO(Management by Objectives, 목표관리제도)이다. 1년에 한 번 회사와 본인이 상담을 거쳐 목표를 설정하고 1년 후에 회사가 달성도를 평가한다. MBO는 성과주의 임금제도를 위해 필수적인 제도이다.

원래 MBO는 임금관리 수단으로 등장했던 것은 아니다. 조직 관리의 가장 단순한 기법은 완전명령형이다. 종업원이 스스로 문제를 발견하고 해결할 수 있는 여지를 상정하지 않기 때문에 현장에서 자립성을 기대할 수 없는 유형이다. 다음으로는 직무서술서형, 즉 각각의 업무에 매뉴얼을 이용하는 방법으로서 같은 작업이 반복되는 경우가 많은 업무에 효과적이다. 그러다가 1970년대 미국의 기업에서는 직무기술서와 병용하는 형태로 MBO가 널리 보급되었다. 일상적인 업무에는 직무기술서형을 사용하고 새로운 작업에 대해서는 1년에 한 번 목표를 세우는 MBO를 도입하였다. 80년대에 접어들 무렵, 본격적으로 두 가지 기법으로 임금을 결정하려는 움직임이 나타나기 시작하였다. 기본급은 직무기술서형으로 평가하고, 승급과 상여금은 MBO로 결정하는 형태가 확대되었다. 그러다가 오늘날에는 MBO를 보다 중시하여 임금에 직결시키는 기업이 증가하고 있다.

최근에는 하이테크업계 등과 같이 시장변화의 속도가 빨라 1년에 한 번의 목표설정으로는 만족할 수 없는 업종이 나타나고 있다. 이러한 업종에서는 하나의 프로젝트를

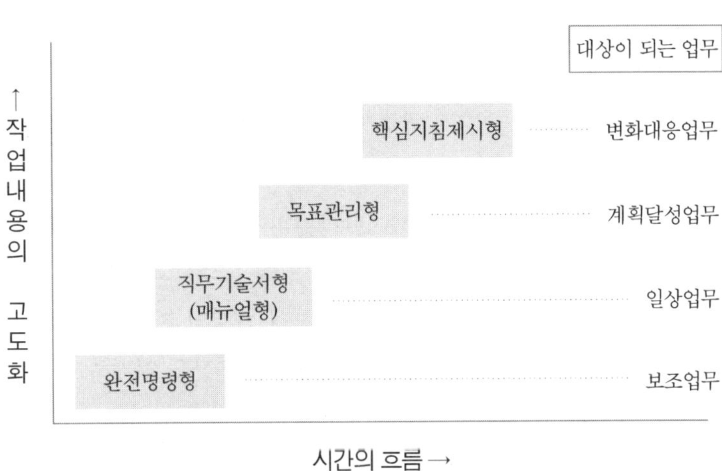

[그림3-3] 조직관리 기업의 진화과정

실행하기 위하여 몇 명의 종업원으로 이루어진 소규모 팀을 구성해 업무의 내용과 역할을 마치 아메바처럼 유연하게 변화시킨다. 따라서 이제 더 이상 MBO로는 대응할 수 없기에, 기업의 경영철학(비전)이나 주요한 행동지침(핵심가치)과 같은 추상적인 지표로 사원들에게 방향성을 제시한다.

4) 생산성향상 전략

(1) 식스시그마

식스시그마의 식스는 숫자 6, 그리고 시그마란 어떤 분포의 흩어져 있는 정도를 나타내는 표준편차 'δ'(시그마)를 의미한다. 이와 같이 δ의 앞에 있는 숫자가 크면 클수록 분포의 분산 상태는 좋아진다. 결국 1δ는 분산이 넓으며, 6δ가 되면 분산이 극도로 좁아진다고 생각하면 된다.

요컨대 식스시그마 활동은 그 이름이 의미하듯이 분산을 최대한으로 억제하기 위한 경영개혁 기업이라 할 수 있다. 분산을 억제하는 것이 왜 혁신적 경영기업과 연결되는지는 다음을 통해 알아보자. 예컨대 A사가 생산하는 제품의 신뢰성은 다른 경쟁사와 비교해 특별히 높지 않다. 그러나 품질의 분산이 거의 없어 불량품이 적다.

한편 B사는 A사보다 제품을 제조할 수 있는 기술력을 지니고 있다. 그런데 품질에 분산이 넓어 결과적으로 A사보다 불량품이 나올 확률이 크다. 경영적 관점에서 보면 A사 쪽이 B사보다 더 우수하다는 사실을 한눈에 알 수 있다. 결국 식스시그마 활동이란 A사와 같이 품질의 분산을 억제하기 위한 경영기법이다.

식스시그마의 지도원리에는 두 가지 관점이 있다. 하나는 오류가 원인으로 작용하여 발생하는 비용(COPQ: Cost of Poor Quality), 또 다른 하나는 제품과 서비스의 품질에 중요한 영향을 미치는 요인(CTQ: Critical to Quality)이다. 전자의 비용은 과거부터 실패 비용, 기회손실 비용이라는 형태로 이해되어 왔다. 이를 식스시그마에서는 재생산과 결함품 회수라는 눈으로 볼 수 있는 것뿐만 아니라 설계 변경의 지시나 개발기간의 장기화 등 눈으로 볼 수 없는 것까지도 수치화하여 철저하게 분산을 억제하고 있다. 식스시그마를 전문적으로 다루는 구미의 컨설팅 회사에 따르면 이러한 비용이 매출에서 차지하는 비율은 전자의 경우 5~10%, 후자는 그의 약 3배에 이른다고 한다.

경영성과를 측정하는 데는 매출과 이익 등이 일반적인 척도로 이용된다. 그리고 이에 가장 큰 임팩트로 작용하는 것이 고객이다. 그 때문에 식스시그마는 고객의 관점을 가장 중요한 요소로 삼고 있다. 식스시그마는 경영상 관리 가능한 한계치를 '100만 개당 3.4개'로 설정하여, 이 정밀한 목표수치를 달성하기 위하여 혁신과정에 많은 통계기법을 이용한다. 통계용어는 사업특성과 업무내용의 차이에 관계없이 매니지먼트 수준을 고도화하는 데 효과적인 공통어로 회사 전체가 공유할 수 있다.

(2) ERP

ERP는 Enterprise Resource Planning(회사 전체 경영자원의 계획적 활용)의 약자로서 자재조달에서 생산, 재고, 물품, 판매에 이르기까지 일련의 기업 활동 과정과 이를 지원하는 회계, 인사 등의 관리업무, 그리고 경영정보까지를 통합하여 관리 운영하는 방식을 말한다.

가령 기업은 고객으로부터 주문이 들어오면 일단 판매부문에서 매출전표가 발생하고, 이에 따라 상품재고를 적절한 장소로 운반하거나, 주문에 맞춰 공장에서 상품을 제조한다. 그리고 이러한 활동과 더불어 주문에 맞춰 공장에서 상품을 제조한다. 그리고 이러한 활동과 더불어 경리처리가 이루어지고 필요한 인력의 배치가 결정된다. 이와 같이 기업에 필요한 데이터는 판매, 생산, 물류 등 각각의 장소에 개별적으로 존재하는 경우가 많은데 따지고 보면 발생근원지는 모두 같은 경우가 많다. 그러므로 이러한 데이터를 회사 전체가 공유할 수 있다면 각 부문이 일일이 데이터를 입력해야 하는 수고를 덜 수 있다.

그런데 대다수의 기업이 각 부문별로 전용 시스템을 구축하고 있는데다 데이터의 형식도 천차만별이기 때문에 부문 간에 정보교환이 쉽지 않다. 데이터의 형식을 통일하여 정보를 일원화함으로써 경영자원을 효과적으로 활용하려는 것이 ERP의 사고방식이다.

최근에는 ERP를 기업이 단독으로 도입하기보다는 거래처와의 관련선상에서 도입하려는 움직임이 활발해지고 있다. 소위 상품의 생산에서 유통, 판매에 이르는 일련의 과정과 관련된 모든 기업이 공동으로 정보시스템을 구축하는 '서플라이 체인 매니지먼트'(Supply Chain Management; SCM)라는 것이다. 업계표준화를 통해 불필요한 요소를 제거할 때에는 상호협력하고, 반면 경쟁무대에서 힘겨루기를 하기 위해서는 각자 자기 영역에서 절차탁마해야 한다. 따라서 '경쟁과 협조'를 제대로 파악할 수 있는 발상의 전환이 필요하다.

제 4 장 노인소비자의 욕구와 실버마케팅

1. 노인소비자의 욕구

현대사회는 노년에 대한 부정적인 이미지를 품게 한다. 즉 노인은 의존적인 존재로, 생산 활동을 하는 젊은 인구에 부담만 지우는 소비적인 '무용지물' 로 인식하게 하는 경향이 있다. 이러한 인식은 노인의 자존심과 정체성을 손상하고 노인의 활동을 더욱 저해하게 만들기도 한다. 반면에 노인에 대한 새로운 시각을 갖게 만드는 것은 노인층이 새로운 소비계층으로 떠오르고 있다는 인식이다. 이는 노인들의 다양한 기호와 소비욕구에 대한 산업화의 기회를 의미한다. 따라서 실버산업 종사자는 노인의 여러 가지 특성에 부합하는 상품과 서비스를 제공하기 위해 노인의 욕구를 면밀히 파악하여야 할 것이다.

1) 노인의 주거 욕구

노년기는 여러 단계의 노화현상으로 인해 쇠약한 상태로 변해 가는 시기에 있으므로 노인의 신체적, 심리적, 사회적 측면에서의 건강은 중요한 의미를 갖는다고 할 수 있다. 또한 신체기능의 약화로 말미암아 관절의 약화와 평형감각이나 지구력 등의 저하에 의해 골절상을 입기 쉽다. 이러한 노인의 특성을 감안하여 노인의 주거는 실내외 안전에 대한 배려가 필요하고 노인이 독립적으로 생활하기 위해 필요한 일상생활에서의 활동들이 적절히 수행될 수 있도록 해주어야 한다. 따라서 노인의 특성에 맞는 주거에는 어떤 유형들이 있는지, 그리고 주거권과 주거에 대한 노인들의 욕구를 살펴보고자 한다.

(1) 주거욕구와 주거권

인간에게는 누구나 주거의 욕구가 있으며, 그러한 주거의 욕구는 특히 노년기에 들어서 더욱 강하게 나타난다. 인간의 주거 욕구는 다음과 같이 단계적 혹은 수준별 설명이 가능하다(이인수, 2006 재인용).

첫째, 주거욕구 중 가장 낮은 수준이며, 동시에 가장 원초적인 것으로 생리적 욕구를 들 수 있다. 이는 가족이 잠을 자고 대화하며 휴식을 취하는 생리적 욕구를 충족하며 안전을 보장받고자 하는 욕구이다. 둘째, 소유욕구 혹은 경제적 욕구이다. 주택은 사용가치(use value)와 교환가치(exchange value)를 동시에 지닌다. 일반적으로 주택은 보통 사람들의 일생 동안 소비재 중 가장 비싼 것이며, 내 집을 장만하는 데 상당한 기간이 소요된다. 셋째, 사회적 · 문화적 욕구이다. 사람은 그 사회에서 소속감과 연대의식을 필요로 하며, 자기와 유사한 동질적 사회 · 경제 그룹에 공존하는 지역사회에 속하기를 원한다. 또한 집이 속한 동네와 지역사회가 바로 자신의 사회적 위치를 직 · 간접적으로 나타내기도 한다.

단계별 주거욕구모형에 의하면 인간의 주거욕구 중 가장 중요한 욕구는 생리적 욕구와 안전욕구이다. 편히 잘 수 없는 상황과 일정한 거처가 없는 무거주의 상태(homeless)는 기초욕구를 충족하지 못하는 가장 최악의 경우이다.

주거권(housing rights)이란 인간의 존엄성에 적합한 주택조건과 주거환경을 향유할 권리를 뜻하는 것이다. 따라서 주거권은 매우 구체적이며 실질적인 것이다. 주거권을 위한 기본적인 원칙은 다음과 같다(이인수, 2006 재인용).

첫째, 비차별성의 원칙(차별성 배제의 원칙)이다. 적절히 주거를 하고자 하는 사람들에게 차별이 있어서는 안 된다. 어린이, 남성, 여성 그리고 인종, 종교, 문화, 소득, 연령, 고용상태 등 어떤 것으로부터도 거주의 차별을 받아서는 안 된다. 그러나 현실적으로는 외국인, 독신, 소득차이 등을 이유로 주거에 차별을 받고 있다. 둘째, 접근 · 이용가능성의 원칙이다. 모든 사람들이 접근가능하고, 이용가능하며, 안전해야 하고 평화롭게 살아갈 수 있는 거처(집)여야 한다. 집이란 단순하게 눈, 비 등 자연재해를 막아 주는 것 뿐

(단위 : %)

특성	단독주택	아파트	노인복지시설	기타	모르겠다	계(명)
전체노인	80.8	14.4	3.0	0.3	1.4	100.0(2,217)
지역						
동부	73.4	20.5	4.0	0.5	1.6	100.0(1,403)
읍·면부	93.6	03.9	1.4	0.1	1.1	100.0(814)
연령						
65~69	79.6	15.9	2.9	0.2	1.4	100.0(883)
70~74	81.4	15.0	2.5	0.5	0.6	100.0(667)
75세 이상	81.8	11.8	3.7	0.4	2.3	100.0(666)

자료 : 한국보건사회연구원(1999), 『1998년도 전국 노인생활 실태 및 복지욕구조사』

만 아니라 구입할 수 있는 가격의 집 및 임대료 지불이 가능한 집 등을 포함한 것이어야 한다. 셋째, 무거주자 혹은 무주택자 우선의 원칙이다. 무주택자는 국가로부터 특별한 보호를 받으며, 국가는 이들이 생명에 위협을 느끼지 않도록 적절한 주거를 제공하여야 한다. 넷째, 임차가구(세입자)보호 원칙이다. 모든 세입자는 정당한 사유 없이 자신의 의사에 반하여 강제퇴거 당하거나 철거당하는 일이 있어서는 안 된다. 국가는 제도적인 조치를 취하여 보호하여야 한다. 다섯째, 주거 서비스를 보장받는 원칙이다. 모든 사람은 깨끗한 물과 전기, 채광, 상하수도, 도로 등 공공 서비스와 지역사회 편의시설을 이용할 권리를 가진다. 이상 주거권은 주거에 관한 국민생활최저선의 확보를 의미하여 모든 사람은 인간다운 주거생활을 누릴 수 있는 권리와 적절한 거처에서 생활할 권리를 가지며 국가는 인간다운 주거환경을 확보하지 못하는 국민에 대하여 책임이 주어진다.

(2) 노인의 주거시설 이용욕구

근래에 한국보건사회연구원(1999)이 조사한 자료에 의하면, 현재 65세 이상 노인이 있는 가구의 주택 유형을 보면 72.0%가 단독주택이고, 18.8%는 아파트, 5.7%가 연립 및 다세대 주택, 3.0%는 상가주택 등으로 나타나고 있다. 자녀와 별거하여 노인부부 또는 노인독신으로 사는 경우(이하 노인단독가구)를 구분하여 주택의 유형을 보면 78.1%가 단독주태, 16.0%는 아파트, 3.6%가 연립 및 다세대 주택으로 나타나서 아직까지 노인단독가구인 경우에도 대부분이 단독주택에서 살고 있는 것으로 나타났다.

응답자 전체가 선호하는 주거유형은 단독주택이 80.8%로 가장 많았으며, 아파트 14.4%, 노인복지시설 3.0% 등의 순으로 나타났다(표4-1참조). 지역별로 보면 동부의 경우 단독주택이 73.4%, 아파트가 20.5%, 노인복지시설 4.0%이며, 읍·면부에서는 단독주택이 93.6%, 아파트 3.9%, 노인복지시걸 4.0% 등이다. 연령별로는 65~69세 연령층에서 79.6%가 단독주택, 15.9%가 아파트, 2.9%가 노인복지시설이고, 70~74세 연령층에서는 81.4%가 단독주택, 15.0%가 아파트, 2.5%가 노인복지시설이며, 75세 이상 연령층에서는 81.8%가 단독주택, 11.8%가 아파트, 3.7%가 노인복지시설로 나타났다.

이와 같이 우리나라 노인들이 선호하는 주택의 유형이 단독주택, 아파트 등 일반주택에 집중되고 있는 것은 우리나라의 노인전용주거시설이 무의탁한 기초생활보호노인을 수용하는 시설 위주이고 일반노인을 위한 시설 공급이 활성화되어 있지 못하며, 노인층의 노인 전용주거시설에 대한 낮은 인지도 때문으로 파악된다.

한편 주거의 입지유형에 대해서는 많은 노인들이 도시에 가까운 근린생활권을 선호하고 있는 것으로 보이며 이러한 근거는 대부분의 사람들이 도시에 살고 있다는 점이다. 2001년 기준으로 보면 우리나라 전체인구의 47.9%가 인구 100만 이상의 7대 도시에 거주하고 있으며 행정구역상 인구 기준으로 도시 내 거주자는 88.1%에 달한다. 서유석(2003)은 이러한 배경에는 대부분의 직장이 도시에 있으며 도시를 벗어나 살기 위해서 치러야 할 대가가 너무 크기 때문이라고 하였다. 노인들의 경우에도 예외가 아니어서 대부분의 노인들 또한 도시 내에 살고 있기 때문에 이들이 오랜 기간 살아온 도시를 벗어나기가 현실적으로 쉽지 않으며 그것도 소득수준이 낮을수록 더 어려울 것으로 추정된다. 일반적으로 나이가 들어감에 따라 공기 맑고 물 좋은 시골에 가서 살고 싶어 할 것으로 생각하지만 이와 같은 재정적, 사회적 문제 때문에 처음부터 시골에 살지 않은 많은 노인들이 도시에서의 생활을 포기하기란 쉽지 않은 일이다. 따라서 대부분의 노인들이 제반 편의시설들을 이용하거나 여러 활동들 및 레크리에이션과 같은 일상적인 욕구를 충족시킬 수 있는 능력이 부족한데다가 그들의 재산과 건강 또한 심각한 위험에 직면해 있는 경우가 많기 때문에, 안정적이며 각종 서비스 시설들이 가까운 거리 내에 구비되어 있는 근린생활권이 노인들의 생활수준을 향상시키고 그들의 사회적 고립상태를 탈피하게 하는 중요한 역할을 한다.

2) 노인의 건강 욕구

인간은 노화함에 따라서 신체적 · 생리적 기능이 쇠퇴하게 된다. 통상적으로 다른 연령군에 비하여 만성질환으로 고통 받고 있는 비율이 높으며, 특히 만성 퇴행성질환을

(단위 : %)

특성		없다	1개	2개	3개 이상	계(명)
전체		9.1	17.1	19.0	54.8	100(3,209)
지역	동부	9.6	17.8	19.0	53.7	100(2,052)
	읍·면부	8.1	15.5	19.1	57.3	100(977)
성	남자	15.6	25.9	21.3	37.1	100(1,171)
	여자	5.0	11.5	17.5	66.0	100(1,858)
연령	65~69세	10.3	20.9	18.9	49.8	100(1,214)
	70~74세	7.9	15.6	17.4	59.1	100(903)
	75세 이상	8.7	13.4	20.7	57.2	100(911)
결혼상태	유배우	11.8	20.9	19.9	47.4	100(1,712)
	무배우	5.5	12.1	17.8	64.5	100(1,317)
가구형태	노인독신	4.0	13.3	14.5	68.2	100(669)
	노인부부	11.7	20.4	19.8	48.1	100(1,081)
	자녀동거	9.8	16.2	21.5	52.5	100(1,100)
	기타	7.3	16.8	16.2	59.8	100(179)
가구소득	50만원 미만	5.2	14.1	14.9	65.7	100(899)
	50~100만원 미만	9.1	16.1	20.8	54.0	100(783)
	100~150만원 미만	10.4	17.6	19.7	52.4	100(376)
	150~200만원 미만	9.8	18.8	20.0	51.4	100(255)
	200~300만원 미만	14.3	21.5	23.0	41.2	100(335)
	300만원 이상	11.8	20.4	20.7	47.1	100(382)
기능상태	제한 없음	10.7	19.6	18.2	51.6	100(2,071)
	제한 있음	5.6	11.7	20.9	61.8	100(957)
1998년		13.3	86.7			100(2,224)

자료 : 한국보건사회연구원(2004), 『전국노인생활실태 및 복지욕구조사』를 재구성

가지고 있을 확률이 높다. 노인들의 건강문제에 대처하는 양상을 보면 많은 노인들이 만성질환을 가졌음에도 불구하고 건강문제에 있어서 소극적으로 대처하며, 예전보다 불편함에도 불구하고 감수하려는 경향을 보이고 있다. 또한 관리를 한다고 하더라도 지속적인 건강관리보다 증상이 나타날 때마다 단기적인 관리에 그치고 있는 실정이다. 노인의 경우 질병에 이를 가능성은 높으나 이를 해결할 수 있는 자원은 제한되어 있는 경우가 많으므로 상대적으로 건강의 욕구가 높아지는 경향이 있을 뿐만 아니라 이러한 건강상의 욕구증가는 경제적, 심리·사회적 욕구 등 다른 욕구를 야기하거나 욕구의 내용과 정도를 심화시킬 수 있다(최혜경·정순희, 2001). 따라서 노인들은 건강관리 및 의료에 어떤 욕구를 가지고 있는지를 살펴보고자 한다.

(1) 만성질환 상태

노인의 건강문제는 경제문제와 함께 노인들이 겪는 가장 큰 어려운 문제 중의 하나로 인식되고 있으며[1] 노인의 질병은 대개의 경우 만성질환일 가능성이 높다. 만성질환이란 일단 발병하면 3개월 이상 오랜 기간을 거치게 되고, 또한 퇴행성이란 말이 의미하듯이 이러한 질병은 급성기의 질환과는 달리 빠른 시간 내에 정상적으로 회복되는 일이 거의 없으며, 호전과 악화를 반복하면서 점점 나빠지는 방향으로 진행하게 된다. 따라서 근래에 실시한 한국보건사회연구원(2004)의 조사[2]를 토대로 만성질환 상태를 살펴보면 다음과 같다. 우선 본인이 인지한 만성질병 상태를 (표4-2)에서 ㅓ 살펴보면, 전체 노인의 90.9%가 만성질환을 한 가지 이상 앓고 있는 것으로 나타났다. 지역별로는 읍·면부지역(91.9%)이 동부지역(90.4%)에 비하여 만성질환 유병률이 약간 더 높다. 특히 읍·면부지역의 경우 2개 이상의 만성질환을 앓고 있는 비율이 더 높은 편이다.

(표4-3)에서 만성질환종류별 유병률을 살펴보면, 가장 유병률이 높은 만성질병은 관절염(43.1%)이며, 그 다음이 고혈압(40.8%), 요통·좌골통(30.6%), 신경통(22.1%), 골다공증(18.9%). 백내장(18.1%), 소화성궤양(16.5%), 빈혈(15.9%), 당뇨병(13.8%), 디스크(12.6%) 등의 순이다. 성별 만성질환종류별은 큰 차이를 보였는데, 남자 노인은 고혈압(34.4%)이 가장 많고, 관절염(21.8%), 요통·좌골통(18.6%), 신경통(14.9%), 당뇨병(12.3%) 등의 순이다. 여자노인은 관절염이 56.6%로 매우 높게 나타났으며, 그 다음 고혈압(44.8%), 요통·좌골통(38.1%), 골다공증(28.6%), 신경통(26.5%) 등이다. 즉 여자노인의 경우 남자노인에 비해 관절염, 요통·좌골통, 요통, 골다공증 등은 유병률이 약 20% 포인트 더 높게 나타났다. 만성질환종류별 의사진단 비율은 큰 차이를 보이고 있다. 즉 악성신생물, 갑상선 질환은 모두 의사로부터 진단을 받은 것으로 나타났으나, 요통·좌골통(74.7%), 신경통(70.4%), 만성기관지염(73.3%) 등은 의사진단 비율이 70% 정도이며, 빈혈은 의사진단비율이 50.4%로 매우 낮게 나타났다.

---

1) 경제적 문제 44.6%, 건강문제 30.1%(통계청, 2006)
2) 보건복지부에서는 우리나라의 압축적 사회·경제·문화적 변화와 압축적인 인구고령화가 함께 발생함으로써 다른 국가에서 경험하지 못한 변화의 폭과 속도, 유형이 발생하는 변화에 대한 사회 정책적 관점에서 효과적이고도 적극적인 정책적 대응을 목적으로 노인의 제특성과 생활실태를 정확히 파악하고자 지난 1994년, 1998년도에 이어 2004년에 전국노인생활실태 및 복지욕구조사를 한국보건사회연구원에 위탁하여 실시하게 되었다. 조사대상 노인의 일반특성은 성별로는 남자노인이 38.3%, 여자노인이 61.7%로 여자노인의 비중이 23.4% 포인트 더 높고 연령별 분포로는 65~69세 연령군 노인 비율이 37.8%, 75세 이상 연령군 노인비율이 33.7%, 70~74세 연령군 노인비율이 28.5% 순 등이고 총 조사대상인원은 3,278명이었다.

표 4-3 성별 주요 만성질환 유병률 및 의사진단비율

(단위 : %)

질병명	전체		남자		여자	
	유병률	의사진단	유병률	의사진단	유병률	의사진단
악성신생물(암)	2.7	100	3.3	100	2.3	100
관절염	43.1	87.0	21.8	76.9	56.6	89.5
요통 · 좌골통	30.6	74.7	18.6	71.1	38.1	75.8
디스크	12.6	90.0	8.0	86.0	15.4	91.3
신경통	22.1	70.4	14.9	69.1	26.5	70.8
골다공증	18.9	94.8	3.5	78.6	28.6	96.1
소화성궤양	16.5	85.0	12.0	83.7	19.3	85.5
만성간염 · 간경변	1.9	96.6	1.9	91.3	1.9	100
당뇨병	13.8	99.8	12.3	100	14.8	99.6
갑상선	1.7	100	0.4	100	2.5	100
고혈압	40.8	98.4	34.3	98.3	44.8	98.4
저혈압	4.5	91.2	2.1	96.0	5.9	90.1
중풍 · 뇌혈관	6.0	93.4	6.8	98.8	5.5	89.3
협심증, 심근경색증	6.9	92.8	5.6	98.5	7.8	90.3
폐결핵 · 결핵	1.0	93.1	1.8	90.5	0.4	100
만성기관지염	7.0	73.3	9.4	76.1	6.7	70.7
천식	6.4	90.6	7.0	90.2	6.0	90.9
백내장	18.1	90.5	11.3	92.4	22.4	89.9
녹내장	1.8	94.6	1.1	85.7	2.2	97.6
만성중이염	0.9	92.9	0.9	80.0	1.0	100
만성신장질환	1.6	85.7	1.5	94.4	1.7	80.6
빈혈	15.9	50.4	8.3	41.7	20.7	52.6
피부병	6.6	68.0	7.3	63.5	6.2	71.3
골절, 후유증	12.1	86.7	9.6	87.5	13.8	86.3

자료 : 한국보건사회연구원(2004), 『전국노인생활실태 및 복지욕구조사』를 재구성

운동실천면에 있어서 규칙적 운동은 1주에 2회 이상, 1회 20분 이상 지속적으로 운동을 하는 경우로 정의하였을 때, 건강을 위하여 운동을 하는지에 대하여 질문한 결과를 보면, 아주 규칙적으로 운동을 하는 노인이 29.3%, 가끔 운동을 하는 노인은 10.3%로 전체 노인의 36.9%는 운동을 하고 있으며, 60.4%는 평소에 운동을 전혀 하지 않는다고 응답하였다. 또한 건강을 위하여 평소에 운동을 하는 노인의 경우에는 1주에 평균 5일간은 운동을 실시하고 있는 것으로 나타났다.

규칙적 또는 가끔 운동을 하는 노인의 경우 가장 많이 하는 운동으로는 걷기가 67.4%로 가장 높으며, 그 다음으로 등산이 13.4%, 체조(스트레칭) 6.0%, 게이트볼 1.3%, 달리기 1.0%, 헬스 1.0%, 배드민턴 0.9%, 수영 0.8%, 요가 0.8%, 탁구 0.7%, 등의 순이었다.

지역별로는 동부지역의 경우 주된 운동 종목에서 등산(14.4%)이 읍 · 면부지역 보다 다소 높은 편이다. 연령별로는 연령이 많을수록 걷기 종목이 증가하는데 반하여, 등산은 감소하고 있으며, 타 종목에서는 일정한 경향이 없다. 무배우 노인(59.2%)보다 걷기

표 4-4 노인의 지역 · 성 · 연령별 각 영역별 기능상태 분포

(단위 : %)

구분	전체	지역		성		연령		
		동부	읍 · 면부	남자	여자	65~69세	70~74세	75세이상
ADL								
제한 없음	91.8	91.3	92.8	92.9	91.1	96.1	95.1	84.1
경증	5.3	5.9	4.2	4.8	5.7	2.9	3.7	9.5
중증	2.9	2.8	3.0	2.4	3.2	1.1	1.2	6.4
IADL								
제한 없음	77.8	79.8	73.7	86.9	72.2	89.9	85.2	58.1
경증	8.9	6.9	13.1	4.1	11.9	5.7	7.8	13.3
중증	9.1	9.0	9.1	5.4	11.3	3.1	5.2	19.0
최중증	4.2	4.2	4.1	3.6	4.6	1.3	1.8	9.6
인지기능								
장애 없음	81.5	82.1	80.3	84.2	79.8	88.3	85.4	70.7
2개 이하 장애	13.6	13.0	14.8	12.7	14.1	10.4	11.8	18.7
3개 이상 장애	4.9	4.9	4.9	3.1	6.0	1.3	2.8	10.7
문제행동								
중상 없음	91.6	91.6	91.5	92.8	90.7	95.7	94.4	84.6
3개 이하 증상	6.8	6.8	6.6	6.3	7.0	4.2	4.8	11.2
4개 이상 증상	1.7	1.6	1.8	0.9	2.1	0.1	0.7	4.2
간호처지								
증상 없음	92.8	94.0	90.2	94.5	91.8	93.0	93.0	92.4
증상있음	7.2	6.0	9.8	5.5	8.2	7.0	7.0	7.6
재활욕구								
욕구 없음	61.0	65.3	52.0	73.7	53.2	70.9	61.4	48.9
경증	30.2	26.6	37.9	20.3	36.3	24.6	30.8	36.4
중증	8.7	8.1	10.1	6.0	10.4	4.5	7.8	14.7
기능 상태								
제한 없음	63.7	64.5	61.9	73.4	57.6	75.7	70.5	44.4
제한 있음	36.3	35.5	38.1	26.6	42.4	24.3	29.5	55.6
(대상자 수)	(3,278)	(2,224)	(1,054)	(1,255)	(2,023)	(1,240)	(934)	(1,104)

자료 : 한국보건사회연구원(2004), 『2004년도 전국노인생활실태 및 복지욕구조사』를 재구성

종목이 높은 수준이나, 이외 운동 종목은 대체로 낮은 편이다. 노인부부가구 노인의 경우 타 가구 형태 노인에 비하여 걷기 종목(60.6%)이 낮은 수준인 반면, 등산, 체조, 게이트 볼 등의 운동 종목은 높게 나타났다.

(2) 노인의 요양 욕구

노인의 요양욕구를 크게 일상생활수행능력, 수단적 일상생활수행능력, 문제행동역역, 간호처지욕구영역, 재활욕구영역 등 5개 영역으로 나누고 요양욕구영역별 항목간

의 응답률을 근거로 요양욕구별 상태를 몇 집단으로 구분하고 이를 다시 성, 연령, 지역별로 정리해 보면 (표4-4)와 같다.

기본적 일상생활수행능력(ADL: Activities of Daily Living), 수단적 일상생활수행능력(IADL: Instrumental Activities of Daily Living), 간호처지, 인지기능, 문제행동영역에서 1개 이상 기능제한이 있는 경우는 전체 노인의 36.3%이며, 읍 · 면부지역이면서 여자 노인, 연령이 높을수록 기능제한 비율이 높게 나타났다.

(표4-4)에서 나타난 바와 같이 전국적으로 ADL 항목에 제한이 없는 노인의 비율은 91.8%, IADL 영역에는 77.8%, 인지기능영역에는 81.5%, 문제행동영역에서는 91.6%, 간호욕구 영역에는 92.8%, 재활욕구에는 61.0%가 문제가 없는 것으로 나타났다. 성별분포를 보면 모든 영역에서 남자가 여자보다 건강한 것으로 나타났다. 다만 여자 노인표본에 더 고령자가 많다는 점을 고려해야 하겠다. 특히 IADL 영역과 재활욕구에서 성별 차이가 큰 것으로 나타났다. 지역별로는 다른 영역에서는 큰 차이가 없으나 재활욕구 부분에서 읍 · 면부지역의 노인들이 상대적으로 마비나 구축이 많은 것으로 나타났다.

이 같은 현상은 읍 · 면부지역의 노인들이 상대적으로 동부의 노인보다 육체노동이 전 생애에 걸쳐 많았던 결과로 볼 수 있다. 연령별 분포를 비교해 보면 고령이 될수록 기능 상태가 악화됨을 볼 수 있다. 75세 미만의 집단에서 ADL 중증은 1.2%인데 반해 75세 이상에서는 6.4%가량으로 나타났고 치매 증세와 관련된 문제행동과 인지기능영역에서도 75세 이상의 장애비율이 훨씬 증가하였다. 특히 75세 이상의 경우는 절반 이상이 신체에 마비나 구축이 약긴이라도 있는 것으로 밝혀졌다.

3) 노인의 여가활동 욕구

인간은 일정한 연령에 도달하면 사회에서 은퇴하게 될 뿐만 아니라 가정에서도 가사의 많은 부분을 자녀에게 위임해 버리는 것을 관례로 하고 있기 때문에 노년기에는 인생에서 가장 많은 여가를 지내는 시기라고 볼 수 있다. 과거 농경사회에서는 여가 또는 레저활동을 죄악시하는 경향도 있었으나 오늘날의 산업화 사회에서는 모든 노인은 여가를 즐길 기회를 부여받을 권리가 있음을 주장하는 등 그 자체를 긍정적으로 평가하는 경향이 두드러지게 나타나고 있다.

따라서 여기서는 노인의 여가활동 욕구에 대하여 여가활동, 사회단체활동, 평생교육

표 4-5 노인의 일반특성별 가장 즐거움(보람)을 느꼈던 활동 비율

(단위 : %)

구 분	전체	지역		성		연령		
		동부	읍면부	남자	여자	65-69	70-74	75+
학습활동(영어, 한문, 교양강좌 등)	0.4	0.4	0.2	0.5	0.3	0.3	0.6	0.3
사회(자원)봉사활동	0.9	1.1	0.5	1.5	0.5	1.2	0.9	0.4
컴퓨터 또는 인터넷 활용	0.2	0.3	0.1	0.5	0.1	0.2	0.2	0.1
스포츠 활동(게이트볼, 수영, 체조 등)	2.7	3.5	1.1	4.7	1.5	4.0	2.2	1.7
사교활동(친구만남, 친가방문, 동호인모임 등)	21.7	23.0	19.0	22.3	21.4	22.0	22.2	20.8
여행(관광, 등산, 낚시, 답사 등)	5.8	6.2	5.1	9.0	3.9	8.8	4.6	3.2
영화감상, 연극 · 운동경기 관람	0.3	0.3	0.3	0.5	0.2	0.5	0.2	0.1
서예, 독서, 그림그리기, 종이접기, 공예 등	1.4	1.7	0.7	3.0	0.4	1.5	1.3	1.4
건전가요, 시조, 장구, 풍물 등	1.2	1.5	0.5	1.4	1.0	1.2	1.2	1.0
바둑, 장기, 화투 등	3.0	3.1	2.9	4.2	2.3	2.8	2.4	3.9
가족과 함께 하는 일(외식, 쇼핑, 주말농장 등)	29.8	25.4	39.3	26.7	31.8	30.4	30.4	28.5
TV 시청, 라디오 청취, 신문보기	9.5	10.8	6.8	8.8	9.9	7.3	11.6	10.2
자녀 및 손자녀 양육	3.0	2.8	3.5	2.6	3.2	3.5	2.9	2.5
집안일 하기	0.8	1.1	0.3	0.3	1.2	0.5	0.9	1.2
종교 활동	5.1	5.8	3.9	2.0	7.2	4.6	4.2	6.8
기타	2.4	2.6	1.9	2.9	2.1	2.7	2.3	2.1
특별히 없음	11.6	10.6	13.8	9.2	13.1	8.5	11.7	15.7
계	100.0	100.0	100.0	100.0	100.0	100.0	100.0	100.0
(명)	(1,215)	(904)	(909)	(535)	(608)	(1,098)	(609)	(174)

자료 : 한국보건사회연구원(2004), 『2004년도 전국노인생활실태 및 복지욕구조사』를 재구성

프로그램 참여, 자원봉사활동 등으로 구분하여 살펴보기로 한다.

(1) 여가활동

노인이 느끼는 가장 큰 즐거움(보람)은 29.8%가 가족과 함께 하는 일로 가장 높았으며, 그 다음 친구 만남 · 친가방문 · 동호인모임 등 사교활동으로 21.7%, TV시청, 라디오 청취, 신문보기가 9.5%, 관광, 등산, 낚시, 답사 등 여행이 5.8%, 종교 활동 5.1%, 바둑 · 장기 · 화투 등 3.0%, 자녀 및 손자녀 양육이 3.0% 등의 순이다. 즉 적극적으로 여가활동 실천을 하지 못하고 있음을 알 수 있다.

지역별로는 동부지역의 경우 사교활동(23.%), TV 시청 등(10.8%), 종교 활동(5.8%)의 비율이 상대적으로 높은 편인 반면, 읍 · 면부지역은 가족과 함께 하는 일(39.3%)이 매우 높게 나타났다. 성별로는 남자노인의 경우 스포츠 활동(4.7%)과 여행(9.0%)이 여자 노인 보다 높은 반면, 여자노인의 경우 가족과 함께 하는 일(31.8%)과 종교 활동(7.2%)의 비율이 남자 노인보다 높다.

(단위 : %)

특 성		종교단체	문화활동 단체	운동단체	사교단체	정치단체	(대상자 수)
전체		47.9	0.9	3.9	35.5	2.1	(3,029)
지역							
동부		49.1	1.1	4.2	36.1	1.5	(2,052)
읍·면부		45.3	0.7	3.2	34.3	3.2	(977)
성별							
남자		32.3	1.7	7.9	5.5	4.4	(1,171)
여자		57.7	0.4	1.3	26.1	0.5	(1,858)
연령							
65~69세		47.1	1.2	5.8	52.8	2.9	(1,215)
70~74세		49.1	0.9	3.8	32.9	1.9	(902)
75세 이상		47.8	0.7	1.4	15.1	1.1	(912)
결혼 상태							
유배우		41.2	1.3	5.8	47.1	3.0	(1,711)
무배우		56.6	0.5	1.4	20.5	0.8	(1,381)
가구형태							
노인독신		53.5	0.4	1.2	18.7	1.0	(667)
노인부부		41.9	1.5	6.2	45.9	3.0	(1,084)
자녀동거		48.5	0.8	3.4	35.8	1.4	(1,099)
기타		59.6	0.6	3.4	3.0	3.9	(179)
가구소득	100~150만원 미만	44.8	1.9	4.8	43.4	3.5	(376)
	150~200만원 미만	48.6	0.4	4.3	47.1	2.4	(255)
	200~300만원 미만	50.4	2.1	5.1	46.3	2.7	(334)
	300만원 이상	54.2	1.3	8.1	49.3	3.7	(382)
기능 상태							
제한 없음		49.8	1.2	4.7	42.0	2.7	(2,072)
제한 있음		43.7	0.5	2.2	21.4	0.7	(957)
1988년		52.7	0.7	2.9	28.8	-	(2,218)

자료 : 한국보건사회연구원(2004), 『2004년도 전국노인생활실태 및 복지욕구조사』를 재구성

연령별로는 65~69세와 70~74세는 비슷한 경향이지만 65~69세는 여행(8.8%)이 조금 높고, 70~74세는 TV 시청, 라디오 청취 등(11.6%)의 비율이 상대적으로 더 높은 편이며, 75세 이상은 특별히 없다는 응답이 15.7%에 이르고 있다.

교육수준이 높을수록 스포츠 활동이나 서예·독서·그림 그리기 등에 즐거움을 느낀다는 비율이 높아지는 반면, 교육수준이 낮을수록 TV 시청, 라디오 청위 또는 특별히 즐거움(보람)을 느껴본 일이 없다는 비율이 증가하고 있다. 즉 여가활동과 관련하여 연장된 노년기를 활기차고 풍요로운 삶을 느낄 수 있도록 전화시키기 위한 다양한 프로그

램의 개발이 요구됨을 알 수 있다.

(2) 사회단체활동

사회단체종류별 65세 이상 노인의 사회단체 가입률은 (표4-6)과 같다. 전체응답자 중 47.9%가 종교단체에 가입을 하고 있으며, 사교단체에는 35.5%, 운동단체 3.9%, 정치단체 2.1%, 문화활동단체 0.9%의 가입률을 보이고 있어, 사회단체활동은 대부분 종교단체와 사교단체에 참가하여 활동하고 있음을 알 수 있다.

지역적으로 보면 동부지역이 읍·면부지역보다 종교단체나 사교단체에 있어 더 참여가 활발하며, 성별로 보면 종교 활동에 있어 여자 노인의 가입률이 57.7%로 남자노인의 32.3%보다 더 높았으며, 사교단체에는 남자노인의 가입률이 50.5%로 여자노인의 26.1%보다 높았다. 한편 연령이 많을수록 사교단체 가입률은 현저히 감소하지만, 종교단체 가입률은 상대적으로 큰 변화가 없었다. 무배우 노인은 종교단체의 가입률이, 유배우 노인은 사교단체 가입률이 높은 편이다. 노인독신 또는 기타 가구의 노인은 종교단체의 가입률이 높은 반면 노인부부와 자녀동거가구의 노인은 사교단체의 가입률이 상대적으로 높은 편이다.

향후 사회단체에 가입희망률을 보면 종교단체가 49.2%로 가장 높고, 그 다음은 사교단체로 35.3%이며, 운동단체는 4.8%, 정치단체가 2.1%, 문화활동단체가 1.8%이다. 지역별로는 동부지역, 읍·면부지역에서 종교단체 가입희망률이 각각 50.7%와 45.9%로 가장 높았으며, 그 다음이 사교단체에 대한 희망으로 동부지역 35.7%, 읍·면부지역 34.4%이다. 성별로는 남자노인은 사교단체에 대한 가입희망률이 49.9%로 가장 높았으며, 여자노인은 종교단체 가입희망률이 58.7%로 가장 높았다. 연령별로는 연령이 많아짐에 따라 사교단체 가입희망률이 매우 낮아지는 추세이며, 유배우 노인은 사교단체에 대한 가입희망률이 46.5%로 가장 많은데 비하여 무배우 노인은 종교단체 가입희망률이 56.8%로 가장 많다. 전국적으로는 종교 활동이든, 사교단체이든 10년 이상 가입기간의 빈도가 압도적으로 높으며, 월 참여빈도의 경우 종교 활동단체, 사교단체, 문화 활동단체가 각각 46.2%, 83.4%, 50.7%의 비율로 가장 높았으며, 운동단체의 경우는 거의 매일 간다는 노인이 35.9%로 매우 높았다. 또한 단체에 가입한 노인의 80~90%가 만족하는 것으로 나타났다. 노인의 각각 54.2%와 30.5%가 종교 활동과 사교단체 가입을 희망했으며 성별로는 남성은 사교단체에 대한 가입희망이 43.5%로 가장 높았고, 여성은 종교 활동단체 가입희망이 63.6%로 가장 높았다. 연령별로는 연령이 많아짐에 따라, 가구소

(단위 : %)

특성	향후 평생교육 참여율	평생교육프로그램 종류						
		기초 학습	외국어 학습	여가 취미	기술 강좌	재취업 관련	기타	계
전체	19.9	13.4	6.4	70.9	1.0	2.5	5.8	100.0(603)
지역								
동부	21.9	11.8	7.3	71.0	1.1	3.1	5.8	100.0(451)
읍·면부	15.7	18.3	3.9	70.6	0.7	0.7	5.9	100.0(153)
성								
남자	21.1	7.3	6.1	70.9	2.0	4.9	8.9	100.0(247)
여자	19.2	17.7	6.5	71.0	0.3	0.8	3.7	100.0(355)
연령								
65~69세	27.0	12.8	7.3	68.0	1.8	3.0	7.0	100.0(328)
70~74세	20.1	13.3	3.9	74.6	-	2.8	5.5	100.0(181)
75세 이상	10.3	14.9	8.5	74.5	-	-	2.1	100.0(94)
결혼 상태								
유배우	21.4	10.9	7.1	70.5	1.4	3.8	6.3	100.0(366)
무배우	18.1	17.3	5.5	71.3	0.4	0.4	5.1	100.0(237)
가구형태								
노인독신	19.7	15.3	4.6	72.5	-	0.8	6.9	100.0(131)
노인부부	20.7	9.8	7.1	71.0	2.2	4.9	4.9	100.0(224)
자녀동거	18.3	15.6	6.0	71.4	0.5	1.5	5.1	100.0(199)
기타	26.3							100.0(47)
가구소득								
50만원 미만	15.5	18.7	7.9	65.5	0.7	2.9	4.3	100.0(139)
50~100만원 미만	20.6	11.7	60.7	70.6	-	3.7	7.4	100.0(163)
100~150만원 미만	23.9	14.6	3.4	76.4	1.1	-	4.5	100.0(89)
150~200만원 미만	23.1	11.9	6.8	61.0	3.4	6.8	10.2	100.0(59)
200~300만원 미만	17.3	5.3	7.0	82.5	-	-	5.3	100.0(57)
300만원 이상	25.2	13.7	5.3	74.7	1.1	1.1	4.2	100.0(95)
기능 상태								
제한 없음	23.0	11.3	7.5	70.4	1.3	2.9	6.5	100.0(477)
제한 있음	13.2	21.6	1.6	72.8	-	0.8	3.2	100.0(125)

자료 : 한국보건사회연구원(2004), 『2004년도 전국노인생활실태 및 복지욕구조사』를 재구성

득이 떨어짐에 따라 사교단체 가입 희망률이 현저히 떨어지는 추세였다.

(3) 평생교육

평생교육프로그램에 참여한 경험이 있는 경우 어디에서 실시하는 교육에 참여했는지를 살펴보면 노인복지회관이 40.7%로 가장 많으며, 종교기관 25.8%, 대한노인회

11.8%, 대학부설 9.4% 등이다. 지역별로는 동부지역의 경우 노인복지회관이 44.1%로 가장 많은데, 읍·면부지역은 종교기관이 37.0%로 가장 많았다. 남자노인은 대한노인회에서 실시하는 프로그램에 참여한 비율이, 여자노인은 노인복지회관에서 참여한 비율이 상대적으로 더 높았다. 연령이 많을수록 대한노인회 또는 종교기관에서 실시하는 프로그램의 참여 경험률이 증가하고 있으며, 65~69세의 경우 대학부설 프로그램 참여 경험이 18.9%로 타 연령층에 비하여 높은 수준이다.

향후 평생교육프로그램 참여 희망에 대해서는 (표4-7)에 제시된 바와 같이 19.9%가 희망하고 있으며, 80.1%는 평생교육을 희망하지 않았다. 동부지역, 남자, 연령이 적을수록, 유배우, 노인, 교육수준, 그리고 가구소득이 높을수록 평생교육프로그램 참가희망률이 더 높아지는 경향이 있다. 평생교육을 희망하는 경우 평생교육프로그램 내용을 살펴보면 여가 취미 프로그램이 70.9%로 가장 많으며, 그 다음으로 한글, 한자, 수학교실 등 기초학습이 13.4%, 영어 일어 등 외국어 학습이 6.4%, 재취업관련 프로그램 2.5%, 자격증 취득을 위한 기술강좌 1.0% 등의 순이다. 지역별로는 동부지역은 외국어 학습, 읍 면부지역은 기초학습에 대한 프로그램을 상대적으로 더 원하고 있으며, 여자노인은 남자노인에 비하여 기초학습, 남자노인은 재취업 관련 프로그램이 각각 더 높았다. 연령이 높을수록 기초학습과 여가 취미 프로그램을 더 희망하고 있으며, 교육수준이 낮을수록, 기능제한이 있는 경우 기초학습프로그램의 희망률이 상승하는 추세이다.

(4) 자원봉사활동

자원봉사활동 경험실태를 보면 전체 노인의 85.3%가 참가 경험이 없다고 응답하였으며, 과거에 참여한 경험이 있는 노인이 10.7%, 현재 자원봉사활동을 하고 있는 노인이 4.0%이다.

향후 자원봉사활동에 참여할 의향이 있는 경우, 얼마나 자주 참여하고 싶은지에 대한 결과를 보면 1주일에 1~2회가 36.4%로 가장 많으며, 그 다음으로 1개월에 1회가 35.5%, 1개월에 2~3회는 14.4%, 1주일에 5회 이상이 7.0%, 1주에 3~4회가 4.5% 등의 순이다. 자원봉사활동 참여빈도에 대하여 동부지역은 1주 1~2회가 40.1%로 가장 선호하며, 읍·면부지역은 월1회가 44.0%로 가장 많아서 지역 간 차이를 보이고 있다. 남자노인은 주 1~2회를 가장 많이 가장 원하고 있으나 여자노인은 월1회 정도가 적당하다고 생각하고 있다. 65~69세는 주1~2회, 70~74세는 월1회의 참여활동을 가장 선호하며, 결혼 상태별로는 비슷한 경향이 있다. 노인독신가구는 주 1~2회가 48.3%로 가장 높고, 노인부부

가구 노인은 월1회가 38.6%로 가장 많다. 교육수준이 높을수록 주1~2회 참여비율이 증가하고, 월1회 참여는 감소하는 추세이다. 가구소득이 높을수록 주1~2회 참여비율이 증가하는 경향이 있다.

4) 노인의 금융관련 욕구

(1) 노인의 소득원 및 소득분포

노인들의 소득원이 실질적인 소득원이 되는 가구는 별도로 어떤 소득원이 가장 주된 소득원인가를 묻는 질문에 가장 많은 노인들의 소득원은 교통수당이다. 조사대상 노인의 89.7%가 교통수당을 받고 있다고 응답하였으며, 그 다음으로 친인척보조금이 76.9%

표 4-8 노인의 일반특성별 소득수준분포

(단위 : %)

특성	20만원 미만	20~40만 원 미만	40~60만 원 미만	60~80만 원 미만	80~100만 원 미만	100만원 이상	계(명)	평균소득 (만 원)
전체	33.3	32.0	12.1	6.8	3.6	12.3	100.0(3,029)	48.6
지역								
동부	32.4	32.0	11.8	6.4	2.9	14.5	100.0(2,051)	52.9
읍·면부	35.1	32.0	12.7	7.6	5.0	7.7	100.0(977)	39.7
성								
남자	19.3	23.9	13.3	10.0	6.9	26.6	100.0(1,171)	78.3
여사	42.1	37.1	11.3	4.7	1.5	3.3	100.0(1,858)	29.9
연령								
65~69세	28.6	25.1	12.6	8.9	5.8	19.1	100.0(1,215)	64.1
70~74세	31.2	37.0	11.9	7.2	2.4	10.3	100.0(901)	43.2
75세 이상	41.7	36.2	11.6	3.5	1.8	5.2	100.0(911)	33.7
교육수준								
글자모름	43.0	38.5	11.7	4.5	1.3	0.9	100.0(537)	25.7
글자해독	42.3	37.8	10.7	5.1	2.0	2.1	100.0(608)	30.2
초등학교	31.3	33.2	14.8	8.0	3.9	8.7	100.0(1,098)	41.2
중·고등학교	26.4	23.4	10.5	8.7	6.4	54.7	100.0(611)	71.8
전문대학이상	8.6	13.8	6.9	5.2	4.0	61.5	100.0(174)	150.1
결혼 상태								
유배우	33.1	25.6	11.4	7.1	4.7	1.0	100.0(1,711)	58.7
무배우	33.5	40.2	13.0	6.3	2.1	4.9	100.0(1,318)	35.6
가구형태								
노인독신	13.3	54.1	17.2	7.2	2.5	5.7	100.0(669)	42.0

특성	20만 원 미만	20~40만 원 미만	40~60만 원 미만	60~80만 원 미만	80~100만 원 미만	100만 원이상	계(명)	평균소득 (만 원)
노인부부	31.4	26.4	12.8	7.6	4.2	17.7	100.0(1,082)	61.5
자녀동거	48.2	23.7	8.2	4.9	3.4	11.6	100.0(1,100)	41.2
기타	27.5	33.7	12.9	11.8	5.6	8.4	100.0(178)	42.4
가구소득								
50만 원 미만	32.9	58.3	8.7	-	-	0.1	100.0(900)	23.6
50~100만 원 미만	26.1	24.8	24.7	17.6	6.8	-	100.0(782)	40.0
100~200만 원 미만	35.2	16.0	9.0	7.1	5.9	26.8	100.0(631)	59.6
200~300만 원 미만	42.1	20.0	5.1	3.3	2.1	27.5	100.0(335)	67.3
300만 원 이상	38.1	21.3	5.5	2.9	3.1	29.1	100.0(381)	91.6

자료 : 한국보건사회연구원(2004), 『2004년도 전국노인생활실태 및 복지욕구조사』를 재구성

로 뒤를 이었다. 노후에도 경제활동을 통하여 근로 및 사업부업소득을 얻고 있는 노인 인구 비율은 27.8%로 나타났다. 구체적 내역을 보면, 근로소득을 가지고 있는 경우가 14.1%, 사업부업소득을 갖고 있는 경우가 14.4%로 나타났다.

또한 재산소득, 금융소득, 개인연금 등 자산소득을 갖고 있는 경우가 노인의 12.5%로 나타났다. 공적이전소득을 갖고 있는 경우는 노인의 92.6%에 달했다. 어떠한 종류의 공적이전소득이든 노인의 대부분이 공적이전소득을 받고 있는 것으로 타나났다. 그러나 공적이전소득이 모든 노인에게 보편적으로 혜택을 주는 것으로 나타나는 것은 교통수당의 보편적 성격 때문이고, 여타 공적이전소득으로부터 혜택을 받는 수급률은 매우 낮다. 사적이전소득을 갖고 있는 경우는 전체 노인의 78.6%에 달하는 것으로 나타났다.

한편, 노인의 소득수준 분포를 보면, 노인 개인의 소득수준이 20만원 미만인 노인이 33.3%, 20~40만 원 미만 32.0%, 40~60만 원 미만 6.8%, 80~100만 원 미만 이상 12.3%로 나타났다. 즉 개인소득이 40만 원 미만인 경우가 64.3%에 달하는 것으로 나타났다. 지역별로 보면 동부보다 읍·면부지역의 경우 100만원 이상인 비율이 7.7%로 동부의 14.5%보다 높게 나타났다. 성별로는 남성이 여성에 비해 소득계층에 분호하는 비율이 높고, 여성은 남성에 비해 낮은 소득계측에 집중 분포하는 것으로 나타났다. 남성은 40만원 미만 분포비율이 43.2%인데 비하여, 여성은 동 비율이 무려 79.2%에 달하는 것으로 나타나, 남녀간에 36% 포인트 격차가 나는 것으로 나타났다.

(2) 노인의 금융욕구

앞으로의 노인들은 지금의 노인들처럼 60~65세에 은퇴를 한 후 여생을 소일하면서

(단위 : 만 원, %)

특성	단독주택	아파트	노인복지시설	기타	모르겠다	계(명)
전체노인	80.8	14.4	3.0	0.3	1.4	100.0(2,217)
지역						
동부	73.4	20.5	4.0	0.5	1.6	100.0(1,403)
읍·면부	93.6	03.9	1.4	0.1	1.1	100.0 (814)
연령						
65~69	79.6	15.9	2.9	0.2	1.4	100.0 (883)
70~74	81.4	15.0	2.5	0.5	0.6	100.0 (667)
75세 이상	81.8	11.8	3.7	0.4	2.3	100.0 (666)

자료 : 통계청(2007), 『2006 가계자산조사 보고서』

즐기기 어려운 상황을 맞이할지 모른다. 불안한 연금 수급체계와 자녀들의 부양의식의 약화, 고령화로 어려워진 경제 상황은 심지어 복지국가의 정당성을 훼손하리만큼 커다란 위기로 다가오고 있다. 생산인구의 노인에 대한 부양부담이 증가하게 되는 상황에서 국가가 보장해 주는 연금 및 기타 제도로 노후를 안락하게 보낼 수 있으리라 생각해서는 안 된다. 고령화 사회를 살아가기 위해서는 현재의 노인층과 예비노인층 모두 개인적 차원의 노력도 함께 기울여야만 하는 것이다(조성남, 2004). 따라서 제2의 인생이라고 할 수 있는 퇴직 이후의 노후계획을 위해서는 철저한 설계가 필요하다. 풍요로운 노후생활을 하려면 개개인이 미리 사전 계획을 세워두고 자금을 마련해 가는 것이 중요하다. 즉 노후에도 자신이 원하는 인간다운 삶을 살아가기 위해서 가계의 경제계획을 수립하는 것이 노후설계이다. 노후생활을 불편 없이 보내려면 적어도 퇴직 직전 월 봉급의 70% 정도를 퇴직 후에도 계속 확보할 수 있어야 한다. 이를 위해서는 은퇴 후를 대비한 노후설계를 통해 경제적 준비를 미리 함으로써 은퇴생활이 진정한 여가와 휴식의 시간이 되도록 하는 것이 바람직 할 것이다(정지영 외, 2003).

통계청(2007)이 조사한 자료에 따르면 우리나라 가구주의 평균 순자산은 40대가 25,316. 9만 원, 50대가 32,623.4만 원, 60대 29,078.6만 원, 그리고 65세 이상 27,055.9만 원 순이다.

우리나라 국민들은 고령화및미래사회위원회(2005)에 의하면 노후생활을 영위하는데 불안요소로서 사망 위험보다도 의료비/신체기능장애 등 건강관련 위험과 소득감소/인플레이션 등 소득관련 위험을 더 크게 인식하고 있다(표2-15참조). 국민들이 노후생활에 닥치는 리스크를 인식하는 정도가 높아지고 노후에 대한 준비는 점차로 개선되는 것으로 나타나고 있으나, 아무 준비도 되어 있지 않은 사람의 비중이 여전히 35.5%에 이

표 4-10 계층별 노후생활 불안요소

(단위 : %)

		사례 수	의료비/신체 기능장애 등 건강관련 위험	소득감소/인 플레이션 등 소득관련 위험	배우자 사망/ 본인의 장수 등 사망관련 위험	기타	없다
		(1,200)	50.2	36.4	13.2	0.1	0.2
세대주 연령별	20대	(131)	49.6	40.5	9.9	0.0	0.0
	30대	(357)	49.3	40.1	10.4	0.0	0.3
	40대	(368)	51.4	36.7	12.0	0.0	0.0
	50대 이상	(344)	50.0	30.8	18.6	0.3	0.3
월평균 소득별	100만 원 미만	(40)	45.0	37.5	17.5	0.0	0.0
	100~149만 원	(120)	54.2	31.7	12.5	0.0	1.7
	150~199만 원	(235)	52.3	35.3	12.3	0.0	0.0
	200~299만 원	(474)	50.4	37.1	12.2	0.2	0.0
	300~399만 원	(237)	47.7	38.8	13.5	0.0	0.0
	400만 원 이상	(93)	46.2	35.5	18.3	0.0	0.0

자료 : 보험개발원(2003), 『2003 보험소비자 설문조사』

표 4-11 가구주의 노후준비 방법

(단위 : %)

	가구주	준비 있음	노후준비								준비 없음
			공적 연금	사적 연금	퇴직금	예금 적금	부동산 운용	주식 채권	계	기타	
전국	100.0	64.5	28.4	15.9	2.3	13.6	3.8	0.2	0.1	0.1	35.5
동부	100.0	65.3	28.5	16.9	2.4	13.1	3.8	0.2	0.2	0.1	34.7
읍면부	100.0	61.1	28.0	11.1	2.0	15.4	3.9	0.1	0.0	0.4	38.9
남자	100.0	69.2	31.5	16.6	2.7	14.0	4.0	0.2	0.1	0.1	30.8
여자	100.0	44.2	15.2	12.7	0.8	11.8	3.1	0.1	0.3	0.2	55.8
연령											
15-29	100.0	45.9	19.1	12.2	0.5	13.7	0.3	0.1	-	0.1	54.1
30-39	100.0	68.5	29.9	22.4	1.8	12.6	1.4	0.2	0.1	0.1	31.5
40-49	100.0	71.0	33.1	20.3	2.6	11.3	3.4	0.1	0.1	0.1	29.0
50-59	100.0	72.7	35.5	13.1	3.2	14.5	5.7	0.2	0.2	0.2	27.3
60이상	100.0	51.0	17.7	5.7	2.7	17.1	7.2	0.1	0.2	0.3	49.0

자료 : 보험개발원(2003), 『2003 보험소비자 설문조사』 p.88.

르고 있다. 그 결과 노후생활비(용돈)를 마련하는 방법으로 자녀 또는 친척에 의존하는 비율이 44.1%로 높은 수준이다. 그런데 노후준비의 수단적 측면에서 볼 때는 공적연금의 비중이 28.4%로 가장 높았다. 공적연금 중 국민연금은 재정적자에 대한 우려로 보장수준을 60%에서 50%로 낮추는 계획이 추진되고 있으며, 공무원 연금 등 특수직 연금의 경우도 심각한 재정적자가 발생하고 있거나 발생할 것으로 전망되고 있어 노후소득보장에 대한 불안감은 커지고 있다(표4-10참조).

한편, 보험개발원(2003)이 조사하여 발표한 보험소비자 설문조사 결과에서 가구주의 노후준비방법은 40대는 공적연금이 33.1%, 사적연금 20.3%, 예금적금 11.3% 순이며 50대는 공적연금이 35.5%, 예금적금 14.5%, 사적연금 13.1% 순, 그리고 60대 이상은 근소한 차이로 공적연금이 17.7%, 예금적금 17.1%, 부동산운용 7.2% 순으로 나이가 들수록 예금적금과 부동산 운용 비중이 커짐을 알 수 있다.

5) 노인의 생활·용품관련 욕구

노인의 생활·용품관련 욕구는 노인의생활(평상복, 환자복, 외출복), 노인식생활(영양식, 건강식품), 케어용품, 일상실버용품, 의료보조용품 등을 포함한다. 노년 생활의 세계에서도 이미지 메이킹을 하기 위해 필요로 하는 것들로 우선 의생활을 들 수 있다. 자신의 이미지를 시각적으로 뿐만 아니라 청각, 후각적으로 호감이 가도록 만드는 일은 노년기 사회생활에서도 여전히 신경 써야 할 대목이다(정지영 외, 2003). 이미지는 더 이상 정치가나 연예인과 같은 대중을 설득시키거나 인기를 얻어야 할 사람들만이 신경 쓰는 문제가 아니라는 것이다. 이러한 이미지 메이킹의 중요한 부분이 의상효과이다. 의상은 체격과 상황이나 목적에 맞게 작용하여야 하며 연령과의 관계도 고려한다. 또한 신체의 결점이나 장애의 보완 목적 등 기능성 의류를 노인의생활에 맞도록 디자인, 생산·유통하여야 할 것으로 보인다.

노년기는 에너지 요구량이 감소하나 체내 이용률이 저하되므로 충분한 양의 에너지 섭취가 필요하다. 특히 정상 범위의 체중에 비해 과체중이거나 체중미달인 경우, 사망률이 크게 증가하므로 적절한 체중을 유지할 수 있는 에너지를 섭취하도록 하여야 한다. 이를 위해 건강식이나 장수식 등과 관련된 서비스나 상품을 개발하여 노년기 소비자의 능동적 참여가 가능하도록 제조·유통하여야 할 것으로 이해된다.

기타 케어용품, 일상실버용품, 그리고 의료보조용품 등 노년기에는 심신의 기능적 저하와 장애가 초래되는 점에서 장애인과 마찬가지로 각종 복지기기와 보장구가 필요하다. 예를 들어, 휠체어 보행보조장구, 보장구, 대소변기, 욕조 및 샤워기, 기타 생활용품

표 4-12 노인소비자들의 생활용품 및 보장구 소유실태

일상생활용품		가정의료용품		의료보조용품	
종류	비율(%)	종류	비율(%)	종류	비율(%)
· 건강방석(게르마늄, 옥, 자석, 참숯 등)	6.5	· 발 지압기	9.4	· 혈압계	19.2
· 건강베개(게르마늄, 옥, 자석, 참숯 등)	15.0	· 찜질팩	18.0	· 당측정기	6.0
· 건강 매트리스(게르마늄, 옥, 자석, 참숯 등)	15.7	· 황토찜질기	3.8	· 세발기	0.4
· 건강 목걸이(옥, 금, 자석 등)	20.4	· 부항기	7.9	· 포터블욕조목욕의자	0.4
· 건강 팔찌(옥, 금, 자석 등)	20.1	· 안마종	11.8	· 변기(탈취,이동식)	0.2
· 미끄럼 방지 양말	2.6	· 혈침봉	21.2	· 디밴드기저귀, 요실금 팬티	0.5
· 틀니 세척기	2.8	· 저주파 치료기	3.8	· 목교정 베개	0.9
· 효도전화기(이퀄라이 저폰, 하하폰 등)	1.6	· 가정용 적외선 치료기	1.9	· 허리 보조목대	15.4
· 효도(건강)신발	11.7	· 가정용 가외선 치료기	3.4	· 무릎 팔 발 손목 보호대	4.8
· 노인용 기능성의류	1.8	· 온열 치료기	0.8	· 지팡이	14.8
· 기타	1.1	· 전위 치료기	4.6	· 보행기	0.3
		· 초음파 치료기	0.9	· 보청기	2.9
		· 가정용 요·변실금 치료기	0.8	· 휠체어	0.3
		· 오존 살균기	0.2	· 전동침대	0.2
		· 기타	1.3	· 욕창방지매트리스	-
				· 욕창예방쿠션	-

자료 : 한국소비자보호원(2001)

등이다. 우리나라 역시 이러한 생활용품에 대해 인식과 수요가 점차 늘어가는 추세이지만 아직까지는 초보단계에 있다. 이러한 노인생활용품은 케어서비스에 대한 수요가 급증하면서 크게 늘어날 것으로 전망되며 한국소비자원에서 조사한 노인소비자들의 생활용품 및 보장구의 소유실태를 살펴보면 다음과 같다(현외성 외, 2005).

2. 실버시장과 마케팅

최근 전반적인 국민 소득 수준의 향상과 각종 연금제도 등의 확대로 경제력 있는 노인인구층에서 삶의 질을 높이기 위한 여러 생활측면의 다양한 욕구가 나타나고 있다. 이를 위해 시장경제의 원리에 따른 실버산업의 육성이 불가피해졌고 적합한 마케팅 활동을 통해 실버시장을 활성화시키는 것은 기업과 국가정책의 주요한 과제가 되었다. 따라서 여기서는 마케팅 일반원리에 대한 고찰과 실버마케팅의 특성 및 원칙 등에 대해

살펴보기로 한다.

1) 마케팅 일반

(1) 마케팅의 개념

마케팅은 우리 모두가 하는 행동이다. 우리 모두는 무언가를 교환하면서 삶을 영위한다. 즉 근로자는 자신들의 노동력을 소득과 교환하고 이들의 소득은 다시 원하는 제품을 구입하기 위해 사용되며, 기업 또한 마찬가지로 자사 제품을 판매하고 그 대가로 받은 금액은 다시 다른 제품을 생산하는 데 필요한 원자재와 기기장치 등을 구입하는 데 사용된다. 따라서 마케팅은 일련의 교환과정이라고 할 수 있다. 또한 마케팅 관리는 기업이나 개인이 스스로를 위해 더 많은 이익을 창출하기 위해 교환활동을 개선할 수 있는 방법을 다루는 개념이며, 현대적인 마케팅 개념은 기업이 이익을 계획대로 증진시킴과 아울러 소비자가 가진 문제를 해결하는 데 도움이 되게끔 하려는 목적으로 기업의 모든 활동을 동원, 활용 내지 통제하는 것과 관련된 경영철학이라고 할 수 있다(김진성, 1997). 마케팅을 좀 더 간단히 정의하면 소비자의 목표를 만족시키기 위해 시장에서 교환이 일어나도록 하는 일련의 활동이라 할 수 있다. 마케팅 개념의 속성은 목표달성(만족), 교환의 창출, 교환당사자(개인과 단체), 교환의 대상, 교환을 가능하게 하는 활동과정으로 나누어 볼 수 있다(최성재·남기민, 2006).

목표는 소비자인 개인이나 조직의 필요, 욕구를 만족시키는 것이다. 영리조직에서는 이윤창출이 필요와 욕구가 되고 비영리 조직에서는 지역사회 내의 개인이나 집단이 당면한 문제나 발전을 위한 과제를 해결하는 것이 필요와 욕구 그리고 목표가 된다. 교환의 창출은 교환이 가능하도록 하는 것인데 교환 당사자인 개인이나 조직이 자신이 주는 것(비용)이 받는 것(보상)보다 가치가 더 크거나 동등하다고 판단될 때 교환이 이루어지는 것이 일반적이다. 교환 당사자는 개인과 개인, 개인과 조직, 조직과 조직 모두가 될 수 있다. 개인이나 조직은 당면문제 해결이나 발전과제 해결을 위해 교환에 참여하게 된다. 교환이 이루어지는 구체적인 물리적 장소 또는 교환에 참여할 수 있는 잠재적 고객의 추상적 집합체를 시장(market)이라고 한다. 교환이 이루어지는 구체적 장소는 '동대문 시장'과 같은 곳이며 추상적 잠재적 집합체는 실버상품의 시장이라 할 수 있는 '50세 이상 고령자들' 또는 '노인들'과 같은 집단이 된다. 교환의 대상은 재화, 서비스,

아이디어, 정서 및 인지적 변화 등이 될 수 있다. 영리조직에서는 재화, 서비스, 아이디어가 주된 교환의 대상이나 매체가 되지만 비영리 조직에서는 재화, 서비스, 아이디어 외에 정서 및 인지의 변화까지도 주된 교환대상이 될 수 있다. 마지막으로 교환을 가능케 하는 활동과정이라 할 수 있는 마케팅은 단순하고 일시적인 활동이 아니라 의도적으로 계획된 일련의 활동이다.

(2) 마케팅 개념의 진화과정

재화나 상품을 어떤 관점에서 생산하여 시장에서 교환되도록 하느냐는 마케팅 철학이라 할 수 있는데 이를 이해하는 것이 마케팅 전략이나 마케팅 관리에 중요하다(최성재 · 남기민, 2006).

가. 제품지향적 마케팅(product orientated marketing)

마케팅 개념 적용의 초기단계라 할 수 있는 1900년대 초에는 공급자가 소비자에게 좋은 것이라 판단되는 제품을 생산하는 것이 중요하다고 생각하고 그러한 제품의 생산에 초점을 두었다. 이러한 철학은 수요가 공급보다 큰 경우에 적용될 수 있다.

나. 생산지향적 마케팅(production oriented marketing)

1910년대에 이르러서는 소비자들이 쉽고 저렴하게 구입할 수 있는 것을 선호한다고 가정하고, 기업은 저가로 상품을 대량생산하여 유통하는 것에 초점을 두었다.

다. 판매지향적 마케팅(sales oriented marketing)

사회가 발전하고 소비자의 생활수준이 향상됨에 따라 1930년대 이후부터는 제품의 값을 싸게 하는 것으로 소비자를 설득하여 판매하는 데 초점을 두고 소비자에게 필요하다고 생각하는 상품을 값싸게 생산하였다. 즉, "우리는 어떤 것이든 팔 수 있다"라는 태도를 가지고 판매원을 훈련시켜 제품을 판매하는 데 역점을 두었다. 이와 같은 판매지향적 마케팅은 고객(소비자)의 욕구나 선호에는 별로 관심을 기울이지 못하였다.

라. 고객지향적 마케팅(customer orientated marketing)

1950년대 들어오면서 고객의 욕구와 선호에 초점을 둔 제품생산이 이루어지기 시작하였다. 그리하여 기업조직 활동을 고객의 욕구에 부응하도록 통합하고 고객의 욕구를 만족시킴으로써 기업의 목표를 달성할 수 있다고 생각하였다. 고객지향적 마케팅은 현저한 제품판매의 효과를 가져왔지만 지나친 고객지향적 태도는 다른 집단(예를 들면 소매업자)의 목소리를 무시하고 제품의 혁신에 장애요인이 되는 부작용을 낳는 경우도 있었다.

마. 사회지향적 마케팅(society orientated marketing)

1970년대를 전후하여 고객지향적 마케팅으로 크게 번창한 기업이 장기적으로는 고객이나 사회복지를 해칠 수 있다는 문제점이 제기되었다. 아울러 공해나 환경오염, 생태계 파괴 등의 환경문제, 과소비, 과도한 물질주의, 과도한 정치력 행사 등으로 인한 소비자의 복지문제가 기업과 연관된 문제로 부각되면서 기업의 사회적 책임이 강조되기 시작하였다. 따라서 사회지향적 마케팅은 고객의 이익, 조직의 이익과 더불어 사회전체의 이익도 고려해야 함을 강조한다.

(3) 전략적 마케팅 계획[3]

조직의 관리자는 시장변화와 거기에 전략적으로 적응하는 문제에 대해 주의를 기울여야 한다. 모든 시장은 고객의 필요, 기술, 경쟁자, 유통경로, 법률 등의 변화로 시시각각 변화하고 있다. 조직이 제각각의 시장에서 성공하려면 전략의 창(strategic window)을 통해 변화를 주시하고 시장의 니즈를 파악해야 한다.

특정시장의 요구에 조직능력의 적용을 최대화할 수 있는 시간은 매우 한정적이다. 이 제한적인 시간과 조직은 전략의 창을 활짝 열고 시장에 자원을 투입해야 한다. 시간이 경과한 뒤에 조직이 시장의 변화를 인식하고 변화된 시장에 노력을 투여해도 효과는 별로 나타나지 않을 것임을 알아야 한다.

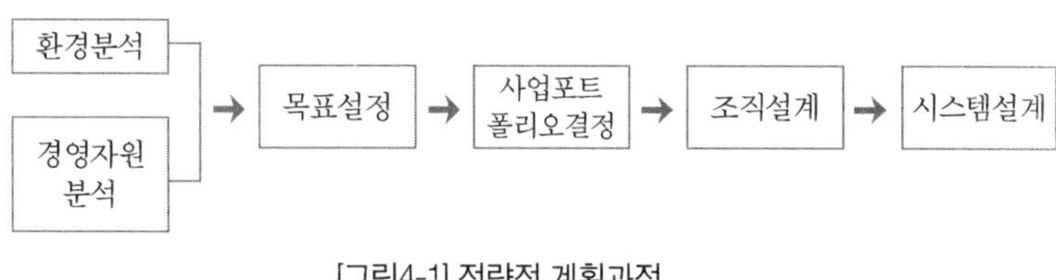

[그림4-1] 전략적 계획과정

---

3) 정익준(2005), 『비영리마케팅』을 발췌 인용함.

먼저 조직은 주요한 기회와 변화를 명확히 하기 위해 환경분석을 철저히 한 후 실행 가능한 대안의 제시가 가능하도록 중요한 자원을 검토해야 한다. 이처럼 조직이 환경과 자원분석을 함으로써 다음 계획기간 중에 수행해야 할 목표설정이 가능해진다. 목표를 설정한 후에 전략이 수립되면 관리자는 비용효과가 높은 전략을 선택하게 되며, 선택된 전략의 수행은 조직구조에 변화를 가져오게 한다. 조직이 효과적으로 전략을 수행하려면, 조직의 정보, 계획, 통제시스템에 관심을 기울여야 한다. 이러한 구성요소가 완비되면 조직은 실행에 옮긴다. 마케팅 담당자는 두 가지 분석을 시행해야 한다. 하나는 환경분석이고 하나는 경영분석이다.

가. 환경분석

조직이 활동하고 있는 환경은 복잡하고 부단히 변화하는데 이는 크게 다섯 가지 요소로 구성된다. 첫째, 환경은 조직 내부의 공중으로서 이사회, 관리자, 종사원 그리고 후원자 등이 포함되는데 그들의 니즈, 욕구, 관심을 파악하는 것이 주된 과제이다. 둘째, 시장환경으로서 조직이 이념을 달성하기 위해 직접 부딪쳐야 할 그룹과 기타조직이 이에 해당한다. 시장 환경에서 주요한 그룹은 고객, 중간업자, 공급업자, 지지자 등이고 이들의 니즈, 지각, 선호, 만족의 정도를 조직은 부단히 분석, 평가해야 한다. 셋째, 공중환경은 조직의 활동에 관심을 가지고 있는 집단과 조직을 의미하는 것으로 조직성장에 영향을 미치는 지역공중, 활동가 집단, 일반 공중, 미디어 관계자 등이 해당된다. 넷째, 경쟁환경은 공중으로부터 관심과 충성을 얻기 위해 경합하는 그룹과 조직을 의미하는 것으로 이것에는 진입희망경쟁자, 일반경쟁자, 과거경쟁자, 기업경쟁자 등이 포함된다. 다섯째, 거시환경은 해당조직에 기회와 위험을 제공하는 광범위하고 다양한 힘을 의미하는데 인구통계학적, 경제적, 기술적, 정치적, 사회적 환경 등이 포함된다. 이 환경은 조직이 적응해야 할 통제 불가능한 요소이다.

a. 위협분석

모든 조직은 당면한 주요위협을 명확히 해야 한다. 환경적 위협이란 목표지향적인 마케팅 활동이 없음에도 불구하고 그 조직의 위치에서 침식을 초래하는 환경 내의 바람직하지 못한 추세나 발전에 의해 제기되는 도전을 말한다. 모든 위협이 반드시 같은 주위와 관심을 촉구하지 않으므로 조직의 관리자는 두 가지 차원에서 각각의 위협을 평가해야만 한다.

경영자원		강함				약함		
		고	중	저	보통	저	중	고
언제	· 충분한가?	○						
	· 숙련되어 있는가?	○						
	· 열심인가?						○	
	· 충실한가?						○	
	· 서비스 지향적인가?							○
자금	· 충분한가?				○			
	· 융통성이 있는가?					○		
시설	· 충분한가?	○						
	· 유연성이 있는가?	○						
	· 배치의 질은?	○						
시스템	· 정보시스템의 질은?				○			
	· 계획시스템이 질은?					○		
	· 콘트롤 시스템의 질은?					○		
시장자산	· 고객 기반은?		○					
	· 기부자 기반은?		○					
	· 관계기반은?	○						
	· 일반적인 평가는?			○				

주: ○ 마크는 해당되는 사항임
자료: 정익준(2005)

b. 기회분석

기회분석은 위협분석 못지않게 중요하다. 위협초기에 조직이 그것을 잘 관리하지 못하면 조직의 현상유지가 불가능하지만 성공적으로 관리하면 조직은 크게 발전할 수 있다. 우리가 마케팅기회에 관심을 가지는 이유도 바로 여기에 있다. 그렇다면 마케팅 기회란 무엇인가? 마케팅 기회란 특정조직이 보다 경쟁적 우위성을 확보할 수 있도록 적절한 마케팅 활동을 발휘할 수 있는 매력적인 분야이다. 조직의 모든 관리자는 조직이 직면하고 있는 기회를 식별해 내는 노력을 경주해야 한다.

나. 경영자원분석

경영자원을 분석하는 이유는 조직자원의 강점과 약점을 명확히 하기 위함이다. 조직은 강점에 의해 유지되므로 거기에 적합한 목표, 기호, 그리고 전략이 추구되어야 하고 자원 면에서 취약한 부문은 회피하여야 한다. (표4-13)과 같이 조직이 변화에 대응할 목적으로 보유하고 있는 자원을 감사하기 위해 자금, 시설, 시스템, 그리고 시장자산 등으로 분류하고, 각 자원이 갖고 있는 강점과 약점의 정도를 저·중·고 로 표시하고 있다.

다. 목표설정

조직에 따라서는 목표는 명확하지만 새로운 환경과 자원상황에 대처하는 면에서는 적절성의 결여를, 그리고 또 다른 조직에서는 목표도 명확하지 않을 뿐만 아니라 조직목표와 동떨어져 활동하고 있는 경우를 발견할 수 있다. 목표설정은 조직이 현재 또는 장래에 예상되는 환경에 대하여 적절한 사명, 목적, 그리고 목표를 결정하는 문제와 관련된다.

라. 사업 포트폴리오 결정

조직의 포트폴리오(portfolio)[4]란 조직을 구성하고 있는 사업단위와 제품의 집합체로, 최상의 사업포트폴리오란 환경상의 여러 기회에 자기조직의 장점과 약점을 최적으로 적응시키는 것을 의미한다. 포트폴리오 분석의 제1단계는 조직의 주요사업, 프로그램, 그리고 제품을 명확히 하는 일이다.

조직의 각종 사업 포트폴리오는 조직의 목적 및 일반목표에 따라 중요성과 공헌도에 차이가 있을 수 있다. 그 중요성과 공헌도는 사업 포트폴리오 분석을 통해 이루어지는데 이는 주로 사업의 경쟁적 강점과 시장에서의 매력도로 평가될 수 있다. 사업 포트폴리오를 통해 어떤 사업을 할 것인지를 결정하게 된다.

마. 조직설계

전략의 수립목적은 조직이 새로운 환경에서 목표를 달성하는데 도움이 될 전략을 개발하려는데 있다. 기존조직은 전략을 성공적으로 수행할 수 있도록 조직화되어야 한다. 그런데 전략이 성공하려면 조직에는 구조와 사람 그리고 조직문화가 있어야 한다. 즉 조직이 선택한 전략이 성공하려면 적절한 조직적 기술이 요구된다.

바. 시스템 설계

전략적 계획의 마지막 단계는 조직이 새로운 환경에서 목표를 달성하기 위해 전략을 개발하고 실행하는데 요구되는 시스템을 구축하는 일이다. 이때 조직은 마케팅 정보시

---

4) 포트폴리오란 용어는 원리 투자포트폴리오에서 유래한 것이다. 투자가는 자신의 투자를 시점마다 확인하여 어떤 것은 배제하고 어떤 것은 규모를 축소하거나 확대하며 또 새로운 것을 추가하기도 한다. 마찬가지로 조직도 그 제품포트폴리오를 어떤 일정기간마다 비판적으로 직시하고 다양한 제품의 장래에 관해 엄격한 결정을 내려야 한다.

스템, 마케팅 계획시스템, 그리고 마케팅 통제시스템 등을 구축해야 한다.

(4) 마케팅 전략

앞에서 살펴본 전략적 계획이 조직이 최선의 기회가 있는 특정시장을 대상으로 하는 활동계획이라면 마케팅 전략은 시장에 대한 조직 적응을 위한 전략이라고 할 수 있다. 즉 선택된 고객에게 도달하고 공급하기 위해 목표시장의 선택, 경쟁적 지위의 선택, 그리고 효과적인 마케팅믹스를 개발하는 일이라 할 수 있다.

가. 목표시장 전략

마케팅 전략을 준비하는 처음 단계는 시장을 철저히 이해하는 것이다. 엄밀히 따지면 모든 시장은 동질적이 아니다. 이는 곧 시장은 전혀 다른 유형의 소비자로 구성되어 있음을 뜻한다. 즉 요구조건이나 구매반응 또는 중요한 특성이 다른 세분시장으로 이루어져 있다는 것이다. 시장을 세분하는 방법은 여러 가지이다. 시장은 연령, 성별, 지리, 라이프스타일 등 많은 변수에 의해 세분화되며, 시장 분석가는 유익한 방법이 발견될 때까지 상이한 접근법을 활용, 시험해야 한다.

나. 경쟁적 포지셔닝 전략

경쟁적 포지셔닝(strategic positioning)이란 동일한 목표시장에 제공되고 있는 제공물과 경쟁자의 제공물 간에 존재하는 의미의 차이를 개발하고 전달하는 기술을 의미한다. 그러므로 경쟁적 포지셔닝에서 주요한 관건은 목표시장이 평가, 선택하는 주요 속성을 명확히 확인하는 일임을 이해하게 된다.

마케팅믹스(marketing mix)란 현대 마케팅의 중요한 개념 중의 하나로서, 조직이 목표시장에서 목적을 달성하기 위해 사용하는 통제 가능한 마케팅변수의 집합을 뜻한다. 마케팅믹스를 구성하는 변수는 많으나 이들 변수는 몇 개의 주요한 그룹으로 분류할 수 있다. 마케팅믹스는 제품(product), 가격(price), 유통경로(place), 촉진(promotion) 등 4P's 로 불린다.

a. 제품

조직이 목표시장에 제공하는 '재화와 서비스의 결합' 을 의미한다. 실버산업의 경우,

휠체어, 연금보험, 실버여행상품 등이 그 예이다.

b. 가격

가격은 그 제품을 획득하기 위해 고객이 지불해야 할 금액을 말한다. 할인과 신용조건에 따른 다른 가격이 가능하다.

c. 유통 경로

유통경로란 목표고객이 그 제품을 쉽게 이용할 수 있도록 하는 조직활동을 의미한다. 중간상, 소매점, 보험점포 등이 그 예이다.

d. 촉진

촉진은 그 제품의 유익함을 커뮤니케이션하고 목표시장이 그것을 구매하도록 설득하는 활동을 말한다. 광고나 홍보, 판촉활동 등이 있다.

2) 실버 마케팅

(1) 노인소비자 시장의 독특성

노인소비자는 노인의 연령구분의 모호성 때문에 쉽게 개념을 정립하기 어려우나 노인은 그들의 동거가족 구성여부에 관계없이 시장에서의 구매의사결정에의 참여 및 구매실제가 있어야만 일반 소비자와 구별되는 층으로 분류될 수 있을 것이다(이민표, 2000).

노인소비자층은 다른 소비자 군과 구별되는 독특한 시장을 형성하고 있다. 예를 들어 노인들은 비 노인들 보다 점포에 대한 충성도가 높으며, 정보원의 활용에 있어 젊은 층과 다르게 TV나 신문 등의 매스 미디어 보다는 친구, 가족 등과 같은 인적 정보원이 상대적으로 높은 비율을 차지한다는 것이 여러 실증조사의 결과로 나타나고 있다. 이러한 노인시장의 독특성은 다음의 세 가지로 설명할 수 있다(김상현, 2002).

① 노인소비자는 생물학적/사회심리학적(biophysical and psycho-social)성숙도에서 젊은 층과 다른 단계에 위치하고 있다. 즉 생물학적 노화에 따른 여러 신체기능의

표 4-13 노인소비자의 태도와 행동

	태 도	행 동
이기춘 (1991)	· 노화에 따른 스트레스, 우울증 경험 · 향수의 대상물에 애착 · 사후 흔적을 남기려는 욕망이 강함 · 인생회고의 과정을 보임	· 소극적 · 수동적 · 내향적임 · 경직성이 강하며 안전한 방법을 찾음
Waddell (1975)	· 안전과 보장받고자 하는 욕구 강함 · 소외와 고독을 느낌	· 건강하고자 하는 욕구가 강함 · 돈을 적게 들여 건강하고자 함 · 유혹과 사기에 무기력함
Crandall (1980)	· 고립감과 외로움을 느낌	· 시력이 나빠지고 계산의 어려움 등으로 사기에 희생당함 · 장례 준비 토지구입 등에서 사기경험 · 구매력의 증가
Meadow et al (1981)	· 여가에 관심 증가	· 움직임의 제한 · 마케터의 정보에 수용적 · 쇼핑자체를 즐김 · 신용카드사용이 적음 · 하나의 동질적인 시장패턴 아님
Tongren (1988)	· 노인으로 인지되는 것을 싫어함	· 공동구매의사결정에 익숙 · 활동적인 집단의 구매자

자료 : 이민표(2000), 『21세기 실버산업의 방향과 대책』

성숙과 기능저하로 노인층은 젊은 층과는 다른 욕구체계와 행동양식을 가지게 된다.

② 노인층은 젊은 층과는 달리 오랜 인생을 통해 여러 다양한 경험을 겪었고, 이러한 경험의 영향에 의해, 각종 상품이나 서비스 등의 평가기준이나 소비행태 전반에 걸쳐 젊은 층과는 구별되는 특징을 가지게 된다. 즉 소비생활이 인생의 여러 단계에 따라 다른 의미를 가질 수 있다는 것이다.

③ 노인층은 일제시대, 8 · 15해방, 6.25 동란 등 젊은 층이 경험하지 못한 여러 유사 경험들을 함께 공유하고 있으며, 이러한 유사경험들의 영향으로 노인집단의 소비자 행동은 젊은 집단의 소비자행동과 다르게 된다.

이렇듯, 노인소비자의 태도와 행동에 대한 연구자들의 견해를 정리하면 〈표4-13〉과 같다.

(2) 실버산업에서의 마케팅 원칙

실버산업의 분야와 전망에 대해서는 미래 산업으로서의 가능성을 부여할 만큼 기대에 차 있는 것도 사실이다. 때로는 상상을 초월하는 아이템이 개발되기도 한다. 그러나 비 노년층 시장과 비교해 볼 때, 실버시장은 노인층의 인구특성에 따른 소비자 구매행동에서 확연히 다른 면모를 지닌다. 따라서 실질적으로 실버시장에서 성공하기 위해서는 몇 가지 기본적인 마케팅 전략(최혜경·정순희, 2001)이 병행되어야 할 것이다.

가. 마음을 다하는 서비스 마케팅

노인소비자는 경직성과 소극성이라는 특성으로 인해 많은 경우에 상품과 서비스 구매 시 망설이게 되고, 원하는 것이 무엇인지 정확히 설명하지 못하는 경우가 많다. 마케터는 인내심을 갖고 최선을 다해서 듣고 노인의 진정한 의도와 필요가 무엇인지를 알아야 한다. 또한 개방형 질문을 함으로써 노인의 욕구를 분명하게 하고 증명함으로써 노인을 이해할 수 있도록 노력하여야 한다.

또 노인이 계속 망설이고 있을 때도 노인의 의사결정을 강화시킬 다른 선택사항 대안들을 제시하는 것이 도움이 될 수 있다. 예를 들면 "만약 고객님이 택한 물건을 써 보시고 효과가 없다고 생각되시면 2주 후에 반환하십시오" 라고 말하는 것 등이다.

나. 불안을 해소하는 마케팅

노인소비자의 불안심리 및 고독감을 해소시키는데 최대한 마음을 쓰는 마케팅전략이 실버산업에서 유용할 것이다. 대표적으로 노인의 불안을 해소하는 마케팅 전략인 긴급통보 시스템 운영을 통해 시장점유율을 크게 높인 안전센터(도교 오타구)가 그 예인데, 긴급통보 시스템은 집에 있는 노인, 특히 노인단독 세대 노인이 건강 상태 악화 등 긴급 시에 늘 휴대하고 있는 목걸이의 단추를 누르면, 회사에서 24시간 대기하는 의료요원에게 긴급 통보되는 시스템으로 최근 지방자치단체들도 이 서비스를 구입하여 관내의 요개호 노인들에게 제공하고 있어 꾸준히 수요가 늘고 있다.

다. 특별 서비스를 제공하는 마케팅

노인세대는 자녀세대에 대해 이전의 물질원조의 제공자이며 특히 남성에게는 권위의 상징으로 인식되었던 것이 신체적인 쇠약이나 은퇴로 인한 경제력의 상실로 성인자녀에게 의존해야 하는 역할의 전이로 인해 역할상실감을 느끼게 된다.

그러나 이러한 역할상실로 인해 더욱더 남으로부터의 존중과 연장자로서의 대접을 더 많이 기대하고 있기 때문에 자기만이 특별히 대우받는다는 느낌은 노인에게 더욱더 중요한 요인이 된다.

따라서 노인에 대한 존중과 존경의 상징으로서의 특별한 배려, 예를 들면 노인을 위한 특별 사은품의 제공 같은 것도 노인에게 좋은 반응을 가져 올 수 있다.

라. 간단하고 쓰기에 용이한 제품개발

노인기가 되면 감각기관의 쇠퇴로 노인들은 확신이 있어야 결정과 반응을 하는 조심성이 증가하게 된다. 이러한 조심의 증가로 인해 새로운 시도나 문제해결에 주저하면서 예전의 것을 고수하려는 보수적인 경향을 갖는 경직성을 보이는데, 다기능 전화기나 복합기능 세탁기 등의 온갖 기능을 제대로 사용하는 소비자가 별로 없음이 여러 조사결과 나타나고 있다. 노인에게는 조작이 간단하고 단순한 상품이 호소력을 갖기 때문에 원터치 방식의 간단한 조작법을 적용한 제품 개발이 바람직할 것이다.

마. 수요를 환기시키는 마케팅

상당한 구매력을 갖춘 노인들조차 돈과 재산은 많지만 살 게 없다고 말한다. 따라서 노인의 새로운 소비수요를 불러일으키는 마케팅 전략이 필요하다.

실제로 좋은 상품이 개발되었다 할지라도 노인이 알지 못하면 판매저조로 사장될 수도 있다. 좋은 상품을 노인소비자가 손쉽게 손에 넣을 수 있도록 하는 일도 상품개발 못지않게 중요하다.

노인상품 전시회 등을 통해 다양한 정보 제공과 함께 소비자가 손쉽게 연결될 수 있는 유통구조에 대해서도 방안을 강구해야 한다.

(2) 마케팅 전략 수립 시 유의사항

노인소비자 시장은 여러 다양한 세분시장으로 이루어져 있다. 일부 노인층이 나이 특화 마케팅 전략에 호의적으로 반응한다 하더라도, 다른 노인층은 여기에 비호의적으로 반응할 수 있다. 그러므로 가장 좋은 방법은 나이 특화 마케팅 전략에 호의적인 노인층의 호의적 반응을 최대화하는 동시에 비호의적 노인층의 반응은 최소화하는 것이다.

노인시장의 세분화 시 주의할 점은 나이나 생활양식 등 단순한 한 가지 기준만으로 노인시장을 세분화하는 것이다. 노인시장의 세분화 기준은 여러 요소들을 복합적으로 설명하는 인생단계(stage in life)가 되어야 할 것이다.

인생단계는 노인소비자가 직면하고 있는 심리적 · 사회적 건강 등의 여러 환경들로 정의될 수 있다.

예를 들어, 건강 상태, 관심과 생활양식, 가족생활주기 등의 측정을 통해 인생 단계별로 노인시장을 세분화할 수 있다. 이러한 세분화 기준들을 동시에 사용하는 것이 각각의 기준을 단독으로 사용하는 것보다 훨씬 더 정확하게 노인소비자의 행동을 예측할 수 있다. 노인층을 토대로 마케팅 수립 시 유의사항을 제시하면 다음과 같다(김상현, 1997).

① 노인층은 노화에 따른 심리적·사회적·생리적 환경변화로 여타 젊은 소비자층과는 구매행동과 욕구체계에서 구별되는 독특한 시장을 형성한다. 따라서 노인소비자에 대한 효과적인 마케팅을 위해 노인층의 문화나 각종 특성에 대한 철저한 이해가 필요하다.

② 마케터들은 노인층을 겨냥한 마케팅 활동 시 노인심리학의 양면성에 주의를 기울여야 한다. 노인층의 특정욕구를 만족시키기 위한 마케팅 노력을 가장 원 하는 층이 노인임과 동시에 가장 꺼리는 층도 이들이라는 것이다. 노인이 가장 싫어하는 것은 노인으로 취급받았을 때이며, 노인이 가장 화가 났을 때도 역시 노인으로 대접받지 못할 때이다.

③ 마케팅 활동에 있어 노인층의 달라진 라이프 스타일을 충분히 반영하여야 한다. 고령자에 대한 어두운 이미지를 분석하고, 활력이 넘치고, 생활의 여유도 있고, 여가활동에도 적극적이며, 다양하고 풍요로운 소비생활을 추구하는 노인소비자의 변하고 있는 라이프 스타일을 충분히 반영하는 마케팅 활동을 전개할 필요가 있다.

④ 노인층을 대상으로 한 마케팅에 있어서는 인간적·감정적 측면에 기초를 둔 관계마케팅적 접근이 필요하다. 점포 이용측면의 경우에 있어서 점포직원들의 친절도가 상점선택에 있어 중요한 기준으로 나타났으며, 일단 관계를 맺고 난 후의 점포 또는 상표 충성도가 여타 소비층보다도 훨씬 높은 것으로 나타났다.

⑤ 예비노인층에 대한 사전 마케팅도 필요하다. 40대의 중년시기부터 그들을 자기 제품의 사용자로 끌어들여 계속적으로 자사 상품을 구매하도록 유도하는 것이 필요하다.

제 5 장 실버산업의 보호육성자로서 정부의 역할

1. 실버산업 육성정책과 법률지원

우리나라는 그 유래를 찾아 볼 수 없을 만큼 고령화 속도가 빠르다. 선진국의 실버산업은 사회복지적 서비스를 거의 제도적으로 보장한 후 발달하였는데 한국에서는 그러한 단계에 도달하지 않은 상태에서 불가피하게 실버산업을 발전시켜야 하는 상황에 처해 있다. 따라서 실버산업을 보호육성하기 위한 정부의 의지와 목적을 표현하는 정책의 의의와 법률적 지원을 살펴보기로 한다.

1) 정책의 의의

정책(policy)이란 말은 '분명한 행동노선', '특정한 목적을 이루기 위해 필요한 행동에 관한 원칙' 또는 '정해진 계획' 등으로 정의된다(김상균 외, 2005). 따라서 실버산업 정책이란 실버산업을 위한 활동(행동)을 하는 데 필요한 원칙과 방향을 정하거나 계획하는 것이다. 또 정책이란 개념에는 여러 요소들이 포함되어 있기 때문에 정책이란 용어도 사람들에 따라 다르게 사용되는 경향이 있다. 대표적인 것이 정책과 프로그램 혹은 법과의 차이다(김태성, 2007).

즉 어떤 사람들은 정책과 프로그램이란 용어들을 개념적으로 구분하지 않고 사용하는 경우가 있다. 예를 들어, 사회보험정책은 곧 사회보험프로그램과 같은 것이다. 사회보험을 위한 수많은 프로그램들이 곧 정책들인 것이다. 현실세계에서 다수의 사람들이 이런 식으로 두 용어를 같이 사용한다고 할 수 있다. 반면에 어떤 사람들은 정책과 프로그램을 구분해서 사용하는 경우도 있다. 전자는 어떤 목표를 이루기 위한 원리·원칙만을 말하고, 후자는 이러한 원칙에 따라 정책목표를 이루기 위한 집행을 할 때의 구체적 수단들을 지칭할 때 사용한다.

다음으로는 정책과 법의 개념상의 차이다. 앞에서 언급한 바와 같이 정책이란 공공부문이건, 민간부문이건, 또는 영리부문이건, 비영리부문이건 아니면 공공이나 민간의 혼합 형태이건 간에 조직의 목표를 이루기 위한 원칙이라는 매우 광범위한 의미를 갖는다. 반면에 법이란 공공부문의 공식적이고 합법성이 부여되어 공적인 권위를 갖는 정책을 말한다. 이렇게 입법화 된 정책은 모든 국민들을 대상으로 하여 공적인 권위(공권력)을 갖고 집행이 된다. 반면에 민간부문의 정책이란 국민으로부터 받은 합법성이 없기 때문에 그 정책을 반드시 따를 필요가 없다. 실버산업 정책을 논할 때는 실버산업 프로그램보다는 실버산업 혹은 고령친화산업 정책이란 말을 일반적으로 사용하며 실버산업 혹은 고령친화산업 정책은 국가 및 지방자치단체 주체의 정책일 수도 있고 민간부분 주체의 정책일 수도 있다. 민간부분 주체의 정책은 1993년 노인복지법의 개정으로 민간기업이나 개인도 시·도지사의 허가를 받아 유료노인복지시설('유료양로', '유료노인요양', 그리고 '유료노인주택')을 설치·운영할 수 있도록 하면서 그 길이 열렸다.

2) 법률의 지원

일반사회생활에서 사람들이 법을 항상 의식하면서 생활하는 일은 드물다. 더구나 법과는 무관하게 산다고 느끼는 사람들도 많고, 그러면서도 사회생활을 원활하게 영위한다는 생각을 하는 일반인은 많다. 그러나 공동생활을 하는 집단에서는 항상 최선이 무엇인지를 파악하지 않으면 안 되고, 최선을 다한 결과가 어떻게 우리 곁에 다가오는지를 염두에 두어야 조금 더 발전되고, 평화롭고, 평등한 공동생활을 얻을 수 있다. 법은 사회구성원들이 사회생활을 함에 있어 필요한 행위준칙으로서, 사회질서를 유지하고, 공동생활의 안전을 기하며, 사회정의를 실현하기 위해 국가권력이 일정한 사회적 행위를 당위적으로 의무지울 것을 요구하는 관념이다. 사회가 유지되기 위해서는 사회구성원들이 행동을 규율할 수 있는 일련의 행위준칙인 사회규범이 필요한데 이 규범이 바로 법이다(김기원, 2007). 이러한 법은 궁극적으로 사회정의를 실현하고, 법적 안정성을 기하며, 사회질서를 유지하는데 그 목적이 있다. 따라서 실버산업 혹은 고령친화산업 진흥법은 고령친화산업을 진흥하고 지원·육성하기 위해서 정부의 의지를 담고 목표방향을 제시하는 내용으로서 법의 형식을 빌어서 표현된 것이다.

선진국의 경우와 달리 사회복지적 서비스를 제도적으로 완전히 정착시켰다고 볼 수 없는 우리 현실에서 정부의 의지와 목표방향은 대단히 중요한 의미를 갖는다. 우선 정부의 의지여하에 따라 실버산업에 대한 국민의식이 좌우된다. 예컨대, 매스컴에 회자되는 노인을 대상으로 이윤을 추구하는 것을 매도하는 등의 의식은 정부의 법률적 지원에 의해 해소될 수 있으며 이후 일반 국민과 기업은 노인을 의식 있는 소비자로 직시하여 질 좋은 상품과 서비스를 적절한 가격에 판매하는 전략을 수립할 수 있을 것이다. 물론 노인 자신도 자율적이고 지혜로운 선택에 의해 삶의 질을 향상시키는 일에 지속적인 노력을 기울이게 되는 계기를 마련하게 될 것이다. 즉 정부의 법률은 가족, 기업, 지역사회 등 노인의 외부환경 요소를 지원하고 이 요소들을 적절히 조절함으로서 상호 유기적으로 기능할 수 있게끔 하는 역할을 수행하여야 한다. 정부 내부에서도 실버산업에 대한 인허가 업무나 규제업무 등에 대해 유기적인 협조체계가 이루어지도록 부처 간 협조를 법률안에 담아내도록 하여야 한다.

노인복지법을 비롯한 저출산·고령사회기본법, 고령친화산업 진흥법, 그리고 노인장기요양보험법 등은 현행 실버산업과 관련된 정책을 담고 있는 법률들이며 이들 법조항들은 실버산업의 발전과 함께 지속적으로 새롭게 추가하여 제·개정되거나 시대에 뒤진 조항들은 폐지를 반복하며 실버산업의 성장과 발전을 추동하게 될 것이다.

2. 실버산업 관련법제와 정책 고려사항

우리사회는 고령화되고 핵가족화 되어 고도산업사회에서 파생되는 노인들의 문제에 직면하고 있다. 이런 문제를 해결하고, 경제력 있는 노인들에게는 자신들의 수준에 맞는 주거생활과 여가생활을 누릴 수 있도록 그에 걸맞는 수준의 유료노인복지시설을 포함한 질 높은 서비스를 제공할 수 있는 국가 및 지방자치단체 그리고 민간부문의 활동을 규율하는 법률로서 노인복지법을 포함한 저출산·고령사회기본법, 고령친화산업 진흥법, 그리고 노인장기요양보험법 등의 법제과정을 살피고 이를 토대로 향후 정책수립을 위한 고려사항을 검토하기로 한다.

1) 관련법제[1]

(1) 노인복지법

1960년대 이래 진행되어 온 평균수명 연장과 인구고령화 현상은 경로효친사상의 감퇴, 핵가족화, 농촌공동화, 산업화 등 사회적 현상과 함께 우리나라에서 노인문제가 개인의 문제가 아닌 사회의 심각한 문제로 대두되었다. 따라서 이러한 노인문제를 국가적 차원에서 대처하기 위한 입법노력이 전개되어 그 결실로 1981년 6월 5일 법률 제3453호로 노인복지법이 제정되었다.

노인복지법의 목적은 노인의 질환을 사전예방 또는 조기발견하고 질환 상태에 따른 적절한 치료·요양으로 심신의 건강을 유지하고, 노후의 생활안정을 위하여 필요한 조치를 강구함으로써 노인의 보건복지증지에 기여함에 있다. 노인복지법은 의약기술의 발달과 문화생활의 향상으로 평균수명이 연장되어 노인인구의 절대수가 크게 증가하는 한편 산업화, 도시화, 핵가족화의 진전에 따라 노인문제가 점차 큰 사회문제로 대두되고 있음에 대처하여 우리 사회의 전통적 가족제도에 연유하고 있는 경로효친의 미풍양속을 유지·발전시켜 나아가는 한편, 노인을 위한 건강보호와 시설의 제동 등 노인복지시책을 효과적으로 추진함으로써 노인의 안락한 생활을 북돋아주며, 나아가 사회복지

---

1) http://www.lawnb.com/lawinfo/law/info_law_searchview.asp
〈노인복지법〉
　법률 제4178호(1989.12.30), 법률 제4633호(1993.12.27), 법률 제5317호(1997.3.27), 법률 제5359호(1997.8.22), 법률 제5453호(1997.12.13), 법률 제5851호(1999.2.8), 법률 제6124호(2000.1.12), 법률 제6916호(2003.5.29), 법률 제7152호(2004.1.29), 법률 제7452호(2005.3.31), 법률 제7585호(2005.7.13), 법률 제8200호(2007.1.3), 법률 제8366호(2007.4.11), 법률 제8367호(2007.4.11), 법률 제8385호(2007.4.25), 법률 제8435호(2007.5.17), 법률 제8608호(2007.8.3)
〈저출산·고령사회기본법〉 - 법률 제7496호(2005.5.18)
〈고령친화산업 진흥법〉 - 법률 제8110(2006.12.28)
〈노인장기요양보험법〉 - 법률 제8403(2007.4.27)

·의 증진에 기여하기 위해 제정되었다.

제정 당시 노인복지법의 주요 내용은 다음과 같다.

(1) 국가 및 지방자치단체는 매년 5월에 경로주간을 설정하여 경로효친의 사상을 앙양하도록 한다. (2) 노인의 복지를 위한 상담 및 지도 업무를 담당하게 하기 위하여 시·군·구에 노인복지상담원을 둘 수 있도록 한다. (3) 보건사회부장관, 서울특별시장·직할시장·도지사 또는 시장·군수(복지실시기관)는 65세 이상의 노인으로서 신체·정신·환경·경제적 이유로 거택에서 보호받기가 곤란한 자를 노인복지시설에 입소시키거나 입소를 위탁하도록 한다. (4) 복지시설기관은 65세 이상의 노인에 대하여 건강진단 또는 보건교육을 실시할 수 있도록 한다. (5) 65세 이상의 노인에 대하여는 국가 및 지방자치단체의 수송시설, 기타 공공시설 및 민간서비스사업의 이용료를 무료로 하거나 할인우대할 수 있도록 한다. (6) 노인복지시설을 양로시설·노인요양시설·유료양로시설 및 노인복지센터 등으로 구분하고, 양로시설 및 노인요양시설은 무료와 실비시설로 구분한다. (7) 국가 및 지방자치단체는 노인복지시설을 설치할 수 있도록 하고, 사회복지법인, 기타 비영리법인은 도지사의 허가를 받아 노인복지시설을 설치할 수 있도록 한다. (8) 국가 및 지방자치단체는 노인복지시설에 대하여 그 설치 또는 운영에 필요한 비용을 보조할 수 있도록 한다.

1981년 법률 제3453호로 제정된 이래, 1984년 12월 한차례 개정을 거쳐 1989년 12월 개정 시에는 '노인복지대책위원회'(제5조), '가정봉사사업 등의 실시·지원'(제11조), '노령수당'(제13조), '생업지원'(제15조), '제조담배소매인 및 홍삼류판매인의 지정'(제16조)을 각각 신설하고 제18조의 노인복지시설의 분류에서 '유료양로시설'을 '실비양로시설', '실비노인요양시설', '유료노인양로시설', '유료노인요양시설' 등 4개의 시설로 세분화시키고 '노인복지주택'을 추가하여 개정하였다.

1993년 12월에 있었던 노인복지법 개정 시 재가노인복지사업의 실시·지원(제11조)이 보완되었고 개정 전 제18조의 노인복지시설에 함께 두었던 '유료양로'와 '유료노인요양' 부분을 따로 분리하여 '유료노인복지시설'(제19조의 2 및 제19조의 3)에 '유료노인복지주택'을 추가한 3개 분야로 구분하여 신설조치 하였다. 그리고 '재가노인복지사업' 조항을 보강하여 '가정봉사파견사업', '주간보호사업', 그리고 '단기보호사업' 등을 신설하였고 '허가의 취소 등'(제24조)조항을 보강하였으며 '등록의 취소 등'(제25조)의 규정에 의한 처분을 하고자 하는 경우 당해 처분 상대방 또는 그 대리인에게 의견을 진술할 기회를 주는 '청문'(제25조의 2)조항을 신설하였다. 기타 '비용의 수납'(제

표 5-1 노인복지법 개정내용

일자	법률(호)	개정내용
1989. 12	4178	· 노인복지대책위원회 설치 · 국가 및 지방자치단체가 65세 이상 노인에게 노령수당지급토록 함 · 노인복지시설에 실비양로, 유료노인요양, 노인복지주택을 추가함
1993. 12	4633	· 민간기업체, 개인도 시도지사 허가받아 유료노인복지시설 설치가능함 · 재가노인복지사업을 가정봉사파견사업, 주간보호사업, 단기사업으로 명시 · 행정처분 상대방 또는 대리인에게 의견진술부여 위해 청문절차 규정
1997. 08	5359	· 매년 10월2일-노인의 날, 매년 10월-경로의 달 · 국민연금수혜에서 제외된 65세 이상의 빈곤노인에게 경로연금지급 · 노인의 사회참여활성화위해 노인지역봉사기관, 노인취업알선기관지원 · 노인전문요양시설, 유료노인전문요양시설 및 노인전문병원 설치 · 부양의무 없는 재삼자의 노인보호 시 부양의무자에게 보호비용의 전부 또는 일부를 청구할 수 있도록 함 · 재가노인복지시설은 단독주택 또는 공동주택에도 설치할 수 있도록 함
1999. 02	5851	· 노인복지대책위원회 폐지 · 소득기준과 재산기준을 동시 충족시켜야 경로연금수급권자가 됨 · 노인전문병원의 관리 및 운영에 관해 의료법상 요양병원으로 보도록 함 · 시설입소 초과비용 수납 시 시장 군수 구청장에게 신고토록 함 · 유료시설들의 비용수납 신고제를 폐지
2004. 01	7152	· 노인학대방지 긴급전화 및 노인 보호전문기관을 설치 · 노인학대에 대한 신고의무와 조치사항을 규정
2005. 03	7452	· 노인의료복지시설의 설치 · 폐지 등의 신고를 시 · 도지사에서 시 · 군 · 구청장에게 이양
2005. 07	7585	· 국가 및 지방자치단체가 노인들의 능력과 적성에 맞는 일자리의 개발보급과 교육훈련 전담기관을 설치운영하거나 법인단체에 위탁가능토록 함
2007. 01	8608	· 노인실태조사, 매년 9월 21일을 치매의 날로 지정

28조)에 대한 일부 조항을 개정 또는 신설하였다. 이러한 1993년 개정내용 중 두드러지는 점은 무엇보다도 민간 기업이나 개인도 시 · 도지사의 허가를 받아 유료노인복지시설('유료양로', '유료노인요양', 그리고 '유료노인주택')을 설치 · 운영할 수 있도록 하여 실버산업의 토대를 제공한 점이다.

1997년 8월 개정 시에는 법의 목적을 보건복지증진에 기여함에 두고 '경로연금(제2장)', '보건복지조치(제3장)', '치매관리사업(제29조)', '노인재활요양사업(제30조)' '노인복지시설의 종류' (제31조)조항 등을 신설하였다. 이러한 개정내용은 실버산업과 직접적 관계가 없다할지라도 공사(公私)영역의 역할분담이 좀 더 구체화되는 것으로 주목할 필요가 있다. 1999년 2월 개정 시에는 '노인의료복지시설의 설치' (제35조)에 대한 조항이 보완되었고 '가정봉사원의 교육' 및 '가정봉사원교육기관의 설치' (제39조의 2 및 3)조항이 신설되었다. 2003년 5월 개정 시에는 '노인주거복지시설(제32조)' 의 실비 노인복지주택 및 유료노인복지주택의 설치 · 관리 및 공급 등에 관하여 이 법에서 규정

표 5-2 저출산 · 고령사회기본법안의 법제과정

일자	과정
2004. 09. 04	· 저출산사회대책기본법안 발의(안명옥 의원 외 2인)
2004. 09. 21	· 고령사회기본법안 발의(장복심의원외 56인)
2004. 11. 08	· 고령화 및 인구대책 기본법안 제출(정부안)
2004. 11. 26	· 제13차 보건복지위원회 상정
2004. 11. 29	· 제14차 위원회에서 법안심사소위원회에 회부
2005. 04. 18	· 제253회 국회 제1차 보건복지위원회에서 대안제안
2005. 05. 18	· 법률 제7496호로 신규제정

된 사항을 제외하고는 종전의 주택건설촉진법의 관리규정 준용에서 주택법의 관련 규정을 준용하는 것으로 개정되었다. 2004년 1월 개정 시에는 노인보호와 인권을 크게 강화하는 조항 등을 신설 또는 보완 개정하였다. 즉 "부양의무자", "보호자", "노인 학대"의 정의를 법률 제1조 2(정의)에 삽입하였으며 '노인복지시설의 종류' (제31조 5호)에 '노인보호전문기관' 을 삽입하였다.

'긴급전화의 설치 등' (제39조의 4), '노인보호전문기관의 설치' (제39조의 5), '노인학대 신고의무와 절차' (제39조의 6), '응급조치의무 등' (제39조의 7), '보조인의 선임 등' (제39조의 8), '금지행위' (제29조의 9), '조사' (제39조의 10), '비밀누설의 금지' (제39조의 11)등이 신설되었으며 '벌칙' (제55조의 2, 3, 4)이 신설되거나 개정(제57조)되었다. 2005년 3월 31일 개정 시에는 일부 신고대상기관이 시 · 도지사에서 시장 · 군수 · 구청장으로 그리고 시 · 도지사 또는 시장 · 군수 · 구청장에서 시장 · 군수 · 구청장으로 개정되었다. 2005년 7월 개정 시에는 '노인일자리 전담기관의 설치 · 운영 등' (제23조의 2) 조항이 신설되어 국가나 지방자치단체에 노인일자리전담과를 설치 · 운영하거나 그 운영의 일부 또는 전부를 법인 · 단체 등에 위탁할 수 있도록 하였다. 그리고 2007년 1월 개정 시에는 '노인실태조사' (제5조)를 신설하였으며 '노인의 날 등' (제6조)조항에 3항으로 치매의 예방과 치료에 관한 사회적 인식을 제고하기 위하여 매년 9월 21일을 치매극복의 날로 정하는 내용을 삽입 · 신설하였다.

(2) 저출산 · 고령사회기본법

저출산 · 고령사회기본법의 목적은 저출산 및 고령화에 따른 변화에 대응하는 저출산 · 고령사회정책의 기본방향과 그 수립 및 추진체계에 관한 사항을 규정함으로써 국가의 경쟁력을 높이고 국민의 삶의 질 향상과 국가의 지속적인 발전에 이바지함에 있다. 이 법은 사회구성원의 책무를 국가 및 지방자치단체와 국민의 책무로 나누어 규정하고 있다. 먼저 국가 및 지방자치단체의 책무에서 첫째, 국가는 종합적인 저출산·고령사회정책을 수립·시행하고, 지방자치단체는 국가의 저출산·고령사회정책에 맞추어 지역의 사회·경제적 실정에 부합하는 저출산·고령사회정책을 수립·시행하여야 한다. 둘째, 국가 및 지방자치단체는 다른 법률의 규정에 의하여 중·장기계획 및 연도별 시행계획 등 주요정책을 수립하는 경우 저출산·고령기본계획(해당법률 제20조)에 의해 저출산·고령사회기본계획을 고려하여야 한다. 다음으로 국민의 책무에서 첫째, 국민은 출산 및 육아의 사회적 중요성과 인구의 고령화에 따른 변화를 인식하고 국가 및 지방자치단체가 시행하는 저출산·고령사회정책에 적극참여하고 협력하여야 한다. 둘째, 국민은 가정 및 지역사회의 일원으로 상호연대를 강화하고 각자의 노후생활을 건강하고 충실하게 영위할 수 있도록 노력하여야 한다.

고령사회정책에는 첫째, 고용과 소득보장(제11조)에서 국가 및 지방자치단체는 일할 의욕과 능력이 있는 고령자가 최대한 일할 수 있는 환경을 조성하여야 하며 연금제도 등 노후소득보장체계를 구축하고 노인에게 적합한 일자리를 창출하는 등 국민이 경제적으로 안정된 노후생활을 할 수 있도록 필요한 조치를 강구하여야 한다. 둘째, 건강증진과 의료제공(제12조)에서 국가 및 지방자치단체는 연령단계별 건강상의 특성과 주요 건강위험요인을 고려하여 국민의 건강증진을 위한 시책을 강구하여야 하며 노인을 위한 의료·요양 제도 등을 확립·발전시키고 필요한 시설과 인력을 확충하기 위하여 노력하여야 한다. 셋째, 생활환경과 안전보장(제13조)에서 국가 및 지방자치단체는 노후생활에 필요한 기능과 설비를 갖춘 주거와 이용시설을 마련하고 노인이 안전하고 편리하게 이동할 수 있는 환경을 조성하는 등 쾌적한 노후생활환경을 조성하고 재해와 범죄 등 각종 위험으로부터 노인을 보호하기 위하여 필요한 시책을 강구하여야 한다. 넷째, 여가·문화 및 사회활동의 장려(제14조)에서 국가 및 지방자치단체는 노후의 여가와 문화생활을 장려하고 이를 위한 기반을 조성하여야 하며 자원봉사 등 노인의 사회활동 참여를 촉진하는 사회적 기반을 조성하여야 한다. 다섯째, 평생교육과 정보화(제15조)에서 국가 및 지방자치단체는 모든 세대가 평생에 걸쳐 학습하고 능력과 적성에 따라 교육을 받을 수 있도록 필요한 시책을 강구하여야 하며 세대 간 정보의 격차를 해소하기 위하여 정보화 교육, 프로그램 개발 및 정비보급 등 필요한 시책을 강구하여야 한다. 여섯째, 취약계층노인 등(제16조)에서 국가 및 지방자치단체는 저출산·고령사회정책을 수립·시행함에 있어서 여성노인, 장애노인 등 취약계층의 노인에 대하여 특별한 배려를 하고 도시·농어촌지역 간 격차 등 지역의 특수한 상황을 반영하여야 한다. 일곱째,

표 5-3 고령친화산업 기본법안의 법제과정

일자	과정
2005. 01. 25	· 고령친화산업지원법 제정방안 결정(고령화및미래사회위원회)
2005. 02~03	· 고령친화산업 지원관련 국내 · 외 법률 및 제도조사
2005. 04~05	· (가칭)고령친화산업지원법(안) 마련
2005. 07	· 관계부처 협의 및 입법예고
2006. 12. 08	· 법률 제8110호로 신규제정

가족관계와 세대 간 이해증진(제17조)에서 국가 및 지방자치단체는 효행을 장려함으로써 노인이 가정과 사회에서 공경 받을 수 있도록 하고 세대 간 교류의 활성화와 세대 간 이해를 증진함으로써 민주적이고 평등한 가족관계가 형성되도록 필요한 사회 환경을 조성하여야 한다. 여덟째, 경제와 산업 등(제18조)에서 국가 및 지방자치단체는 인구의 고령화에 따른 경제 · 산업구조 및 노동환경의 변화에 부응하는 시책을 수립 · 시행하여야 한다. 아홉째, 고령친화적 산업의 육성(제19조)에서 국가 및 지방자치단체는 인구의 고령화에 따른 상품 및 서비스 수요의 변화에 대비한 새로운 산업을 육성하기 위한 기반을 구축하여야 하며 노인에게 필요한 용구와 용품 등의 연구개발 · 생산 및 보급의 활성화를 위하여 필요한 시책을 강구하여야 한다.

(3) 고령친화산업 진흥법

고령친화산업진흥법의 목적은 고령친화산업을 육성하고 그 발전 기반을 조성함으로써 노인의 삶의 질 향상과 국민경제의 건전한 발전에 이바지함에 있다.

우선 "고령친화제품 등"이라 함은 ① 노인이 주로 사용하거나 착용하는 용구 · 용품 또는 의료기기, ② 노인이 주로 거주 또는 이용하는 주택 그 밖의 시설, ③ 노인요양서비스, ④ 노인을 위한 금융 · 자산관리 서비스, ⑤ 노인을 위한 정보기기 및 서비스, ⑥ 노인을 위한 여가 · 관광 · 문화 또는 건강지원서비스, ⑦ 노인에게 적합한 농업용품 또는 영농지원서비스, ⑧ 그 밖에 노인을 대상으로 개발되는 제품 또는 서비스로서 대통령령이 정하는 것이라고 규정하고 있다.

국가 및 지방자치단체의 책무는 고령친화산업의 기반조성 및 경쟁력 강화에 필요한 시책을 수립 · 시행하여야 하며 '소비자의 권익 보호 등'을 위해서 고령친화제품 등의 건전한 이용을 위한 홍보 · 교육 및 연구, 소비자의 건전한 조직활동의 지원 및 육성, 소비자의 생명 · 신체 및 재산상의 위해방지, 소비자의 불만 및 피해에 대한 신속 · 공정한 구제조직, 그 밖에 고령친화제품 등의 소비자보호와 관련된 사항의 시책을 강구하여야 한다.

고령친화산업의 기반조성을 위해 국가 및 지방자치단체는 필요한 전문인력을 양성하여야 하며 고령친화산업 연구개발을 장려하여야 한다. 즉 국가 및 지방자치단체는 고령친화산업과 관련된 기술의 개발 및 서비스의 개선을 위하여 연구개발을 장려하고 고령친화의 국제경쟁력을 강화하기 위한 지원시책을 강구하고 고령친화제품 등의 개발 등을 효과적으로 수행하기 위하여 학계·연구기관 및 산업계간의 협동연구를 촉진하여야 한다. 또한 관계중앙행정기관의 장은 고령친화제품 등의 품질향상과 호환성 확보 등을 위하여 고령친화산업을 표준화하여야 한다. 즉 고령친화제품 등의 표준의 제정·개정·폐지 및 보급, 고령친화산업과 관련된 국내외 표준의 조사·연구 및 개발, 그 밖에 고령친화산업의 표준화에 필요한 사업 등에 품목 및 서비스의 경우 표준화를 하도록 규정하고 있다.

한편, 국가 및 지방자치단체는 고령친화산업에 관한 국제동향을 파악하고 국제협력을 촉진하여야 하며 고령친화산업의 국제협력 및 해외시장 진출을 촉진하기 위하여 고령친화와 관련된 기술과 인력의 국제교류와 국제표준화 및 국제공동연구개발 등의 사업을 추진할 수 있다. 관계중앙행정기관의 장은 고령친화산업의 효율적인 지원을 위하여 고령친화산업지원센터를 설립하여 산업의 발전을 위한 제도의 조사·연구, 기술 및 표준화 연구, 지원시설의 설치 등 기반조성에 관한 사업, 관련 전문인력의 양성 및 지원에 관한 사업, 창업 및 경영지원, 정보의 수집·공유·활용에 관한 사업, 유통활성화와 국제협력 및 해외진출 지원, 사업자에 대한 지원, 기타 산업발전에 필요한 사업 등을 지원하도록 규정하고 있으며 고령친화사업자의 기술혁신과 고령친화 기반조성을 원활히 하기 위하여 금융 및 재정지원 등 필요한 시책을 실시할 수 있도록 규정하고 있다.

고령친화제품 등의 품질향상을 위해서 관계중앙행정기관의 장은 품질 등이 우수한 고령친화제품 등을 고령친화우수제품(이하 "우수제품")으로, 서비스 질이 우수한 고령친화사업자를 고령친화우수사업자(이하 "우수사업자")로 각각 지정할 수 있으며 우수제품 및 우수사업자는 우수제품 또는 우수사업자로 지정되었음을 표시할 수 있도록 하고 있다. 반면 거짓 또는 부정한 방법으로 우수제품 또는 우수사업자로 지정받은 경우에는 우수제품 등의 지정을 취소하며 표시 등을 금지할 수 있도록 한다. 또한 우수사업자 등에 대한 지원 및 환수 규정에 따라 국가 및 지방자치단체는 우수제품을 제조하는 자 및 우수사업자를 지원하기 위해서 기술개발 자금 및 시제품 상용화의 지원, 기술지도 및 관계법령에 의한 품질인증의 획득지원, 연구시설 및 장비의 이용지원, 기타 고령

일자	과정
2001. 08. 15	· 8 · 15경축사에서 노인장기요양보험제도의 도입을 제시(대통령)
2003. 03~2004. 02	· 공적노인요양보장추진기획단 설치(노인장기요양보험제도 기본골격마련)
2004. 03~2005. 01	· 공적노인요양보장제도 실행위원회 구성(제도의 기본요강 마련 · 건의)
2005. 05	· 당정협의(노인요양보장제도 기본안 확정)
2005. 07~2006. 03	· 광주남구, 수원, 강릉, 안동, 부여, 북제주 등(1차시범사업 실시)
2006. 02	· 정부입법으로 국회에 제출
2007. 02. 22	· 국회 보건복지위원회 만장일치로 통과
2007. 04. 27	· 법률 제 8403호로 공포
2006. 04~2007. 04	· 1차 시범사업 지역에 부산북구와 완도를 추가(2차시범사업 실시)

친화산업의 육성을 위해 필요한 지원을 할 수 있으며 지정이 취소된 경우 그 지원 상당액을 환수하여야 한다.

(4) 노인장기요양보험법

평균수명의 연장으로 인한 노인인구의 증가는 장기요양보호제도의 필요성을 확대시켰다. 일반국민들은 누구나 노후에 병들어 자식들에게 폐를 끼치거나 남에게 신세지지 않을까하는 점을 걱정해 왔다. 노인장기요양보험법는 국민들의 이런 고민을 해결하기 위한 제도로서 중풍. 치매 등 노인성 질환으로 인한 장기요양보호가 필요할 때 자식이나 남에게 폐를 끼치지 않고 공식적으로 요양서비스를 제공받을 수 있는 사회보장제도이다.

노인장기요양보험법의 목적은 고령이나 노인성 질병 등의 사유로 일상생활을 혼자서 수행하기 어려운 노인 등에게 제공하는 신체활농 또는 가사활동 지원 등의 장기요양급여에 관한 사항을 규정하여 노후의 건강증진 및 생활안정을 도모하고 그 가족의 부담을 덜어줌으로써 국민의 삶의 질을 향상하도록 함에 있다. 노인장기요양보험법의 주요 내용은 다음과 같다. (1) '장기요양보험'에서는 장기요양보험사업이 주체를 명시하고 장기요양보험료의 징수, 장기요양보험료의 산정, 장애인 등에 대한 장기요양보험료의 감면, 그리고 기존의 「국민건강보험법」과의 관계성을 나타내는 장기요양보험가입 자격 등에 관한 준용 등을 규정하고 있다. (2) '장기요양보험인정'에서는 장기요양인정과 관련된 인정신청, 등급판정, 장기요양등급판정인정기간, 장기요양인정의 갱신, 그리고 등급의 변경과 장기요양인정 신청의 대리에 대한 내용을 규정하고 있다. (3) '장기요양급여의 종류'에서는 재가와 시설급여로 나누어 급여의 종류를, 그리고 가족요양비, 특례요양비, 요양병원간병비 등을 각각 규정하고 있다. (4) '장기요양급여의 제공'에서는 장기요양급여의 제공시기와 급여의 월 한도액, 장기요양급여의 제한 사항 등을 다루고 있다. (5) '장기요양기관' 에서는 장기요양기관의 지정을 비롯하여 기관의 설치, 기관의 시설 및 인력에 관한 변경, 기관의 정보안내, 기관의 폐업 등 신고와 기관의 지정 취소 등에 관하여 규정하고 있다. (6) '재가 및 시설 급여비용 등' 에서는 재가 및 시설 급여비용의 청구 및 지급을 비롯한 급여비용의 산정, 본인의 일부 부담금과 가족 등의 장기요양에 대한 보상, 방문간호지시서 발급비용의 산정, 그리고 부당이득의 징수 와 구상권 등을 각각 규정하고 있다. (7) '장기요양위원회' 에서는 위원회의 설치 및 기능을 포함하여 위원회의 구성, 위원회의 운영 등을 규정하고 있다. (8) '관리운영기관' 에서는 공단의 장기요양사업 조직을 비롯한 장기요양사업의 회계, 권한의 위임 등에 관한 준용, 그리고 등급판정위원회에 대하여 위원회의 설치, 운영을 규정하고 있고 장기요양급여의 관리·평가조항 등을 각각 규정하고 있다. (9) '이의신청 및 심사청구' 에서는 의의신청과 심사청구, 그리고 행정소송에 대한 조항들을 각각 규정하고 있다.

2) 정책수립을 위한 고려사항

실버산업정책은 고령사회가 도래함에 따라 정부가 실버산업을 보호 육성하기 위해 전개하는 원칙과 지침 또는 일정한 계획들의 결정체라고 할 수 있다. 그런데 어떠한 정책이건 간에 기본 이념 및 가치가 주어지지 않은 정책은 그 정책에 대한 연속성과 일관성을 가질 수 없으며, 이것은 그 정책의 실패를 의미하는 것이다. 지금까지 우리 정부는 민간자본이 수익자 부담 원칙에 의한 노인주거시설, 또는 수용시설의 건설이나 운영에 참여를 지원하거나 권장하는 정책이 매우 미흡했을 뿐만 아니라 어떤 의미에서는 어느 정도 정책적으로 그것을 억제하는 듯한 경향마저 있었다(박재간, 2003).[2] 따라서 정부는 실버산업을 보호 육성하기 위해 최소한의 가치에 대한 고찰과 함께 요구되어지는 정부의 태도와 역할이 무엇인지를 다음과 같이 살펴봐야 할 것이다.[3]

첫째, 공적 서비스의 질 향상과 서비스 확대이다. 현재 국가에서 제공하는 공적서비스의 질과 수준은 전문성이 부족하고 급여수준이 낮기 때문에 국가 서비스의 질과 급여

---

2) 박재간(2000), "실버산업이 현황과 과제", 『지역복지정책』, 14
3) 최성재(2002), "고령화사회의 실버산업육성방안", 『국토』, 254, pp.48~49

수분을 획기적으로 개선하지 않은 상태에서 같은 서비스를 실버산업으로 제공하도록 허용하게 되면 공적 서비스와 실버산업 서비스 간에 격차가 심해져 위화감이 조성될 우려가 있다.

둘째, 예방적 노인복지의 일환으로 실버산업을 지원하여야 한다. 노령기의 문제는 노령기 전에 미리 계획을 세워 준비하지 못함으로써 발생하는 경우가 많기 때문에 정부에서는 실버산업의 서비스를 노인문제 예방차원에서 육성하는 것이 바람직하다. 노인문제 예방은 결국 국가의 사회복지비용이나 사회문제 해결 비용을 절약할 수 있는 효율적인 방법이라는 점에 유의하여야 할 것이다.

셋째, 실버산업에 대한 행정적 재정적 지원을 아끼지 말아야 한다. 실버산업에 포함되는 서비스가 다양하고 정부의 여러 부처 업무와 연관되어 있기 때문에(보건복지부, 교육인적자원부, 건설교통부, 산업자원부, 재정경제부, 기획예산처 등) 실버산업에 대한 인허가 업무나 규제업무 등에 대하여 유기적인 협조체제가 잘 이루어지도록 하여야 한다. 노인복지법에 '실버산업' 또는 '유료서비스'라는 새로운 장을 만들어 법으로 규정할 필요성이 있는 실버산업 관련 서비스를 통합적으로 규정하는 것이 바람직하다. 그리고 실버산업 발전에 걸림돌이 되고 있는 각종 법규(건축, 토지, 세제 등에 관한 법률)도 재검토하여 완화하는 것도 필요하다. 정부는 실버산업 서비스를 선별하여 자금융자와 같은 적절한 재정지원을 해 주도록 하는 것이 바람직하다. 특히 국민연금기금의 상당부분을 실버산업 육성의 융자자금으로 활용하는 것이 필요하다고 생각된다.

넷째, 사회복지의 전문 인력을 양성하여야 한다. 앞으로 각종 실버산업 분야에 질 높은 인력이 소요될 것인데 특히 사회복시사와 노인의 간병/보호 인력을 양성하도록 하여야 할 것이다. 이외에 각종 분야별 노인관련 서비스 전문 인력을 양성하는 교육과 훈련 제도를 도입해야 할 것이다.

다섯째, 소비자의 안전과 권익 보장을 위한 적절한 규제조치를 마련하여야 한다. 실버산업에 대한 이해부족과 영리성에만 집착하여 노인 소비자의 이용, 학대, 신체적 위험, 권리의 침해 등의 사례가 외국의 경험으로 보아 많이 나타날 가능성이 높기 때문에 국가에서는 경제적 시장원리를 깨뜨리지 않는 범위 내에서 필요한 규제를 하여야 할 것이다. 국가의 통제는 통제를 위한 통제가 아니라 어디까지나 취약한 노인 소비자의 보호를 위한 것이기 때문에 실버산업 측에서도 긍정적으로 인정해야 할 것이고 국가는 그 집행과정에서 통세를 위한 동세가 되시 않노톡 유의해야 할 것이다.

마지막으로 실버산업 서비스에 대한 정확한 정보를 제공하여야 한다. 경제시장에서

는 소비자 스스로가 정보를 수집하여 상품과 서비스에 대해 판단해야 하는데 실버산업
의 서비스에 대해서는 많은 경우 정보가 부족하다. 정보의 부족은 노인의 안전과 권익
침해의 결과를 가져올 가능성이 있고, 실버산업의 서비스 대상자는 노인이며 누구나 이
용하거나 구입할 수 있는 사회공익 서비스(social utilities)로서의 성격과 사회복지의 성
격을 가지고 있으므로 정부는 국민이 올바른 판단을 할 수 있도록 서비스에 대한 정보
를 적절한 방법을 통하여 제공해 주어야 할 것이다.

3. 노인보호관련 정책

　　인간은 살아가면서 끊임없이 소비활동을 하는 경제적 동물이다. 따라서 성별, 연령,
주거지역, 교육수준, 문화의 차이에 관계없이 각자의 욕구를 충족시키기 위해 많은 상
품과 서비스를 소비하는 주체로서 경제사회에 참여하게 된다. 그러나 모든 인간이 소비
자의 범주에 포함되지만 노인은 아직까지 중요한 소비자로 인식되고 있지 못하는 경향
이 있다. 노인소비자는 대체로 노화로 인해 판단이나 대처능력이 감퇴되어 정상적인 비
노인층의 일반소비자와 달리 취약한 소비자이기 때문에 노인의 권익은 법과 제도로 보
호되어야 한다.

1) 노인복지와 노인의 보호

(1) 민법상의 노인보호

　　노년기에 이르러 사회·경제활동 일선에서 은퇴한 노인들의 경우 세상물정에 어둡
기 때문에 국가는 당연히 이들을 보호할 책무가 있다. 실버산업은 경제시장의 한 영역
에 속하지만 노인을 대상으로 한다는 점과 그 시장에서 제공되는 서비스의 성격과 사회
적 기능이 일반적 경제시장과 다르다. 때문에 국가는 실버산업의 보호육성자로서 노인
들의 공통적인 욕구와 문제를 해결해 주는 방법으로 실버산업의 틀을 인정하고 지원하
며 동시에 참여기업들로부터 노인의 안전과 권익보장에 대한 책임을 묻는 형태의 공익

성을 우선으로 하여야 한다. 여기서는 주로 실버산업이 전개되는 상황에서 고려되어야
할 민법상의 노인보호 문제를 다루기로 한다.

인간은 신분, 직업, 연령, 신체적 및 정신적, 경제적 지위 등의 어떤 면에서도 차별받
지 않는 기본권으로서 존엄성이 존중되어야 하며, 이와 관련하여 개인은 다른 개인과
구별되는 특성과 욕구를 지니고 있는 개성 있는 존재로서 인정되어야 한다. 특히 노인
은 생산성의 저하로 그 존엄성이 무시되어서는 안 된다.[4]

고령자는 사고나 질병에 의하여 일순간에 판단능력을 상실하는 경우도 있지만, 대체
로 판단능력의 감퇴·회복이 반복되는 가운데 서서히 약화되는 특징을 가지고 있다. 이
와 같이 판단능력이 감퇴된 고령자가 스스로 노후 수발과 관련된 계약을 제대로 체결할
수 있을 것으로 기대하기는 어렵다. 설사 가능하더라도 판단능력이 충분하지 못한 상태
에서 체결한 계약에 의하여 재산상·신분상의 불이익을 받게 될 소지는 매우 크다. 불
이익이 예상되면 계약체결시의 의사무능력 상태를 입증하여 계약의 무효를 주장해야
한다. 그렇지 못하면 당해 계약은 유효로 취급될 수밖에 없다. 정상적 판단능력이 있는
배우자가 있더라도, 그와 같은 계약은 일상가사의 범위를 벗어난다고 보아야 하기 때문
에 배우자에 의한 대리도 성립되기 어렵다고 본다. 또 사회생활은 물론이고 일상생활을
하는 데 있어서도 많은 법적 행위나 판단능력이 필요하다. 이를 위임계약 등에 의하여
타인에게 맡기는 것은 고령자의 자활을 목표로 하는 노인복지의 근본이념에도 반한다.

따라서 노인은 인간으로서 존엄성과 권리를 가지고 있으므로 노인 자신의 복리에 영
향을 미치는 중요한 결정은 가능하면 노인 자신의 선택에 의히여 이루어지도록 해야 한
다. 고령자가 일체의 법률행위를 할 수 없다면 자립하여 사회생활을 해 나갈 수 없음은
자명한 일이다. 판단능력이 감퇴되어 가는 고령자나 행위능력이 제한된 고령자도 자립
하여 생활할 수 있어야 하며, 노인 스스로의 판단능력을 존중하는 것이 필요하다. 현행
민법은 판단능력을 상실하거나 뒤떨어지는 자의 행위능력을 보충하기 위하여 행위무능
력자제도를 두고 있다. 그 중 판단능력을 상실해 가는 고령자가 이용할 수 있는 한정치
산·금치산제도로 행위무능력자제도가 정비되어야 할 것이다.[5]

부양문제에 있어서 현행 민법은 사적 부양우선의 원칙을 채택하고 있으나 열악한 사
회복지제도와 고령화 사회의 도래로 우리나라 고령노인의 생활보호 문제는 절실한 사

---

4) 권정희(2006), "고령화 사회의 노인보호에 대한 법적 고찰", 『가족법연구』, 20(1)
5) 신영호(1997), "고령화 사회에 있어서의 후견제도", 『가족법연구』, 11

회문제가 되고 있다. 따라서 노인복지정책이나 사회보장제도의 강화와 병행하여 노인 부양을 위한 사적 부양제도의 강화방안이 모색될 필요가 있다. 부양의 정도는 일차적으로 당사자의 협정에 의하고, 협정이 없을 때에는 가정법원이 당사자의 청구에 의하여 부양을 받을 자의 생활정도와 부양의무자의 자력 기타 제반 사정을 참작해서 이를 정하도록 하고 있다.

또한 민법은 자력이나 근로에 의하여 생활을 유지할 수 없는 자를 위하여 부양제도를 두고 있다(제974조). 요부양 상태에 있는 고령자가 삶에 필요한 물질적 조건을 갖출 수도 있을 것이다. 또 동거부양 상법에 의하여 요양간호나 수발과 같은 신체상의 원조를 받는 것도 가능하다. 민법에서 직접 생활유지의무와 생활부조의무를 구별하고 있지는 않다. 민법은 제974조에서 직계혈족 및 그 배우자간, 기타 친족 간(생계를 같이하는 경우에 한한다)에는 서로 부양의무가 있다고 규정함으로써 적어도 법규정상으로는 양자의 차이를 인정하고 있지 않다. 그러나 민법이 부부 사이의 부양에 관하여는 제974조 이하의 일반 친족부양과 구별하여 부양ㆍ협조의무를 제825조 1항에 따로 규정한 것은 부부간의 부양이 일반적 친족 간의 부양과는 다르다는 것을 전제로 한 것으로 볼 수 있다. 다만 민법이 양자를 구별하는 입장에 있다고 한다면 생활유지의무의 핵심인 친자 간의 부양에 관해서도 별도의 규정을 두었어야 할 터인데. 민법은 부부 간의 부양의 경우와는 달리 이에 관한 규정을 특별히 규정하고 있지는 않다.

성년의 자녀와 노친 사이의 부양(제974조 1호)은 소위 제2차적 생활부조적 부양으로서 부양의무가 발생하기 위해서는 「요부양 상태」 및 「부양의 여력」이라는 두 가지의 요건이 필요하다. 부양의무는 부양을 받을 자가 자기의 자력 또는 근로에 의하여 생활을 할 수 없는 경우에 발생한다.

민법상의 수발부담의 공평화를 위해서는 개호비용을 요개호자가 지불하지 않는 경우에는 부양의무자가 부양의 여력에 응해서 공평하게 분담하는 것으로 하여야 할 것이다. 또한 부양의무자의 1인이 수발하고 있는 경우에도 그 기회비용을 평가하여 그 자의 부양료 분담액을 초과하는 부분에 대하여는 다른 자에게 분담청구를 할 수 있게 될 것이다. 또한 요수발노인이 소유하고 있는 자산이 주택 등 환가할 수 없는 경우에는 그것을 담보로 하여 수발비용을 대부하는 공적제도를 정비하면 유산을 확보하고자 하는 상속인이 수발비용을 대신 치르거나 자신이 수발하게 될 것이다.

사회보장제도가 미흡한 우리나라에서는 친족 간의 부양이 현실적으로 대단히 중요한 의미를 갖고 있으나 이를 규율하고 있는 민법의 부양규정이 갖고 있는 체계 관련성의 부적절과 규정의 불비 등으로 많은 해석상·입법론상의 논란을 불러일으키고 있다. 우선 해석론을 통하여 민법의 불비와 모호함을 변화된 오늘날의 가족 현실에 맞게 구체화하는 입법 작업이 필요하다.

(2) 노인복지법상의 노인보호

노인복지법상의 기본이념은 모든 국민은 인간다운 생활을 할 권리를 가지므로 이러한 인간다운 생존권적 기본권을 보장하기 위해서 국가는 노인복지증진을 위한 정책을 실시할 의무를 가진다는 것이다. 노인은 후손의 양육과 국가 및 사회발전에 기여하여 온 자로서 존경받으며, 건전하고 안정된 생활을 보장받는다. 노인은 능력에 따라 적당한 일에 종사하고 사회적 활동에 참여할 기회를 보장받는다. 노인은 심신의 건강을 유지하고 그 지식과 경험을 활용하여 사회의 발전에 기여하도록 노력하여야 한다.

노인복지법의 보호대상자는 65세 이상의 노인이다. 하지만 65세에 이르지 않은 자에 대해서도 노쇠현상이 현저하여 특별히 보호할 필요가 있다고 인정될 때에는 노인복지법상의 보호대상자로 포함시키고 있다. 일반적으로 노인 보호조치인 노인상담, 재가노인복지사업, 경로사업의 실시, 지원 등을 규정하고, 개별적 보호조치로 65세 이상의 노인에게 건강진단과 경로우대를 실시하고 있으며, 65세 이상의 생활보호 대상자인 노인에게는 노인수당을 지급하고 있다. 65세 이상의 노인은 복지시설기관에서 건강진단과 보건교육을 받을 수 있다.

노인에 대한 건강진단은 2년에 1회 지정기관에서 실시된다. 노인은 국가 및 지방자치단체의 운송시설 등 공공시설을 무료로 또는 할인하여 이용할 수 있다. 철도 등의 이용요금은 50% 할인되고, 고궁 및 국공립 박물관 등에서 입장료가 면제된다. 민간인이 운영하는 시설 등에서도 노인에게 이용요금을 할인하는 경우 국가 및 지방자치단체는 비용에 대한 지원을 해줄 수 있다. 또한 국가 및 지방자치단체 기타 공공단체가 운영하는 매점이나 자동판매 등의 설치를 허가 또는 위탁하는 경우, 또는 담배소매인 및 홍삼류 판매인 등을 지정하는 경우 65세 이상의 노인을 우대하도록 하고 있다. 상담, 재가노인복지사업, 경로사업의 실시·지원, 직종의 개발 등 노인은 상당 부분의 보호를 받는다. 노인보호는 되도록 거택에서 이루어지는 것이 바람직하므로 복지시설 기관은 요보호노인이 가정에서 계속 생활하면서 필요한 보호와 지원을 받을 수 있도록 재가노인복지 증진을 위한 사업을 실시하여야 한다. 재가노인복지사업은 신체적 및 정신적 장애로 인하여, 혹은 가족의 보호를 받을 수 없는 이유로 거동하기 곤란한 노인을 대상으로 가정봉사원 파견사업, 주간보호사업, 단기보호사업 등을 시행한다. 거택에서 이런 보호를 받기 곤란한 노인은 양로시설에 입소하여 보호를 받을 수 있다. 노인정, 노인시설 등 경로사업의 실시를 권장하기 위하여 이러한 사업자에게는 적절한 지원이 이루어질 수 있다. 노인에게 적절한 일자리를 알선하기 위하여 국가 및 지방자치단체는 직종의 개발과 보급을 위해 노력해야 한다.

노인복지법상 각종 보호과제는 국가 및 지방자치단체에 부과되어 있다. 민간단체는 유료노인복지시설을 설치할 수 있다. 다만 이를 위해서는 광역 지방지치단체장의 허가를 받아야 한다. 공공노인복지 사업비용은 복지시설기관이나 혹은 사회복지 사업기금이 부담한다. 노인복지시설의 설치·운영과 재가노인복지사업의 실시에 필요한 비용에 대해서는 국가가 보조를 할 수 있다. 상담, 입소 및 건강진단 등의 조치에 소요되는 비용은 국가 및 지방자치단체가 부담한다.

2) 실버산업과 노인소비자 보호

(1) 노인소비자 피해의 특성
가. 노인소비자의 취약성

일반적으로 노인은 은퇴로 인한 경제력의 상실로 소비욕구를 제대로 충족시킬 수 없고, 낮은 구매력으로 인하여 저소득층 소비자와 마찬가지로 시장에서 영향력을 행사할 수 없으며, 또한 노인의 낮은 교육수준, 지식의 진부화, 심리적 불안정, 고독감, 신체적 노쇠 등은 노인소비자로 하여금 시장에서의 지위가 미약한 취약소비자로 적극적인 보호가 요구된다(이성림·이기춘, 1991).

노인소비자는 비 고령자에 비해 상대적으로 정보력이 취약하고 스스로 합리적인 의사결정이나 선택을 하는 것이 힘들다. 따라서 행위 무능력자인 미성년자와 같이 소비활동에 취약성을 지니고 있다. 노인소비자는 자신들의 절박한 욕구, 빈약한 자원, 경제시스템에 대한 이해의 부족 등으로 인해서 가장 '상처받기 쉬운 소비자'로 인식된다(이성림·이기춘, 1991). 따라서 노인소비자에게는 다른 연령집단의 소비자보다 보호의 요구가 더욱 크다고 볼 수 있다. 또한 노인소비자는 다른 취약, 저소득층 소비자와 함께 다른 연령집단보다 소비자기만에 의한 피해를 받기 쉽다(이기춘, 1988). 소비자기만에 민감하고 시장참가수준이 일정할 때 인지하지 못하며, 소비자불만이 생겨도 불만호소행동을 하지 않는 경향이 있다. 또한 노인소비자는 어디에서 소비자문제에 대한 도움을 받고 소비자정보를 얻어야 할지조차 모른다. 게다가 불리한 시장경험과 관련하여 상대적으로 보다 많은 금전 및 비용(분노, 좌절, 불편함, 기간, 근심 등)을 지불하게 되므로 문제가 더욱 심각하다고 볼 수 있다.

나. 노인소비자 피해의 특성

노인소비자는 태도측면에서는 위험을 회피하고 안전과 보장을 받고자 하는 욕구가 강하며, 대개의 경우 노화에 따른 스트레스와 소외, 고독을 느낀다. 이들은 옛것을 선호하며 인생을 회고하는 과정을 보이지만 타인에게 자신이 노인으로 인지되는 것을 싫어한다. 행동측면에서는 소극적, 수동적, 내향적이며 경직성이 강하여 안전한 방법을 찾는다. 노인소비자는 저소득층 소비자와 함께 취약소비자(disadvantaged consumer)의 범주에 포함된다(이기춘, 1999).

이러한 노인소비자의 특성에 대하여 와델(Wadell)은 첫째, 노인소비자는 독립적인 생활에의 욕구와 저소득으로 낮은 가격으로 구매하려는 경향이 있다. 둘째, 평균교육수준이 낮아 잘못된 정보를 자주 접하게 된다. 셋째, 고독, 쓸쓸함을 느끼며 안정에 대한 욕구가 강하다. 넷째, 타인의 의견이나 속임수에 쉽게 현혹된다. 다섯째, 고독한 노인은 유사한 우정에도 쉽게 현혹되어 판매원의 감언이설에 잘 넘어간다. 여섯째, 혼자 사는 노인은 의사결정시에 도움을 받을 수 있는 정보원이 없어 소비자정보를 교환할 수 없다. 일곱째, 노인은 건강하고자 하는 욕구가 강하며 비용을 적게 들여 긴강을 유지하고 한다(안현숙, 2006).

한편, 톤그렌(Tongren)은 노인소비자의 소비자행동 특성에 대하여 첫째, 노인들은 가격보다는 견고함을 중시하고 쇼핑을 여가와 운동을 하는 방편으로 생각한다. 둘째, 노인소비자는 혼자보다는 친지나 친척과 같이 쇼핑을 하며 구매 시 공동의사결정을 한다. 점포내의 정보나 제품의 정보를 잘 이용하지 않고 노인을 위한 편의시설, 서비스에 별로 개의치 않으며 노인우대 등 자신들이 늙었다는 사실을 직접적으로 상기시켜 주는 것에 비우호적이다. 또한 불만적한 것에는 불평행동을 한다. 셋째, 정보이용에 있어 일반 소비자와 마찬가지로 매스미디어에 의존도가 높아지고 광고에 대한 신뢰성도 높은 편이다. 사고능력이란 이미 학습한 지식과 지식에 의하여 받아들인 정보를 이용하여 일상생활에서 부딪치는 여러 가지 문제를 해결하거나 상황에 대처해 나가는 지적 능력이라고 할 수 있는데, 일반적으로 연령이 높아질수록 사고능력이 저하되며 문제해결 능력도 떨어진다. 또한 노인들은 문제발생에 적극 대응하기 보다는 피해를 입고도 피해를 감수하는 경우가 많다. 이는 노인소비자의 피해대응에서도 나타나고 있다. 소비자 피해를 입고도 적절한 대처를 하지 못하는 것은 나이가 들수록 다른 사람에게 항의하거나 시비를 거는 것이 자신이 살아온 경험이나 과거에 비추어 바람직스럽지 못하다고 판단하여 조심스럽게 포기하고 마는 것이다(백병성, 2005).

한편 최은실(1999)은 노인소비자의 피해특성에 대해 다음과 같이 이야기한다. 신체적·정신적으로 취약한 노인들을 대상으로 정상적인 판매보다는 방문판매를 주로 이용하며, 노인정 등 노인들이 많이 모이는 장소를 이용하여 사은품이나 유창한 화술로 구매를 유도하거나 건강에 관심이 많은 노인들의 심리를 이용하여 건강관련 상품을 주로 판매한다. 또한 경로잔치, 사은품 및 무료추첨 상품 제공 등을 빙자하여 고가의 제품을 판매하고, 수입이 없는 노인들을 대상으로 하기 때문에 그 피해가 가정 내 불화로 확산되는 특징이 있다. 또 빈 사무실을 장기간 임대(3~6개월)하여 제품설명회를 빙자한 물품 강매, 일단 구매한 물건은 할 수 없다는 노인들의 체념심리와 해약절차를 모르는 약점을 교묘히 이용하여 무조건 제품을 떠맡기는 수법을 구사함으로써 피해를 발생시킨다(안현숙, 2006).

다. 노인소비자 피해의 실태

60세 이상 노인소비자가 상담을 접수한 품목별 현황을 살펴보면, 총 4,629건 중 의료서비스가 1,002건으로 가장 많았고 병·의원 서비스를 이용하는 과정에서 발생된 피해에 대한 상담이 가장 많았다. 정보통신서비스는 873건으로 2위를 차지하여 노인소비자의 경우에도 휴대폰이나 인터넷 사용자가 점차 증가하는 것으로 나타나 앞으로는 노인소비자를 대상으로 한 정보통신서비스 분야의 피해 예방을 위한 방안도 마련될 필요가 있다. 품목별 분표를 물품 및 서비스 분야로 구분하여 살펴보면, 물품 분야 상담 1,307건 차량 및 승용물이 290건으로 가장 많았으며, 토지·건물 설비가 247건, 식료품·기호품이 140건 순으로 나타났다. 특히 정보통신기기가 101건으로 4위를 차지하였고, 보건·위생용품과 의류·섬유·신변용품이 각각 95건 순으로 높았다. 서비스 분야 상담 3,322건 중 의료서비스가 1,002건으로 역시 1위를 차지하였고 정보통신 서비스가 873건, 금융보험이 631건, 문화·오락서비스가 261건으로 4위를 차지하였다.

접수방법별 현황에서는 60세 이상 노인소비자가 상담을 접수하는 방법을 분석한 결과, 상담원과의 직접전화 통화를 하여 상담한 경우가 가장 많았으며 다음으로는 직접 대면하여 억울한 사정을 호소하는 방문상담이었고, 서신이나 팩스를 통해 접수하는 비율 순으로 나타났다. 상담 요청이유별 현황에서는 60세 이상 노인소비자 상담의 요청이유는 60세 미만 일반소비자의 상담 비율보다 높게 나타난 항목은 제품안전, 시설안전, 계량, 품질, 애프터서비스, 부당행위, 가격·요금, 계약이행 등인 반면, 표시, 약관, 애프터서비스, 계약해제·해지, 법규위반, 거래관행, 제도, 사이버장애 등의 순으로 낮았다.

한편 상담처리결과를 보면 상담의 25.3%기 '피해구제'로 접수되어 일반소비자 상담의 9.3%보다 3배 가까이 높을 뿐 아니라, '피해구제 절차안내'로 종결된 건수도 23.1%로 나타났다. 이를 합하면 노인소비자 상담의 절반 수준인 48.4%는 1차 상담 단계에서 종결되지 않고 합의권고 과정으로 이관됨을 알 수 있다. 또 상담처리 건을 사업자가 자율처리한 경우는 1.6%로 일반소비자 상담 6.9%에 비해 크게 낮아 노인소비자 피해는 신속한 해결이 어려운 경우가 많았다. 또 한국소비자원에서 해결할 수 없는 문제로 다른 기관에 알선한 경우가 7.8%로 일반소비자 상담보다 비율이 높은 것을 볼 때, 노인소비자 상담이 복잡하거나 어렵고 쉽게 처리되지 않는다는 사실이 입증되었다(안현숙, 2006).

(2) 노인소비자 보호의 필요성

소비자보호는 정보활용능력, 부담전가, 기술조작, 시장지배력 등에서 소비자에 비해 우월한 지위에 있는 기업과의 거래과정에서 실질적으로 대등한 거래 당사자가 될 수 없는 약자인 소비자를 보호해야 한다는 인식에서 출발한다. 그런데 노인소비자보호의 문제는 소비자 가운데서도 다시 사회적 약자에 속하는 고령자의 권익을 특별히 보호할 필요가 있다는 점에서 출발한다.

소비자피해가 발생했을 때 그에 대한 책임은 세 가지 측면에서 생각해 볼 수 있다. 첫째, 소비자가 충분히 주의하지 않았기 때문이다. 둘째, 생산에서 판매까지의 과정에서 사업자가 주의의무를 태만히 했기 때문이다. 셋째, 국가 및 공공기관이 소비자의 기본 권리가 실현되도록 하는 의무를 소홀히 했기 때문이다. 이와 같이 소비자보호주체는 국민경제의 세 주체인 정부, 기업, 소비자 자신이다(최혜경·정순희, 2001). 따라서 노인소비자 보호에 따른 문제점을 관련법규와 판매업자 및 소비자 등 세 가지 측면에서 살펴보기로 한다(안현숙, 2006).

첫째, 관련법규 측면에서의 문제점은 노인소비자가 취약계층으로 구분되지 않고 일반소비자와 함께 동일한 법규에 의해 적용된다는 점이다. 노인소비자와 같이 취약계층에 속하는 만20세 미만인 경우, 「민법」 제5조(미성년자의 능력)에서 '미성년자가 법률행위를 함에는 법정대리인의 동의를 얻어야 하고, 이를 위반한 행위는 취소할 수 있으며, 동법 제141조(취소의 효과)에서 '취소한 법률행위는 처음부터 무효인 것'으로 보고, '무능력자는 그 행위로 인하여 받은 이익이 현존하는 한도에서 상환할 책임이 있다'고 명시되어 있다.

따라서 미성년자가 법정대리인(부모 등)의 동의 없이 한 계약은 계약취소 의사를 서면으로 표시함으로써 계약이 소급적으로 무효가 되고, 만약 대금을 납부하였다 하더라도 판매업자에게 계약 무효에 따른 부당이익 반환을 청구할 수 있으며, 제품이 훼손되었을 경우에도 현존하는 이익의 한도(현재 보관한 상태 그대로)에서만 상환하면 된다. 그러나 60세 이상 노인소비자의 경우 「민법」이나 「방문판매 등에 관한 법률」, 「전자상거래 등에서의 소비자보호에 관한 법률」등 특수거래 관련법규 중 어느 법규에서도 취약계층으로 보호 받지 못하고 일반소비자와 동일한 법규를 적용한다는 것이 문제이다.

둘째, 판매업자 측면에서의 문제점은 노인소비자의 경제적·사회적·심리적으로 취약한 점을 악용한 기만상술 행위가 만연한다는 점이다. 「방문판매 등에 관한 법률」 제7조에서는 계약이전에 방문판매업자의 상호, 대표자성명, 주소, 전화번호 등 인적사항 및 계약 및 청약철회, 반품조건 등 중요사항을 의무적으로 고지하도록 하고, 동 사항을 기재한 계약서를 교부하도록 명시하고 있다. 그러나 실제로 판매원들은 노인소비자에게 사실과 달리 허위·과장 상술로 제품을 판매하거나, 계약서 미교부 행위, 적법한 기한이나 절차에 의한 청약철회 요구에도 이를 묵살하거나 교묘한 방법을 동원하여 청약철회를 고의로 회피하는 등 부당행위를 일삼으며 관련법규를 제대로 지키지 않는 경우가 있다. 이는 대부분의 판매업자가 영세하여 판매원에 대한 급여를 판매실적에 따른 수당으로 지급하기 때문이며 판매원들은 급여보전 차원에서 무리하게 판매하기 위해 법규를 위반하면서까지 계약을 강요하거나 청약철회를 방해할 목적으로 주소 등 인적사항을 고의로 알려주지 않는 등 위법행위를 하고 있다. 따라서 법 위반에 대한 적절한 조치가 이행되지 않는 한 법을 위반해서라도 팔고보자는 식의 상행위는 계속될 수밖에 없으므로 특수판매 계약의 불법행위로 인한 소비자 피해에 대한 관련당국의 적극적인 대응이 요구된다.

마지막으로, 노인소비자의 개인적 차원에서의 문제점을 들 수 있다. 노인소비자의 경우 계약이전에 계약과 관련한 사항에 대한 정보를 꼼꼼히 확인하지 못할 뿐 아니라, 관련법규 등 법적 지식 부족으로 피해가 발생되었을 때 즉시 가족과 상의하지 못하고 청약철회 기간이 한참 경과된 다음에야 알려 문제를 키우는 경우가 많다. 노인소비자의 대부분은 피해의 원인이 노인소비자 자신에게 있지 않음에도 불구하고 개인적인 잘못으로 생각하거나 단지 복잡하고 귀찮다는 생각에 스스로 권리를 포기하는 경우가 많다.

(3) 제도의 개선

앞에서 제기한 문제점을 개선하기 위한 방안을 관련법규와 판매업자 측면에서 살펴보면(안현숙, 2006), 첫째 기만상술에 의한 노인소비자의 피해 시 계약취소권을 부여하는 방향으로 제도가 개선되어야 할 것이다. 우리나라의 경우 「방문판매 등에 관한 법률」이나 「전자상거래 등에서의 소비자보호에 관한 법률」등 특수거래 관련 법률에서 일본이나 미국과 같이 일반소비자와 노인소비자를 보호하기 위한 계약취소권은 없다. 현행 청약철회기간은 일반소비자와 노인소비자의 구분 없이 공히 「방문판매 등에 관한 법률」에서는 '계약일로부터 14일 이내', 「전자상거래 등에서의 소비자보호에 관한 법률」에서는 '계약일로부터 7일 이내' 로 적용하고 있다. 또 '재화 등의 내용이 표시·광고의 내용과 다르거나 계약내용과 다르게 이행된 경우에는 당해 재화 등을 공급받은 날로부터 3월 이내, 그 사실을 안 날 또는 알 수 있었던 날부터 30일 이내에 청약철회를 할 수 있다' 고 규정되어 있을 뿐이다. 청약유인과정에서 계약과 관련한 중요사항을 고지하지 않거나 기만적인 상술로 소비자를 오인하게 한 경우 또는 계약을 강요하기 위하여 협박이나 위계 등을 사용하거나, 계약을 유인한 후 청약철회를 방해할 목적으로 고의로 주소를 알려주지 않는 등의 불법 행위를 한 경우에는 금지행위에 해당되고 공정거래위원회나 시·도지사로부터 처벌을 받을 수 있다.

그러나 노인소비자의 경우 일반 소비자에 비해 상대적으로 기만상술에 노출될 위험이 클 뿐 아니라 청약철회 관련법규를 몰라 적절한 기간이내에 청약철회를 요구하기 어렵다. 따라서 노인소비자 보호를 위하여 청약철회기간을 '계약일로부터 6개월 이내' 등으로 연장하거나, 청약유인 단계에서 판매업자의 기만상술 행위가 명백하여 금지행위에 해당하는 경우에는 일정기간이 경과되었다 하더라도 조건 없이 청약철회 할 수 있도록 하는 등의 노인소비자를 대상으로 하는 부당한 상행위를 근본적으로 예방할 필요가 있다. 둘째로는 노인소비자 대상 기만상술 판매업자에 대한 처벌을 강화하는 방향으로 제도가 개선되어야 할 것이다.

판매업자가 계약서나 공급사 미 교부행위, 청약철회 기간을 판매업자가 임의로 짧게 정하거나, 계약내용상 소비자의 청약철회권을 부당하게 제한하거나, 청약철회 시 과다한 위약금을 명시하는 등의 행위에 대하여는 현행 처벌관련 법규를 강화해야 한다. 또 상습적으로 이름을 바꿔가면서 교묘한 기만상술 행위를 하는 판매업자 즉, '치고 빠지기식'의 악덕 판매자에 대한 정보의 통합관리가 필요하다. 이를 위해서는 공정거래위원회나 지방자치단체 소비생활센터, 한국소비자원, 소비자단체 등에 기만상술 행위 판매업자 신고 창구를 마련하고 이들 각 기관은 신고 접수된 판매업자의 인적사항을 특수거래법 소관기관인 공정거래위원회로 의무적으로 신고함으로써 기만상술 행위 판매업자에 대한 정보를 통합 관리하고 상습적인 기만상술 판매업자에 대하여는 상습 정도에 따라 처벌 내용을 단계적으로 강화할 필요가 있다.

(4) 소비자 피해사례

<노인소비자 대상 기만상술 피해사례 1> - 공공기관 사칭

· 김○○씨(남, 60-69세)는 2005년 11월 13일 대낮에 농협에서 음식물쓰레기통과 물기흡착제를 각 세대에 한분씩 무료로 주니 나와 보라는 말을 듣고 나갔더니 천막 안으로 끌어들여 놓고는 '천마골드진액' 을 팔고 있었음

· 당뇨병, 치매, 뇌졸중, 두통, 고혈압, 성기능장애 등 불치병 예방과 치료에 효과가 매우 좋아 TV 뉴스에도 나온 제품이고 산삼보다 귀중한 약품이자 식품이라는 말에 396,000원에 구입함

· 구입직후 일부 주민들이 약장사가 농협 간판을 내걸고 판매하는 사기집단이 많다고 하여 바로 반품하러 갔더니 이미 천막을 거두고 사라진 뒤였으며 전화로 반품을 요구하여도 거부하고, 2006. 1. 14 신경질환이 있는 아내에게 대금을 내지 않으면 잡아간다며 협박하여 대금 전액을 모두 받아감

<노인소비자 대상 기만상술 피해사례 2> - 경품미끼 특별할인 행사

· 우○○씨의 친정어머니(여, 70세 이상)는 인근 임대건물 행사장에서 계란, 미역 등 매일 경품을 준다고 하여 참석했다가 2006. 2. 21에 특별할인행사라는 말에 부모 두 분이 토탈장의 서비스회원으로 가입하고 자녀가 반대할까봐 대출받아서 현금으로 3,600,000원을 지급했다고 함

· 그간 심심풀이로 놀러 갔다가 믹서를 사왔기에 그런가보다 생각했는데 이번에는 장의서비스를 계약했다는 말에, 앞으로 그 회사가 부도라도 나면 어쩌냐고 하자, 부모님은 공증서를 받았다고 하는데 확인해보니 공증서가 아니라 잔금 5,000,000원을 납부하라는 서류를 공증 받은 공증서류인 것처럼 들이대며 속였던 것을 알게 됨

· 또 영수증 대신 쿠폰에다 금액도 적지 않고 '완불증' 이라고 쓰고 도장이나 서명도 없었으며, 영수증은 그 자리에서 찢으라고 해서 순진한 노인들이 시키는 대로 찢었다고 함

<노인소비자 대상 기만상술 피해사례 3> - 무료관광 빙자

· 손○○의 어머니(여, 70세 이상)는 2년 반 전에 노인대상 무료 관광버스 여행에 따라 갔다가 공짜로 준다는 말에 홍삼드링크를 가지고 오셨음

· 당시 계약서를 작성하지 않았고 몇 번 먹다가 모두 버렸는데 2006. 2. 17에 갑자기 '법적절차착수안내문' 이라는 독촉장이 우송되었음

· 내용은 수차례 미납분 변제를 독촉했는데 대금을 납부하지 않았다며 연체료를 포함한 515,242원을 납부하지 않으면 민사소송집행과 신용불량자로 등록한다는 내용이었음

· 그 동안 한 번도 대금을 내라고 연락한 적도 없었으며, 협박성 편지 때문에 어머니가 심한 스트레스에 시달리고 있음

제 6 장 주거관련 실버산업

1. 개요

노인에게 있어서 주거생활의 안정은 기본생활 요건(의, 식, 주) 중에서 가장 큰 비중을 차지한다. 노년기에는 활동이 주로 가정 내에서 이루어지기 때문에 그만큼 주거가 노인의 심리적, 정서적 안정에 크게 영향을 미친다고 할 수 있다. 노인복지는 주택으로 시작해서 주택으로 끝난다는 표현이 있을 정도로 생애의 마지막을 보내는 편리한 주거공간에 대해 노년층 뿐 아니라 노후를 준비하는 중년층에까지도 관심이 높아지고 있다. 따라서 관련업체들은 정부의 규제완화와 시장의 성숙을 가늠하여 새로운 사업기회를 잡도록 하여야 할 것이며 실버타운에 대한 개념과 개발전망을 살펴보면 다음과 같다.

1) 실버타운의 개념

노인주거시설은 노인인구의 증가와 의식의 변화, 그리고 산업화의 진전에 따라 여성의 사회진출확대 등으로 인하여 노인들만의 단독가구가 증가하고 가족의 부양기능이 약화되면서 그 요구노가 커지고 있으며, 1993년 「노인복지법」의 개정에 따라 이제까지 사회복지법인 및 비영리 법인 또는 단체에게만 허용하던 유료 노인복지시설의 운영을

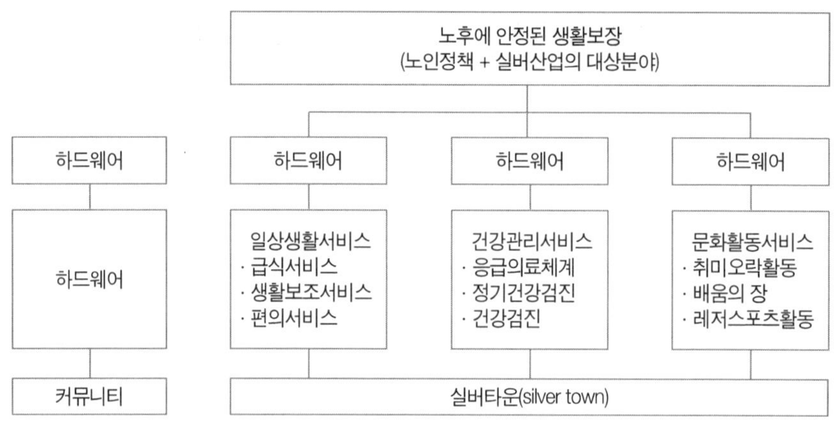

자료 : 한국토지개발공사(1995), 『실버타운 개발계획에 관한 연구』

[그림6-1] 실버타운의 개념

민간기업 및 개인에게도 허가함에 따라 최근 유료 노인주거시설, 설치운영에 관심이 높아지고 있다.

실버타운에 대한 학문적정책적 정의는 다양하여 여러 가지 유사한 개념들이 사용되어지고 있다. 실버타운(silvertown)은 미국 남부 지역에서 형성되기 시작하여 노인들의 밀집주거지역에서부터 그 어원이 생겨났다고 추정되고 있다. 그러나 어떤 이유로 1960년경부터 미국의 남부지역에 노인들이 밀집해 살기 시작했는지 정확히 보고된 자료는 없다(이인수, 1997).

실버타운은 일반적으로 '노인촌' 또는 '노인주거단지' 라고 하는데 고령자들에게 필요한 시설 및 서비스 기능을 갖춘 복합시설로서 유료양로원 및 요양원보다 큰 규모이다. 즉 사회생할에서 은퇴한 고령자들이 집단적 또는 단독적으로 거주하는데 필요한 주거기설 및 각종 레저 · 스포츠 등 휴양시설과 노인용 병원(medical center), 노인 커뮤니티시설(community center) 등 각종 서비스 기능을 갖추고 있는 노인전용의 복합시설단지를 말한다. 즉 실버타운에서는 각종 프로그램 제공과 커뮤니티 형성이 가능한 최소한의 공간면적을 필요로 하고 있으며, 기존의 유료양로원과 같은 단순 주거기능 위주의 소규모 개념에서 한 차원 발전한 노령자를 위한 제반 서비스 기능까지 갖추고 있어야 한다. 객실, 식당, 주방 등 고령자의 특성을 고려한 주거기능과 기본서비스가 갖추어져 있어야 하며, 가족, 친지 등 외부 방문객을 위한 숙소와 식당, 이 · 미용실 등과 각종 편의시설도 함께 설치되어야 한다. 아울러 실버타운은 노년층의 건강관리 및 스포츠 · 레저활동에 대한 선호도가 점차 증가하고 있으므로 부대시설에 노령자의 질병예방과 건강증진을 위한 운동센터, 취미, 교양, 레크리에이션 등을 즐길 수 있는 노인복지시설이 있어야 한다. 노인복지시설은 대강당, 집회실, 상담실, 광장 등을 갖추어 입주자들이 함께 어울릴 수 있는 시설로 건립하며, 각종 질병을 치료할 수 있는 의료기관과 야외운동시설까지 갖춘다면 실버타운을 구성하는 기본적인 시설로는 적절할 것이다(한국토지개발공사, 1995; 정익진, 1999).

실버타운은 주로 실버산업의 대상 분야 중 주거관련분야를 중심으로 하되 노인복지정책의 목표가 구현될 수 있도록 기능이나 시설이 복합적으로 수용될 수 있어야 한다. 따라서 실버타운이란 노인들을 집단적으로 수용하여 노후의 안정된 생활보장이 가능하도록 물리적 시설계획(barrier free design)과 생활서비스(care service)를 제공하여 주거, 의료, 휴양의 복합적 커뮤니티 기능이 구현될 수 있도록 하는 주거단지를 말한다.

2) 실버타운과 노인주거복지시설

「노인복지법」상의 노인복지시설(제31조)의 종류에는 노인주거복지시설, 노인의료복지시설, 노인여가복지시설, 재가노인복지시설, 노인보호전문기관 등이 있다. 이중 유료노인주거복지시설(제32조)은 유료노인양로시설과 유료노인복지주택으로 볼 수 있다. 이는 민간 사업주체인 건설업체의 사업 대상이 될 수 있는 시설로서 무료로 운영되는 양로시설과 서렴한 요금으로 운영되는 실비양로시설과는 달리 입소노인에게 소요되는 일체의 비용을 부과하여 운영한다(표6-1참조).

따라서 이 교재에서는 주로 사회복지법인으로 자체수입이 거의 없이 대부분의 재정을 국가 및 지방자치단체의 의존하거나 실비로 운영되는 양로시설, 실비양로시설, 실비노인복지주택을 제외한, 「노인복지법」제32조의 '유료양로시설' 과 '유료노인복지주택' 을 실버타운으로 보고 이에 대한 논의를 전개하고자 한다. 이들 시설은 입주자들이 낸 입주금으로 운영되는 주거시설로서 주거는 물론, 의료시설, 스포츠 및 문화 시설을 갖추고 있는 민간복합시설이며, 일상생활의 서비스 등을 이용하는 실버산업의 한 분야라고 할 수 있다.

구분	내용	입소대상자	사업주체
양로 시설	노인을 입소시켜 무료 또는 저렴한 요금으로 급식, 기타 일상생활에 필요한 편의를 제공함을 목적으로 하는 시설	생활보호법에 의한 보호대상자 중 65세 이상의 일상생활에 지장이 없는 자	사회복지법인, 비영리법인, 국가, 지자체
실비 양로시설	노인을 입소시켜 저렴한 요금으로 급식, 기타 일상생활에 필요한 편의를 제공함을 목적으로 하는 시설	실비보호대상자[1]로서 일상생활에 지장이 없는 65세 이상의 자	사회복지법인, 비영리법인, 국가, 지자체
유료 양로시설	노인을 입소시켜 급식, 기타 일상생활에 필요한 편의를 제공하고 이에 소요되는 일체의 비용을 입소한 자로부터 수납하여 운영하는 시설	일상생활에 지장이 없는 60세 이상의 자	개인, 기업, 사회복지법인, 비영리법인, 국가, 지자체
실비노인복지주택	보건복지부장관이 정하는 일정소득 이하의 노인에게 저렴한 비용으로 분양 또는 임대 등을 통하여 주거의 편의 생활지도 상담 및 안전관리 등 일상생활에 필요한 편의를 제공함을 목적으로 하는 시설	실비보호대상자로서 단독취사 등 독립된 주거생활을 하는데 지장이 없는 65세 이상의 자	사회복지법인, 비영리법인, 국가, 지자체
유료노인복지주택	노인에게 유료로 분양 또는 임대 등을 통하여 주거의 편의 생활지도 상담 및 안전관리 등 일상생활에 필요한 편의를 제공함을 목적으로 하는 시설	단독취사 등 독립된 주거생활을 하는 데 지장이 없는 60세 이상의 자	개인, 기업, 사회복지법인, 비영리법인, 국가, 지자체

자료: 「노인복지법」, 「노인복지법시행규칙」을 근거로 재구성

2. 실버타운의 분류

실버타운의 분류는 여러 측면에서 접근할 수 있는데, 우선 규모에 따른 유형분류, 입지에 따른 유형분류, 주거형태에 따른 유형분류, 계약방식에 따른 분류, 그리고 관리유형에 따른 분류로 각각 나눌 수 있다.

1) 규모에 따른 분류

미국의 경우, 민간에 의해 설립·운영되는 실버타운은 자기 집과 같은 안락한 생활환

---

1) 실비보호대상자란 '본인 및 본인과 생계를 같이 하고 있는 부양의무자의 월소득을 합산한 금액을 가구원수로 나누어 얻은 1인당 월평균 소득액이 통계청장이 『통계법 시행령』 제3조의 규정에 의하여 고시하는 전년도(본인 등에 대한 소득조사일이 속하는 해의 전년도를 말한다)의 도시근로자가구 월평균 소득을 전년도의 평균 가구원수로 나누어 얻은 1인당 월평균 소득액이하인 자'를 말한다(노인복지법 제 14조, 노인주거복지시설의 입소대상자 등에서 발췌인용).

표 6-2 실버타운의 규모에 따른 분류유형(미국의 경우)

구분	개 요	추정 단지수	추정 세대수
노인아파트 Seniors Apartments	- 55세 이상 노인층을 위한 다세대 주거 아파트 - 일부 식사 제공 - 제한된 생활 편익 서비스 제공	5,000	400,000
노인집합주거 Congregate Seniors Housing	- 70~250 세대를 수용할 수 있는 다세대 노인 주거단지 - 각 세대별 부엌 시설 - 기본적으로는 unfurnished - 공동 시설로 주방, 식당, 기타 활동 공간 - 보통은 rent, 그러나 콘도 형태의 공동 소유도 있음. - 통상적으로 건물 보안, 공동 활동, 식사, 교통편, 세탁, 청소 등 서비스 제공 - on-call 간호사, 의사	5,500	660,000
생활지원주택 Assisted Living Residences	- 기능 장애 노인을 위한 24시간 보호 및 보조 - 100가구 미만의 다세대 주거단지 혹은 1인 주택단지로 30~60명 수용 - 침실, 부엌 등 개인 공간과 공동의 거실과 식당 포함 - 일상 활동 서비스, 약품 관리, 응급 처치, 경미한 질병의 의료 서비스, 24시간 보호 서비스 제공	6,500	550,000
연속보호센터 Continuig Care Retirement Communities (CCRC)[2]	- 다양한 노인을 위한 다양한 주거 양식과 서비스 제공 - 노령화에 따른 생활 양식 변화와 다양한 의료 서비스 요구에 부응 - 한 단지 안에 Congregate Seniors Housing, Assisted Living, 그리고 잘 훈련된 간호사 상주	2,500	600,000

자료 : ASHA(1999), 『Seniors Housing Statistical Digest』, 1999~2000, p.8., 최진호(2000), 『미국의 노인주택시장의 현황과 전망』,
　　　한국건설산업연구원, p.9에서 재인용

경과 양질의 서비스 제공을 원하는 노인층의 주거 수요를 충족시키고 있으며, 민간 실버타운 이용자들은 정부의 재정지원을 받지 못한다.

　노인아파트(Senior Apartments)는 비교적 일상생활에 불편이 적은 55세 이상 노인증을 대상으로 다세대를 이루며 식사제공 등 제한된 범위의 생활 편익 서비스가 제공되고 있다. 노인집합주택(Congregate Senior Housing)은 주거서비스를 기본으로 하며 제한된 서비스와 시설을 가지고 있으며 비교적 소규모이다. 이곳의 입주자들은 대체적으로 왕성한 사회활동을 하는 노인들이다. 연속보호센터(Continuing Care Retirement

---

2) CCRC(장기보호시설)은 말 그대로 오랫동안 노인을 보호하는 시설로서 입소노인의 건강 상태에 따라 비교적 건강한 노인들에게 독립적인 생활을 유지하도록 하는 은퇴시설(retirement facility)과 다소의 일상 생활동작의 장애를 가진 노인들에게 간호서비스나 물리치료 및 의사진료 등 기복적인 서비스를 제공하는 간호보호요양시설(skiled nursing facility), 그리고 치매 · 당뇨 · 관절질환 등 중증만성질환을 대상으로 하는 전문 요양시설(skiled nursing facility)로 구분하고 3가지 기능을 복합적으로 수행하여 입소노인의 건강 상태에 따라 독립생활이나 간호보호구역으로, 혹은 반대로 이동이 가능한 통합형 연속장기보호시설 등이 여러 개 모여 거대한 실버타운을 이루는 데가 신진국에서 많이 보고되고 있다(이인수, 2006). CCRC 거주자는 전형적으로 다운페이먼트(매매계약 금액에서 모기지로 조달하는 자금을 공제한 금액)를 하고 대기자 명단에 올려야 하며 대개 관리비는 월단위로 지불한다(Alfres, 1993).

Community)의 입주자들은 잘 훈련된 간호사가 상주하여 그들의 건강을 돌봐야 할 만큼 노화가 현저히 진행된 노인들로서 의료와 주거복지의 통합된 형태이다. 생활지원주택(Assisted Living Residences)입주자들은 일상활동지원이나 약품관리, 응급처지, 경미한 질병의 의료서비스 등 24시간 보호 서비스가 제공되는 주거 형태이다.

2) 입지유형에 따른 분류

일반적으로 실버타운은 그 입지조건에 따라 도심형과 도심근교형, 그리고 전원휴양지형 등으로 분류할 수 있다(한국토지개발공사, 1995). 도심형 실버타운은 주변의 도시시설을 편리하게 이용할 수 있으므로 실버타운 내 시설설비를 최소한으로 할 수 있는 장점이 있어 시설투자비와 운영비를 절감할 수 있다. 그러나 높은 토지매입비용으로 인하여 총 건설비가 높아져서 분양이나 임대가격 자체가 높은 점과 자연과의 접촉이 없는

표 6-3 실버타운의 입지유형별 특징

구분	도심형	도심근교형	전원휴양형
입지특성	· 대도시에 입지 · 기존의 공공, 상업, 의료시설 등과 밀접한 관계를 유지할 수 있는 지역	· 도시와 가까운 곳에 입지 · 사회활동을 위한 대도시로의 왕래가 가능한 지역	· 자연환경과 관광자원 풍부한 지역에 입지 · 휴양과 농원, 화단가꾸기 등 건강을 위한 지역
시설형태	· 가족동거의 3세대 주택 · 공공숙사 집단지구 · 노인분리세대의 공동주택	· 노인타운 · 저층주거기설 · 레저와 건강시설	· 노인촌 · 휴양과 전원풍경의 주거시설 · 각종 편의시설과 문화시설
규모구조	· 아파트와 같은 다층구조	· 노인주거단지 · 단독, 연립주택	· 휴양과 전원시설 · 단독주거시설
교통여건	· 대중교통수단의 접근용이 · 지하철과 연계	· 도심에서 1시간 내지 1시간 30분 거리위치 · 고속도로, 국도, 전철과 접속용이	· 중소도시와 인접 · 기존 국도 및 지방도와 연계
선호특징	· 여성의 선호도 높으나 연령이 높을수록 선호도감소	· 전체적으로 고른연령대에서 선호하나, 연령이 높을수록 선호도 감소경향	· 연령이 높을수록 선호
단 점	· 높은 지가로 신규부지 확보 곤란 · 건물의 고층화 등 사업비용의 상승 · 나쁜 도시환경문제	· 그린벨트 등 건축제한이 많음 · 도시기능의 확산으로 지가상승 폭이 높음	· 고립감을 느낄 수 있음 · 토지가역은 낮지만 단지개발 비용이 높음 · 운영부담이 높음

자료: 대한건설협회(1995)와 한국토지개발공사(1995)를 재구성함

점이 단점으로 꼽힌다. 전원휴양지형 실버타운은 자연환경과 관광자원이 풍부한 지역에 입지함으로써 휴양과 농원 또는 화단 가꾸기 등 건강에 좋은 점 등이 장점으로 꼽히나 도심형과는 달리 주변에서 필요로 하는 기능이나 서비스를 획득할 수 없어 시설과 서비스를 완전하게 갖추어야 하는 부담이 시설유지 및 관리에도 영향을 주어 세대 당 부담비용이 큰 단점을 안고 있다. 반면에 도시근교형 실버타운은 도심형과 전원휴양지형의 중간 형태로 도시에서 얻을 수 있는 이점과 전원·휴양지에서 얻을 수 있는 이점을 고루 갖출 수 있기 때문에 전체적으로 고른 연령대에서 선호하는 유형이다(표6-3참조). 이렇듯 각 유형에 따른 장단점과 선호도는 뚜렷하다. 실버타운의 입지조건으로는 주변토지사용의 적합성, 교통편의문제, 각종 서비스를 제공하는 시설과의 근접성, 입지지형과 형태, 시설설치지역의 지대 등 입주예상지역의 사회　경제적 특징을 충분히 검토·분석하여 선정되어야 한다(원융희, 2002).실버타운의 입지조건은 공급자뿐만 아니라 수요자인 노인입주자 모두에게 영향을 미치는 주요사항으로서 입지조건의 여하에 따라 공급 측의 사업성과가 달려 있다 해도 과언이 아니다. 따라서 실버타운을 개발 또는 시공하는 공급자 측의 입장에서 볼 때 개발예정 지역의 주변의 환경이나 입지조건을 사전에 충분히 검토하는 것이 필수적이다.

3) 계약방식에 따른 분류

실버타운의 계약방식별로는 크게 종신이용권형, 선지불보험형, 분양형, 임대형, 연금형 등 5개 유형으로 나누어 살펴보면 다음과 같다(최혜경·정순희, 2001; 이인수, 2006).

(1) 종신권형

종신이용권형은 입주자 1세대에 한하여 시설의 이용 및 각종 서비스를 이용하는 권리를 보증하는 것으로, 입주자는 고액의 입주금 지불 이후에 연금으로 대응할 수 있는 정도의 제 경비의 지불로 전용실의 사용은 물론 종신의 보살핌을 포함한 각종 서비스의 수혜를 받는다. 이용권이 보증하는 서비스는 주거공간 및 각종 고용시설의 제공의 hard service와 식사 제공, 충실한 일상생활 지원, 질병 발생 시의 의료 및 간호 등의 soft service로 대별되는데, 사업대상자인 고령자의 안정된 주거와 건강보장에 대한 요구에 부응할 수 있는 유형으로 최초의 입주금은 주거권에 대한 보증금의 성격이고, 생활비는 매월 납부하는 형식을 취한다. 하지만 입주기간에 따라 입주(반환)금이 소멸되기 때문에 통상 15년을 상각 만료 기간으로 봄으로써 15년 후 실질상의 권리관계는 사라지게 된다는 단점이 있다.

(2) 선지불보험형

선지불보험은 미국의 재정능력이 매우 탁월한 계열회사에서 보험상품을 스스로 개발하고 병원과 협동체제를 갖추어 운용하는 방식으로 입주 시 미화 약 80만 달러를 일시불로 내고 이후에는 여하한 추가비용도 부담하지 않고 원하는 기간 동안 무한정 거주할 수 있다. 입주노인이 낸 돈은 회사에서 자산으로 적립하여 은행이자와 매월 조금씩 소모되는 원금 일부로 입주노인의 숙식과 의료관리 등 모든 서비스 일체의 비용을 충당한다. 입주노인 사망 시 입주금 80만 달러 중 노인에 쓰여 진 금액 외의 나머지 금액은 회사에 귀속되며, 가족들에게 반환되지 않는다.

(3) 분양형

입주에 앞서 이용자가 분양대금을 지불하는 것으로 주택을 취득하고 매달관리비 등을 지불함으로써 공동시설 및 시설 측이 제공하는 각종 서비스를 이용하는 방식이다. 분양방식의 경우 대부분의 시설이 시설 내에서 종신 개호를 설치하지 않기 때문에 질병 발생 시 개호에 어려움이 있을 수 있다. 분양형의 공용시설은 일반분양맨션보다 충실하지만 기본적으로 맨션에 각종 서비스기능을 부가한 것이므로 케어 맨션으로 부르기도 한다. 때로는 시설 일부를 이용권 방식으로 활용하는 등 복합사업 방식을 취하는 경우가 있기도 하다.

(4) 임대형

임대형 시설은 고액의 보증금이 없이 일정액의 임대료를 납부하기 때문에 입주 시의 부담이 적고 계약해제가 자유롭다는 장점을 가지고 있지만, 임대료 상승 시 입주자 부담이 증가하거나 퇴거의 우려가 있다. 현재 임대형 시설은 대부분 공공주택 공급주체가 설치하는 유료노인 홈 또는 기타의 국영 유료노인 홈인 경우가 많고, 민간기업의 참여는 부진한 실정이다.

(5) 연금형

연금형은 이용자의 입주금에 비례하여 사업주가 발생하는 종신개인보험 및 의료보험에 일괄 가입하는 운영방식이다. 즉 노인에게 지불되어야 할 국민연금이 시설법인에 입금되어 그 경비로 노인의 보호비용을 충당하는 방법을 말한다. 입주금에 종신개인연금, 의료보험을 이용하고 있으므로, 입주자의 연령, 성별에 따라 입주금이 다른 것이 특징이다. 이용권방식과는 달리 입주 후의 집세, 식비, 의료비 등으로 필요한 제 경비는 입주 시에 가입한 개인연금에서 오는 연금과 배당금 및 의료보험에서 지급되는 보험금에 따라 충당되고 기본적으로 제 경비의 추가는 없다. 또한 매월 생활비 지출의 번거로움 또는 매월의 제 경비 부담액이 개인연금 등의 수입을 상회하지 않을까 하는 불안을 제거해주는 장점이 있으나, 사업자의 입장에서 볼 때 급격한 인플레이션의 장기 지속 등 불안 요인을 가지고 있다.

4) 관리유형에 따른 분류

노인들이 이용하는 주택의 범위를 좀 더 확장해서 보면, 노인의 일상생활이 이루어지는 생활시설 혹은 노인전용주택의 경우, 일반주택이나 호텔 등을 개조·증축하여 노인이 일상생활을 병행하면서 이용에 편리를 도모한 반계획주거와 처음부터 토지를 구입하여 건물을 디자인하여 건축하는 계획주거로 구분할 수 있다. 이는 개인주의 경향이 강한 서구에서 3대 동거주택의 형태로 개발·활용되는 측면도 있다(Rubinstein, 1993; 홍형옥 외, 2005; 이인수, 2006).

(1) 반계획주거

① 공동주택(shared housing)

2인 이상의 기족원이 같은 집에서 사는 형태를 공동주택이라고 하는데, 대개는 4~5명이 적정한 수준이다. 공동으로 식사준비를 하고, 친교를 나누되, 지나치게 많은 숫자가 아니기에 사행활보호도 적당하다. 미국에서는 공동주택이 사회적인 필요성에 의해서 조직적·인위적으로 권장되기 시작한 것이 1970년대 이후부터의 일이다. 집이 없는 젊은 부부와 주택소유의 노인이 주택을 공용하기도 하고 독신 할아버지와 독신 할머니들이 주택을 공용하게 되는 사례도 있다. 주택유지비의 부담이 적고 친교생활로 외롭지 않은 장점이 있는 반면, 맘에 맞는 상대를 구하기가 어렵고 사생활 보호가 안 된다는 단점이 있다.

② 액세서리 주택(accessory housing)

액세서리 주택은 일반 단독주택에 부수적인 주택을 추가한 것으로 가장 일반적인 3대 동거형 주택이다. 액세서리 주택에는 독립된 부엌과 욕실, 출입구가 있어서 그 자체로 완성품이고 분리된 주택이다. 이 주택을 미국에서는 '시어머니의 집(mother-in-law unit)', 또는 '둘째 집(second units)'이라고도 부르기도 하는데 이 주택들은 '액세서리 아파트(accessory apartment)'와 '액세서리 오두막(accessory cottage)'을 통틀어서 지칭하는 것이다. 액세서리 오두막은 전형적으로 주 건물에서 떨어져 따로 짓거나 또는 붙여서 짓지만, 붙여서 짓는 경우에도 구조적으로 주 건물과는 독립되어 있다.

③ 에코주택(ECHO Housing)

에코주택(ECHO; Elderly Cottage Housing Opportunity)이란 호주에서 사용되는 '그래니 플랫(granny flats)'의 미국판 노인용 오두막이며 세대 간 프라이버시가 보장되는 주거환경을 목적으로 짓는다. 이 주택은 작고 이용이 쉬워 허약하거나 장애가 있는 노인들이 자녀의 집 뒷마당에 임시로 짓고 성인 자녀가 연로한 노부모를 돌볼 수 있도록 계획한 것이다. 때에 따라서는 같은 개념으로 부모가 장애를 가진 자녀를 돌볼 수도 있다. 에코주택은 사회적 부양제도를 이용하는 것보다 경제적으로도 훨씬 이롭다. 예를 들어 병이 든 노부모를 부양하기 위해 개인 간호인을 고용하려면 돈이 많이 들고, 그렇다고 비용이 싼 시설에 입주하면 수준이 낮은 부양 서비스를 제공받기 때문이다. 그러므로 에코주택은 가족이 가진 자원 한도 내에서 적은 비용으로 스스로 노부모를 돌 볼 수 있다는 장점이 있다.

④ 노인전용 하숙집(board and care home)

노인전용 하숙집은 노인이나 신체적·정신적 허약자의 주거와 소규모 양로원 성격으로 운영되는 형태이다. 대개는 넓은 집을 소유하고 있는 가정이 소수의 노인을 가정집에 입주시켜 그들에게 식사, 세탁, 청소, 심부름 등 일상생활을 보살펴 드리는 대가로 돈을 받는 소위 하숙집의 운영형태이다. 노인전용 하숙집은 말 그대로 개인적 보호를 제공하는 소규모의 가족기반 거주시설로 가족적인 분위기에서 대규모 시설에 입주하기 어려운 사람들에게 저렴하게 거처를 제공하는 장점이 있는 반면, 허가제가 아니기 때문에 경우에 따라서는 노인의 거주 안정성에 위해가 될 수 있으며 오락이나 취미생활에 배려가 미흡한 비전문가가 돌본다는 단점이 있다.

(2) 계획주거

① 집합주택(congregate housing)

집합주택은 일반적으로 10세대에서 100세대 정도까지로 구성된다. 이곳에 입주한 노인들은 비영리 단체로부터 가사일의 도움도 받고, 하루 한 끼 이상의 식사도 제공받으며, 병원출입 등에도 교통편의의 도움을 받고, 주택단지 내에 있는 취미 · 오락시설을 이용할 수도 있다. 시설의 운영주체는 민간기업 또는 비영리단체들이다. 주택법에 의해서 국가로부터 보조금을 받아서 건축한 집합주택의 경우는 염가로 입주가 가능하지만 그렇지 않은 경우는 시장원리에 따른다. 집합주택은 일상생활을 돌봐주는 일 외에도 간호사나 사회복지사와 같은 전문직에 의한 서비스 제공이 가능하며 요양시설 입소를 지연시키고 매일의 건강 상태를 서로 점검할 수 있는 장점이 있는 반면, 공용부분의 확보를 위해 건축비가 많이 들고 필요이상의 보살핌은 입소자의 의존성을 키우며 식비나 관리비에 입주자 불만 등이 생길 수 있다는 단점이 있다.

② 요양원(nursing home)

요양원은 병원시설이 통합되어 있는 주거의 형태로서 지속적인 건강치료를 하는 노인을 위한 곳이다. 돌보는 방법에는 두 가지가 있는데, 하나는 중간적인 것으로 일어나기, 약물치료받기, 몸단장하기와 같은 일상생활을 도와주는 것이고, 또 다른 하나는 숙련된 것으로 24시간 연속적으로 간호를 해 주는 것이다. 노년기의 마지막 단계에 이용되는 주거로 대개 분리되어 제공하고 있다. 최근에는 이와 같은 요양원의 개념이 신축적 보호를 강조하는 보호의 연속체(continuum of care)의 개념으로 노인의 건강 상태가 나빠지면 동일주거 내에 위치해 있는 요양시설에 갔다가 호전되면 그 이전단계의 주거로 이동할 수도 있기 때문에 신축성의 효과가 긍정적으로 평가 받고 있다.

③ 이동식 임시주택(RV & mobile home park)

이동식 임시주택은 차량 뒤에 부착하거나 컨테이너 수송트럭에 실어 자유롭게 이동할 수 있는 방식의 주택을 말한다. 오락용 차량도 있고 가족이 충분히 거주할 수 있는 목

표 6-4 연도별 노인주거시설의 변화추이

시 설	2006		2005		2004	
	시설수	입소정원	시설수	입소정원	시설수	입소정원
양로시설(무료)	145	5,780	137	6,051	78	4,972
실비양로시설	132	2,267	64	1,126	12	363
유료양로시설	74	4,462	69	3,954	41	2,853
실비노인복지주택						
유료노인복지주택	15	3,565	12	2,158	8	1,232
소　계	366	16,074	282	13,289	139	9,420

자료 : 보건복지부(2007), 『2007 노인복지시설현황』

조주택을 조립 · 분해하여 트럭으로 운반하여 원하는 곳에 주차시키고 몇 달 혹은 몇 년을 거주할 수 있는 이동주택(mobile home)도 있다. 미국이나 캐나다 등 국토가 넓고 자연환경이 좋은 선진국은 이러한 이동식 주택을 주차하여 수도관, 하수도, 기수관 등을 연결하여 원하는 만큼 긴 세월동안 생활할 수 있는 공원, 즉 RV & mobile home park가 많다. 이러한 이동식 임시주택은 노인복지법이나 정책에 의해 노인들이 거주하도록 배려되는 주거공간은 아니나 중년기 이후 노년층들이 주로 거주한다.

3. 실버타운의 현황

실버타운은 민간기업의 참여를 허용한 1993년에 개정된 「노인복지법」을 근거로 이후 많은 민간 기업에서 유료 노인주거시설에 참여하는 방안을 검토한 바 있으나, 실제 사업에 착수한 기업은 아직까지는 소수에 불과하고, 대부분의 업체에서는 사업계획만을 수립한 재 사업시행시기를 관망하고 있는 상태이다. 여기서는 실버타운의 시설현황과 시장규모 및 전망을 중심으로 살펴보고자 한다.

1) 실버타운의 시설현황

이 교재에서는 사회복지법인으로 자체수입이 거의 없이 대부분의 재정을 국가 및 지방자치단체에 의존하거나 실비로 운영되는 양로시설, 실비양로시설, 실비노인복지주택을 제외한, 「노인복지법」제32조의 '유료양로시설'과 '유료노인복지주택'을 실버타운으로 보고자 하였다. 따라서 노인주거시설 중 입주자들이 낸 입주금으로 운영되는 주거시설로 유료양로시설과 유료노인복지주택의 시설현황을 살펴보기로 한다.

우리나라 실버타운의 현황은 2007년 현재 (표6-4)에서 보는 바와 같이 유료양로시설은 2004년 41개소 2,853명의 정원에서 2005년 69개소 3,954명, 2006년 74개소 4,462명으로 2005년을 기준(통계청, 2005)으로 볼 때, 전체 65세 이상 노인인구 4,597,000명(구성비 9.5%)의 0.8%에 지나지 않으며 유로노인복지주택의 경우도 2004년 8개소 1,232명의 정원에서 2005년 12개소 2,158명, 2006년 15개소 3,565명으로 2005년 통계를 기준으로 볼 때, 전체 65세 이상 노인인구의 0.5%에 지나지 않는다.

(1) 유료양로시설

이들 유료양로시설을 지역별로 살펴보면 서울(4), 부산(1), 인천(5), 경기(20), 강원(10), 충북(4), 충남(17), 전북(2), 전남(3), 경북(4), 경남(4) 등이며 대구, 광주, 대전, 울산 등은 한 곳도 없는 것으로 나타났다. (표6-6)과 같이 유료양로시설은 수적으로도 소수에 불과할 뿐 아니라 그나마 그 시설 정원의 충원율이 53.7%에 그치고 있다. 이에 대한 여러 가지 논의들이 가능하겠으나 우선 국민일반의 부정적 인식이 아직까지 남아있다는 것을 꼽을 수 있다(이희열, 2006).

표 6-5 유료 양로시실 현황

지역	시 설 명	시 설 장 (생년월일)	정원 (현원)	시설 소재지	전화번호 (FAX)	시설 설치일	법 인 명	대표자
서울	은빛 천사의집	김해정 (73.6.15)	16 (16)	송파구 마천 동 237-1	02-402-8006 (02-402-8074)	03.06.05	개인	강정순
	시니어캐슬 클라시온	조성호 (69.2.12)	274 (17)	은평구 녹번 동 91-7	02-357-9988 (02-352-1556)	06.02.21	㈜화진복 지산업	조기상
	평창너싱홈	지미란 (62.5.11)	20 (10)	종로구 평창 동 245	02-3216-9333 (02-3216-9333)	05.10.21	개인	지미란
	서울 시니어스 서울타워	이종균 (50.2.15)	288 (170)	중구 신당동 366-97	02-2254-2073 (02-2231-6121)	98.09.19	서울 시니어스 타워㈜	이종균
부산	소망의집	송정인 (46.09.02)	29 (17)	강서구 강동 동 2499	051-972-9097 (051-972-9091)	05.12.05		송정인

지역	시설명	시설장 (생년월일)	정원 (현원)	시설 소재지	전화번호 (FAX)	시설 설치일	법인명	대표자
인천	강화 에담복지원	이영희 (51.11.30)	29 (14)	강화군 하점 면 부근리 475-5	032-932-1315 (032-932-1315)	05.09.29	개인	이영희
	은혜의집	김옥남 (40.11.20)	29 (11)	남동구 구월 동 1279-14	032-468-1265 (032-472-2352)	05.04.18	개인	김옥남
	예랑의집	안동순 (47.02.01)	7 (8)	남동구 구월 동 1313-1	032-471-5268 (032-462-9229)	05.11.18	개인	안동순
	성화은혜원	방인숙 (64.12.25)	9 (3)	남동구 만수 동 839-8	032-462-2381 (032-463-9055)	05.12.07	개인	이기원
	임마누엘 실버홈	김형석 (74.06.20)	14 (6)	서구 연희동 710-15	032-561-7350 (032-561-9901)	06.08.25	개인	김영소
	성라 실버타운	강선구 (62.09.10)	96 (62)	가평군 상면 봉수리 49-4	031-585-3323 (031-585-3326)	99.04.03	(사회복 지법인) 성라원	김재풍
	청심빌리지	이규환 (50.01.27)	310 (26)	가평군 설악 면 송산리 711-1	031-589-5300 (031-585-4100)	04.09.10	(사회복 지법인) 청심복지 재단	이규환
경기	가평 시니어 하우스	이상원 (57.12.06)	8	가평군 하면 상판리 17	02-3663-1143 (02-2668-0065)	03.11.24	(사회복지 법인) 우리동네 사람들	정종우
	기쁨이 가득한집	안경회 (55.03.25)	8 (5)	고양시 덕양구 원당동 89	031-963-2872 (031-966-5877)	04.08.25	개인	안경회
	효도의집	박정례 (48.12.30)	9 (6)	고양시 덕양구 지축동 765- 173	02-381-0111 (02-381-2169)	00.03.18	개인	박정례
	신성양로원	이명숙 (77.05.29)	30 (13)	광주시 실촌읍 수양리 544-1	031-763-6874 (031-769-6875)	00.08.30	신성복지재 단	연금자
	에덴동산	곽노광 (47.06.21)	18 (17)	김포시 고촌면 태리 261-4	031-985-2543	05.07.27	개인	라정신
	유당마을	이순 (54.06.27)	120 (120)	수원시 장안구 조원동 119-3	031-242-0079 (031-255-2453)	88.07.01	재성	양주현
	선심 노인의집	김경희 (58.12.16)	15 (10)	안산시 상록구 일동 556-8	031-407-8492 (031-409-6238)	05.04.12	개인	김경희
	안식관	김화자 (44.08.25)	45 (38)	양평군 용문면 신점리 563	031-773-3498 (031-771-8580)	03.08.21	(사)전국여 교역자 연합 회복지재단	주선애
	파티마 성모의집	조영숙 (49.04.22)	115 (100)	여주군 강천면 도전리 674-8	031-886-2442 (031-888-2440)	05.07.01	(재단법인) 파티마의성 모프란치스 꼬수녀회	김춘강

지역	시 설 명	시 설 장 (생년월일)	정원 (현원)	시설 소재지	전화번호 (FAX)	시설 설치일	법 인 명	대표자
경기	골든밸리	이연우 (54.07.07)	188 (188)	여주군 능서면 왕대리 972-15	031-881-6501 (031-882-6990)	98.03.27	개인	이연우
	둥지마을	김종월 (61.07.15)	10 (10)	여주군 여주읍 멱곡리 83-3	031-883-5671	05.03.15	개인	김종월
	삼성 노블카운티	이정영 (54.07.20)	800 (431)	용인시 기흥구 하갈동 490	031-208-8003 031-208-8209()	01.04.30	(사회복지법 인)삼성생명 공익재단	이수빈
	은총관	서옥자 (46.05.07)	9 (7)	평택시 고덕면 율포리 34-5	031-662-6637	05.04.01	개인	서옥자
	성광원	이별희 (49.09.11)	50 (33)	평택시 장안 동 115-4	031-663-8200 (031-663-7271)	95.05.10	성광 복지재단	이설희
	정금 등대의집	김갑선 (70.06.18)	16 (9)	평택시 진위 면 은산리 144-2	031-611-7991 (031-611-9179)	06.02.06	개인	김갑선
	우리사랑	지명월 (57.08.22)	6 (2)	포천시 내촌 면 내리 122-2	031-531-7846	05.08.30	개인	김정수
	포천 실버타운	윤석준 (67.02.04)	64 (58)	포천시 내촌 면 소학리 314-8	1577-0245 (031-531-5646)	04.08.27	개인	장원찬
	라비돌 리조트	이해영 (59.07.23)	32 (18)	화성시 정남 면 보통리 141-39	031-352-7150	06.12.07	개인	이해영
강원	동해약천 온천 실버타운	성재기 (68.09.06)	246 (15)	동해시 상동 459-10	033-534-3541 (033-534-6509)	04.12.04	(사복) 대진 복지재단	홍명자
	하늘공동체	박정철 (70.01.05)	9 (8)	홍천규 삼마 치2리 620-2	033-435-9471	05.07.28	개인	박정절
	인애원	송우식 (51.05.19)	29 (24)	홍천군 북방 면 북방리306	033-433-7667 (033-433-7663)	05.09.07	개인	송우식
	안나의집	김재만 (46.09.05)	9 (4)	홍천군 홍천 읍 희망5리 105	033-434-1695 (033-434-1695)	05.09.26	개인	김재만
	방주선교원	이윤숙 (58.05.05)	29 (19)	홍천군 화촌 면 구성포리 1659	033-434-9378 (033-435-6503)	06.02.13	개인	이윤숙
	성전마을	최회원 (57.02.14)	29 (21)	홍천군 화촌 면 군업리 714	033-432-7477 (033-432-3033)	06.03.22	개인	최회원
	안나안식원	성경회 (43.06.09)	9 (9)	홍천군 두촌 면 철정2리 670-2	033-435-1372 (033-435-1101)	06.03.30	개인	정경회

지역	시 설 명	시 설 장 (생년월일)	정원 (현원)	시설 소재지	전화번호 (FAX)	시설 설치일	법 인 명	대표자
강원	벤엘노인 복지원	안진식 (59.08.02)	19 (12)	홍천군 남면 화전리 149-1	033-432-3920 (033-432-8892)	06.10.23	개인	안진식
	빛난동산	권오현 (47.09.25)	29 (24)	홍천군 화촌 면 야시대리 187-1	033-432-9882 (033-432-9855)	06.12.06	개인	권오현
	작은효도원	박준교 (54.10.28)	25 (19)	홍천군 화촌 면 굴운리 125	033-435-8996 (033-435-8994)	05.12.16	(사복) 성효원	박준교
충북	노인복지 그린실버홈	송영경 (49.07.20)	20 (3)					
	청주원광 효도의 집	이현임 (50.03.15)	38 (13)	진천군 문백 면 태락리 459	043-532-9962 (043-532-9964)	01.08.07	삼동회	서금성
	하얀천사의집	김예림 (81.01.28)	9 (8)	청원군 미원 면 운암리 137	043-222-9004 (043-295-5706)	05.07.20	개인	강덕수
	효부마을 양로원	박종화 (69.04.10)	28 (28)	청원군 옥산 면 동림리 311	043-231-9063 (043-231-9062)	04.06.10	개인	박종화
충남	공주원로원 아담스하우스	차기천 (51.04.20)	178 (79)	공주시 금홍 동 산16-5	041-853-2347 (041-853-2349)	96.07.23	한국장로교 복지재단	박래창
	새생명 실버타운	김재범 (64.02.05)	30 (6)	논산시 벌곡 면 검천리 338-6	041-733-3528 (041-732-3528)	03.12.01	새생명 실버타운	김재범
	아브라함의집	김광수 (55.07.02)	29 (25)	논산시 벌곡 면 대덕리 110-3	041-732-1477 (041-732-1407)	05.11.04	개인	김광수
	사랑의집	손중숙 (41.04.19)	29 (28)	논산시 양촌 면 신기리 482	041-741-2243 (041-742-8291)	05.11.04	개인	손종숙
	아셀복지원	안지헌 (79.01.19)	12 (12)	당진군 순성 면 성북리 567	041-352-3440 (041-352-3447)	05.04.07	개인	안지헌
	솔뫼 베네딕도의집	이영자 (54.03.06)	40 (40)	당진군 우강 면 송산리 125	041-363-7787 (041-363-2304)	97.07.04	솔뫼베네딕 도의집	전정숙
	내일은 푸른하늘	나병관 (58.11.12)	9 (5)	서천군 마서 면 옥북리 811-2	041-953-5659 (041-953-5659)	01.09.01	개인	나병관
	주은사랑의집	이명자 (62.12.10)	9 (7)	서천군 한산 면 송산리 99	041-952-0869 041-952-0869()	05.05.31	개인	이명자
	꽃산실버타운	유오현 (50.11.13)	9 (5)	예산군 삽교 읍 신가리 260-29	041-338-5376 (041-338-7216)	04.01.06	개인	유호현

지역	시설명	시설장 (생년월일)	정원 (현원)	시설 소재지	전화번호 (FAX)	시설 설치일	법인명	대표자
충남	가나안 노인의집	김홍란 (43.09.02)	9 (9)	예산군 오가 면 원평리 21-8	041-335-5454 (041-333-2384)	96.03.29	개인	김홍란
	오선복지원	천용인 (70.02.03)	19 (13)	천안시 북면 운용리 50-1	041-567-5232 (041-567-5220)	06.03.03	개인	천용인
	효자의집	김동욱 (66.05.31)	74 (38)	천안시 삼용 동 41-12	041-588-7772 (041-558-7771)	00.11.27	호서 복지재단	강철구
	노아의집	김광영 (53.05.05)	30 (30)	태안군 소원 면 신덕리 1025	041-674-1005 (041-674-1006)	00.10.30	개인	김광영
	홍성사랑의집	구자왕 (66.04.20)	29 (29)	홍성군 갈산 면 내갈리 61	041-632-7750 (041-632-7750)	04.07.07	개인	구자왕
	홍광실버타운	홍세기 (57.04.15)	29 (16)	홍성군 구항 면 마온리 358-2	041-631-4464 (041-631-4464)	05.12.23	개인	홍세기
	따뜻한집	박명옥 (39.03.15)	25 (11)	홍성군 홍동 면 금당리 30-4	041-633-5773 (041-633-5773)	95.12.16	개인	박명옥
	사랑의둥지	최윤희 (65.06.26)	9 (8)	홍성군 결성 면 교황리 32-4	041-633-0005 (041-633-0005)	05.07.20	개인	안기순
전북	온누리 복지타운	이대휴 (66.08.11)	60 (49)	부안면 수동 리 334-3	063-561-4248 (063-561-4241)	05.03.21	(사회복지 법인) 온누리복지 타운	최만선
	서린은빛마을	강길현 (57.11.01)	9 (9)	완주군 구이 면 광곡리 680-1	063-221-8797 (063-221-0645)	04.03.20	개인	강길현
전남	에닮의 집	김춘식 (49.03.01)	8 (8)	목포시 용해 동 747	061-279-0952	06.04.01	용딩교회	심해식
	초원 실버타운	권이담 (29.10.15)	50	목포시 대의 동 2가 1-9	061-245-5000 (061-243-0055)	05.10.12	(유한회사) 초원 실버타운	허영애
	다사랑 실버건강센터	오정선 (54.03.15)	9	완도군 완도 읍 죽청리 586-1	061-555-0754	05.10.12	개인	오정선
경북	경주 실버타운	서영자 (44.11.13)	29 (23)	경주시 충효 동 69-2	054-772-1114 (054-772-2505)	02.02.08	개인	김영숙
	월명윤일의집	최휘인 (50.12.14)	80 (66)	김천시 남면 월명리242-4	054-434-2898 (054-434-2898)	02.12.27	안심원	이문희
	설송양로원	이민진 (80.06.25)	96 (21)	안동시 풍산 읍 죽전리 325-1	054-857-4243 (054-853-4245)	03.09.06	(재)불승회	한희례
	포항 유락실버타운	허선정 (75.01.30)	28 (5)	포항시 장기 면 산서리 523-2	054-276-1707 (054-276-1706)	06.03.24	개인	김병관

지역	시 설 명	시 설 장 (생년월일)	정원 (현원)	시설 소재지	전화번호 (FAX)	시설 설치일	법 인 명	대표자
경남	아가페 사랑의집	윤정배 (46.09.14)	9 (5)	양산시 물금 읍 가촌리 531-12	055-383-4783 (055-383-4781)	06.12.04	개인	윤정배
	혜성복지원	이옥란 (40.05.07)	74 (37)	양산시 하북 면 삼감리 510	055-375-1188 (055-375-1189)	88.07.14	혜성복지원	이옥란
	무아의집	안혜식 (56.03.03)	50 (34)	양산시 호계 동 376	055-385-5838 (055-383-8812)	99.09.17	빨마수녀회	최금회
	일붕복지관	정선남 (59.06.12)	199 (145)	의령군 궁류 면 평촌리 175	055-572-9990 (055-572-8444)	95.08.29	일붕복지관	김영희

자료 : 보건복지부(2007), 『2007 노인복지시설현황』을 재구성함

　이는 불쌍하고 외로운 노인들만 모여 있는 곳이라는 이미지가 남아 있기 때문에 대부분의 노인들이 입소를 꺼리는 것이다. 둘째, 정부의 미온적 대처에 공급자 측에서도 마음 높고 투자하기 어렵고 입주자 측에서도 상속 등 주택의 양도 시 세제감면 등 제도나 정책적 지원이 미흡한 점을 들 수 있으며 마지막으로 시설운영의 미숙 등을 꼽아 볼 수 있다.

(2) 유료노인복지주택

　다음으로 유료노인복지 주택은 서울(2), 부산(3), 경기(6) 등이며, 강원과 충북, 전북, 경북에 각각 1곳씩이며 대구, 인천, 광주, 대전, 울산, 충남, 전남, 경남, 제주 등은 한 곳도 없는 것으로 나타났다. 이렇듯 유료노인복지주택의 경우, 시설의 정원 충원율은 45.9%(표6-6참고)에 그쳐 노인인구의 증가와 노인 단독 및 노인부부 가구의 증가, 노인계층의 경제력 증대, 노인부양에 대한 의식변화, 그리고 노인주거를 위한 공적서비스의 한계로 말미암아 유료노인주거 시설개발 필요성 등이 제기됨에도 불구하고 앞서 살펴보았듯이 국민의 부정적 인식의 잔존과 국가의 제도나 정책 결여, 그리고 시설 측의 운영미숙 등으로 인해 매우 낮은 수준에 머물러 있음을 알 수 있다.

표 6-6 유료노인시설의 정원충원율

구　　분	정원(명)	현원(명)	충원율(%)
유료양로시설	4,462	2,395	53.7
유료노인복지주택	3,565	1,638	45.9

표 6-7 유료 노인복지주택 현황

지역	시설명	시설장 (생년월일)	정원 (현원)	시설 소재지	전화번호 (FAX)	시설 설치일	법인명	대표자
서울	서울시니어 강서타워	오덕만 (62.07.12)	336 (198)	강서구 등촌 동 669-1	02-2659-1100 (02-2668-8217)	03.03.28	서울 시니어스타워㈜	이종균
	신성 아너스밸리	오연숙 (59.09.11)	328	종로구 평창 동 153-3	02-391-4271 (02-391-4330)	06.09.25	HV멀티타운㈜	구경완
부산	낙원대 실버타운	김종명 (40.05.16)	83 (91)	기장군 정관 면 용수리 1047-2	051-853-1123 (051-853-2189)	04.07.02	㈜낙원대 실버타운	김종명
	샤트 패미리타운	이학우 (42.02.23)	129 (6)	사하구 신평 1동 100-15		06.02.09	㈜성가원재단	이학우
	흰돌 실버타운	조정자 (64.02.22)	350 (269)	수영구 망미 1동 310	051-758-6231 (051-758-6247)	00.10.19	(사)로사사회봉 사회	이영식
경기	수동 시니어타운	김태년 (70.05.17)	376 (121)	남양주시 수 동면 운수리 361-1	031-594-6767 (031-593-2443)	05.10.17	새성복건설	박춘근
	서울시니어 스 분당타워	오덕만 (62.07.12)	701 (373)	성남시 분당 구 구미동 297-2	031-738-9611 (031-712-5847)	03.08.23	서울시니어 타워㈜	이종균
	피더하우스	이필대 (42.04.30)	250 (20)	성남시 분당 구 정자동 209	031-711-0025 (031-782-2601)	05.07.12	㈜토마토하우스	지현주
	보난자라이 프골든빌리 지	김은숙 (65.04.19)	138 (8)	안성시 양성 면 미산리 400-1	031-673-7822 (031-673-1210)	05.07.11	(자)에이원건설	조광훈
	유무상통마 을	방상복 (49.01.09)	250 (250)	안성시 양성 면 미산리 산 75	031-672-0813 (031-672-0814)	01.09.26	오로지 종합복지원	방상복
	명지 엘펜하임	이승택 (29.09.16)	336 (37)	용인시 처인 구 남동 산 33-1	031-321-3530 (031-321-3532)	06.12.20	(사회복지법인) 명지원	유용근
강원	아름다운 은빛농장	유소자 (39.11.15)	60 (5)	홍천군 서석 면 검간리 747-1	033-436-0516 (033-436-7477)	01.04.06	개인	유소자
충북	청주 실버빌리지	김미혜 (60.03.16)	42 (19)	청주시 상당 구 율량동 1161	043-211-1009 (043-215-5028)	04.11.02	개인	고중복
전북	김제노인 복지주택	이건식 (44.08.17)	146 (200)	김제시 하동 404-17	063-545-0343	00.10.30	김제시	이건식
경북	월명 성모의집	최휘인 (50.12.14)	40 (41)	김천시 남면 월명리 242-4	054-434-2898 (054-434-2898)	99.08.30	안심원	이문회

자료 : 보건복지부(2007), 『2007 노인복지시설현황』을 재구성함

표 6-8 고령자 주거시설의 증가현황

		유료노인홈	실버노인홈	우량임대주택	실버하우징
시설수	1998	288	1,154	305	10,213
	2002	494	1,781	17,080	17,409
정 원	1998	30,792	50,760	-	-
	2002	46,121	75,075		

자료: 박수천(2005)에서 재인용

2) 선진국의 사례

(1) 일본

일본의 경우 고령자와 관련한 다양한 유형의 주거관련사업(유료노인홈, 고령자 전용주택, 3세대주택, 보호장치부착 집합주택 등)이 추진되고 있으며 노인인구의 1% 정도가 이용을 희망하는 것으로 알려져 있다. 노인주거시설의 설립주체는 주식회사, 재단법인, 사회복지법인, 종교법인, 개인 등이 공급하고 있으나 최근에는 주식회사도 공급에 참여하고 있다.

일본의 특징은 주거공간을 제공하는 것 외에 재가복지서비스 관련사업(치매, 노인성 만성질환 등에 대처하여 간호를 해주는 사업)이 활성화되어 있으며, 고령자가 현재 거주하는 주택의 개조를 지원하는 다양한 정책을 추진하는 것에 있다.

건강한 노인을 입주대상으로 하는 일본의 고령자 공동주택을 살펴보면, 실버 하우징, 시니어주택, 고령자 우량임대주택으로 구분된다(표6-8참조).

실버 하우징은 공공에서 중·저소득층을 대상으로 공급하는 공공임대주택으로 건강하고 자립이 가능한 고령자만으로 구성된 세대를 대상으로 배리어프리(barrier free)[3] 설계를 반영한 주택과 특별관리인(life support adviser)에 의한 복지적 서비스를 함께 공급하고 있다. 시니어 주택은 경제적으로 다소 여유가 있는 중산층을 대상으로 하는 고령자 주택으로 60세 이상의 독신고령세대 및 60세 이상의 고령자만으로 구성된 세대를 대

---

3) 'Barrier Free' 란 1974년 국제연합 장애인생활환경전문가회의에서 '장애' 또는 '장벽이 없다' 는 뜻으로, 원래 건축 과 주택에서 건축적 장애를 제거하여 장애자와 노인들이 불편 없이 활동할 수 있도록 배려한 설계 기준을 의미한다. 'Barrier Free' 의 개념은 1974년 국제연합(UN) 장애인생활환경전문가회의에서 '장벽 없는 건축설계(Barrier Free Design)' 에 관한 보고서가 나오면서 건축학 분야에서 사용되기 시작하

표 6-9 고령자를 배려한 종합적인 마을조성 추진

사업 명칭	사업 개요
건전하고 활력 넘치는 지역 조성 기본계획 책정 · 보급계몽 추진사업	고령자가 지역사회 속에서 안심하고 생활할 수 있도록 지방자치단체가 행하는 고령사회에 대응한 지역사회 형성에 관한 기본계획 책정을 추진한다.
인간을 생각하는 마을조성사업	고령자를 배려한 마을조성을 추진하고 고령자의 사회참가를 촉진하기 위해 시가지에서 고령자 등의 쾌적하고 안전한 이동을 확보하기 위한 시설을 정비, 고령자 등의 이용에 배려한 건축물을 정비한다.
배리어프리 마을조성사업	장애자나 고령자 등의 당사자가 스스로 현장에서 점검 · 조사하고 이것을 반영한 배리어프리 마을조성에 관한 기본계획을 책정하며, 이에 기초하여 필요한 기존 공공시설의 환경을 개선하고, 이와 더불어 배리어프리화된 시설 등의 정보를 제공함으로써 모든 인간이 살기 쉬운 배리어프리 마을조성을 정비한다.
공생 마을조성 추진	지방자치단체가 실행하는 고령자, 장애자, 아동 등 모든 인간이 자립하여 활기차게 생활하고, 사람과 사람과의 교류가 깊어지는 공생형 지역사회를 실현하기 위한 활동에 대하여 지원한다.

자료 : 일본고령사회백서(2006)

상으로 지방주택공급공사, 주택도시정비공단에서 건설 및 공급한다. 고령자 임대주택은 1998년 신설된 고령자 우량임대주택제도에 의해 자치단체의 인정을 받은 사업자가 공급하는 임대주택을 말한다. 고령자 임대주택의 인증조건은 5호 이상의 주택으로 호당 면적이 25㎡이상이어야 하며, 부엌, 화장실, 욕실 등의 설비를 갖춘 주택으로 배리어프리화된 구조로 단차해소, 욕실의 난간 설치, 휠체어가 이동 가능한 복도의 폭 확대 등이다. 공급주체는 민간기업, 사회복지법인, 지방주택공급공사 등이며, 입주대상지는 연령 60세 이상의 자립적 생활이 가능한 고령독신세대, 고령자 부부, 기타 고령자 세대이다.

일본의 특징은 고령자 거주의 안정 확보에 관한 벌률을 제정하여 민간이 고령자를 대상으로 임대하기 위해 건설하는 민간임대주택에 대해서 건설비중 고용부분과 배리어프리화가 필요한 부분의 2/3을 국가 및 지방자치단체가 보조하고 있는 점이다. 또 한 가지는 주거와 관련하여 고령자가 거주하는 주택의 개조에 대해 지자체가 이를 위한 개호보험에서 지원하도록 규정하고 있다.

건강하지 못한 고령자를 위한 시설로는 유료노인 홈이 있다. 유료노인 홈은 10인 이

였으나, 현재는 제품 및 디자인 전반으로 그 영역이 확대되어 일부 선진국에서는 이미 일반용어로 정착되어 쓰이고 있다. 제4차 국토종합계획 수정계획에서는 'Barrier Free' 개념을 도입함으로써 고령자, 장애인 등 사회적 약자들이 불편을 느끼지 않고 자유로운 생활을 영위할 수 있는 도시환경의 조성을 추진하고 있다(윤영모, 2006).

상의 노인을 입주시켜 식사제공 및 기타 일상생활에 필요한 편의를 제공하는 것이 필요조건이며 공식적인 보조가 없는 상태에서 공익법인, 주식회사, 개인차원에서 경영이 이루어지는 고급 노인집합주택으로의 성격을 갖고 있다. 유료노인 홈의 시설입주방식으로는 종신이용권방식과 분양형이 있다.

위의 (표6-9)와 같이 일본은 실버타운을 조성할 때, 유니버셜 디자인(Universal design)을 고려한 마을조성을 종합적으로 추진하고 있다. 고령자 등 누구나가 사회활동에 참가·참여하고 사회의 일원으로서 역할과 책임을 다하면서 자신감과 긍지, 희망을 가지고 생활할 수 있는 사회실현을 위해 2004년 6월에 결정된 「배리어프리화」 추진요강(배리어프리에 관한 관계각료회의 결정)을 지침으로 정부가 하나가 되어 사회의 배리어프리화 추진에 나서고 있다. 이의 일환으로 고령자를 배려한 마을을 조성하여 고령자 등 모든 사람이 안전하고 안심하며 생활하고 사회참여가 가능하도록 자택에서 교통기관, 시내까지 하드·소프트 양 측면에 걸쳐 연속된 배리어프리 환경정비를 추진할 필요가 있다. 이를 위해 고령자를 배려한 마을조성을 종합적으로 추진하고 지역전체를 평면적으로 정비하고 있다.

(2) 미국과 캐나다

미국에서 요양(care and nursing)과 휴양(retirement life)을 겸하는 장기체류 노인거주지역, 즉 CCRC(Continuing Care and Retirement Community)는 노인과 장애인을 보호하던 종교시설에 그 기원을 두고 있다(이인수, 2006 재인용).

실버타운은 노인들의 의식주와 기본의료관리를 주목적으로 하는 노인주거시설로서 미국의 경우 CCRC와 같은 시설은 600여개가 존재한다. CCRC 내에는 변화가 필요할 때, 개인이 주거환경(병실)을 바꿀 수 있도록 독립주택에서부터 콘도미니엄과 아파트에 이르기까지 다양한 크기와 형태가 있다(Barbara, 2001). 여기서는 독립생활(independent living)위주의 실버타운 1개 곳과 생활지원(assisted living) 실버타운 1개 곳을 살펴보기로 한다. 먼저 독립생활(independent living)위주의 실버타운인 사이프레스 포인트(Cypress Pointe)는 캘리포니아 사이프레스시에 위치한 사이프레스 공원 인근에 있으며 가까운 노인복지관(senior community)과 연계하여 독립생활가능자들이 이용하는 곳이다. 공원과 인접한 자연환경을 활용하여 노인입주자들은 코이폰드와 폭포 등으로 둘러싸인 울창한 대자연이 가장 큰 장점중의 하나인 곳으로 온천탕, 대규모 라운지, 휴게 공간 등을 부대시설로 갖추고 있다.

또한 생활지원 실버타운인 시니어 리빙(Sunrise Senior Living; 이하 선라이즈)같은 경우는 가벼운 정도의 일상생활의 지원이 필요한 노인들을 대상으로 운영하는 노인주거시설로서 2007년 7월 현재 미국의 37개주를 포함하여, 캐나다. 영국, 독일에 420개 시니어 리빙 커뮤니티를 운영하고 있으며 종업원 수는 5만2천여 명에 이른다.

캘리포니아주 라팔마(La Palma California)의 선라이즈의 경우는 독립생활시설(independent living), 생활지원시설(assisted living), 알츠하이머 및 치매보호시설(alzheimer's and dementia care), 간호 및 재활시설(nursing and rehabilitative care), 가사지원(at home assisted living), 호스피스, 그리고 단기보호 등의 서비스를 제공하고 있으며 크게 독립주거시설(independent living facility)과 보호주거시설(care facility)로 구분된다. 주요생활공간은 각 시설마다 공통된 주요생활공간과 시설물인 침실(living unit), 화장실(bathroom), 공동생활구역(lounge), 세탁실(laundry), 취미활동공간(activity place), 식당 및 주방(dining place), 휴게 및 문화공간, 재활치료 및 검진실, 직원들 공간으로 구성되어 있다. 2층 구조인 독립주거 생활시설의 공간배치는 1층이 독립생활시설, 2층이 알츠하이머 및 치매보호시설로 구성되어 있으며 간호 및 재활은 별도의 단지 내 보호주거시설에서 이루어진다.

실버타운은 노인들만이 모여 사는 작은 천국이다. 이곳의 노인들은 전문적인 간호 및 요양이 필요한 극히 일부를 제외하고 대부분은 꽃꽂이, 워드게임, 음악회, 악기연주, 합창, 과자만들기, 그림그리기, 골프 등 다양한 문화 및 여가활동을 매우 적극적으로 참여하며 한 사람이 한 개 이상의 클럽에 가입하여 진한 동료 몇 명씩을 사귀이 같이 생활히기도 한다.

▲ 실버타운에서 노인들은 나름대로의 사회적 접촉과 동년배 집단활동을 통해 심리적 유대를 강화한다. 그리고 단지 내에는 일반적으로 상점, 우체국, 문구사, 서점, 이·미용실 등 편의시설 및 부대시설이 골고루 갖추어져 있다.

 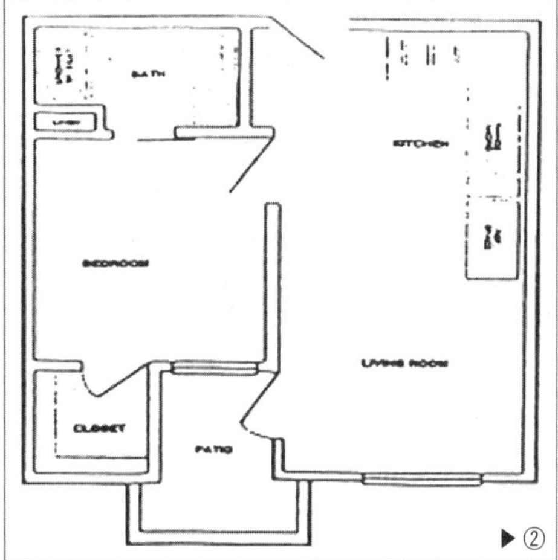

▲ ① Aspen 급(600×618 SQ FT)
② Birch 급(490 SQ FT)
③ Cypress 급(569 SQ FT)
④ Dogwood 급(773×805 SQ FT) 등 다양한 크기가 있다.

▲　① 선라이즈의 입구(광고물)
② 현관으로 들어가는 입구
③ 로비
④ 안내석

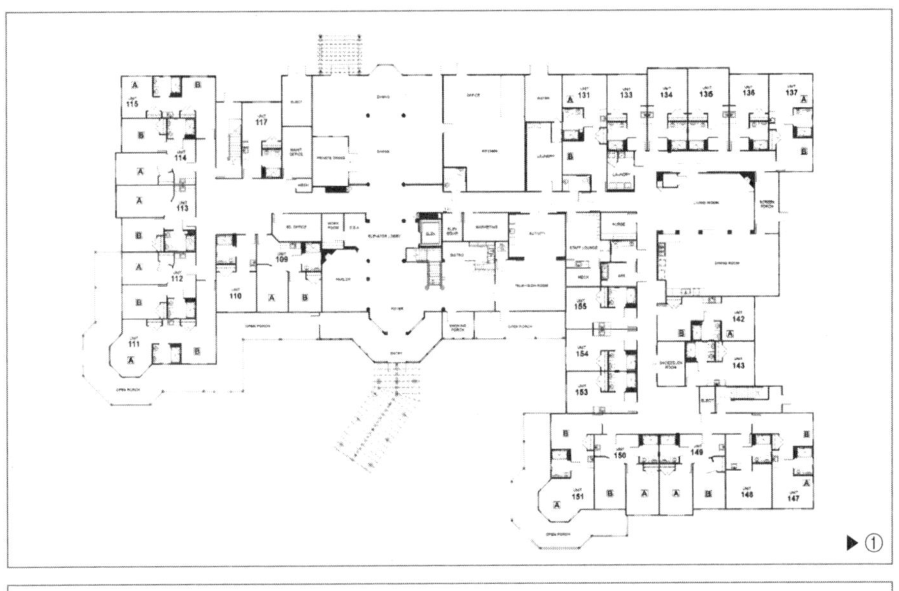

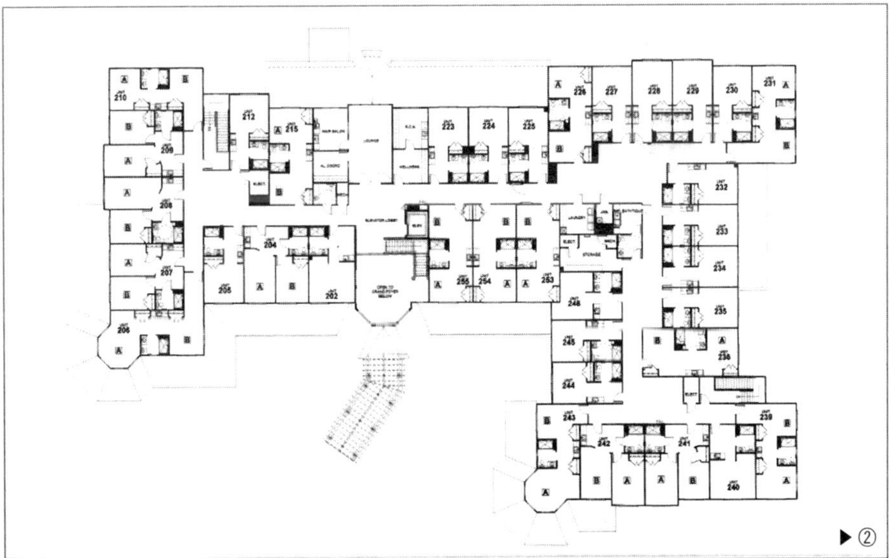

▲　① 비교적 가벼운 도움이 필요한 노인들을 위한 unit으로 꾸며졌다(1층).
　　② 알츠하이머 및 치매노인을 위한 unit으로 꾸며졌다(2층).

▲ ① 기본적으로 노인들의 unit중 리빙룸(living room)은 햇볕이 잘 드는 곳에 배치한다.
② 침실은 자극적이지 않은 소재들로 꾸몄다.
③ 욕실의 샤워부스는 개방형으로 단차가 거의 없으며 소재는 미끄러지지 않은 것들을 사용하였다.
④ 전문적인 간호가 필요한 침대의 경우 좌우 개방이 가능하다.
⑤ 선라이즈 2층 복도에 마련되어 있으며 알츠하이머 및 치매의 진행을 막기 위해 도구의 이름을 묻거나 직접 도구를 사용하는 모습을 시연해 보이기도 한다.
⑥ 알츠하이머 및 치매를 앓는 여성 노인들에게 매우 인기가 높은 신생아 인형은 무게나 질감이 신생아와 흡사해 노인들이 가끔씩 대여해가며 반납기간을 넘기기가 일쑤라고 한다.

▲ ① 다이닝 룸은 밝고 화사한 분위기로 꾸며 노인들의 심리적인 안정감을 최우선으로 한다.
② 기본 음료는 다이닝 룸에서 마시고 추가로 가벼운 음료를 즐기기 위해 들리는 곳이다.
③ 복도장식의 컨셉은 간접조명 위주의 은은하면서도 밝음이다.
④ 시설장인 그녀의 전공은 MBA(경영학석사)이고 사회복지는 공부한 적이 없다고 하였다. 노인시설
   에 적합한 친화력을 가진 그는 시종일관 밝고 친절한 안내와 설명을 해주었다.

▲ 캐나다의 경우에도 실버타운의 유형이나 제공되는 서비스의 내용 및 구성에 있어 미국의 경우와 매우
유사하나. BC주에 있는 생활지원(assisted living)과 24시간 상주보호(residental care) 서비스를 제공하
는 나나이모 시니어 빌리지의 전경이다. 이곳도 독립주거시설(independent living facility)과 보호주거시
설(care facility)로 구분되어 있다.

▲

① 안내석

② 다이닝 룸은 노인들의 심리적 안정을 위해 밝고 화사한 분위기로 꾸민다.

③ 현관을 지나 노인들의 unit으로 이어지는 통로는 채광을 효과적으로 활용하여 폐쇄적이고 우울한 느낌을 갖지 않도록 꾸민다.

④ 노인들의 unit은 각자의 선호와 취향대로 문장이나 장식 등 자신을 상징하는 것들을 출입구 쪽에 걸어둔다.

⑤ · ⑥ 스웨덴 이민자 출신이신 할머니는 92세의 고령임에도 시력을 제외하고는 건강이 비교적 양호하다. 시력 때문에 시설의 프로그램에는 많이 참여하지 못하고 있다.

(단위 : 억 원, %)

구 분		2002	2010	2020	연평균 성장률
모태산업		581.055	957,350	1,543,810	5.58
실버타운 산업	비중(매출액기준)	0.5%	2.8%	4.9%	-
	매출액	2,831	26,778	75,045	15.31

자료 : 고령화및미래사회위원회(2005), 『고령친화산업 활성화 전략』

3) 실버타운 시장규모 및 전망[4]

우리나라 실버타운산업의 시장은 신규 실버타운 입주비 혹은 주택 구입비가 2,770.7억 원, 고령친화 주택개조비가 60.4억 원으로 총 2,831억 원으로 추정된다(고령화및미래사회위원회, 2005). 앞으로 고령자의 절대수가 지속적으로 증가할 것으로 예상되며 고령자의 욕구수준도 편의성을 제고하는 등, 과거와 크게 다를 것이라는 점에서 실버타운 산업의 규모는 확대될 수밖에 없다. 특히 고령자 거주에 용이한 설계와 부품으로 건설되는 주택이 공급되고, 고령자가 거주하기 쉽도록 주택을 개조하는 것에 따른 공적 지원이 있으며, 이러한 내용이 고령자에게 제대로 알려진다면 앞으로의 시장은 확대될 수밖에 없을 것이다.

2010년, 2020년 모태시장[5] 규모는 해당시점의 정부의 주택공급계획, 해당시점주택 재고의 비율, 기간 중 건축비 상승률을 토대로 산정하면 (표6-10)과 같다.

위의 주택개조와 관련해서 업계 내에서는 주택개보수에 대한 노하우가 상당히 축적되어 있어 고령자가 거주하기 쉽도록 하는 주택개보수 기술을 만들어 내는 것은 어렵지 않을 것으로 보여 진다. 고령자용 주거공간에서 가장 중요한 주택내부에 단차를 제거하는 기술의 경우 이미 많은 아파트 등에서 주거공간이 넓어 보이도록 하는 방안으로 단차를 제거하는 기술이 채택되고 있다. 또한 우리나라에서는 비슷한 구조를 가진 공동주

---

4) 대통령자문 고령화및미래사회위원회(2005), 『고령친화산업 활성화 전략』과 이희열(2006)을 발췌인용힘.

5) 모태산업이란 신규주택가격과 주택개조비용으로 구성된다(2002년 현재). 2010년 모태산업의 경우, 2010년 신규주택호수 500,000호 × 25평 × 평당분양가(745만원 2002년 이후 공사비 상승률 매년 10.3%로 감안하여 산정)로 93조 1093억으로 추정하였음(고령화및미래사회위원회, 2002).

택이 많기 때문에 주택의 구조나 형태가 다양한 다른 선진국에 비해서 고령자 전용으로 주택을 개조하는 것에 필요한 기술이나 개조 비용도 적게 들 것으로 전망된다. 그러나 소득수준이 높은 고령자를 위한 편리한 주거의 대체수단으로 최고의 시설(수영장, 헬스, 사우나, 골프 등의 전용연습장)과 부대서비스(택배, 방법 등의 서비스)를 갖춘 주상복합 아파트가 서울의 요지에 대량 공급되고 있어 고소득 고령자가 선호하는 서비스제공 형 고령자 주택에 대한 주택수요를 줄이고 있다. 특히 주상복합 아파트는 고령자 전용시설과 달리 고령자만 거주하는 경우에 발생하는 폐쇄적이고 우울한 분위기를 느낄 수 없기 때문에 고소득 고령자가 선호하는 주거공간이라고 한다. 이미 일부 주상복합 아파트에는 고령자의 동호회 활동도 활발한 것으로 알려져 있다.

아직까지는 고령자 전용주거란 아주 소득이 높은 고소득 고령자와 국민기초생활보장법상의 수급자인 최하위 소득계층의 고령자를 위한 주거공간으로 인식되고 있다. 이는 중간층 고령자가 믿고 입주할 수 있는 형태의 고령자 전용주택이 공급된 바가 없기 때문이다. 더욱이 그러한 고령자 주거시설조차 입소율이 낮아서(표6-6참조), 일반적인 고소득층의 관심을 끌지 못하고 있다. 이는 대부분의 고령자용 주택서비스 공급업체가 영세하다는 점에서 공신력이 떨어지며, 부도, 운영 미숙으로 평판이 좋지 않았던 실패사례 등이 많은 사람들의 뇌리에 아직 남아 있기 때문으로 생각된다. 따라서 실패사례를 불식시킬만한 고령자 전용주택의 성공적인 사례가 필요한 실정이다.

그러나 대한건설협회(2002)의 연구보고서에 따르면 실버시장의 속도가 빠르며, 머지 않은 장래에 매우 큰 규모의 시장이 형성된다는 예측을 가능케 하고 있다. 즉 ① 최근 노인인구가 크게 증가하고 있고, 노인 단독 또는 노부부만으로 구성된 세대수가 증가하고 있는 현상을 종합적으로 고려할 때 어떤 형태로든 실버타운에 대한 수요가 크게 늘어날 것이며, ② 실버타운 건설시장은 민간기업의 참여를 허용한 1993년 이후 약 100여개에 이르는 민간기업에서 실버하우스 사업에 참여하는 방안을 검토한 바 있으나, 실제 사업에 착수한 기업은 아직까지는 소수에 불과하고, 대부분의 업체에서는 사업계획만을 수립한 채 사업시행 시기를 관망하고 있는 상태이다. ③ 정부에서는 노인복지정책의 일환으로 각종 행정규제를 완화하고, 유료 노인주거시설 설치자금에 대한 융자계획을 입안하여 법인 또는 민간으로 하여금 유료 노인주거시설 설치를 장려하고 있으나, 아직까지 제도적 지원이 미흡한 것으로 평가되고 있다. ④ 장기적으로 실버타운의 공급량을 예측하기 위해서는 본격적인 노령화 사회로 진입하는 시기(노인인구비중 14%)와 주택보급률 100% 달성시점, 국민연금 장기수혜자의 발생여부, 국민소득의 상승 가능성 등을 종

표 6-11 Geoffery Twibill의 노인 공동주거시설의 적정 입지선정을 위한 평가모델

평가구분	비율		항목	평가내용
대지의 위치 (사회 환경)	25	10	공공교통시설 여전	주거, 직장, 친척 및 친구와의 접근을 위한 대중 교통시설
		8	지역의 쾌적성	상점, 교회, 병원, 공중전화
		7	지역중심부로의 접근성	시청, 쇼핑센터, 우체국, 의료센터, 오락시설, 이·미용실, 노인센터, 문화시설, 도서관 등
비용과 구획	25	15	대지의 비용, 형상과 규모의 유효성	
		5	기존건물의 상태	대지의 기존 건물의 전용, 철거 유무
		5	지역상황	현재의 지역과 계획하고자 하는 프로젝트와의 적합여부
대지의 특성 (자연환경)	50	15	대지주변의 환경	신개발지 또는 기존개발지, 산업시설, 매연, 소음
		10	인접환경의 질	전망, 인접건불(현존 또는 예상)
		5	기후	방위, 일조, 음영, 평균기온의 범위, 서리, 안개, 습기, 풍향
		5	지형	평지, 대지의 굴곡, 가파른 경사, 바위, 홍수지역, 접근성, 필요한 대지개발 규모
		5	토질과 기초	진흙, 모래, 자갈, 비수, 침식
		10	공공서비스	전기의 이용, 하수, 상수, 가스, 배수
판 정	부적합	보통	좋음	우수	매우우수
평가합계	0~49	50~59	60~69	70~79	80이상

자료 : 조소영 외(1997), 『노인시설관리론』, p.147-150

합적으로 분석하는 것이 필요하다. ⑤ 국내의 경제사회적 여건을 종합적으로 고려할 때, 실버타운 사업은 우리나라가 노령사회로 접어드는 시기 이후가 '사업화 가능시기'로 분석되며, 2010년 이후 '개발확산기'가 될 것으로 전망하고 있다.

4. 산업의 과제 및 활성화 방안

현재까지 우리나라의 경우 유료 노인주거시설은 90여개에 지나지 않는다. 이의 배경에는 한편으로는 노인인구의 증가에도 불구하고 이러한 시설에 입소하는 것에 대한 부정적 시각이 남아 있기 때문이기도 하지만 유료 노인주거시설에 입소하기 위해서는 상당한 정도의 소득과 재산이 필요하기 때문일 것이다. 현재 유료 노인주거시설에 입소하

기를 원하고 입소할 수 있는 노인 독신 및 부부가구는 매우 제한적이다. 즉 이들의 라이 프스타일과 사고는 전체 노인시장에서 이들을 세분시장(niche market)으로 구분지게 하며 산업의 성공적 수행을 위해서는 그에 적합한 특별한 전략이 요구된다 할 것이다.

1) 관련 실버산업의 과제

실버타운 사업의 성공은 분양에의 성공뿐 아니라 분양 후 운영, 관리를 어떻게 하는 가 하는 두 가지 차원에서 언급될 수 있다. 따라서 여기서는 유료 노인주거시설의 경영 과제로서 분양차원과 시설 운영·관리 차원에서 다뤄보고자 한다(김민형, 2002).

(1) 분양의 과제

유료 노인주거시설의 개발사례와 수요자 특성 분석 결과 시설물과 관련된 사업성공 의 주요요인은 다음과 같이 세 가지로 요약된다.

첫째, 입지조건의 적정성이다. 노인을 위한 시설 설립의 기본원칙은 노인들이 가능한 한 편안함을 느낄 수 있고, 사고 등의 위험에 노출되지 않고 자녀와 친척들을 만나거나 그들이 자신의 일을 할 수 있는 환경을 만들어 주어야 한다. 이와 관련하여 트위빌 (Geoffery Twibill)은 (표6-11)과 같이 유료 노인주거시설의 적정 입지 선정을 위한 평가 모델을 제시하였다. 이 평가모델서는 대상지의 위치 25%, 대지비용과 개발구획 25%, 대지의 특성에 50%의 비중을 두었으며 대지 평가 기준은 12개의 세부 항목별로 상세한 내용을 점수화하여 평가할 수 있도록 제시하였다. 평가결과 평가치가 60% 이상이면 적 지로 판단하고 있다.

둘째, 제공되는 의료시설 및 근린시설의 수준이다. 유료 노인주거시설은 복지시설로 서의 특징을 지니기 때문에 단순한 주거 이외에 이러한 서비스의 제공 수준이 유료 노 인주거시설을 선택하게 하는 결정요인이 되며, 입주금액 및 월 생활비 역시 이러한 서 비스 수준에 맞추어 적정하게 결정되어야 할 것이다.

셋째, 시행사 및 시공사의 지명도와 신뢰성이다. 지금까지 선보인 유료 노인주거시설 은 평당 가격이 1,000만 원대를 상회하는 고가 제품이며, 입주여부는 노인들에게 매우 중요한 선택이다. 따라서 노인들은 입주 의사결정 시 많은 위험을 느끼게 되고 선택에 앞서 다양한 정보를 수집하고자 한다. 이와 같은 유료 노인주거시설은 대표적인 고관여 제품(high involvement product)적인 특성[6]을 지닌다. 다음으로 살펴볼 것은 분양·마케팅 관련요소이다. 성공적인 마케팅은 제품의 특성을 모두 만족시킬 때 가능하다. 그런데 유료 노인주거시설의 경우 앞서 언급한 바와 같이 고관여 제품으로서의 특성을 가지는 한편, 그 유효 수요계층인 고령자들은 동일 계층 내의 소비자들 중에서 혁신자(innovators) 또는 조기 채택자(early adopter)적인 특징을 가진다. 이와 같이 고관여 제품에 혁신자 또는 조기 채택자를 대상으로 한 마케팅의 경우 그 핵심은 소비자들이 제품 및 서비스 구매 시 느끼는 위험부담을 최소화시키는데 있다. 이 경우 위험부담을 감소시키는 가장 효과적인 전략은 마케팅의 많은 부분을 인적판매(personal selling)에 의존하는 일명 'Push 전략(push strategy)' 이다. 즉 고객과 직접 만나 제품 및 서비스에 대해 자세한 설명을 직접 전달해 주는 것이 가장 좋기 때문이다. 이와 같이 푸쉬전략이 주전략이 될 때 무엇보다도 중요한 것은 상담원이다. 상담원이 얼마나 전문적인 지식을 가지고 있으며, 얼마나 성실하고 친절하게 대응하고, 설득력을 가지고 설명하느냐가 마케팅의 관건이 되는 것이다. 또한 구매선택 이후 주변의 구전효과를 위한 관계마케팅(relation marketing)[7] 전략을 전개하는 것도 필요하다 하겠다. 따라서 유료 노인주거시설의 효과적인 분양 마케팅을 위해서는 상담원들에 대하여 전문지식교육과 인성개발교육 그리고 고령자들의 특성에 대한 이해를 제고하기 위한 교육 등이 지속적으로 이루어질 필요가 있으며, 나아가 이들의 의욕을 제고할 수 있는 인센티브제도 등의 도입이 필요하다.

(2) 운영관리의 과제

분양과제가 주로 유료 노인주거시설 개발사업 성공의 30%를 좌우한다면, 70%를 좌우하는 것은 소프트웨어적인 입소 후 운영관리이다. 이에는 첫째, 의료서비스를 비롯하

---

6) 고관여(high involvement)란 특정제품(서비스)의 구매가 개인적으로 상당히 중요하다고 생각되어 소비자가 그 제품의 구매결정에 심리적으로 깊이 몰입하는 현상을 말한다(김중의, 1999, pp.226-245).

7) 관계마케팅이란 고객과의 관계를 중요시하는 개념으로 과거의 마케팅이 일회적 거래나 교환을 중요시했다면, 관계마케팅은 고객과 기관간의 교환이 장기적으로 지속될 수 있는 관계형성에 더 중요성을 두고 결국 거래 당사자 간에 모두 이익이 될 수 있도록 하자는 것이다. 관계마케팅 효익을 기업입장에서 볼 때, 서비스 대상자를 우선 오래 유지할수록 더 많은 이익이 될 수 있다는 점과 운영 및 유지 비용이 감소한다는 점, 고정고객들의 구전 광고효과 등을 들 수 있다(이유재, 1998). Reichheld와 Sasser(1990)는 고객이탈률을 5% 줄일 때 고객생애가치(Customer Lifetime Value)가 얼마나 증가하는지 산업별로 살펴본 결과, 자동차 서비스 체인 30%, 보험회사 50%, 은행지점 85%의 증폭효과를 가져오는 것으로 밝혀졌다(김동환, 2006).

여 생활서비스, 식사 서비스 등의 원활한 제공, 둘째, 여가선용 등을 위한 각종 새로운 프로그램의 개발과 운영, 그리고 셋째, 이 모든 것을 좌우하는 것으로 직원들의 자질을 들 수 있다.

유료 노인주거시설의 경우 입주금액이 일반 공동주택보다 비싸고 실제로 노인들이 기꺼이 돈을 지불하고자 하는 것은 의료서비스를 비롯한 각종 서비스에 대한 대가이다. 또한 노인들은 대부분의 시간을 이러한 시설 내에서 영위하게 되므로 각종 시설과 서비스들이 입주 당시와 같이 유지 또는 개선되느냐 하는 것은 매우 중요한 문제가 아닐 수 없다. 더욱이 유료 노인복지주택은 분양을 전제로 주거시설에 대한 개별 동기가 이루어지므로 분양 후 사업주체가 불분명해져 서비스의 질적 수준이 저하될 가능성도 배제할 수 없기 때문이다.

따라서 유료 노인주거시설 사업의 실질적인 성공을 좌우하는 핵심요소는 어떻게 적정한 채산성을 유지하면서 지속적으로 제공되는 서비스의 수준을 높이고, 새로운 프로그램들을 개발하여 입주 노인들의 만족도를 높일 것인가 하는 것에 있게 된다. 따라서 사업 초기부터 적절한 자금수지 계획과 손익계획을 수립하는 것이 매우 중요하다. 이를 위해서는 첫째, 사업계획이 장기적으로 안정적인 경영 가능한 계획일 것, 둘째, 최저 20년 이상의 장기적 안목에서 계획을 수립하고, 적어도 5년마다 재검토 할 것, 셋째, 차입금의 변제에 있어서 자금계획상 무리하지 않는 계획이 되도록 할 것, 넷째, 적절하고도 실행 가능한 모집계획에 기초를 둘 것, 다섯째, 장기추계를 할 경우 입소평균연령, 남녀비, 독신 입소율, 퇴거율, 입소자 수 등을 감안할 것, 여섯째, 인건비, 물건비 등의 상승률과 건물의 수선비 등을 적절하게 예상할 것 등이 고려되어야 할 것이다.

또한 유료 노인주거시설의 경우 입주자들과 직원들과의 대면접촉이 잦으므로 직원들이 노인들을 대하는 태도, 지속적인 관계 형성, 애로 사항의 해소 정도 등이 입주 노인들의 만족도 제고에 미치는 영향은 지대하다. 그러므로 유료 노인주거시설의 직원들은 프로로서의 전문성과 생활 다양성에 대한 이해력, 고령자 특성을 숙지하고 이에 대응할 수 있는 인내력, 인간적 서비스를 할 수 있는 대인 적응력, 그리고 현장에 빠른 판단력 등을 갖출 것이 요구된다. 특히 직원들은 입주 노인들에게 활기차고 건강한 노년을 맞이하고 사회적 참여와 정신적 활동을 지속하도록 환경과 분위기를 조성하여야 한다. 적절한 격려와 지지는 공동체 안에서 사회적 관계를 유지하고 개발하도록 도울 것이며 생활 속에서 다른 노인들과의 상호작용의 기회를 제공함으로써 노년의 여생을 보다 건강하고 능동적으로 보낼 수가 있다(Jane, 2007).

2) 실버타운의 활성화 방안

실버타운 조성과 관련 실버산업의 활성화를 위해서는 정부와 지방자치단체의 적절한 통제와 지원 아래, 공급주체들이 다양한 방식으로 복지수요에 따른 서비스를 공급할 수 있도록 배려와 지원이 요구된다. 그리고 노인들이 선호하는 시설이 공급됨으로써 양질의 서비스를 제공할 수 있도록 하여야 한다(원융희, 2002).

(1) 공급시장의 신뢰형성

실버타운이 활성화되기 위해서는 정부의 복지정책적 지원도 중요하나, 그보다도 노인들이 선호하는 시설이 공급됨으로써 양질의 서비스를 제공할 수 있다는 인식이 널리 확산되는 것이 중요하다. 1990년대 후반부터 고령자 전용 주거 및 의료복지시설을 공급하는 주체로서 민간기업이나 민간의 참여를 허용함으로써 다양한 시설이 공급되고 있다. 특히 2001년 세계적인 노인시설을 벤치마킹한 삼성생명이 양로시설과 요양시설을 병설한 노블카운티를 운영하고 있으며, 송도 병원이 서울 시니어스 타워를 신당동, 강서, 분당 등에서 성공적으로 운영하고 있다. 그러나 아직까지 미국의 평생보호노인주거단지(CCRC)와 같은 주거단지나 휴양과 생활, 레저가 복합적으로 이루어지는 개념으로서 실버타운이 공급된 예가 없으며 대부분 영세 업체가 공급하는 수준에 머물다 보니 고관여 제품 특성을 지닌 노인입주자들의 유료 노인주거욕구에 적절히 대응하지 못하고 있다. 따라서 공급업체는 시장에 대한 신뢰형성 위해 기업의 역량을 집중하여야 할 것이다.

(2) 주거관련 법제의 보완

정부에서도 고령자의 독립적인 주거공간 공급의 필요성을 인지하여 1989년 「노인복지법」 개정을 통해 노인복지주택이라는 개념을 법률에 반영한 바 있으나 아직까지 노인복지주택이 무엇인가가 불분명하며, 노인복지주택과 관련해서 정부가 어떠한 역할을 할 것인가 언급되어 있지 않다. 게다가 노인이 거주하기 쉽도록 주택을 개조하는 것에 대해서는 아직까지 필요한 정부의 지원이나 방침이 마련되어 있지 않은 실정이다. 따라서 만일 시설이 아니라 주택으로서 고령자 전용주거 공간의 보급을 확산하려면 소형주택의 건설을 지원하는 국민주택기금이 지원되거나 정부의 재정이 지원되는 국민임대주택으로 고령자 전용주택이 공급될 수 있는 방안을 강구해야 할 것이다. 또한 고령자를 위한 주택개조와 관련해서도 고령기에는 주거이동보다 현재 거주하는 지역에 계속 거주하는 것이 중요함을 감안할 때, 주택개조와 관련된 법제도 보완하여야 할 것이다.

(3) 주택개보수에 대한 인식형성

현재의 고령자는 고령자용 주택에 대한 거주 경험이 전혀 없는 상태로 개보수의 필요성에 대한 인식도가 낮으며, 경제활동을 중단한 상태라는 경제적 특성으로 주택개조시장에 참여할 만한 여력이 부족한 실정이다. 이 때문에 대부분의 고령자가 불편한 주택에 거주하면서도 자신의 거주편의성을 제고하기 위해 주택을 개조하는 경우는 거의 없다고 보아야 할 것이다. 뿐만 아니라 노인이 홀로 거주하는 경우 개보수에 대한 욕구는 급격히 감소한다(Amanda, 2004). 소득과 자산이 있는 고령자의 경우도 주택개조보다는 다양한 생활편의시설이 집중되어 있는 주상복합 아파트로 옮기든지 아니면 많지 않지만 고령자 전용의 주거시설로 이주할 것으로 보인다. 따라서 고령화에 따라서 주택개보수의 경제성, 안전성, 편리성 등을 널리 홍보하여 고령자가 살아온 익숙한 집에서 노후를 보내는 것에 대한 인식을 확산시켜 고령자나 부양자들로 하여금 신규 고령자 주택 외에 개보수 주택에 대한 선택을 할 수 있도록 도와야 할 것이다.

(4) 정부와 민간의 역할 분담

정부와 민간의 역할을 적절히 나누어 정부가 꼭 해야 할 부문, 민간에 넘겨도 좋은 부문, 우선적으로 민간에 넘길 부문 등으로 분류, 가능한 한 민간의 능력을 발휘하게 하도록 해야 할 것이다. 민간부문의 역할로는 다양하고 차별화된 실버주택 상품의 개발과 공급, 이윤의 사회 환원, 노인들의 공통적 욕구에의 부응, 소비자인 노인들의 신체적 안전과 권익을 보장하면서도 민간의 비영리적 서비스를 위축시키지 않도록 유의하여야 할 것이다. 정부의 역할로는 노후 소득보장정책을 확대함으로써 공적 서비스의 질과 주거관련 실버산업에 대한 행정적, 재정적 지원, 실버산업에 대한 일반의 인식의 전환, 노인복지 전문인력 양성, 실버산업에 대한 정확한 정보제공 등을 통해서 고관여 제품 특성을 띠는 주거관련 실버산업의 제품 및 서비스의 활성화를 촉진시킬 수 있도록 하여야 할 것이다. 또한 노인주거시설에 대한 부정적 인식을 해소하기 위해 정부기관, 노인소비자 관심집단, 그리고 실버주택 및 장기요양보호 제공자들은 상품의 차별화와 소비자 교육 분야에서 서로 협력할 수 있을 것이다(Karen et al., 1997).

(5) 참여기업의 사회적 책임의식 강화

주거관련 실버산업에 참여하는 기업들의 확고한 경영철학과 사회적 책임의식이 요구된다. 또한 전문인력을 확보하여 노인복지수준 향상에 기여하는 것이 참여 기업들의 사회적 역할이며 그것이 기업경영에도 도움이 된다는 의식을 갖도록 하여야 할 것이다. 특히 노인의 안전과 복지감을 고려한 실버주택의 설계와 공급을 통해 노인의 주거욕구에 부응하도록 하며 민간기업에게는 노인들의 삶의 질이 향상될 수 있다는 자긍심과 함께 실버산업의 발전을 촉진시키고 그 필요성을 중대시키는 데 일익을 담당한다는 사명감도 요구된다. 따라서 사회적요인의 변화에 적절히 대응하는 것은 국가와 민간 및 시장이 모두 나누어야 할 책임인 것이다. 즉 정부차원의 적극적인 지원과 민간업체의 적극적인 참여가 상호 보완되어 우리 고유의 전통과 문화에 적합한 실버타운조성으로 결실을 맺도록 하여야 할 것이다.

제 7 장 의료요양관련 실버산업

1. 개요

의료요양관련 실버산업은 민간이 주체가 되어 노인들을 대상으로 의료 및 요양서비스를 제공하는 사업영역을 대상으로 한다. 기존의 저소득층 대상 복지서비스 차원에서 제공된 서비스보다는 질적 수준의 서비스가 전제되어야 하는 산업분야로, 실제적인 경제력을 보유한 신(新)고령계층이 증가하는 시기를 겨냥, 민간주도 하에 보다 질적·양적 수준을 고려한 서비스를 제공하는 산업으로의 특징을 갖는다. 그 동안 가족의 영역에 맡겨져 왔던 노인에 대한 장기간에 걸친 간병, 장기요양 문제를 국가와 사회가 분담하게 되는 노인장기요양보험제도의 실시에 따라서 의료 및 요양관련 실버산업은 앞으로 보다 활성화될 추세이다.

1) 의료요양관련 실버산업의 개념

의료 및 요양관련 실버산업의 대상은 노화에 따른 질환 등으로 장기요양보호가 필요한 노인들이나. 상기요양보호란 흔히 의존 상태에 있는 노인이나 생활상의 장애를 지닌 노인에게 장기간(6개월 이상)에 걸쳐서 일상생활 수행능력을 도와주기 위하여 보건이나 의료, 요양, 복지 등 다양한 서비스를 제공하는 것을 말하는데(보건복지부, 2004; Morris, 1998) 과거처럼 가족보호(family care)에만 의존할 수 있는 상황이 아니므로 장기요양보호 대상자에게 재가보호(in-home care)나 시설보호(institutional care)에 대한 서비스를 제공해 줄 수 있어야 한다(이정애, 2004). 이러한 장기요양보호 노인의 개인보호에 대해서 Sutherland 보고서(1999)는 '개인보호는 개인용무, 음식 및 음료, 배변관리, 부동성문제관리, 의약물관리, 그리고 행동지도 및 개인안전보장 등을 포함한다'고 하였다(Means et al., 2002).

따라서 의료 및 요양관련 실버산업은 생활상의 장애를 지닌 노인에게 장기간에 걸쳐 요양관련 상품이나 개인보호를 포함한 다양한 서비스를 민간기업이 수익자 부담원칙에 의해 제공하는 것을 말한다. 이러한 의료 및 요양관련 실버산업은 크게 재가요양과 시설요양 부문으로 구분하고 있다. 재가요양 서비스는 방문간호, 간병 · 수발지원, 방문재활, 방문목욕, 복지용구 대여 및 지원 등의 서비스로, 필요한 이용자의 가정을 직접 방문하여 신체적 · 정신적 상태에 따라 기능회복, 기능감퇴를 방지하기 위한 간호, 훈련 및 일상생활 지원서비스 등을 제공함을 말한다. 또한 시설요양 서비스는 주로 노인의료복지시설의 유료노인요양시설과 유료노인전문요양시설, 그리고 노인전문병원 입소(원)자에게 신체적 · 정신적 상태 및 욕구 수준에 적합한 의학적 치료, 간호, 재활 및 일상활동 지원서비스, 급식 등과 함께 기능회복, 기능감퇴를 방지하기 위한 훈련 참가기회를 제공하여 입소자의 총체적인 건강관리 서비스를 제공함을 말한다(고령및미래사회위원회, 2005).

의료 및 요양관련 실버산업은 무엇보다 기존의 저소득층 대상 복지서비스 차원에서 제공된 서비스보다는 질적 수준의 서비스가 전제되어야 하는 산업 분야로, 실질적인 경제력을 보유한 신고령계층이 증가하는 시기를 겨냥하여 민간 주도하에 보다 질적 · 양적 수준을 고려한 서비스를 제공하는 특성을 지닌다고 할 수 있다.

2) 의료요양 실버산업과 노인의료복지시설

「노인복지법」상의 노인의료복지시설(제34조)의 종류에는 노인요양시설, 실비노인요양시설, 유료노인요양시설, 노인전문요양시설, 유료노인전문요양시설, 노인전문병원 등이 있다. 이중 유료노인요양시설로는 유료노인요양시설과 유료노인전문요양시설, 그리고 노인전문병원을 들 수 있다. 이는 민간 사업주체인 건설업체의 사업 대상이 될 수 있는 시설로서 무료로 운영되는 노인요양시설과 저렴한 요금으로 운영되는 실비노인요양시설과는 달리 입소노인이 소요되는 일체의 비용을 부담하게 되어 있다(표7-1참조).

따라서 이 교재에서는 주로 사회복지법인으로 자체수입이 거의 없이 대부분의 재정을 국가 및 지방자치단체의 의존하거나 실비로 운영되는 노인요양시설, 실비노인요양시설, 노인전문요양시설을 제외한, 「노인복지법」제34조의 '유료노인요양시설'과 '유료노인전문요양시설', 그리고 '노인전문병원'을 의료 및 요양관련 실버산업으로 보고 재가요양 부문과 함께 의료 및 요양관련 실버산업에 대한 논의를 전개하고자 한다.

표 7-1 노인의료복지시설의 구분

구분	내용	입소대상자	사업주체
노인요양시설	노인을 입소시켜 무료 또는 저렴한 요금으로 급식, 요양 기타 일상생활에 필요한 편의를 제공함을 목적으로 하는 시설	생활보호법에 의한 보호 대상자로서 65세 이상인 노인성 질환 등으로 요양을 필요로 하는 자	사회복지법인, 비영리법인, 국가, 지자체
실비노인요양시설	노인을 입소시켜 저렴한 요금으로 급식, 요양 기타 일상생활에 필요한 편의를 제공함을 목적으로 하는 시설	실비보호대상자[1]로서노인성질환 등으로 요양을 필요로 하는 65세 이상인 자	
유료노인요양시설	노인을 입소시켜 급식, 요양 기타 일상생활에 필요한 편의를 제공하고 이에 소요되는 일체의 비용을 입소한 자로부터 수납하여 운영하는 시설	노인성질환 등으로 요양을 필요로 하는 60세 이상의 자	개인, 기업, 사회복지법인, 비영리법인, 국가, 지자체
노인전문요양시설	치매, 중품 등 중증의 질환노인을 입소시켜 급식, 요양 기타 일상생활에 필요한 편의를 제공함을 목적으로 하는 시설	생활보호법에 의한 보호 대상자로서 65세 이상인 치매·중풍등 중증노인성질환으로 요양을 필요로 하는 자	사회복지법인, 비영리법인, 국가, 지자체
유료노인전문요양시설	치매, 중풍 등 중증의 질환노인을 입소시켜 급식, 요양 기타 일상생활에 필요한 편의를 제공하고 이에 소요되는 일체의 비용을 입소한 자로부터 수납하여 운영하는 시설	치매·중풍 등 중증 노인성질환으로 요양을 필요로 하는 60세 이상의 자	개인, 기업, 사회복지법인, 비영리법인, 국가, 지자체
노인전문병원	주로 노인을 대상으로 의료를 행하는 시설	노인성질환으로 치료 및 요양을 필요로 하는 자, 임종을 앞둔 환자	

자료: 「노인복지법」, 「노인복지법시행규칙」을 근거로 재구성

---

1) 실비보호대상자란 '본인 및 본인과 생계를 같이 하고 있는 부양의무자의 월소득을 합산한 금액을 가구

2. 노인장기요양보험제도의 도입과 서비스 체계의 변화

흔히 사람들은 실버산업이란 기발한 아이디어로 상품이나 서비스를 개발하고 더 나아가 대규모 시설을 건설하는 생산적 기능에 의해 발전한다고 믿지만, 사실은 국가적 정책기조로서 유지하는 사회보험 성격의 제도들이 뒷받침되어야 비로소 활력을 찾게 된다. 실버산업은 본질적으로 노인이나 장애를 가진 분들로부터 비용을 징수해야 하는 사업이 때문이다. 따라서 노인장기요양보험제도와 같은 사회보험제도의 도입은 실버산업의 활성화에 매우 중요한 의미를 갖는다고 하겠다.

1) 장기요양보호의 개념

애취레이(Atchley, 1994)는 장기요양보호를 '만성질환이나 장애를 가진 사람들에게 다양한 제공주체가 다양한 장소에서 연속적인 원조를 제공해 주는 것'으로 정의하고 있다. 결국 장기요양보호란 '만성적인 신체적·정신적 장애로 인해 일상 생활유지가 어려운 노인에게 장기간 동안의 사회적 서비스 및 의료적 원조를 제공하는 것'을 말한다. 따라서 보호의 대상은 독립성이 높고 의존성이 낮은 노인부터 독립성이 낮고 의존성이 높은 노인까지 모두 포함한다. 보호의 내용은 일상생활유지에 필요한 서비스부터 의료적 서비스까지를 포함한다(이인수, 2006). 즉 장기요양 서비스는 의료적 진단이나 의약처방 등의 의료서비스(medical care)와 구별된다. 장기요양 서비스는 단순한 가사도움 서비스(집청소, 식사준비 등)와도 구별된다. 장기요양 수요는 나이와 함께 기하급수적으로 늘어나며, 80세 이상에게 집중되어 나타난다. 장기요양보호 노인이 필요로 하는 서비스는 대인서비스, 건강보호서비스, 사회보호서비스 등을 포함한다(김찬우 외, 2005).

원수로 나누어 얻은 1인당 월평균 소득액이 통계청장이 「통계법 시행령」 제3조의 규정에 의하여 고시하는 전년도(본인 등에 대한 소득조사일이 속하는 해의 전년도를 말한다)의 도시근로자가구 월평균 소득을 전년도의 평균 가구원수로 나누어 얻은 1인당 월평균 소득액이하인 자'를 말한다(노인복지법 제14조, 노인주거복지시설의 입소대상자 등에서 발췌인용).

2) 장기요양보험제도의 내용

(1) 제도의 의의

그 동안 재가복지서비스의 전달에 있어서 거의 대부분의 기관 및 시설에서는 정부의 보조금을 받아 그 보조금을 바탕으로 많은 부분에서 기초생활수급자를 대상으로 서비스를 제공하고 있으나 「노인장기요양보험법」이 실시될 경우 만 65세 이상의 노인 대상 중에서 기초생활수급자와는 무관하게 신체 판정등급에 따라 서비스를 제공하고 서비스 제공기관은 보험수가 신청방식 기관의 재정을 마련하게 된다고 할 수 있다. 다시 말하자면, 노인장기요양보험제도의 실시는 정부의 보조금에 따른 잔여적 복지개념에서 서비스 제공기관이 클라이언트를 찾아 욕구를 조사하고 그에 대한 맞춤 서비스 노력 여하에 따라 클라이언트가 기관을 선택할 수 있는 시장 개념의 적극적 복지개념으로의 전환이라고 할 수 있을 것이다(박성훈 · 김태일, 2007).

(2) 제도의 주요 내용

노인장기요양보험제도의 주요내용으로는 만 65세 이상 노인 또는 65세 미만 노인성 질환자로 거동이 현저히 불편하여 장기요양이 필요한 자로서 방문요양, 방문목욕, 방문간호, 주 · 야간 보호, 단기보호, 복지용구 대여 등과 같은 재가급여와 요양에 필요한 시설과 설비 및 전문인력을 갖추고 있는 노인요양시설에 장기간 입소하여 전문요양서비스를 받을 수 있는 시설급여, 도서벽지 지역 등 요양시설이 없어 불가피하게 가족 등으로부터 요양을 받는 경우에 지원되는 특별현금급여를 받을 수 있다.

이 제도에 필요한 재원조달은 건강보험 납부자(직장가입자, 지역가입자)의 장기요양 보험료와 보험료예상수입액의 20%를 국고에서 부담하고 의료급여수급권자 장기요양 급여비용부담은 국가와 지방자치단체가 각각 분담하여 지원하며 본인이 일부 부담[2]하는 것으로 되어 있다. 노인장기요양보험제도는 정부정책의 구도에 있어서 현재의 방식과는 전혀 다른 방법으로 운영된다고 할 수 있다. 현재는 국가가 민간 서비스 제공자에게 교부금 형식의 보조금을 지급하고 민간 서비스 제공자는 자원봉사 조직을 통하여 서비스를 전달하는 경우가 많았다. 하지만 노인장기요양보험제도는 사회적 보험의 형태

---

[2] 시설급여는 20%, 재가급여는 15% 본인이 부담하며, 소득 및 재산이 일정금액 이하인 저소득층은 각각 1/2로 경감하고 국민기초생활수급노인은 무료로 제공한다.

를 띠고 있으나 소비자가 서비스를 사용하기 위해서는 일부의 자기부담금을 부과하는 방식을 채택함으로써 사회적으로 규정된 일정한 범위 내에서 소비자가 서비스를 사용할 수 있는 권리를 갖게 되는 일종의 바우처[3]가 제공된다고 볼 수 있을 것이다.

(3) 제도의 효과

노인장기요양보험제도는 공급자 중심의 서비스 체계에서 수요자 중심의 서비스 체계로의 전환이라 할 수 있을 것이다. 공급자의 독점 상태는 경쟁과 이윤의 동기를 감소시켜 비용을 증가시키는 결과를 낳기 때문에 서비스 공급량과 서비스 질을 결정할 때 소비자의 욕구보다는 공급자의 이익과 편의에 따라 결정하게 되는 문제를 갖는다. 결국엔 공급자 중심의 서비스 제공은 이용자의 서비스 선택권이 보장되지 않으며, 개별화된 서비스를 제공하지 않고 대부분의 사회복지기관에서 집단적인 서비스가 제공되며, 사회복지기관 운영의 공금횡령, 시설의 사유 재산화와 같은 사회복지기관 운영의 투명성 문제가 발생한다고 할 수 있다. 따라서 정부정책의 도구를 교부금과 같은 보조금에서 일종의 바우처와 자기부담금을 도입한 노인장기요양보험제도는 재가복지 서비스에 수요자 중심의 개념을 적용함으로써 이용자들로 하여금 다양한 시설 및 서비스 탐색을 통하여 개인의 기호와 욕구에 맞는 시설을 자유롭게 선택하게 되는 소비자 선택권을 보장할 수 있을 것이다. 또한 서비스에 대한 소비자 선택이 강화되면서 서비스의 질에 있어서 기관 간 경쟁이 발생하기 때문에 서비스의 전달도 준전문가가 직접 전달하여 질적 향상을 가져오게 될 것이다.

3) 장기요양보험제도의 문제점[4]

(1) 시설 및 전문인력의 부족

제도도입에 따른 준비과정으로 3차에 걸친 시범사업을 실시하였으나 시설 및 재가서비스에 여전히 인프라 부족문제가 제기되고 있다. 지역 간 시설 불균형도 지적되고 있

---

3) 바우처는 사회복지서비스 전달체계에서 수요자 중심 접근의 한 형태로서 원래 정부가 지불을 보증하는 일종의 전표로서, 수급대상은 주로 일정한 자격을 갖춘 특정계층이며, 특정한 재화나 서비스를 구입할 수 있도록 구매력을 높여주는 소득지원의 한 형태로 정의된다(Bendick, 1989, 박성훈 · 김태일, 2007에서 재인용).
4) 박명호 외(2007)를 주로 발췌 · 인용함

어서 정부의 지속적인 노력에도 불구하고 지역 간 시설 불균형이 지속된다면 큰 시설이 없는 지역의 적용대상자는 타 지역의 시설로 이동해야 하는 등 지역 노인들의 불편이 예상된다. 또 하나는 공공시설의 부족뿐만 아니라 질이 낮은 민간요양시설들의 난립이다. 정부는 제도 시행초기 요양시설의 비율을 공공요양시설 70%, 유료민간요양시설 30%가 될 것이라고 발표하였으나, 현재 민간업자가 참여하는 유료 민간요양시설은 미비한 시설이며 제도가 시행되는 2008년까지는 상당한 증가세가 예상되지만 수익에만 치중하여 환자의 입장을 고려하지 않은 무리한 운영으로 사회적 문제가 되어 있는 실정이다. 또한 노인복지법개정안은 요양보호사(1·2급)를 두는 것으로 되어 있으며, 요양보호사는 노인요양시설 등에 취업해 현행 간호사와 간호조무사의 중간 수준에 해당되는 급여를 받고 중증환자의 간병과 노인들의 일상생활을 돕는 역할을 하는 것으로 되어 있다. 지정 전문교육기관에서 소정의 교육과정을 이수한 사람에게 자격증을 부여할 예정이나 제도 도입 시 국민이 기대하는 양질의 수발전문 인력으로서는 미흡하다 할 것이다. 그리고 제도의 목적과 목표를 달성하기 위해서는 적용대상 노인과 그 가족에게 적절한 수준의 서비스가 제공되어야 하지만 현 제도에서 간병인 등의 수준은 국민소득 수준과 국민의 욕구에 미치지 못하며, 전문화시대에 맞는 복지서비스를 반영하지 못하고 있는 실정이다.

(2) 재원조달과 사용자 부담 문제

노인장기요양보험법은 현행 4대 보험(국민연금, 건강보험, 고용보험, 산재보험)에서 5대 의무(강제)보험이 되는 보험이다. 즉 건강보험 가입자는 의무적으로 장기요양보험에 가입해 장기요양보험료를 내야 한다고 법안에 명시되어 있지만, 적용대상 범위가 지극히 제한적이어서 서비스의 혜택이 전무한 상태이므로 이에 대한 불만의 목소리가 커지고 있다.

한편으로는 장기요양급여의 비용부담이 급여비용의 20%를 부담하고 나머지는 보험재정과 중앙정부 및 지방정부가 부담한다고 명시되어 있으나, 이에 대한 불만도 적지 않다는 것이다. 실제적으로 민간요양시설에 의한 비급여 부분이 많아 사용자 부담액은 훨씬 클 것이라는 우려도 있다. 또한 우리나라 보다 선진국이라는 독일의 경우 사용자 부담액이 전액무료이고, 일본도 10% 부담인데 반하여 상당히 높기 때문에 불만은 더욱 증폭될 것으로 보여진다.

3. 관련 실버산업의 현황과 전망

고령화의 진전에 따라 장기요양보호 서비스를 필요로 하는 치매, 중풍 등의 요양보호 노인이 급속히 증가하고 있다(한국보건사회연구원, 2001). 2003년 현재 65세 이상 노인 가운데 요양서비스를 필요로 하는 노인은 약 59만 명으로 추정되며, 2010년 79만 명, 2020년에는 114만 명으로 증가할 것으로 예측하고 있다. 향후 2010년 재가요양보호 노인수는 69만 명, 시설요양보호 노인 수는 10만 명으로 전망하고 있으며 노인요양보호를 위한 잠재비용은 2003년 4.3조원, 2010년 5.8조 원, 2020년 8.3조 원으로 증가할 전망이다(고령및미래사회위원회, 2005). 여기서는 관련 실버산업의 현황을 재가 및 시설요양 서비스, 선진국 현황 순으로 살펴보고 관련산업을 전망해보고자 한다.

1) 재가 및 시설요양 서비스의 현황

(1) 유료요양시설 현황

표 7-2 유료요양시설 현황

지역	시 설 명	시 설 장 (생년월일)	정원 (현원)	시설 소재지	전화번호 (FAX)	시설 설치일	법 인 명	대표자
서울	시니어스 하우스	이홍자 (57.10.09)	6 (3)	강서구 화곡동 152-11	02-2693-7572	06.03.02	개인	목순옥
	선의 노인 요양센터	문정인 (55.06.01)	20 (20)	관악구 봉천동 1699-6	02-882-7134 (02-874-4048)	04.12.01	(사회) 선의복지재단	여주기
	부실버 요양원	이경옥 (55.02.06)	49 (43)	금천구 독산동 1006-80	02-804-1957 (02-804-9114)	05.12.06	에스더직업보도 소	이경옥
	경동 노인요양원	김원정 (83.06.10)	25 (19)	동대문구 제기1 동 445	02-964-1961 (02-964-6622)	06.08.24	개인	김원정
	연희실버홈	임현숙 (57.06.30)	9 (12)	서대문구 연희 동 200-20	02-334-3434 (02-338-7791)	03.08.18	개인	임현숙
	낮은 소리의집	정덕임 (53.11.11)	20 (17)	서초구 신원동 501-12	02-576-3580 (02-578-7691)	04.08.18	개인	정덕임

지역	시 설 명	시 설 장 (생년월일)	정원 (현원)	시설 소재지	전화번호 (FAX)	시설 설치일	법 인 명	대표자
서울	효도의집	서영희 (54.02.15)	8 (7)	양천구 신정4동 998-1	02-2692-3466 (02-2601-9474)	04.10.18	(재단)원불교	이애자
	아름다운 실버홈	장현숙 (55.05.20)	14 (9)	종로구 평창동 552-7	02-394-0461 (02-379-6775)	06.08.22	개인	장현숙
	서울 시니어스 타워너싱홈	이종균 (50.02.15)	60 (35)	중구 신당동 366-140	02-2254-2073 (02-2231-2073)	00.08.24	서울 시니어스타워㈜	이종균
부산	은애너싱홈	홍순탁 (54.10.10)	7 (4)	수영구 광안1동 499-8	051-759-1228 (051-752-3985)	03.03.24	개인	홍순탁
	한나의집	강경남 (80.02.12)	5 (5)	수영구 광안1동 719-5	051-754-8543 (051-754-8543)	03.12.02	개인	김복조
	고향의집	최현자 (52.09.02)	9 (6)	수영구 망미1동 461-5	051-752-8393	06.02.08	개인	최현자
	흰돌요양 센타 (목제관)	조정자 (64.02.22)	42 (41)	수영구 망미1동 774-311	051-751-0561 (051-751-0564)	01.11.23	(사)로사 사회봉사회	이영식
	사랑의 실버홈	방점숙 (62.11.13)	9 (9)	수영구 망미1동 826-61	051-757-4003	05.08.05	개인	방점숙
인천	강화 은혜요양원	최창일 (42.04.01)	85 (78)	강화군 불은면 신현리 산35	032-937-6676 (032-937-3638)	05.07.29	개인	최창일
	백산 강화실버홈	정재윤 (67.04.18)	65 (41)	강화군 불은면 두운리 124-1	032-937-6145 (032-937-6146)	04.12.15	개인	조길자
	호세요양원	한상원 (70.11.11)	48 (8)	강화군 불은면 두운리 342-4	032-937-3163	06.11.21	개인	한상원
	하나복지원	김연욱 (48.03.19)	25 (22)	강화군 선원면 창리 465-1	032-934-4385 (032- 934-4010)	06.12.03	개인	김연욱
	강화 실버케어스	김영희 (61.11.15)	19 (18)	강화군 화도면 덕포리 1354	032-937-5234 (032-937-5235)	04.06.30	개인	정영숙
	인천 실버타운	이종승 (74.10.01)	136 (44)	서구 경서동 67 3-11	032-584-0245 032-574-4846()	97.12.09	(사회)해동학원	장원찬
광주	참사랑 실버케어	황옥화 (73.01.03)	24 (22)	광산구 소촌동 7-2	062-941-0031 (062-944-5682)	05.08.18	황옥화	황옥화
	베르니카의 집 유료요양원	이영희 (41.08.11)	9 (9)	동구 산수동 551-3	062-223-4707 (062-223-4707)	06.01.20	이영희	이영희

지역	시설명	시설장 (생년월일)	정원 (현원)	시설 소재지	전화번호 (FAX)	시설 설치일	법인명	대표자
대전	에덴유료 노인요양원	김희정 (78.05.15)	9 (9)	동구 하소동 451-11	042-286-9191 (042-286-9192)	04.06.09	개인	김희정
	미래 노인복지 요양센터	신재근 (50.04.27)	25	서구 갈마동 393-8	042-525-8112 (042-534-7862)	06.06.21	개인	신재근
	문화유료 노인 요양시설	임효인 (54.06.13)	6	중구 문화1동 27	042-586-1500 (042-586-7806)	05.11.17	(사회복지법인) 태화복지재단	신경하
경기	평강의집	이명애 (55.12.20)	90 (74)	광명시 광명동 730-3	02-2613-7702 (02-2613-7703)	04.01.31	(재)기독교대한 감리유지재단	신경하
	참사랑 간호의집	이추수 (56.10.08)	8 (8)	광주시 오포읍 능평리 407	031-711-3997 (031-711-3997)	06.10.19	개인	이추수
	다사랑 노인 간호센터	허태자 (63.01.02)	9 (9)	광주시 초월읍 선동리 13-1	031-769-7980 (031-769-7984)	04.02.11	개인	허태자
	성민요양원	이순선 (61.06.05)	16 (13)	군포시 당동 785-16	031-397-6758 (031-397-6761)	06.01.12	개인	이순선
	우리너싱홈	황미경 (75.02.10)	30 (20)	군포시 산본동 1097	031-399-1041 (031-397-1042)	07.01.02	개인	황미경
	실로원	김연 (60.07.25)	29 (26)	김포시 고촌면 태리 291-4	031-986-6422 (031-986-6424)	05.10.05	개인	김연
	새샘요양원	임상미 (73.01.24)	8 (8)	김포시 대곶면 초원지리 377-9	031-989-0344 (031-988-2602)	03.11.11	개인	이용수수
	김포실버	최수정 (70.10.17)	9 (9)	김포시 통진읍 옹정리 110-12	031-998-8109	03.12.11	개인	강경완
	섬기는집	서경춘 (55.07.06)	15 (15)	남양주 시수동 면 수산리 14-4	031-592-2130 (031-592-2130)	05.07.27	개인	서경춘
	효노 인간호센터	최순회 (68.11.27)	9 (9)	남양주시 금곡 동 682-30	031-511-8899 (031-511-8932)	06.09.11	개인	구진서
	광명 노인요양원	장영이 (58.12.05)	49 (45)	남양주시 진접 읍 팔야리 29	031-527-4684 (031-528-0118)	05.12.22	개인	장영이
	이레요양원	권상욱 (62.06.29)	15 (13)	남양주시 수동 면 외방리 454-12	031-511-8295	06.01.16	개인	권상욱
	베들레헴 사랑의집	이현정 (40.07.15)	29 (25)	두천시 탑동 95	031-868-2269	06.01.11	개인	이현정

지역	시 설 명	시 설 장 (생년월일)	정원 (현원)	시설 소재지	전화번호 (FAX)	시설 설치일	법 인 명	대표자
경기	해송원	한향자 (53.11.30)	25 (25)	수원시 권선구 고색동 204-1	031-295-4044 (031-295-3821)	06.07.10	개인	한향자
	정성녀싱홈	정하정 (55.05.10)	9 (9)	수원시 장안구 영화동 37-99	031-252-1607 (031-258-6795)	03.07.03	개인	정하정
	노을	신선자 (68.07.19)	29 (22)	안성시 공도읍 마정리 203-14	031-618-1071	05.12.15	개인	신선자
	노인사랑 요양원	전의수 (50.10.16)	10 (10)	안양시 관양1동 99-2	031-421-7785 (031-421-7785)	04.03.08	개인	전의수
	한가족 요양원	오성관 (62.04.05)	30 (8)	안양시 안양1동 674-95	031-468-6163 (031-468-6162)	06.06.19	(재단법인) 원불교	오성관
	명심요양원	김명심 (46.02.10)	30 (22)	안양시 안양5동 448-10	031-442-0888 (031-442-6488)	05.12.08	개인	오일주
	느티나무 요양원	박호연 (57.02.25)	30 (18)	안양시 안양5동 618-102	031-465-2212 (031-465-2212)	05.01.11	개인	최해광
	밝은집	원춘자 (50.03.09)	29 (14)	양평군 단월면 봉상리 153-1	031-771-1077 (031-771-7993)	06.04.14	개인	원춘자
	사랑의집	황재종 (80.06.20)	45 (11)	양평군 양동면 석곡리 662	031-774-1076 (031-774-1095)	05.12.29	개인	황재종
	에일요양원	류재승 (43.05.12)	29 (14)	여주군 북내면 서원리 186	031-884-5058 (031-884-5058)	04.08.16	개인	서용회
	로뎀실버텔	이정자 (49.01.02)	49 (11)	오산시 서동 492	031-376-2750 (031-373-5698)	99.09.01	오산침례교회 부설양로원	이정자
	죽전 실버케어	유정회 (57.10.07)	25 (13)	용인 기흥 보정 동 1801-2 죽전 하이프라자 5층	031-889-5400 (031-889-5197)	06.11.28	개인	정수경
	소자의집	홍남여 (38.09.14)	9 (7)	용인시 처인구 이동면 묵리 174	031-332-3680	06.04.25	개인	배중회
	제일녀싱홈	이영숙 (63.08.11)	9 (9)	용인 처인 이동 면 서리 644-1	031-323-3007 (031-323-5113)	03.04.03	개인	이영숙
	보훈 복지노인원	김혜옥 (45.02.05)	9 (9)	용인 처인 이동 면 천리 572-10	031-339-9125 (031-339-9693)	05.07.29	개인	구인준

지역	시설명	시설장 (생년월일)	정원 (현원)	시설 소재지	전화번호 (FAX)	시설 설치일	법인명	대표자
경기	소망요양원	유성호 (45.04.07)	50 (45)	이천시 설성면 장능리 253-4	031-641-9505 (031-641-9507)	06.01.11	개인	유성호
	선한이웃 노인복지 센터	김영이 (49.09.25)	9 (9)	용인시 처인구 해곡동 301-1	031-323-0852 (031-322-0084)	06.03.29	개인	김영임
	기쁨의집	김정훈 (75.12.21)	9 (10)	파주시 광탄면 영장리 179-1	031-946-1117 (031-946-1117)	05.05.13	개인	김정훈
	써니힐 노인센터	심인화 (57.02.28)	9 (4)	파주시 맥금동 136-7	031-949-5275 (031-949-5276)	05.08.31	개인	심인화
	웰빙간호 센터	김세옥 (58.12.27)	9 (9)	파주시 맥금동 458-5 나동 1층	031-949-1271 (031-949-1271)	05.03.04	개인	김세옥
	혜인요양원	강해인 (52.01.16)	30 (18)	평택시 진위면 동천리 160-2	031-667-4773 (031-667-2822)	00.01.15	개인	강해인
	송범식프란 치스꼬의집	김정옥 (49.06.23)	9	포천시 선단동 209-4	031-534-6443 (031-534-6443)	06.06.19	개인	김정자
	마리아의 집	홍사필 (67.03.10)	9 (9)	포천시 신북면 삼성당리 43-1	031-531-9557 (031-531-6533)	05.08.29	개인	김옥분
	21세기 너싱홈	김성원 (63.01.28)	9 (9)	화성시 동탄면 신리 216-2	031-377-3535 (031-377-3534)	05.01.18	개인	김성원
강원	경선 효수발센터	김경철 (60.02.26)	29 (6)	강릉시 옥천동 155-2	033-646-2779 (033-642-7612)	06.12.29	개인	김경철
	그린 밸리너싱홈	정영진 (44.06.25)	9 (1)	삼척시 노곡면 하마읍리 33	033-572-4719 (033-572-4719)	06.11.14	개인	정영진
	평심원	최양섭 (68.04.14)	9	원주시 지정면 안창리 577	033-732-6196	05.11.21	개인	최양섭
	새별이 효행의집	박영록 (70.10.08)	20 (20)	정선군 임계면 송계리 146-3	033-592-8995 (033-562-9606)	05.03.08	(사복)새별이 복지재단	김용학
	춘천너싱홈	김경숙 (62.07.03)	9 (6)	춘천시 사북면 송암리 333-1	033-244-7985 (033-244-5897)	04.02.16	개인	김경숙
	태양의집	이경호 (72.06.04)	9 (8)	춘천시 소양로4 가 101-11	033-252-6702	05.03.03	개인	이경호
	happy700평 창실버밸리	김혜은 (67.11.11)	25 (22)	평창군 방림면 운교리 498	033-334-7744 (033-334-7745)	05.05.19	개인	김금순

지역	시설명	시설장 (생년월일)	정원 (현원)	시설 소재지	전화번호 (FAX)	시설 설치일	법인명	대표자
충북	평안의집	임원아 (77.09.18)	9 (9)	진천군 문백면 구곡리 587-2	043-534-0702 (043-534-1155)	05.07.29	개인	임원아
충남	공주원로원 아담스 하우스	차기천 (51.04.20)	98 (25)	공주시 금홍동 산 16-5	041-853-2347 (041-853-2349)	05.08.19	한국장로교 복지재단	박래창
	양촌수양원	오영민 (70.08.10)	29 (29)	논산시 양촌면 신기리 489-4	041-741-0972 (041-741-0972)	05.06.09	개인	오영민
	수림목 요양원	김성애 (46.06.17)	49 (36)	서산시 운산면 신창리 379-8	041-688-6227 (041-688-6227)	04.10.28	개인	김성애
	길산 사랑의집	최형심 (56.10.26)	49 (42)	서천군 서천읍 삼산리 388-1	041-953-8377 (041-953-2505)	05.05.11	개인	장주천
	다정마을	장도연 (54.01.17)	9 (9)	아산시 도고면 항산리 58-1	041-542-1311 (041-542-1310)	06.06.15	개인	장도연
	행복한집	성미화 (61.01.21)	9 (8)	아산시 선장면 죽전리 71-1	041-543-5925 (041-543-5495)	06.03.10	개인	성미화
	온양소망원	김상량 66.10.30()	9 (9)	아산시 염치읍 서원리 107	041-545-9599 (041-543-8395)	05.08.11	개인	김상량
	하얀민들레	이정우 (77.09.05)	9 (8)	아산시 신창면 읍내리 117-3	041-532-5222 (041-532-7222)	06.12.29	개인	이정우
	은혜의집	전월순 (39.09.13)	29 (7)	연기군 서변 기룡리 40-1	041-867-0263 (041-867-0264)	05.07.13	개인	전월순
	가나안 복지원	강태옥 (57.12.28)	8 (8)	예산군 음봉면 신수리 5-4	041-542-9288 (041-542-9288)	05.08.11	개인	강태옥
	천안너싱홈	전정숙 (58.11.20)	9 (8)	천안시 삼용동 218-7	041-566-5838 (041-566-5838)	06.12.29	개인	전용수
전북	한나의집	김윤희 (83.1203)	5 (3)	군산시 나운동 762-2	063-462-8214	06.12.18	개인	김윤희
	사랑마을	편무남 (69.04.08)	9 (9)	군산시 나포면 서포리 513	063-453-9902	04.11.10	개인	편무남
	해피실버홈	김은정	9	군산시 성산면 도암리 606 번지	063-453-3591	04.09.10	개인	김은정

지역	시설명	시설장 (생년월일)	정원 (현원)	시설 소재지	전화번호 (FAX)	시설 설치일	법인명	대표자
전북	나이팅게일 실버타운	김미선	9 (9)	전주시 덕진구 우아동3가 748- 24	063-242-8811	03.03.17	개인	김미선
	행복한 노인요양원	조운형 (69.06.04)	29 (2)	전주시 완산구 중화산2가 646- 11	063-223-0023	04.01.27	개인	조운형
	참사랑 노인요양원	송민섭 (61.12.20)	9 99)	전주시 완산구 중화산2가 447- 7	011-653-5334	04.06.21	개인	송민섭
전남	수양간병원	노연화 (59.10.02)	18 (18)	나주시 다시면 신광리 787	061-335-3549 (061-335-3615)	05.03.03	개인신고	노연화
	수덕의집	김미영 (74.07.25)	35 (35)	나주시 다도면 암정리 569	061-337-7006 (061-337-7007)	05.08.30	개인신고	김미영
	나오미의집	김두천 (55.12.22)	5 (5)	포항 북구 흥해 읍 용곡리 340	054-262-5214 (054-262-5214)	05.12.21	함께하는마을	이명회
경남	한올생명집	이종해 (33.12.20)	50 (2)	고성군 삼산면 병산리 143-2	055-673-9115 (055-673-9120)	03.05.09	한올생명의집	김병태
	굿모닝 너싱홈	이순남 (52.11.01)	9	마산시 교방동 183-2	055-241-2888	04.12.30	개인	이기태
	은혜의집	권미은 (52.11.11)	9 (7)	마산시 내서면 상곡리 234	055-223-9980 (055-223-6734)	05.01.26	한국 기독교연합회	한재철
	실로 암요양원	이기태 (60.12.15)	26 (22)	마산시 회원동 635-6	055-222-2338 (055-222-2339)	06.12.26	개인	정수칠
	성요 셉노인의집	김회정 (62.09.28)	21 (20)	양산시 웅상읍 명곡리 304	055-365-1910 (055-365-1909)	06.08.31	개인	김회정
	진주실버홈	송윤석 (68.09.25)	19 (13)	진주시 문산읍 삼곡리 205	055-761-3611 (055-761-3609)	05.03.31	개인	송윤석
	노인의 집은총	유병철 (50.07.25)	16 (14)	진주시 문산읍 상문리 738	055-761-2949	05.07.25	개인	유병철
	둥지너싱홈	정영옥 (62.10.30)	20 (15)	진주시 집현면 장흥리 2	055-772-6655	05.12.22	개인	정영옥
	섬김의집	이유경 (55.06.01)	16 (14)	창원시 동읍 봉곡리 65-1	055-298-9974 (055-298-9974)	05.12.30	개인	이유경

지역	시설명	시설장 (생년월일)	정원 (현원)	시설 소재지	전화번호 (FAX)	시설 설치일	법인명	대표자
경남	사랑 나눔의집	김동심 (60.02.19)	9 (5)	창원시 팔용동 179-13	055-299-2900 (055- 299-2900)	04.12.30	개인	김동심
	이레 소망의집	정진성 (44.10.10)	40 (40)	함양군 안의면 초동리 1109	055-962-0659 (055- 964-2109)	06.10.04	개인	정진성
제주	제주원광 유료요양원	장혜숙 (60.09.18)	23 (23)	제주시 애월읍 고성2리 72-3	064-799-3999 (064- 799-6635)	01.04.01	(사회복지법인) 섬나기	김순택

자료 : 보건복지부(2007), 『2007 노인복지시설현황』을 재구성함

(2) 유료노인전문요양시설 현황

표 7-3 유료노인전문요양시설 현황

지역	시설명	시설장 (생년월일)	정원 (현원)	시설 소재지	전화번호 (FAX)	시설 설치일	법인명	대표자
서울	효미 실버너싱	최성엽 (52.09.17)	24 (6)	강동구 성내동 447-18	02-474-7555 (02-474-8112)	02.12.30	개인	최성엽
	천사 노인 요양센터	배희숙 (60.05.13)	45 (23)	강서구 화곡동 1010	02-2603-3838 (02-2694-8293)	03.04.29	(사회) 천사복지재단	정민회
	한울촌 너싱홈	이옥란 (66.08.09)	9 (10)	광진구 능동 255-13	02-3437-7004 (02-6408-7005)	04.10.18	(주)한울촌	이태화
	소밍간호센 터	김일광 (60.09.25)	9 (3)	구로구 구로동 317-31	02-866-9191 (02-869-2828)	06.10.09	개인	김일광
	서울 여자간호 대학부속 실버케어스	김영애 (48.01.08)	55 (42)	서대문구 홍제 동 287-89	02-391-8464 (02-391-8466)	01.09.01	(학교)의담학회	하민우
	방배 실버케어	정금화 (64.05.20)	9 (9)	서초구 방배동 902-1	02-585-4977 (02-585-4978)	06.03.14	개인	이미화
	실버릿지 서초	이영미 (63.10.16)	29 (23)	서초구 서초1동 34-7	02-582-7189 (02-582-2399)	02.04.24	유니실버㈜	임은순
	실버릿지ICC	박인주 (56.01.04)	27 (17)	서초구 서초동 1440-2	02-583-3585 (02-583-3520)	04.05.01	유니실버㈜	임은순
	은빛세상	강명옥 (66.02.15)	10 (8)	영등포구 대림 동 854-23	02-849-9129	05.12.27	개인	강명옥

지역	시설명	시설장 (생년월일)	정원 (현원)	시설 소재지	전화번호 (FAX)	시설 설치일	법인명	대표자
서울	현구너싱홈	김옥수 (52.05.06)	6 (3)	영등포구 신길 동 456-35	02-6414-1399 (02-6414-1399)	05.07.22	개인	김옥수
	은평 노인 간호센터	김정희 (54.12.31)	20 (20)	은평구 갈현동 492-11	02-352-2010 (02-352-2059)	05.03.05	개인	김정희
	강안너싱홈	임경규 (52.08.08)	10 (11)	은평구 구산동 215-18	02-356-6599 (02-356-6599)	05.06.08	개인	임경규
	호암마을	허영숙 (59.01.16)	95 (92)	은평구 진관외 동 488	02-385-8205 (02-385-8207)	99.11.01	(사회)인덕원	서병진
	북악실버홈	손양순 (61.04.17)	9 (10)	종로구 신영동 10-1	02-391-7936 (02-396-7935)	03.08.18	개인	손양순
	평창동 실버케어스	김효순 (65.12.15)	40 (40)	종로구 평창동 451-21	02-394-1031 (02-394-1092)	03.11.01	(주)실버케어스	하종군
부산	어르신마을	정정화 (59.03.01)	36 (36)	중구 대봉동 733-4	053-421-0600 (053-421-7977)	99.05.27	사회복지법인 어르신마을	곽동환
인천	영락 전문 요양센터	김형은 (40.09.23)	150 (124)	연수구 동춘1동 798-1	032-832-0522 (032-832-0528)	99.07.07	(사회) 인천영락원	김원종
	노인 돌봄의집	김혜영 (78.06.10)	9 (8)	연수구 청학동 463	032-819-6561 (032-814-4712)	05.10.31	개인	안동엽
대전	온누리유료 노인전문 요양원	박영미 (58.08.05)	9 (9)	동구 성남동 55-1	042-638-0717 (042-638-0718)	04.02.07	효마을복지재 단	이국일
	부모 사랑가원	여경희 (54.06.13)	5 (4)	서구 탄방동 1479-4	042-488-6877 (042-488-6876)	05.09.28	개인	여경희
경기	이레요양원	박경희 (67.11.10)	34 (20)	가평군 설악면 천안리 415-3	031-585-0947 (031-585-0948)	05.09.23	박경희	박경희
	사랑채	김금복 (51.01.15)	50 (36)	고양시 덕양구 대자동 241-6	02-381-0400 (02-381-0408)	04.10.25	개인	김금복
	한마음 너싱홈	강현주 (56.08.05)	25 (25)	광주시 경안동 214	031-798-0081 (031-798-0091)	04.09.17	개인	김선화
	남서울 너싱홈	박미화 (60.11.05)	9 (9)	광주시 오포읍 신현리 409	031-726-9195 (031-726-9196)	03.12.01	개인	박미화

지역	시 설 명	시 설 장 (생년월일)	정원 (현원)	시설 소재지	전화번호 (FAX)	시설 설치일	법 인 명	대표자
경기	너성홈 그린힐	조혜숙 (54.07.23)	31 (31)	광주시 탄벌동 598-4	031-768-5226 (031-768-5226)	04.08.05	개인	조혜숙
	아이너싱홈	장주완 (59.06.24)	56 (56)	광주시 퇴촌면 광동리 279	031-766-0876 (031-766-0869)	04.08.05	주)아이너싱	이유일
	한울너싱홈	김만자 (55.03.13)	42 (42)	광주시 퇴촌면 우산리 47	031-797-9114 (031-797-9104)	04.08.10	주)한울너싱홈	박희석
	너싱홈 간호 박사네	옥순인 (60.05.11)	55 (50)	군포시 당동 921-5	031-395-6700 (031-395-5700)	06.03.10	개인	옥순인
	e-좋은둥지	정용이 (58.01.15)	20 (19)	군포시 둔대동 233	031-437-3939 (031-437-2288)	03.05.17	개인	정용이
	정성의집	이경인 (70.10.27)	20 (20)	군포시 둔대동 233-2	031-502-2790 (031-502-2710)	04.01.14	개인	이경인
	수산나 노인전문 요양원	이부일 (42.01.18)	49 (36)	김포시 대곶면 송마리 8-4	031-983-2400 (031-987-5432)	02.04.09 .	석암재단	오인순
	평강실버홈	김화순 (58.06.08)	9	부천시 원미구 상동 533-1	032-255-0091 (032-254-0091)	06.06.08	개인	김화순
	너싱홈 해피나라	현외숙 (56.09.12)	29 (25)	부천시 원미구 상동 534-9	032-325-9151 (032-325-9171)	06.05.01	개인	현외숙
	실버릿지 그랜드	손옥희 (72.11.10)	41 (41)	성남시 수정구 사송동 507-1	031-723-5812 (031-723-5816)	05.01.04	에스이㈜	이은경
	유당너싱홈	이 순 (57.06.27)	25 (25)	수원시 장안 조원동 119-3	031-242-0079 (031-255-2453)	06.07.24	재성	양주현
	효행노인	장혜옥 (53.05.09)	75 (75)	수원시 장안 조원동 122-4	031-258-7715 (031-246-9378)	91.03.30	성지원	신남옥
	녹십자 요양원	김경애 (49.01.06)	45 (16)	수원시 팔달 인계동 942-5	031-236-7712 (031-36-7715)	06.10.30	개인	김경애
	간호나라	박명남 (56.05.23)	45 (45)	수원시 팔달 지동 483-9	031-258-9393 (031-244-9392)	02.12.23	개인	박명남
	아노가 너싱홈	박연옥 (60.09.03)	9 (9)	수원시 팔달 화서동 65-4	031-251-1122 (031-251-1122)	05.11.03	개인	박연옥
	이화 실버케어	강성비 (46.07.09)	34 (29)	시흥시 대야동 532-6	031-504-5551 (031-504-5552)	03.03.25	개인	강성비

지역	시설명	시설장 (생년월일)	정원 (현원)	시설 소재지	전화번호 (FAX)	시설 설치일	법인명	대표자
경기	화인실버 안산요양원	신혜순 (59.01.30)	15 (7)	안산시 상록구 월피동 496-19	031-403-0097	06.07.26	개인	신혜순
	실버릿지 안성센터	김진영 (51.01.28)	98 (5)	안성시 죽산면 매산리 687-3	031-674-3595 (031-674-6764)	06.09.26	유니실버㈜	임은순
	양주 노블케어	박설 (77.01.28)	62 (8)	양주시 율정동 400-2	031-866-0288 (031-866-0289)	04.11.25	개인	박설
	섬김의집	김영상 (54.01.01)	162 (48)	양평군 청운면 신론리 300	031-774-9031 (031-774-9032)	06.02.17	개인	김영상
	하늘새빛 요양원	윤여희 (63.04.02)	9 (4)	연천군 전곡읍 신답리 199-3	031-834-7857 (031-834-7857)	06.10.12	하늘새빛재단	윤여희
	너싱홈현대	황정아 (74.04.17)	10 (10)	오산시 외삼미 동 442-6	031-375-8815	06.07.25	개인	윤찬섭
	효　원	박종원 (53.07.16)	186 (110)	용인시 기흥구 상하동 28	031-288-0560 (031-288-0569)	03.07.08	의료법인 용인병원 유지재단	이충순
	삼성노블 카운티	채 헌 (45.12.15)	197 (113)	용인시 기흥구 하갈동 490	031-208-8003 (031-208-8209)	01.04.30	사회복지법인 삼성생명 공익재단	이수빈
	용인백암 너싱홈	박정희 (61.01.15)	49 (23)	용인시 처인구 백암면 백봉리 456	031-334-6070 (031-334-7060)	05.11.30	개인	박정희
	샤인빌 시니어스 너싱홈	김현주 (61.08.20)	72 (32)	용인시 처인구 양지면 대대리 511-1	031-322-0028 (031-322-3733)	04.05.12	샤인벨시니어스 (주)	김현주
	너싱홈 예원	이경숙 (66.03.03)	21 (14)	용인시 처인구 양지면 송문리 436-3	031-335-6286 (031-335-6286)	05.10.07	개인	김양기
	(주식회사) 다사나	최용철 (48.04.19)	9 (5)	용인시 처인구 이동면 묘봉리 87-1	031-335-6844 (031-335-6845)	05.11.29	주식회사 다사나	미야지마 가즈오
	사랑너싱홈	이순실 (69.08.25)	9 (6)	의정부시 신곡 동 760-1	031-823-8291	06.03.22	개인	이순실
	웰빙전문 간호센터	김세옥 (58.12.27)	9 (6)	파주시 맥금동 458-5 가동 1층	031-949-1271 (031-949-1271)	06.03.30	개인	김세옥
강원	동산 복지마을	김기형 (38.04.06)	9 (1)	삼척시 원덕읍 월천리 140	033-573-6611 (033-572-6692)	05.06.21	(사복)동산재단	김기형

지역	시 설 명	시 설 장 (생년월일)	정원 (현원)	시설 소재지	전화번호 (FAX)	시설 설치일	법 인 명	대표자
강원	광림사랑의 집치매센터	홍종환 (62.01.04)	50 (27)	춘천시 서면 안보리 863	033-263-3995 (033-263-3998)	04.01.08	(사복) 광림복지재단	김선도
충남	베데스다 요양원	홍한나 (80.06.13)	9 (5)	아산시 응봉면 송석리 285-14	041-332-0675 (041-332-0675)	06.04.17	개인	홍한나
전북	봉정요양원	김순자 (40.02.08)	35 (3)	군산시 개정동 413-10	063-450-3888	03.05.16	(학교)경암학원	
전남	미르너싱홈	정영숙 (47.09.26)	17 (12)	장성군 진원면 상림리 813 -1	061-939-5373	06.08.22	개인	정영숙
경북	자광원	김병호 (63.08.23)	24 (7)	영천시 금호읍 호남리 307	054-338-6100 (054-338-6105)	05.05.12	㈜덕원	김영숙
	전문 요양제남	송선대 (41.08.31)	10 (3)	의성군 봉양면 화전리 91-16	054-833-4419	02.05.10	개인	송선대
	노인 사랑의집	김신경 (48.09.04)	5 (5)	포항 남구 오천 읍 세계리 842-11	054-292-4442 (054-292-2387)	06.01.25	개인	김진술
	학계노인 전문요양원	이광호 (67.11.13)	28 (13)	포항 남구 장기 면 학계리 530	054-293-0669 (054-281-0690)	04.03.08	가은복지재단	김기원
경남	청아	박미경 (69.10.26)	22 (7)	김해시 생림면 봉림리 828-1	055-322-2770	05.07.12	개인	박미경
	마산내학 전문요양원	김은자 (55.05.15)	40 (27)	마산시 내시면 용담리 100	055-230-1151 (055 230 1154)	04.06.30	(학교법인) 문화교육원	이형규
	평화요양원	전정자 (37.03.30)	10 (5)	밀양시 초동면 봉황리 631-1	055-391-0950 (055-391-4804)	99.06.04	전정자	전정자

자료 : 보건복지부(2007), 『2007 노인복지시설현황』을 재구성함

(3) 노인전문병원 현황

표7-4 노인전문병원 현황

지역	시 설 명	시 설 장 (생년월일)	정원 (현원)	시설 소재지	전화번호 (FAX)	시설 설치일	법 인 명	대표자
대전	해동노인 전문병원	장원찬 (78.04.24)	131 (104)	서구 경서동 673-12	032-584-0245 (032-574-4846)	01.08.13	(사회)해동학원	장원찬
	인천 광역시립 노인치매 요양병원	김영기 (36.02.20)	132 (125)	서구 심곡동 288-4	032-562-5101 (032-566-4335)	02.07.16	서천재단	김영기
	인천 은혜병원	김상국 (52.04.12)	290 (268)	서구 심곡동 288	032-562-5101 (032-566-4335)	04.07.23	서천재단	김영기
	대전노인 전문병원	윤진순 (42.12.17)	79 (75)	대덕구 대화동 35-6	042-625-3003 (042-632-3002)	99.02.09	(사회복지법인) 천성원	윤진순
	한남노인 전문병원	이진우 (59.09.03)	150 (60)	대덕구 중리동 237-3	042-624-1190 (042-628-7556)	01.07.09	개인	이진우
	대전기독 노인 전문병원	홍승원 (47.08.16)	73 (38)	동구 대1동 167-6	042-670-1200 (042-670-1204)	05.07.05	개인	홍승원
	한독 노인 전문병원	이지원 (48.12.28)	40 (14)	동구 삼성동 293-8	042-625-5551 (042-633-1621)	03.12.20	개인	이지원
	보광 노인 전문병원	성용순 (55.04.17)	98 (56)	동구 상소동 456	042-274-6700 (042-274-6679)	02.02.18	(사회복지법인) 금성복지재단	성용순
	남영 노인 전문병원	최철남 (46.08.08)	79 (70)	동구 정동 34- 12	042-254-7582 (042-254-7599)	02.11.29	의료법인	최철남
	대전광역시 시립한가족 노인 전문병원	김 진 (64.10.09)	151 (122)	유성구 방현동 30-2	042-862-0033 (042-862-0023)	04.11.21	밝음마음 의료재단	이재원
	시니어스 노인 전문병원	곽상태 (58.08.07)	79 (79)	중구 대흥동 240-91	042-606-0600 (042-253-9501)	04.07.20	개인	곽상태
	평화노인 전문병원	유성동 (70.08.20)	203 (198)	중구 중촌동 183-5	042-250-9100 (042-250-9125)	02.10.21	개인	유성동
경기	김포효병원	변동주 (55.10.27)	224 (112)	김포시 북변동 326-1	031-985-6061 (031-985-6068)	05.11.01	(의료법인) 삼송의료재단	변동주
	새로나병원	최재훈 (57.03.12)		김포시 통진읍 서암리 714- 65,66	031-987-0911 (031-996-3834)	05.11.25	(의료법인) 성모의료재단	최재훈

지역	시 설 명	시 설 장 (생년월일)	정원 (현원)	시설 소재지	전화번호 (FAX)	시설 설치일	법 인 명	대표자
경기	이담사랑 노인 전문병원	김영룡 (27.04.04)	132 (66)	동두천시 상패 동 201-19	031-864-9112 (031-861-9945)	05.06.14	개인	김영룡
	동원노인 전문병원	윤동원 (59.02.14)	278 (139)	동두천시 탑동 동 140-2	031-867-4776 (031-867-8995)	01.11.26	가화의료재단	전덕기
	가은병원	기평석 (56.01.04)	728 (364)	부천시 소사구 송내2동 676-6	032-667-0114 (032-667-7227)	02.11.15	개인	
	보바스 기념병원	박성민 (66.01.18)	736 (368)	성남시 분당구 금곡동 310-8	031-786-3000 (031-786-3001)	06.05.29	(의)늘푸른의료 재단	박성민
	(사회복지법인) 효행노인 전문병원	신남옥 (31.07.09)		수원시 장안구 조원동 122-4	031-258-7715 (031-246-9378)	99.12.14	(사회복지법인) 효행노인 전문병원	신남옥
	한울노인 요양병원	박관열 (66.03.19)	204 (102)	시흥시 정왕동 1861-7	031-433-8577 (031-319-9694)	05.06.10	(의)소애 의료재단	박관열
	양평 노인 전문병원	김구웅 (42.01.15)	56 (28)	양평군 양서면 복포리 134-12	031-775-3644 (031-774-1295)	05.03.04	개인	김구웅
	큰솔노인 전문병원	이세열 (80.12.20)	106 (53)	양평군 양서면 복포리 161-7	031-775-5800 (031-775-5802)	05.10.26	개인	이세열
	양평효 노인 전문병원	신승호 (66.01.06)	136 (68)	양평군 용문면 다문리 788-1	031-771-6545 (031-771-4489)	02.06.19	개인	신승호
	브니엘 노인 전문병원	손동욱 (60.10.07)	108 (54)	양평군 용문면 중원리 556	031-773-3581 (031-771-3140)	06.02.17	(의료법인) 브니엘의료재단	손동욱
	홍영노인 전문병원	김영상 (54.01.01)	104 (52)	양평군 청운면 신론리 225	031-775-1927 (031-775-1928)	04.09.14	(의료법인) 홍영의료재단	김영상
	경기도립 여주노인 전문병원	김상우 (45.01.28)	284 (142)	여주군 북내면 신남리 149-5	031-886-4100 (031-886-4055)	02.12.14	경기도	경기도지 사
	(의)이정의 료재단 전곡백병원	김창수 (55.05.09)	120 (60)	연천군 전곡리 235번지	031-830-8200 (031-830-8257)	05.05.09	(의료법인) 이정의료재단	김창수
	오산 노인 전문병원	강희백 (40.04.04)	564 (282)	오산시 궐동 543	031-370-2300 (031-370-2307)	01.02.26	설백 (의료법인)	강희백
	경기도립 노인 전문병원	박종원 (53.07.16)	478 (239)	용인시 기흥구 상하동 17	031-288-0400 (031-288-0405)	99.03.25	(의료법인) 용인병원 유지재단	이충순

지역	시 설 명	시 설 장 (생년월일)	정원 (현원)	시설 소재지	전화번호 (FAX)	시설 설치일	법 인 명	대표자
경기	계요노인 전문병원	이규항 (35.12.01)	342 (171)	의왕시 왕곡동 280-1	031-455-3333 (031-429-0342)	02.03.15	계요법인 (의료법인)	이규항
	의료법인 해동의료 재단노인 전문병원	장찬기 (47.06.27)	202 (101)	포천시 내촌면 소학리 314-8외 1필지 1,2층	031-1577-0245 (031-533-2568)	04.11.05	(의료법인) 해동의료재단	장찬기
충남	공주노인 전문병원	김인성 (61.09.19)	78 (50)	공주시 봉정동 145	041-852-5233 (041-852-5235)	02.08.24	개인	김인성
	논산시립 노인 전문병원	이재성 (52.02.05)	90 (89)	논산시 취암동 516-8	041-734-9911 (041-734-9914)	06.01.11	백제병원	이준영
	부여노인 전문병원	김종석 (27.01.03)	251 (208)	부여군 규암면 반산리 254-1	041-836-1984 (041-836-0340)	98.11.11	개인	김종석
	백제 노인병원	안관홍 (62.11.07)	114 (110)	부여군 부여읍 저석리 23-6	041-837-7114 (041-837-7119)	05.05.15	개인	안관홍
	가림노인 전문병원	김철준 (70.04.01)	125 (89)	부여군 임천면 비정리 721	041-837-7575 (041-837-7577)	04.03.31	개인	김철준
	조치원 노인 전문병원	이옥화 (56.08.17)	46 (34)	연기군 서면 고북리 587-1	041-862-7607 (041-862-7609)	06.12.16	개인	이옥화
	천안시립 노인전문 요양병원	송정영 (71.01.13)	144 (140)	천안시 목천읍 송전리 431	041-521-1114 (041-521-1239)	05.11.22	영서의료재단	권영옥
전북	고창 성심병원	김민철 (71.03.04)	79 (79)	고창군 고창읍 덕산리 192-1	063-561-3355	05.01.20	개인	김민철
	고창효자 노인병원	박봉식 (63.02.18)	78 (78)	고창군 무장면 덕림리 384번지	063-561-0841	04.12.10	(의료법인) 성노복지 의료재단	박봉식
	메디케어 요양병원	김병기 (59.05.10)	79 (79)	고창군 성내면 신성리 5번지	063-561-6550	04.10.29	(의료법인) 정익의료재단	김병기
	봉정 요양병원	김순자 (40.02.08)	70 (70)	군산시 개정동 413-10번지	063-450-3888	04.09.24	의료법인	김순자
	군산 요양병원	최정근 (61.04.08)	46 (46)	군산시 나운동 839-9번지	063-460-3452	03.07.10	(의료법인) 구암의료재단	최정근
	군산제일 요양병원	이성규 (63.04.01)	121 (121)	군산시 문화동 890-7번지	063-460-3114	03.09.08	개인	이성규

지역	시설 명	시설장 (생년월일)	정원 (현원)	시설 소재지	전화번호 (FAX)	시설 설치일	법 인 명	대표자
전북	실로암 요양병원	김인수 (65.02.16)	61 (610)	군산시 문화동 881-1	063-472-2000	06.08.17	의료법인	김인수
	군산희망 요양병원	임숙희 (53.01.03)	98 (98)	군산시 옥구읍 수산리 559-1	063-464-9980	05.05.03	(의료법인) 수산의료재단	임숙희
	행복한노인 요양병원	임성규 (60.07.16)	120 (120)	군산시 옥구읍 수산리 195-5	063-464-6012	06.10.13	의료법인	임성규
	남원원광 요양병원	나금자 (45.04.16)	63 (63)	남원시 향교동 177-2번지	063-635-8880	06.03.10	의료법인	나금자
	효사랑순창 요양병원	나금자 (45.04.16)	161 (161)	순창군 순창읍 가남리 507-7	063-650-8000	06.01.26	(의료법인) 구승의료재단	나금자
	완주군 아름다운 노인 요양병원	소 광 (66.12.10)	52 (52)	완주군 상관면 죽림리 453	063-717-3300	06.11.13	개인	소 광
	성바오로 복지병원	최광회	51 (51)	완주군 소양면 해월리 849-1	063-245-5118	99.03.29	(사회복지법인) 성바오로애덕원	이귀순
	온누리 사랑병원	김수용 (68.12.26)	74 (74)	완주군 용진면 신지리 512-3	063-261-7080	04.12.02	(의료법인) 실로암의료재단	김수용
	익산우석 노인 전문병원	서지온 (62.07.25)	99 (99)	익산시 목천동 53-3번지	063-843-0119	98.05.25	의료법인	서지온
	원병원	이애자 (37.12.09)	40 (40)	익산시 신몽 311-2번지	063-843-3582	06.03.03	재단법인	이애자
	익산 성모병원	이병호 (41.03.10)	74 (74)	익산시 영등동 268-9번지	063-841-0714	03.06.17	재단법인	이병호
	원광효도 노인 전문병원	오순옥 (46.03.05)	145 (145)	익산시 신용동 237-1번지	063-850-9900	05.03.21	(사회복지법인) 원광효도마을	오순옥
	온정 요양병원	오승재 (05.10.16)	145 (145)	전주시 덕진구 덕진동 1119-1	063-250-3600	04.12.20	개인	오승재
	우리노인 요양병원	정길수 (55.02.10)	134 (134)	전주시 덕진구 만성동 135번지	063-210-3600	06.07.14	개인	정길수
	정드림 요양병원	조기운 (67.10.24)	55 (55)	전주시 덕진구 송천1가 07- 179-1	063-276-7687	06.12.04	개인	조기운
	참조은 요양병원	송민섭 (61.12.20)	79 (79)	진주시 덕진구 우아동2가 563-2	063-241-9090	06.10.31	전북교통·기능 장애인협회 (사단법인)	송민섭

지역	시 설 명	시 설 장 (생년월일)	정원 (현원)	시설 소재지	전화번호 (FAX)	시설 설치일	법 인 명	대표자
전북	늘푸른 요양병원	박종안 (56.01.17)	70 (70)	전주시 덕진구 우아동2가 808-7	063-247-0301	06.09.13	(의료법인) 생명의료재단	박종안
	한국노인 요양병원	이상현,고 범권 (45.07.08)	110 (110)	전주시 덕진구 금암동 728-38	063-252-3723	90.06.30	개인	이상현
	전주시 노인 복지병원	서금성 (40.09.25)	199 (199)	전주시 완산구 삼천동3가 321-51	063-221-9005	00.06.22	사회복지법인	서금성
	효사랑 전주 요양병원	김정연 (67.03.12)	160 (160)	전주시 완산구 서노송동 648-7	063-278-8288	06.05.26	개인	김정연
	한마음 요양병원	최경수 (54.12.24)	111 (111)	전주시 완산구 중화산동2가 648-4	063-220-1111	02.11.01	개인	최경수
	아가페 요양병원	장재형 (61.01.06)	80 (80)	전주시 완산구 평화동1가 712-7	063-220-8900	06.10.16	개인	장재형
	정읍시 노인 전문병원	서금성 (40.09.25)	90 (90)	정읍시 금붕동 1082-3번지	063-531-0075	06.05.04	(사회복지법인) 삼동회	서금성
전남	공립광양 노인전문 요양병원	이혜복 (56.08.03)	93 (93)	광양시 마동 892-3	061-793-9866 (061-793-9865)	03.06.01	자혜의료법인	이혜복
	무안 노인전문 요양병원	어근 (67.07.29)	90 (86)	무안군 무안읍 성동리 216-10	061-459-7007 (061-453-7223)	06.04.14	대송의료재단	어근
	공립영광 노인요양 전문병원	유상효 (72.08.07)	70 (70)	영광군 영광읍 단주리 2 84외 1필지	061-353-5050 (061-353-6900)	04.07.01	(의료법인) 호연재단	정장오
	진도노인 전문병원	차정곤 (65.08.20)	50 (26)	진도군 의신면 침계리 841-14	061-543-3536 (061-543-0511)	06.06.30	진도전남병원	김렬
	경북도립 경산노인 전문요양 병원	정다출 (49.12.26)	190 (190)	경산시 상방동 242-3	053-819-0780 (053-816-3305)	01.04.24	(의료) 성경의료재단	김준영
	고령군립 노인 복지병원	유찬우 (57.03.14)	50 (50)	고령군 고령읍 헌문리 202-1	054-956-8700 (054-955-3354)	05.09.01	고령군립 노인복지병원	유찬우
	도립김천 노인전문 요양병원	정영현 (47.06.02)	192 (174)	김천시 어모면 능치리 산97-15	054-420-7200 (054-437-6005)	05.03.07	신애의료재단	정영현
경북	봉화군립 노인전문 요양병원	권오성 (37.12.10)	42 (13)	봉화군 봉화읍 내성리 426-6	054-679-1234 (054-674-0010)	04.10.14	(의료법인) 봉화해성	권오성

지역	시 설 명	시 설 장 (생년월일)	정원 (현원)	시설 소재지	전화번호 (FAX)	시설 설치일	법 인 명	대표자
경북	경북도립노 인전문병원	김진원 (69.09.29)	260 (258)	안동시 남후면 무릉리 363-2	054-851-1252 (054-851-1210)	99.05.10	안동유리 의료재단	염진호
	군립청도 노인전문 요양병원	오성환 (54.08.15)	50 (45)	청도군 화양읍 범곡리 101-5	054-370-5450 (054-370-5455)	04.07.07	청도대남병원	오성환
	도립포항 노인전문 병원	변승열 (43.04.08)	192 (120)	포항시 북구 용흥동 315	054-245-0117 (054-247-0559)	06.05.04	경상북도 포항의료원	변승열
경북	봉화군립 노인전문 요양병원	권오성 (37.12.10)	42 (13)	봉화군 봉화읍 내성리 426-6	054-679-1234 (054-674-0010)	04.10.14	(의료법인) 봉화해성	권오성
	경북도립노 인전문병원	김진원 (69.09.29)	260 (258)	안동시 남후면 무릉리 363-2	054-851-1252 (054-851-1210)	99.05.10	안동유리 의료재단	염진호
	군립청도 노인전문 요양병원	오성환 (54.08.15)	50 (45)	청도군 화양읍 범곡리 101-5	054-370-5450 (054-370-5455)	04.07.07	청도대남병원	오성환
	도립포항 노인전문 병원	변승열 (43.04.08)	192 (120)	포항시 북구 용흥동 315	054-245-0117 (054-247-0559)	06.05.04	경상북도 포항의료원	변승열
경남	거창 노인전문 요양병원	배영봉 (50.12.17)	80 (46)	거창군 거창읍 송정리 714-9	055-943-3333 (055-943-9818)	06.01.03	아림의료재단	배영봉
	도립김해 노인전문 병원	허명철 (45.07.11)	150 (150)	김해시 삼계동 392-2	055-330-2000 (055-330-2004)	05.07.12	환명의료재단	허명철
	도립사천 노인 전문병원	황성규 (36.06.20)	235 (198)	사천시 축동면 가산리 447-2	055-854-6000 (055-854-7009)	00.07.12	순영의료재단	황성규
	도립양산 노인 전문병원	주명진 (50.02.03)	200 (199)	양산시 상북면 신전리 27-9	055-375-7275 (055-375-7582)	05.07.13	우산의료재단	주명진
	창원시립 노인 전문병원	주명진 (50.02.03)	196 (190)	창원시 북면 대곡리 1234-1	055-298-2442 (055-298-7476)	02.12.13	우산의료재단	주명진

자료 : 보건복지부(2007), 『2007 노인보지시설현황』을 재구성함

(4) 재가요양 서비스의 현황

현재 의료기관 가정간호사업, 보건소 방문보건사업이 시행되고 있으나, 재가요양서비스가 활성화된 선진 외국과는 달리 독립형 민간 가정간호사업소(가칭) 개설관련 법적 근거가 없어 민간의 참여 사업소 개설이 불가능한 현실이다.

표 7-2 유료노인요양시설 현황

종 류	시 설	2006		2005		2004		비 고
		시설수	입소정원	시설수	입소정원	시설수	입소정원	실버산업
노인의료 복지시설	노인요양시설(무료)	174	11,546	149	10,321	131	9,384	
	실비노인요양시설	260	9,099	123	4,819	42	2,310	
	유료노인요양시설	103	2,381	84	2,189	41	985	○
	노인전문요양시설(무료)	184	13,445	139	10,436	108	8,539	
	실비노인전문요양시설	24	1,518	5	520	1	100	
	유료노인전문요양시설	70	2,600	43	1,678	34	1,564	○
	노인전문병원	83	12,039	40	5,209	25	3,633	○
합 계		898	52,628	583	35,172	382	26,515	

자료 : 보건복지부(2007), 『2007 노인보지시설현황』을 재구성함

또한 의료기관 가정간호사업[5]은 조기퇴원환자를 주 대상으로 치료와 간호를 제공하는 입원대체서비스의 기능을 수행하고 있으나 급성기 병상 과잉으로 의료기관의 조기퇴원 필요성이 낮고, 수가체계가 병원재정에 긍정적 인 영향을 주지 못함으로서 의료기관의 참여가 저조한 실정이다. 2004년 10월 현재 124개소로 의원급 이상 의료기관 전수의 0.5% 수준만이 사업에 참여하고 있다. 이는 민간 요양산업에 대한 인식이 부족한데서 기인한다. 즉 과거 복지성향의 요양서비스를 국가에서 무상으로 지원하는 개념으로 이해하는 경향이 강하여, 특히 미성숙된 요양시장 환경 하에서는 민간이 참여하여 적정 이윤을 확보하기 어려운 점이 예상된다. 현재 민간유료시설은 활성화 지원대책 부재 및 고액의 이용료로 인해 노인전문병원을 제외하면 70% 이하의 낮은 입소율로 인한 경영난을 호소하고 있다. 따라서 적정 요양서비스 이용을 위해서는 본인부담의 필요성을 인식하도록 사회적 분위기를 조성하고 수준 높은 요양서비스 제공을 통해 적정 이윤을 창출할 수 있는 산업 환경을 마련하는 것이 필요하다.

보건소 방문보건사업은 저소득취약계층을 주 대상으로 전국 246개 보건소에서 수행 중에 있지만 예산 및 인력부족으로 활성화되지 못하고 있으며 재가요양서비스 중 현행 간병·수발전문인력은 가정봉사원, 간병도우미, 간병인, 생활지도원 등으로 명칭, 법적 근거가 다양하나, 표준화된 교육훈련 및 체계적인 관리감독이 미흡하여 질적 서비스의 제공을 보장하기 어려운 실정이다. 2004년 현재 가용 간병·수발 인력 19만 명 중 10.2%인 2만 명만이 활동하고 있으며, 향후 가용인력 가운데 하나인 간호조무사인력은

---

5) 2001년 1월에 의료법 제30조 및 동법 시행규칙 제22조에 의거하여 가정전문간호사를 2인 이상 확보한 의료기관을 사업기관으로 지정하여 가정간호사업을 전면 확대 실시함

자격자 30만 명 중 8만 명(26%)이 활동 중인 것으로 보고되고 있다. 또한 가정봉사원 및 간병도우미는 각각 보건복지부의 재가노인복지사업 및 자활간병사업 지원 하에 양성되어 국민기초생활수급권자를 주 대상으로 서비스를 제공하며, 간병인 및 생활지도원 등은 유·무료 직업소개소를 통해 취업 알선을 받고 있다.

그러나 최근 「노인장기요양보험법」이 국회 본회의를 통과하여 2008년 7월 1일부터 시행될 예정으로 있어서 그간 가족의 영역에 맡겨져 왔던 치매, 중풍 등 노인에 대한 장기간에 걸친 간병, 장기요양 문제를 사회연대 원리에 따라 국가와 사회가 분담하는 체계가 이루질 전망이다. 이에 따라 노인들은 더 이상 자식들에게 부담을 주지 않고 계획적이고 전문적 장기요양보호서비스를 받을 수 있어 보다 품위 있게 노후를 보낼 수 있을 것으로 기대된다. 따라서 정부는 요양보호사를 양성하여 65세 이상 노인 또는 65세 미만 노인성질환을 가진 자로서 거동이 현저히 불편하여 장기요양이 필요한 자에 대하여 등급판정을 거쳐 계획적인 전문적 요양 및 간호서비스를 제공할 계획이다. 「노인장기요양보험법」의 시행은 기존의 사회복지법인, 비영리법인, 국가 및 지방자치단체에서 운영해 온 노인요양시설에 뿐 아니라 의료 및 요양관련 실버산업에 미치는 영향도 적지 않을 것으로 보인다. 즉 이 법의 시행은 비전문적 가족요양 상태의 노인을 국가가 나서서 계획적인 전문적 요양 및 간호서비스를 제공해 줌으로써 노인의 삶의 질이 크게 향상 될 것으로 예상되기 때문에 서비스 공급주체들은 시장원리에 의한 경쟁이 불가피할 것이다.

(5) 종합

시설요양산업의 현황은 「노인복지법」 제34조와 35조에 근거하여 민간주체로 운영되고 있는 '유료노인요양시설'과 '유료노인전문요양시설', 그리고 노인전문병원을 중심으로 살펴보고자 한다.

시설요양서비스의 경우, 시설 수는 무료가 39.9% (358개소), 실비 31.6%(284개소), 그리고 유료가 28.5%(256개소)로 나타나 고령및미래사회위원회(2005)의 2003년 현재의 무료(74.5%), 유료(18.8%), 실비(6.7%)와는 상당한 차이를 보이고 있다. 즉 무료의 비중이 실비나 유료에 비해 많이 낮아진 것을 알 수 있다. 그리고 입소 충원율은 무료가 85.6%, 실비 71.2%, 유료 72.5%로 각각 나타났다. 이는 정부가 2011년까지 시설 충족율 71% 달성을 목표로 종 1,065개소(75,224병상)의 장기요양시설을 확충한다는 계획에 비추어 볼 때, 목표에 근접한 것으로 보이며 이중 약 32%는 민간부문의 참여를 유도한다

표 7-3 유료노인시설의 정원충원율

구분	정원(명)	현원(명)	충원율(%)
유료노인요양	2,381	1,626	68.3
유료노인전문요양	2,600	1,731	66.6
노인전문병원	24,078	17,964	74.6

표 7-4 단계별 의료 및 요양관련 시설 확충계획

구분			2007	2008	2009	2010	2011
추진 계획	공공 부문	요양시설	125 (8,750)	132 (9,240)	139 (9,730)	146 (10,220)	153 (10,710)
		실비 요양시설	118 (8,260)	152 (10,640)	186 (13,020)	220 (15,400)	254 (17,780
		전문 요양시설	186 (13,020)	210 (14,700)	234 (16,380)	258 (18,060)	282 (19,740)
		실비전문 요양시설	30 (2,100)	54 (3,780)	78 (5,460)	102 (7,140)	126 (19,740)
		요양병원	61 (5,812)	67 (6,272)	73 (6,732)	79 (7,274)	85 (7,734)
		소계	520 (37,942)	615 (44,632)	710 (51,322)	805 (58,094)	900 (64,784)
	민간 부문	병상 기능전환	47 (4,907)	56 (5,896)	65 (6,886)	74 (7,876)	83 (8,866)
		유료시설	120 (5,954)	142 (7,054)	164 (8,154)	186 (9,254)	208 (10.354)
		소계	167 (10,860)	198 (12,950)	229 (15,040)	260 (17,130)	291 (19,220)
	합 계		48,802	57,582	66,362	75,224	84,004

자료: 장병원(2004), 보건복지부 노인요양보장과(박용억, 2005에서 재인용)

는 계획에도 근접하고 있음을 알 수 있다. 한편 유료노인시설별 정원 충원율은 유료노인요양 68.3%, 유료노인전문요양이 66.6%, 그리고 노인전문병원이 74.6%로 각각 나타났다(표7-3참조).

현재 우리나라의 노인전문치료병원의 규모는 빈약하고, 의료서비스업과 무관한 기업이 참여하기는 어려운 분야이다. 앞으로 민간기업이 관심을 갖는 분야는 의료복지시설 중 유료노인양로시설, 노인전문요양시설, 유료노인전문요양시설 및 노인전문병원과 관련된 부문이다. 앞에서 살펴 본 바와 같이 보건복지부에서는 노인들에게 의료복지시설의 입소시설을 대폭 확충한다는 기본방향을 제시했다.

이 계획안에는 요양보호 대상자가 2010년에 79만 명, 2020년에 114만 명 정도로 추정됨에 따라 현재 의료복지시설에 요양보호대상자(경중이상)의 20% 수준으로 입소시설을 유지하고 2011년에는 수요를 완전히 충족시키기 위하여 매년 1,600억 원 정도를 투입해 공공부문에 요양시설을 매년 100여개 시설을 연차적으로 확충할 계획이다. 그리고 민간부문에서는 매년 2,000여 병상을 확충할 계획을 세우고 있다(표7-4참조).

2) 선진국의 사례

재가요양서비스 산업이 활발한 선진외국에서는 민간의 재가요양시설개설에 대한 법적 근거를 구비하여 다양한 운영주체가 참여하고 있다. 선진외국의 방문간호 서비스 운영주체를 살펴보면 미국은 독립형 민간영리기관(40%), 의료기관(30%), 공공기관(13%) 순이며, 일본은 의료법인(51%), 산단 및 재단법인(17%), 사회복지법인(10%) 순이다. 일본은 1992년 건강의료법 개정을 통해 방문간호사업소 개설의 법적 근거를 마련하고 사업소의 장을 간호사로 규정하고 있으며, 미국은 1966년 메디케어법 제정을 통해 메디케어 인증 독립형 민간 가정간호사업소가 출현하였다(고령및미래사회위원회, 2005).

일본은 방문간호 외에 방문개호, 방문목욕개호, 노인 용구·용품 대여 등의 다양한 서비스가 제공되고 있다. 일본의 재가요양서비스 종별 사업운영 형태를 살펴보면 방문개호는 사회복지법인(39.1%), 영리법인(36.1%), 방문목욕개호는 사회복지법인(67.0%), 영리법인(25.1 %), 복지용구대여는 영리법인(83.3%), 사회복지법인(5.6%)이 다수를 차지하고 있다.

미국에서는 1970년대부터 급성장하기 시작한 재택 간호서비스 분야가 국민의 관심 속에서 성장하고 있는데, 영리단체가 전체 운영의 약 50%를 차지하고 있다. 미국전역에 재택 간호서비스를 제공할 수 있는 체계를 24시간 운영·구축하고 있어 치료 개호, 가정봉사원 파견, 간호 및 의료기구나 의료용품을 공급하는 영역, 건강 상담 영역, 쇼핑대행 영역, 산책 서비스 영역 등의 사업이 있다. 미국에서 장기요양보호는 가장 표준화된 산업 중의 하나다. 이는 언론에 자주 노출되고 가족 및 소비자 그룹의 불만이 표출되는 분야로, 의회는 1987년 포괄예산조정법(OBRA: Omnibus Budget Reconciliation Act)의 일부로서 개정조항들을 통과시켰다.

이 법은 직원교육, 정규 서비스프로그램, 입소자 권리(존엄과 사생활보호를 포함)를 크게 강조하였다(Barbara, 2001).

한편 관련 산업과 유사한 분야에서 미국 내 노인들의 기본적인 주거문제나 의료보험

표 7-5 GDP 대비 의료비 비율 및 평균수명

(단위 : %, 세)

		한국	일본	미국	독일	프랑스	캐나다	영국
GDP 대비 의료비지출비중(2003)		5.6	7.9[1]	15.0	11.0	10.1	9.9	7.7[1]
평균수명(2002)	남	72.8[2]	78.3	74.4[2]	75.6[2]	75.8	77.1[2]	75.7[2]
	여	80.0[2]	85.2	79.8[2]	81.3[2]	83.0	82.2[2]	80.4[2]
	전체	76.4[2]	81.8	77.1[2]	78.5[2]	79.4[z]	79.7[2]	78.1[2]

주 : 1) 2002년 자료임, 2) 2001년 자료임.
　자료: OECD, OECD Health Data 2005-2005(이주선 · 권순만, 2006에서 재인용)

등 신체적인 필요를 충족시키는 수준의 서비스에서 벗어나 정신적으로 외로운 노인들을 위한 서비스 프랜차이즈가 등장하기도 하였다. 주거와 청소, 세탁, 식사 등 기본 서비스는 물론, 입주 노인들의 건강을 수시로 체크하는 의료서비스, 취미, 오락 등 여가생활을 돕는 상근 사회복지사까지 갖춘 노인주거전용 타운의 등장은 노인은 물론 현대를 사는 젊은 세대들에게도 미래를 제시해주고 있다. 홈시니어케어(home instead senior care)는 자식이 없거나 사정이 있어 자식과 떨어져 혼자 사는 노인들이 외로움을 느끼지 않도록 말벗도 되어주고 간단한 집안일 등 여러 가지 노인들이 하기에는 힘든 일을 대신해 주고 있다. 이곳의 직원은 모두 경험과 지식이 풍부하고 믿을 만한 사람들로 노인들에게 육체적, 정신적으로 최고의 서비스를 제공한다. 매우 간단한 이 프랜차이즈는 현재까지 확실하고 친절한 서비스로 미국에서 가장 빠르게 성공하고 있는 사업 중 하나이다. 한편 GDP 대비 의료비 비율과 평균수명을 비교해 보면(표7-5참조) 미국은 남녀의 평균수명에 비해 국민의료비 지출 비중이 다른 선진국 보다 매우 높은 편이어서 비효율적인 의료서비스 시스템을 가졌다고 할 수 있다. 그러나 미국의 경우는 의료비용이 기업들의 원가 상승에 크게 형향을 미치고 오히려 국제경쟁력을 저해하는 요인이 되고 있으므로 의료체계의 경쟁력은 낮지만 성장 동력으로서 의료서비스 산업경쟁력은 높다고 말할 수 있다.

일본의 경우 의료비 지출에서 65세 이상의 고령자가 전체 의료비 중 약 40%를 차지하며, 고령자 중 입원에 의한 의료비는 약 47%에 달하고, 의료 수요와 장기 입원 환자가 증가하고 있다. 민간 기업이 병원시설 뿐만 아니라 의료기기, 의료요원파견 등 다방면에 걸쳐 의료관련 사업(재택케어제외)에 참여하는 장기 입원 현상과 사회 전체적으로 의료수요가 지속적으로 증가하고 있다. 일본의 한 전자회사에서 운영하는 하이테크 실버타운 '신시어코우리엔' 이란 곳에서는 귀여운 곰인형 '테디' 가 실버타운에 사는 노인

표 7-6 의료 및 요양관련 실버산업 전략품목 시장 규모

(단위 : 억 원, %)

전략 품목	2002	2010	2020	연평균 성장률(%)
재가요양서비스	-	42,293	80,887	

자료: 고령및미래사회위원회(2005), 『고령친화산업 활성화 전략』을 재구성

표 7-7 재가요양서비스 부문의 정책기대효과

(단위 : 억 원)

전략 품목	현재 (2002)	정부지원 부재시(A)		정부지원시 (B)		정책효과 (B-A)	
		2010	2020	2010	2020	2010	2020
재가요양서비스	-	5,230	22,003	42,293	80,887	37,063	58,884

주 : 정부지원 부재 시(A)는 장기요양보험제도가 도입되지 않았을 경우를 가정
자료: 고령및미래사회위원회(2005), 『고령친화산업 활성화 전략』

들의 건강 및 생활을 돌보는 중요한 역할을 한다. 음성 인식 장치와 마이크로 칩, 로컬 네트워크 접속 기능 등을 내장한 곰 모양의 로봇이 노인들 방에 놓여져 그들의 일상생활을 모니터하는데 기본인사부터 가까운 가족이 없는 환자들이 인공 애완동물과 교제하며 애정을 나눔으로써 로봇이 가족의 역할을 대신하기도 한다.

한편 (표7-5)에서 보는 바와 같이 GDP 대비 의료비 비율과 평균수명을 비교해 보면 남녀의 평균수명에 비해 국민의료비 지출 비중은 다른 선진국에 비해 높지 않아 효율적인 의료서비스를 제공하고 있다고 할 수 있다.

3) 의료요양산업의 전망

고령및미래사회위원회(2005)는 재가요양서비스의 시장규모를 장기요양보험의 도입을 가정하여 2010년에 4조 원에서 2020년에는 8조 원 시장으로 성장할 것으로 추계하였다. 2010년 이후 10년간 연평균 6.7%씩 성장할 것으로 전망하였다(표7-6참조).

한편, 재가요양서비스를 중심으로 한 의료 및 요양관련 실버산업의 발전을 통해 다음과 같은 효과를 기대할 수 있다. 즉 고령화 사회의 노인요양 문제에 대한 사회적 공동대처로 노인 및 요양보호 가족의 부담경감 및 삶의 질 향상에 실질적으로 기여할 수 있다. 또한 노인분야 간호사, 노인간병 수발전문인력, 사회복지인력 등 신규 고용인력을 창출할 수 있어 실업난 해소에도 크게 기여할 것으로 기대된다. 특히 여성, 중장년층의 고용

창출은 2007년 17만여 명, 2010년 19만여 명, 2020년 27만여 명으로 추정되고 있다. 이와 함께 민간부문 요양보호 인프라 확충에 따른 경제 활성화도 기대할 수 있다. 2011년까지 민간 시설요양서비스는 457개소에 5,890억 원이 투자될 계획이며, 재가요양서비스에는 2,461개소의 지원시설 투자가 유도될 계획이다. 또한 의료 및 요양관련 산업은 실버산업의 구심점으로 활성화에 따른 다른 관련 산업(기기ㆍ노인용품, 보험ㆍ금융, 건설, 제약, 생활여가, 교통 등)의 부수적인 경제효과도 유도할 수 있다.

이와 같은 정부정책이 원활하게 이루어질 경우 재가요양 서비스 부문은 2010년에 약 4조 원, 2020년에 약 6조 원의 새로운 시장이 형성될 것으로 전망된다.

4. 과제 및 활성화 방안

앞에서 살펴 본 바와 같이 우리나라 노인의 절대다수(1996년 현재 99.7%)는 지역사회 내 일반 가정에서 생활하고 있는 재가노인이다. 연령이 증가할수록 장애나 질병을 가지고 살아갈 가능성이 더욱 커지는 노인인구에게는 건강의 다양한 측면이 강조되고 있다. 또 고령자들이 건강의 약화로 인해 질병에 걸릴 확률, 이환율이 높다는 사실은 노인들의 신변 보호나 간호의 일손이 더욱 커짐을 의미한다. 따라서 노인의 의료 및 요양보호는 다른 부분에 비해 더 노동집약적이고 비용도 더 많이 들 수밖에 없다. 관련 산업의 경영과제 및 활성화 방안에 대해 살펴보면 다음과 같다.

1) 의료요양관련 실버산업의 과제

(1) 서비스 영역의 미분화

노인의 질병과 장애에 따른 재가요양 서비스와 시설요양 서비스는 오랫동안 대립관계에 놓여 왔으며 아직도 두 개의 영역은 역사적, 개인적, 재정적, 그리고 각 영역의 종사자들에 대한 사회적 인식 등에서 서로 다른 점이 확인되고 있다. 그 관계는 단기회복 환자나 만성질환자 모두에게 있어서 수발을 제공하는 그 가족의 역할변화에 따라 복잡

해질 수 있다(Morris et al., 1998)는 것이다. 노인의 의료 및 요양보호를 3가지 방법으로
도 나누어 볼 수 있는데(박용옥, 2005) 첫째, 노인전용 의료 및 요양보호시설에 항시 거
주하며 보호를 받는 방법이 있다. 전용시설에 노인이 항시 거주한다는 것은 노인전문병
원, 간호시설, 혹은 일반보건인력이 배치되어 있는 노인전용주거시설에 거주하며 개개
인의 건강 상태에 따라 적절한 보호를 받는 것을 뜻한다. 둘째, 노인전용 의료보호시설
에 일시적으로 거주하거나 통원치료를 하기도 하며, 보호받는 방법으로는 필요에 따라
의료시설에 거주하거나 통원하면서 의료진료, 간호, 진단, 식이요법상담, 재활진료, 치
과진료, 심리상담, 언어교정 및 체육교육을 받는 경우이다. 셋째, 노인의 거주지에 의료
진이 방문하는 방법을 들 수 있다. 방문을 통한 보호란 보건의료진이 노인의 가정을 직
접 방문하여 필요한 도움을 제공하는 방법을 말한다.

이러한 재가요양과 시설요양의 2분법적 서비스 분류는 아직 관련 산업이 소비자의
요구와 기호에 따라 충분히 분화되지 못했음을 의미한다. 우리나라는 노인인구의 0.4%
만이 시설에서 보호를 받고 있으며, 나머지 99.6%는 일반가정에서 생활한다는 점은 앞
에서 살펴본 바와 같다. 이것은 시설확충이 미흡한 점도 있겠지만 근본적으로 시설에
대한 부정적 인식이 강할 뿐 아니라 재가요양과 시설요양 서비스의 중간에 대안적 요양
서비스 기관이 없기 때문이다. 따라서 의료 및 요양관련 실버산업 참여기업들은 오히려
이점을 주의 깊게 살펴보고 재가 및 시설요양 서비스 욕구에 대처해야 할 것이다. 즉 재
가요양 서비스와 시설요양 서비스의 연계성을 강화하기 위해 요양시설의 입·퇴소에
대한 유연성 확보와 퇴소 후 단기간의 요양기관 서비스에 대해 재가요양 서비스로까지
의 확대, 서비스의 조정, 발달된 통신기술의 활용, 그리고 건상과 사회서비스를 시원하
는 의료서비스와 사회서비스의 통합에 이르기까지 다양한 서비스를 고려해봄으로써 보
호의 연속성(continuum of care)이 가능한 사업모형을 구축할 필요가 있다.
Morris(1998)는 재가요양 서비스와 시설요양 서비스의 연계는 ① 노인인구의 증가와 은
퇴 후 연장된 수명, ② 의료적 보호 기술의 진보와 비용, ③ 가족구조의 변화, 그리고 ④
기대의 변화에서 그 답을 찾아야 한다고 하였다. 결국 재가와 시설요양 서비스의 2분법
적 획일 구도는 시장세분화에 큰 걸림돌이 되고 다양성과 변화를 추구하는 의료 및 요
양관련 노인소비자들의 욕구에 부응하지 못해 시장이 침제 할 가능성을 배제할 수 없다.

(2) 인력 및 정보부족

노인의료 및 요양관련 시설은 고령자에 대한 질병을 치료하고 요양하는 곳으로서 실

버산업 분야에서 중요한 비중을 차지하고 있다. 고령자가 지속적으로 증가하는데 따른 의료 및 요양수요의 증가(장기입원, 노인성질병의증가 등)에 대응하여 필요성이 대두되고 있으나 아직까지 고령자 질환(예, 치매나 알츠하이머 등) 에 대한 의학적 연구가 적극적으로 이루어지지 못한 분야도 있고 고령자를 위한 의료시설이나 요양서비스가 체계적으로 공급되지 못하는 부분도 있다. 또한 노인의 의료 및 요양관련 서비스가 지닌 정보의 비대칭성(Information Asymmetry)은 다른 연령층과 마찬가지로 공급자에 비해 소비자의 지식과 정보가 매우 부족한 문제로서, 소비자가 서비스의 비용과 만족도를 판단하여 합리적으로 의사결정을 하는 것을 가로막는 요인이다. 동시에 시장실패의 가능성을 높이는 요인이 되기도 한다(이주선·권순만, 2006). 특히 의사는 환자에게 최종 의료서비스뿐만 아니라 진단정보를 제공하며, 이 서비스는 의료 및 요양서비스의 소비에 필수적이므로 그 영향력이 절대적이다. 이와 같은 의료 및 요양서비스의 소비에 있어서 의료공급자의 비대칭적인 지식과 정보 그리고 이에 입각한 서비스 제공은 의료시장이 공급자시장(Seller's Market)이 되게 하는 중요한 원인이 된다. 이러한 의료서비스의 특성은 결국 의료 및 요양서비스의 효율성이 소비자의 선택보다 의료공급자의 경제적 인센티브에 의해 좌우되게 하는 결정적 요인이 될 수 있다. 따라서 의료 및 요양서비스 구매자인 노인이나 그 가족들의 알권리 등 소비자 주권 침해에 따른 피해의식 등이 산업 발전을 가로막는 요소가 될 소지가 있다.

또한 자격을 갖춘 전문인력 확충도 문제다. 이에 대해 노인복지법개정안은 요양보호사(1, 2급)를 두는 것으로 되어 있는데, 제도의 목적과 목표를 달성하기 위해서는 적용대상 노인과 그 가족에게 적절한 수준의 서비스가 제공되어야 하지만 현 제도에서의 간병인 등의 수준은 국민소득 수준과 국민의 욕구에 미치지 못하며, 전문화시대에 맞는 복지서비스를 반영하지 못하고 있는 실정이다(박명호, 2007).

(3) 요양서비스의 윤리적 쟁점

요양서비스의 대상은 허약한 노인들이다. 허약(frailty)이란, 일반적으로 생명체인 사람이 살아가는 과정에서 일상적인 활동이라 할 수 있는 휴식, 식사, 수면, 청결유지, 일하는 것, 운동 등의 생활내용을 아무런 고통이나 지장 없이 독립적으로 개인 스스로가 정상적으로 수행할 수 있는 최상의 쾌적한 상태가 아닌 경우라고 할 수 있다. 이러한 허약한 노인들을 대상으로 하는 의료 및 요양서비스는 본인이 이상을 느끼지 않는 사람도 치료자의 기준에서 보면 정상이 아닌 상태일 수 있다. 치료자의 판단기준은 시대적 산

이념	패러다임	주요가치	시간틀	전략
좌 파	탈시설화	자율성, 정의	미래(이상형)	법적권리
우 파	가족책임성	제한인 통제	과거(향수)	민영화
자유주의	최소한의 제한적 대안	적절한 입소	현재의 지위(기술)	전문가 판단

자료: Moody(1992), 『ETHICS in an Aging Society』20)

물이자 그 사회의 이데올로기의 결과물(표7-8참조)이며, 따라서 시대와 장소에 따라 이 기준은 변해왔듯이 노인의 허약함도 노화나 장애 혹은 노화에 따른 장애 등과 함께 한 시대의 사회적 구성물로서 보는 것이다. 개인과 사회는 건강문제에 대응함에 있어, 그들의 문화, 규범 그리고 가치에 따라 일관된 방식을 취하는 경향이 있으며 이는 건강이 단순히 생물학의 문제만이 아니고 그 본질상 사회, 문화, 정치 그리고 경제적인 많은 요소들과 관련되어 있기 때문이다(한국노년학회, 2002).

재가요양 서비스의 경우, 재가요양의 주요한 특질은 노인환자에 대한 요양서비스가 가족에 의해 제공되든 유료서비스에 의해 제공되든 간에, 재가요양은 닫혀 진 방문 뒤에 존재하는 사적세팅에서 제공된다는 것에 있다. 가정세팅은 개인적 취향과 거기에 살고 있는 사람들의 라이프스타일에 의해 규정되며 병원이나 요양원 같은 시설세팅과는 반대이다(Miller, 1999). 때문에 중요한 윤리적 딜레마는 같은 행동이라도 어떤 경우는 좋은 점으로도 혹은 부담으로도 비쳐질 수 있다는 점이며, 또한 환자에게 문제가 생겼을 때, 환자와 그 부양자와 의견이 다를 때는 누구에 의견을 따라야 하는 가하는 점 등을 들 수 있다(Moody, 1992).

한편, 고령은 독립과 의존사이의 상반되는 힘의 투쟁으로 본다. 노인들은 자율성과 관련된 기능의 상실을 경험하기 때문에 타인으로부터 지지와 보호를 필요로 한다. 그러나 한편으로는 개인적 비용을 감수하더라도 간섭받고 싶지 않아 보호에 대한 욕구를 거부하는 양면성을 갖고 있다. 이러한 우려는 시설요양 서비스 환경에서도 예외는 아니다. 또한 고령화에 따라 의존성(dependence)[6]은 의료화와 자율성이라는 두 가지 관점

---

6) Blenkner(1969)는 의존성을 4가지 유형인 경제적 의존성, 신체적 의존성, 정신적 의존성, 사회적 의존성으로 나누었고, Otten & Shelley(1977, 재인용)은 의존성에 대한 노인의 변화 단계를 제시하였는데, 첫 번째 단계에서 노인들은 신체적인 힘이 요구되는 과업을 단념하고, 둘째 단계에 반독립성/반의존성의 단계(half independence/half dependency)로 쇼핑, 가벼운 집안일 등을 수행할 수 있다. 이어서 완전한 의존성(fell dependency)의 단계로 이행되는데, 이 단계에 도달하면 부양자는 노인을 위한 사회적 책무를 물론 일신상의 수발도 제공하여야 한다고 하였다(이정서 외2인, 2005에서 재인용).

의 접근이 가능하다. 즉 의료화는 고령을 생리적 변화의 악화로 구분하며 생의학이 존중되고 사람들은 허약을 예방하고 점검하고 관리하기 위해 의료전문인의 개입을 원한다고 가정한다. 한편, 자율성은 의학적 의사결정에 반대한다. 왜냐하면 개인의 자율성, 시설감금과 지배로부터의 탈피를 문화적 이상으로 보기 때문이다. 더불어서 사람들은 보건보호의 소비자로서 선택의 권리와 거부의 권리 모두를 갖는다는 의식을 가져야만 할 것이다. 따라서 이러한 요양서비스 환경에서 서비스 제공자들은 노인의 본질적 특성과 함께 윤리의식뿐만 아니라 의존성에 따른 의료화와 자율성간의 의사결정에도 신중을 기하여야 한다.

2) 의료요양관련 실버산업의 활성화 방안

(1) 서비스 영역의 세분화

재가요양과 시설요양의 2분법적 서비스 분류는 시설에 대한 일반의 부정적 인식[7]이 강할 뿐 아니라 재가요양과 시설요양 서비스의 중간에 대안적 요양서비스 기관이 없기 때문이다. 방문간호사업과 실버산업이 잘 발달한 미국의 경우 재가요양과 시설요양 서비스의 중간범주에는 가택보호(domiciliary care)[8], 쉼터(sheltered housing), 관인(官認) 성인주거(certified adults residential environment), 중간주택(intermediate housing), 성인요양보호(adult foster care), 생활지원시설(assisted living facility), 소규모 집합주택(small congregate home), 집합 및 기타 계획주거(congregate and other planned housing), 소규모 그룹홈(small group homes), 공용주택(shared homes), 그리고 호텔 객실 주거(single rooms occupancy hotels) 등 다양한 주거 및 요양서비스 유형이 존재한다(Rubinstein, 1993). 유료요양서비스는 유료주거서비스와 맞물려 있으면서 재가요양과 시설요양 서비스의 양극단 사이에 소비자의 다양한 상황들에 맞는 다양한 형태의 유료요양 서비스를 제공하고 있다.

따라서 눈앞에 닥친 노인장기요양보험제도의 시행에만 급급하지 말고 장기적인 안목으로 차별화된 서비스 제공을 위해 의료 및 요양관련 실버산업 참여 기업들은 유료

---

7) 이정서 외2인, 『재가노인복지론』, 유풍출판
8) 주택과 간호를 제공하는 서비스

주거시설과 연계하여 구매자의 다양한 선택이 가능하도록 재가요양과 시설요양 사이의 폭넓은 스펙트럼(spectrum)을 가질 필요가 있다.

(2) 인력확보 및 정보공개

노인장기요양보험제도의 목표가 노인 삶의 질 향상이라고 본다면, 그 하위 목표는 일자리 창출이라고 볼 수 있다. 현재 노인수발인력으로 양성되며 활동 중인 인력은 생활보조원, 가정봉사원, 간병인, 간호사, 케어복지사 1급, 2급 및 도우미 등으로 불리어지고 있으며, 이들은 명칭이나 교육주체, 기관도 다르며 교육 및 훈련내용이 각자의 기관의 성격에 따라 상이하고 서비스 역할과 내용에도 차이가 있다(박명호 외, 2007). 따라서 노인복지법 개정안에서 제시된 데로 전문요양인력을 양성하는데 있어서 국민의 기대와 요구하는 수준에 맞는 능력 있는 요양보호 인력을 양성하기 위해서는 교육기관의 설치에서부터 교육기간 중이나 과정종료 후에 교과과정의 준수여부 등 교육기관의 질

관련 산업의 참여 주체들은 시장세분화원칙에 의해 일부 경제력을 갖추고 보다 차별화된 서비스를 원하는 소수의 노인소비자를 대상으로 한 의료 및 요양보호 서비스 상품 개발에도 박차를 가하여야 할 것이며 소비자 만족을 위한 관련분야의 정보의 비대칭적 요소를 해소하여 소비자의 알 권리를 보호하는 데에도 앞장서야 할 것이다.

(3) 서비스 제공자의 윤리의식 강화

재가요양보호 서비스 제공은 허약하고 의존적인 노인환자를 대상으로 폐쇄된 공간에서 이루어진다. 가정세팅은 개인적 취향과 거기에 살고 있는 사람들의 라이프스타일에 의해 규정되며 병원이나 요양원 같은 시설세팅과는 반대이기 때문에 서비스 제공자들은 환자의 편의나 자기결정권을 존중하도록 하여야 한다. 요양보호 대상자는 소속 기관의 정책이나 일정에만 급급하여 환자를 소홀히 대할 수도 있으며 고지된 동의(negotiated consent) 없이 넘어갈 수도 있다. 특히 환자와 환자 가족의 의견이 다를 때, 고지된 동의는 일방적 동의(informed consent)에 의해 자취를 감출 수도 있다. 즉 자기결정과 존경받을 권리, 사생활을 보호받을 권리, 치료를 거부할 권리, 최소한의 제한적 환경에서 치료받을 권리, 그리고 궁극적으로는 죽을 권리까지도 자율권으로 지지받아야 마땅함에도 그렇다는 것이다(Moody, 1992).

요양보호 현장에서 서비스 제공자가 직면하게 될 수 있는 윤리적 문제들은 크게 클라이언트와 관계되는 것 세 가지로, 클라이언트와의 자기결정권과 클라이언트의 비밀보

장, 그리고 클라이언트의 알권리에서의 딜레마들이며 가치유보 대 가치표명과 같은 문제도 있다. 따라서 요양보호 인력 양성 시 윤리교육을 필수과목으로 넣을 뿐만 아니라 요양보호 전문인력이 지켜야 할 윤리강령을 마련하여 실천하도록 하여야 할 것이다.

제 8 장 의료복지 기기관련 실버산업

1. 개요

의료복지 기기관련 실버산업은 노인 자신을 위한 것일 뿐 아니라 주변 가족들을 대상으로 하여 편의를 제공할 수 있는 노인용 보장구 및 기기를 다루는 산업으로 노인들을 수발하고 있는 재가요양서비스 전문요원 등에게도 편의를 제공할 수 있다. 특히 노인장기요양보험제노에 의해 새가요양시비스에 대힌 수요외 공급이 많아질 것으로 예상되어 노인복지기기와 복지용구는 재가요양서비스 인력의 부담을 크게 경감해 줄 수 있기 때문에 그 중요성이 매우 크다.

1) 의료복지 기기관련 실버산업의 개념

미국 클링턴 대통령 시절, 대통령 자신이 다리를 다쳐 휠체어를 타고 목발을 짚으며 미·러 정상회담과 집무하는 모습이 언론에 보도된 적이 있다.

그는 "(이제야) 장애인들의 고통을 알았으며 또한 (고통을 이겨내고 있는 장애인들을) 존경한다"고 말했다. 주목할 만한 사실은 클링턴 대통령이 휠체어와 목발을 이용하여 그가 겪고 있는 일시적 장애를 이겨내었으며, 보장구 사용을 통해 미국의 대통령이란 막중한 역할을 차질 없이 수행했다(박윤서, 1997)는 점이다. 이 경우와 좀 다르기는 하겠으나 노화로 인해 발생하는 노인의 장애를 정상화시키기 위한 분야가 의료복지기기 부문이라고 할 수 있다. 노인의 정상화(normalization)는 노화 이전으로 신체기능을 되돌려 놓자는 것은 아니다. 발생한 장애를 있는 그대로 받아들여 노멀한, 즉 보통의 생활을 할 수 있는 조건을 제공하는 것이다(오쿠마 유키코, 1998).

최근 국내에서는 국민소득의 증가에 따른 생활수준의 향상으로 인하여 경제력, 시간, 건강 등을 갖춘 고령자가 증가하고 있다. 기존 노령계층을 대상으로 한 단순 의료·요양서비스에서 제공되었던 것과는 차별화된 새로운 차원의 의료복지기기의 수요가 예상되고 있다. 즉 현재까지는 고령자에게 필요한 용품을 자녀가 구매해 주는 경향이었으나 향후에는 고령자 자신의 필요에 의해 직접 물품을 구매하는 주체세력으로 등장할 것이다. 의료복지 지기는 "각종 소모성 질환에 노출되기 쉬운 현재의 고령자, 예비 고령자는 물론 개호자 계층 등이 쾌적한 노후와 사회활동을 영위할 수 있도록 하기 위한 의료, 생활, 주거, 여가활동, 산업지원관련 분야 등에서 사용하는 의료복지 기기"를 말한다. 그리고 의료복지 기기관련 실버산업은 그와 관련된 의료복지기기를 제조하는 산업 군을 의미한다(고령및미래사회위원회, 2005).

2) 의료복지기기의 범위 및 사용대상

의료복지기기분야는 (표8-1)과 같이 의료, 생활, 주거관련, 여가활동, 산업지원 분야 등으로 분류되며 의료관련 분야는 재택, 원격진단 진료시스템, 신체기능보조대상 시스

표 8-1 의료복지기기의 범위

분야	구분
의료관련 분야	재택, 원격진단/진료시스템
	신체기능보조대행(재활포함)시스템
	PDA형 다기능 건강정보 시스템
생활관련 분야	간호지원 시스템
	실내외 이동지원시스템
주거관련 분야	첨단 주거시설 및 시스템
여가활동 분야	운동/오락용 시스템개발
산업지원 분야	산업화 지원센터 구축

자료: 고령및미래사회위원회(2005), 『고령친화산업 활성화전략』을 재구성

템, PDA(Personal Digital Assistants)형 다기능 건강정보 시스템을 포함하고 있으며 생활 관련 분야는 개호지원 시스템, 실내외 이동지원 시스템 등을 포함한다.

구체적으로 기기들은 장기요양 대인보호서비스에 효과적이며, 장애인에게 일상생활 수행 시 자기효능감 증대, 부양자의 부양부담 감소, 장애인에게는 위험을 감소시킨다(Morris, 1998). 이러한 의료복지기기는 BT, IT, NT 지능형 융합기술 산업으로써 기존 생활·건강용 의료복지기기의 편리성 및 안전성을 개선시킨 Universal Design[1]제품으로써 고령친화폰, 재택원격 헬쓰케어 시스템, 모듈형 휠체어, 인공 의·수족, 전동식 침대 및 생활 건강용품 등이 있다.

의료복지기기의 사용대상은 고령자뿐만 아니라 요양보호자, 장애인 등 폭넓은 대상층을 가지고 있으며 모든 계층의 최종목표는 건강유지 및 사회활동으로써 건강한 삶을 유지하기 위해서는 의료관련분야의 활성화가 필요하다(그림8-1참조).

현재 고령자는 베이비붐 이전 세대(1952년 이전 생)가 주 대상이며 예비고령자는 베

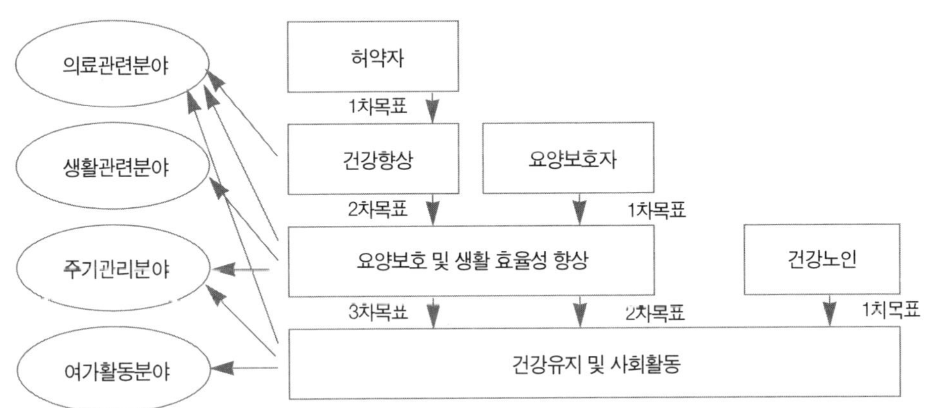

자료: 고령및미래사회위원회(2005), 『고령친화산업 활성화 전략』을 재구성

[그림8-1] 의료복지기기 사용대상

---

1) 최초 UD란 1980년대에 미국 노스캐롤라이나 주립 대학의 로날드 메이스 교수가 제창한 개념을 말한다. 신체에 장채가 있었던 그는, 장벽을 제거하는 'barrier-free'가 아닌, 가능한 많은 사람이 사용 가능하도록 제품이나 건물, 공간을 디자인 하는 것을 UD라고 칭하며 도입을 주창하고 ① 공평한 실용성(equitable ese), ② 유연성(flexibility use), ③ 간단한 느낌으로 사용가능(simple and intuitive use), ④ 감각으로 아는 정보(perceptibel information), ⑤ 에러 대응(tolerance tor error), ⑥ 적은 육체직 노력(low physical effort), ⑦ 이용하기 쉬운 크기와 공간(size and space approach) 등 7원칙을 주장하였다.(전진용, 2007에서 재인용)

이비붐세대(1953년~1965년생) 이후 부터가 주 대상으로써 (표8-2)와 같은 특성을 지니고 있다. 요양보호자는 신체적·정신적 결함으로 타인의 도움을 받아야만 일상생활이 가능한 사람 즉 와상고령자, 치매고령자, 중증장애인들에게 일상생활을 원조하며 자립생활을 영위하도록 하여 보다 나은 삶을 살 수 있도록 도움을 주는 대상이다.

2. 의료복지기기의 유형

　의료복지기기의 유형을 여기서는 크게 의료관련분야, 생활 관련분야로 나누어 살펴보기로 한다. 의료관련분야는 다시 재택, 원격진단/진료시스템과 신체기능보조대행시스템으로 나누고 생활관련분야는 간호지원관련과 실내외 이동지원시스템으로 나누어 살펴보기로 하겠다.

1) 의료관련분야의 복지기기

(1) 재택 · 원격진단/진료 시스템

표 8-2 재택 · 원격진단/진료 시스템

재택 · 원격진단/진료 시스템			
혈압계	혈당계	체온계	계측기/심장박동기
자동산소/인공호흡기	네블라이저(약재흡입기)	섹션기(이물질제거기)	산소통 세트
호흡측정기	비염관련	혈당시험지/소품	청진기

자료 : http://www.healthjongro.co.kr/[2]
　　　 http://www.noamaill.co.kr/

---

2) 건강종로의료기 : http://www.healthjongro.co.kr/

(2) 신체기능보조대행 시스템

가. 신체기능보조

표 8-3 신체기능보조대행

신체기능보조대행			
보행보조기	지팡이	목발	보청기/후두기

자료 : http://www.healthjongro.co.kr/

나. 재활

표 8-4 재활기기

재활기기			
저주파발생기	적외선/원적외선조사기	찜질기/핫팩	디스크허리(목)관절
파리핀/왁스	침대(수동/전동)	특수(배변용침대)	목프랙션/팔회전운동기

자료 : http://www.healthjongro.co.kr/

2) 생활관련분야 의료복지기기

(1) 간호지원 시스템

표 8-5 간호지원 시스템

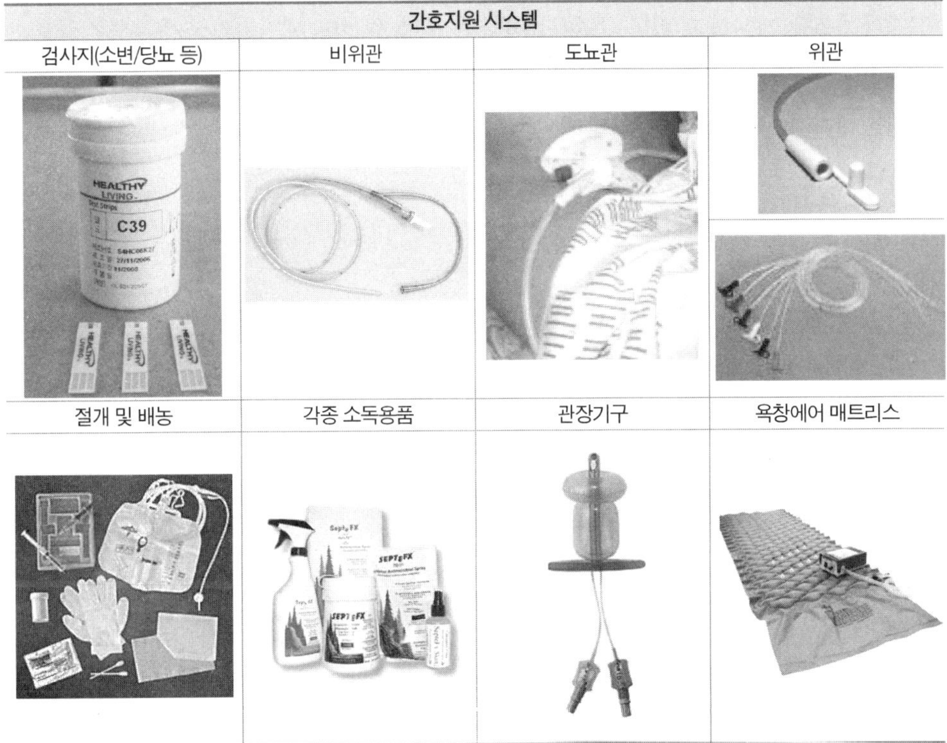

간호지원 시스템			
검사지(소변/당뇨 등)	비위관	도뇨관	위관
절개 및 배농	각종 소독용품	관장기구	욕창에어 매트리스

자료 : http://www.healthjongro.co.kr/

(2) 실내외 이동지원 시스템

표 8-6 실내외 이동지원 시스템

실내외 이동지원 시스템		
이동경사로	전동리프트	실버카

자료 : http://www.healthjongro.co.kr/

3. 의료복지 기기관련 실버산업의 현황과 전망

급속한 노령화는 국내 의료복지기기 실버산업이 다른 나라에 비해 빠르게 성장할 수 있는 가능성을 제시하고 있다. 특히 실버산업 분야 중 의료복지기기산업은 중소규모의 기업이 많은 우리나라에서 소량, 다품종 생산을 할 수 있는 장점을 가지고 있다. 여기서는 의료복지기기관련 실버산업의 현황과 선진국 현황, 그리고 관련 산업을 전망해보고자 한다.

1) 의료복지기기 실버산업의 현황

(1) 산업의 외부환경

가. 사회 · 경제적 측면

가족기능의 변화로 저출산이 확산되자 인구의 고령화가 심화되었고 여성의 경제활동참여율 증가 등으로 전통적인 가족 부양기능이 상실되어 고령자 부양 문제가 대두되고 있다. 또한 노동연구원에 따르면 인구 고령화는 1980년~1997년을 기준으로 할 경우 향후 50년 동안 생산가능인구의 실질 성장률을 연간 약 1.5% 포인트 하락시키는 것으로 분석되고 있다(표8-7참조). 인구 고령화는 생산가능인구의 감소와 피부양인구의 증가를 통해 경제성장을 둔화시킨다. 노년인구의 증가와 함께 유년인구의 감소로 고령화가 빠르게 진전됨에 따라 고령인구에 대한 부양 부담이 크게 늘어날 전망이다.

OECD는 우리나라가 고령화로 인하여 연금, 보건, 의료 등 고령화 관련 재정지출이 현 GDP의 2%에서 50년 후에는 8.5%로 증가하여 재정에 심각한 부담을 줄 것으로 전망하고 있다. 현재 고령인구의 만성질환으로 인한 장기 입원 등으로 의료보험 부담이 급

표 8-7 생산가능인구와 피부양인구의 연평균 증가율

(단위 : %)

	75-2000	80-2000	85-2000	2000-2015	2000-2020	2000-2025
생산가능인구(A)	2.56	2.11	1.73	0.52	0.32	0.08
피부양인구(B)	-0.41	-0.38	-0.35	0.36	0.50	0.85
100(B/A)	-15.9	-18.1	-20.3	69.7	156.2	1,062.5

자료: 한국노동연구원(2004 재인용)

중하며 연금수혜자의 빠른 증가와 장기 요양시설 등 고령자 복지수요의 증가로 재정부담이 늘어가고 있다. 경제활동인구와 고령인구 부양을 위한 조세 및 준조세증가에 대한 불만으로 세대 간 갈등이 조장되고 고령인구의 사회적 소외가 우려되고 있다.

나. 복지규제 측면

현행 국민연금제도는 〈표8-8〉과 같이 2050년에는 국민연금가입자수 1160만 명, 노령인금수급자 1027만 명으로 가입자와 수급자가 거의 동수를 기록, 노령연금수급률이 88.5%에 이를 것으로 전망된다(보건복지부, 2004). 현행시스템이 지속될 경우 국민연금은 현재 노동시장에 진입하는 근로자가 은퇴하게 될 2043년에는 재원이 다 소진될 것이며, 다만 국민연금 보험료율을 현재의 2배가량인 17.25%까지 올린다면 연금체계가 2080년까지는 유지될 것으로 전망되는데, 급격히 늘어나는 고령인구와 저금리가 그 원인으로 지목되고 있다.

우리나라보다 먼저 고령화 사회에 진입한 선진 국가들은 이미 인구고령화가 필연적으로 각종 사회보장제도의 재정고갈을 가져올 것으로 예상하고, 이에 대비한 정책을 추진하였다. 따라서 우리 정부는 2008년 공적노인요양보험제도를 전면 도입, 단계적 확대 추진을 통해 2013년 전면 시행을 천명하였으며 현행 요양보장제도로는 고령화 사회에서의 고령자 요양문제에 적절히 대처할 수 없다는 인식하에, 만성질환 등 장기요양이 필요한 고령자를 대상으로 보건, 의료, 요양, 복지 등 모든 형태의 보호서비스 제공을 목직으로 추진 예정이다.

다. 기술적 측면

국내의 전자의료기기 관련 산업의 기술 수준은 G8국가에 비해 매우 미약한 편이지만, 우리나라의 강점인 IT산업과 의료공학을 접목시킨 의료복지기기산업은 향후 고도

표 8-8 국민연금 수급률

(단위 : 명, %)

연도	국민연금가입지수(A)	노령연금수급자수(B)	수급률(B/A)
2002	1,620	60	4.5
2010	1,762	235	13.3
2030	1,566	657	41.9
2050	1,160	1,027	88.5

자료 : 보건복지부(2004 재인용)

표 8-9 생산규모별 업체 수 및 생산현황

(단위 : 개, %)

구분	업체수	인원수	생산액(천원)
100억 원 이상	25(2.4)	3,826(17.5)	551,855,626(41.6)
50~100억 원 미만	32(3.1)	2,545(11.5)	227,329,039(17.1)
10~50억 원 미만	172(17.0)	5,986(27.5)	398,240,399(30.0)
1~10억 원 미만	364(35.9)	4,793(22.0)	138,594,015(10.4)
1억 원 미만	419(41.4)	4,616(21.2)	11,087,008(0.8)
계	1,012(100)	21,766(100.0)	1,327,106,087(100)

자료: 한국의료용구공업협동조합(2004, 재인용)

의 기술과 지식능력을 갖춘 연구개발 사업단을 중심으로 기반 기술 및 제품화 기술 개발을 지속적으로 이루어 나갈 경우 충분히 기술을 선점할 수 있으며, 선진국과 경쟁할 수 있는 분야이다. 의료복지기기산업은 고도의 연구개발을 필요로 하는 기술 및 지식 집약적 산업으로서 산업경쟁력을 확보하기 위해 지속적인 기술개발, 기술혁신, 기술지도 등이 요구되는 분야이므로 산·학·연·관의 유기적인 연계가 필수적인 분야이다.

의료복지기기기술은 지식 기반형/국제경쟁력 확보가 가능하며, 고령사회 대비 및 고부가가치 중소기업형 미래 산업기술로서 국가 복지수준에 대한 지표가 되며 국민 삶의 질 개선에 직접적으로 기여할 뿐만 아니라, 임상의학(MT)와 생체공학(BT), 정보기술(IT) 및 극미소 센서기술(NT)등의 첨단기술이 융합된 첨단 산업기술로서 연구개발이 절대적으로 필요하다.

(2) 산업의 내부 환경

가. 산업경쟁력 발전모델 연구

산업의 내부 환경에서의 발전모델은 먼저 산·학·연 공동개발전략에 의한 공동의 생존전략 마련 및 지원책이 필요하며 산업주체간의 분명한 역할분담을 통한 기술력, 경쟁력 증대를 위한 산업화 방안과 융합 기술개발 추진체계를 마련해야 한다. 연구결과 공유를 위한 인터넷 기반 데이터베이스를 구축함으로써 대학, 연구소, 바이오 벤처, 대기업 정보 공유를 통한 공동 산·학·연의 활용을 극대화 할 수 있다. 또한 사용자 및 수요자 중심의 마케팅 전략 수립 및 정보 교류의 활성화가 극대화되면 병원 및 의사 등의 역할 증대를 통해 상호 이익 창출 모델을 구축해야 한다. 그 방안으로 새로운 장비를 의료복지기기 사용자인 의사, 환자들이 사용한 후 사용자의 의견이 충분히 반영될 수 있는 채널을 마련하고 이들이 직접 마케팅에 참가함으로써 수출 증대 등의 상승효과를 극

표 8-10 수출액 기준 상위 10위 품목

순위	품목명	2002년	2003년
1	초음파 영상진단기기	156,422,842(1)	116,922,705
2	시력교정용의 컷(플라스틱)	55,341,920(2)	80,622,958
3	주사기(바늘의 부착여부를 불문)	32,422,899(3)	32,387,079
4	콘돔	12,346,162(5)	22,593,895
5	기타(의료용기기)	3,114,022(19)	18,877,332
6	혈압측정기기	22,290,000(4)	17,046,571
7	마사지용기기	-	16,454,996
8	안과용기기	4,995,080(17)	15,461,895
9	기타(엑스선기기)	5,857,724(14)	14,516,767
10	환자 감시장치	6,473,927(12)	14,063,152

자료: 한국의료용구공업협동조합(2004, 재인용)

표 8-11 전자의료기기 무역수지

(단위 : 억 원, %)

구분	수입(A)	수출(B)	무역수지(B-A)
2001	11,139	5,616	△5,523
2002	12,810(5.5)	5,897(3.1%)	△6,913
2003	14,347(15.6)	6,147(6.1%)	△8,200

대화시킬 수 있을 것으로 예상된다.

나. 산업구조 분석

의료복지기기의 모태산업인 전자의료기기산업은 (표8-9)와 같이 2004년 상반기 현재 1,000여개의 영세한 업체 위주로 형성되어 있다. 국내 전자의료기기 생산업체 중 57% 이상이 연간매출액 10억 원 미만인 중소기업 위주의 산업으로 국간 품질의 인지도가 취약한 상황이다.

또한 수출액 기준 상위 품목을 (표8-10)에서 확인해보면 일회용 주사기 등 단순 저가형 수출이 대부분을 차지하고 있으나 주요 수입 품목은 자기공명전산화단층촬영장치, 초음파영상진단장치, 인공관절 등 대부분의 고가 장비들로 구성되어 있다.

전자의료기기산업이 국내 시장 규모는 2003년에 2조3천 억 원으로 점차 증가추세이나 수입의존도가 매우 높은 편이다. 수출은 전년대비 6.1%가 성장하였으나 수입은 전년대비 15.6%가 성장 하였나. 이 같은 고가 기기의 막대한 수입량으로 인해 의료기기 무역수지는 적자를 기록하고 있으며 점차 적자폭도 확대되고 있다(표8-11참조).

그러나 정보기술 인프라와 반도체 산업의 경쟁력이 세계 최고수준이며 제조 경쟁력이 높고 한방의료기기의 경우 서방국가에서 대체의학 분야로 관심이 많으나 원천기술이 미흡하므로 동양권 국가들의 주도권 다툼이 예상되며 집중 육성할 경우 성공 가능성이 매우 높다. 한편 국내 업체의 세계시장 점유율은 약 3% 수준에 불과하지만 품질확보 및 표준화 등을 주도 할 경우 2010년경에는 점유율 10%이상 달성이 예상된다(산업자원부, 2003).

다. 내부역량분석

우리나라는 세계최고의 IT기반기술을 갖추고 있다. 전국적인 유선통신망의 고도화 및 이동전화의 확대, 초고속 인터넷 접속망의 구축 등으로 확보한 정보네트워크는 세계적이다. 제3세대 이동전화 서비스와 함께 무선인터넷, 유무선 통합서비스 등 미래 정보통신 부문에서도 활기를 띄고 있으며 이를 기반으로 국내외 재택 및 원격의료기기시장 및 국제표준화 선점도 가능할 것이다. 또한 우리나라는 국가별 원천특허 기술보유 측면에서도 90년대 이후 급신장세를 보이고 있다.

한방의료기기의 경우 의료복지기기로 즉시 대체가 가능한 분야이며 서방국가에서는 관심이 고조되고 있으나 본격적으로 산업화되고 있지 못한 실정이고 우리나라를 비롯한 중국, 일본 등 동양권 국가들의 주도권 다툼이 예상되며 집중 육성할 경우 성공 가능성이 높은 것으로 분석된다. 그리고 제조기술 관련업체가 경기도 일개 시의 경우만 해도 800여개의 업체가 있으며 제조공정기술이 높고 부품을 이용한 완제품 생산능력이 우수하다. 또한 다 학제 간 융합기술이 한국인의 민족사상상 의학·과학·철학부분에 있어서 서로 교류가 활발하여 기술융합화가 가속되고 있어 최근 의료기기 분야의 협동연구 및 기술지원 기반이 양호한 편이다.

2) 선진국의 사례

(1) 일본

일본은 단일국가로는 세계에서 두 번째로 큰 시장을 형성하고 있으나 현재 일본 의료서비스 산업은 고령화 인구의 증가, 국가의료지출의 증가 및 신약에 대해 이루어지는 지루한 임상실험, 의료기구와 장비가 상업화를 위해 거쳐야 할 승인과정이 소모적인 문제점을 안고 있다. 또한 일본 의료기구와 장비분야 시장의 특징은 국내 제조업체들이 비교적 가격이 싼 의료장비를 제조하고 복잡하고 정교한 의료기구들은 유럽, 미국 등과 같은 선진국으로부터 수입에 의존하고 있다. 이런 문제점을 극복하고 실버용 산업분야를 발전시키기 위해 일본은 의료·복지기기 분야에서 NEDO(신 에너지 산업기술총합개발 기구)가 주관이 되어 건강수명 연장을 위한 의료복지기기 및 사회참가를 지원하는 기기의 개발을 도모하고 있다. 또한 2025년에는 실버산업과 건강의료, 복지간호 등 고령사회 산업이 현재 39조 엔에서 155조 엔으로 늘어날 것으로 예측되며 국가예산 대비 17%를 고령자 복지 예산액에 배정하는 등 0.28%에 불과한 우리나라와는 비교가 안 될 정도로 실버산업에 상당한 관심을 기울이고 있다.

의료·복지관련분야의 고용규모·시장규모는 1999년 5월 정부회의에서 결정된 "경제구조의 변혁과 창조를 위한 행동계획"에서 고용규모와 시장규모에 대해 1997년 약 348만 명 고용에 약 38조 엔 시장예측을 2010년에는 약 480만 명 고용에 91조 엔 정도로 보고 있어 약 2.4배의 성장치를 전망하고 있다. 향후 10년간 발전이 기대되는 분야는 간호서비스로서 건강에 대한 불안해소 수요로 20조 엔을 전망하고 있으며 그 중 의료관련 부분은 약 5조 엔 정도를 전망하고 있다. 국립사회보장·인구문제연구소에서 공개되고 있는 후생성 발표자료에 의하면 시장규모 장래추계는 (표8-12)과 같다. 여기서는 2000년에서 2010년에 걸쳐 고령자 인구가 약 1.3배가 되면서 의료나 복지 등에 관계되는 사회보장비는 1.7배 전후가 되고 그 중에서도 개호에 관계되는 사회보장비는 2~2.5배가 된다는 가정 하에 시장규모를 추계하였다.

(2) 미국

지난 20세기 동안, 미국 내 고령자(65세 이상)의 수는 10배로 증가했으며, 1900년에

표 8-12 의료서비스 · 의료기기산업

항목명	2000년 (조 엔)	2010년 (조 엔)
재택의료기기, 시스템	0.2	1.8
인공장기, 인공조직	0.3	0.8
재택원격진단시스템	0.1	0.7
화상진단장치	0.3	0.7
고도진료지원시스템	0.1	0.3
가정용치료기	0.2	0.2
계	1.3	4.5

자료: 미쯔비시리서치 발행, 『21세기 기술과 산업』

는 310만 명, 1994년에는 3,220만 명, 2000년에는 3,500만 명으로 이는 전체 인구의 13%에 달하는 것으로 추정된다. 따라서 2050년까지는 미국인의 20%가 고령자일 것으로 전망되며 2001년 US Department of Health and Human Services에서는 미국 인구의 8명 중 1명이 고령자이며, 2000년 한 해 동안 매일 5,574명이 65세 생일을 맞이한다고 밝혔다. 미국의 실버산업은 전통적인 실버산업인 고령자 주택, 케어스트레스, 건강관련산업, 의료, 생활보조기구 등에 최근에는 스포츠용품, 여가, 여행 프로그램, 건강관리프로그램, 상담프로그램, 노년을 대비한 보험 산업까지 그 종류가 매우 다양하며 시장규모는 약 5천 억 달러에 이르는 것으로 추정되며, 이는 일본의 약 3배 정도에 해당되는 규모이다.

(3) 유럽

독일은 1975년 "건강을 위한 연구개발" 계획을 세워 현재까지 수십억 마르크의 재원을 투입하고 있으며 Otto Bock사를 중심으로 이미 세계최고수준의 신체기능 대체 및 보조기술을 확보하고 산업화에도 성공하여 이 분야의 선두주자로 인정받고 있다. 유럽인의 삶의 질을 향상시키기 위한 계획의 일환으로 1984년부터 2002년 EURTC(European Union Research and Technical Development)계획을 수립하였으며, 특히 FP5(Fifth Framework Programmer)기간 동안 14,960 백 만 유로화의 예산을 투자하였다. 1991년부터 2000년까지는 고령자 및 장애인 종합 기술지원 프로그램인 TIDE Program 을 수행하였으며, 재택 진료를 중심으로 하는 재가서비스 기술개발프로젝트인 Telematics Phase Project를 1995년부터 2000년까지 진행하였다.

3) 의료복지 기기산업의 전망

(1) 수요자 측면

2010년 기기산업의 시장규모는 약 1조 7천 억 원에 이를 것으로 전망되며 이 비율은 매년 증가할 것으로 예상된다. 이 시기에는 65세 이상 인구가 5,302천 명이며 이 중 87%가 당뇨병, 고혈압, 심혈관계질환, 뇌혈관질환, 관절염 등 노인성 만성질환을 앓게 될 것이고 전체 고령자의 35%가 타인의 도움 없이는 일상생활 유지가 곤란할 것으로 예상된다. 의료비 부담을 살펴보면 도시근로자가구 중 가구주가 55세 이상인 가구의 연간소득

구분	00	01	02	03
생산액	8,724	11,940	13,850	15,858
수 출	5,238	5,616	5,897	6,310
수 입	9,202	11,139	12,810	14,347
시장규모	12,688	17,463	20,763	23,895
수입점유율	72.5	63.8	61.7	60.0
시장증가율	21.1	37.6	18.9	15.1

자료: 한국의료용구협동조합, 보건산업진흥원, 한양증권(2004, 재인용)

은 2001년 3,152만 원으로 1991년(1,465만 원)보다 2.2배가 증가하였으며 가구소득은 1991년~2001년 연평균 8.9% 증가하였다. 현재 65세 이상인 고령자의 경우 월평균 수입이 100만 원 미만이 90% 이상을 차지하고, 그 중 80.5%가 50만 원 미만으로 나타났다. 월평균 가구지출에 있어서도 50만 원 미만이 82.9%를 차지하고 월평균 의료비 지출은 21만 원 이상이 83.6%를 차지할 만큼 고령자들의 의료비 부담이 매우 크다.

2010년 기준 65세 이상 가구는 2,237천 가구(전체 16,864천 가구의 12.2%)가 연간소득이 연평균 4%(2004년 8월 물가상승률 기준) 증가 시에 2010년에 가구 중의 수입이 4,582만 원으로 예상되며 2,237천 가구 중 만성 질환을 가진 87%인 1,946천 가구가 연간 수입의 2%(91만 원)를 기기구입 및 기기관련 부가서비스(원격의료 통신료, 재택의료 등등)에 사용한다면 기기시장은 1조 7천 억 원으로 예상된다. 2020년 기준 65세 이상 가구는 3,054천 가구(전체 18,158천 가구의 12.2%)가 연간소득이 연평균 4%(2004년 8월 물가상승률 기준) 증가 시에 2010년에 가구주의 수입이 6,687만 원이다.

3,054천 가구 중 만성질환을 가진 87%인 2,656천 가구가 연간 수입의 5%(334만 원)를 기기구입 및 기기관련 부가서비스(원격의료 통신료, 재택의료 등등)에 사용한다면 기기시장은 8조 8천 억 원으로 예상된다.

(2) 공급자 측면

국내 전자의료기기산업 시장규모는 (표8-13)과 같이 2003년에 2조 3,895억 원으로 전반적으로 증가추세이며 연평균 11%의 성장률을 나타낸다. 의료복지기기시장은 2000년도 시장규모를 기준으로 2010년 약4조 원의 시장규모가 예상되며 2020년 약 10조 원의 폭발적인 성장이 예상된다.

재택, 원격 진단/진료 및 휴대형 다기능 건강정보시스템은 재택 및 원격 진단기기로

표 8-14 의료복지기기 시장 전망

구분	품목		2000년	2002년	2010년	2020년	연평균 성장률
전략 품목	재택, 원격진단/치료 시스템	가정용 치료기기	1,000	1,231	3,764	10,687	12.53%
		심전계	13	14	571	3,540	34
		보청기	2	1	22	24	0.1
		뇌파계	11	14	17	21	2
		혈압측정기	45	49	97	231	9
	휴대형 다기능 건강정보 시스템 (모바일 헬스케어 및 진단 모니터링)		700	862	2,638	7,491	12.53
	한방 의료기기 (맥진기, 침, 온구기, 부항 등)		91	122	847	2,709	16
	간호지원 시스템		414	510	1,561	4,434	12.53
	실내외 이동지원 시스템	수동휠체어	30	45	237	1,884	23
		전동휠체어	15	19	55	206	14
		휠체어리프트	340	418	1,280	3,635	12.53
		장애인차량	283	344	1,051	2,86	12.53
전략품목 합계			2,944	3,629	12,120	37,826	
유망 품목	첨단 주거 및 시스템 (첨단주거시설, 노인용 돔, 홈케어)		10,800	11,952	21,314	43,925	7.52
	신체기능 보조대행 시스템 (정형용 교정장치, 의료용레이저조사기)		82	94	288	819	12.53
	고정밀 영상 진단기기 (초음파영상진단기기, 국부형MRI, 디지털 X-ray 및 X-ray CT 등)		2,020	2,023	7,160	20,177	12.53
기기 및 복지기기 합계			15,846	17,698	40,882	102,747	

자료: 한국의료기기공업협동조합(2004, 재인용)

사용하는 생체현상기록 장치 및 가정용의료기기의 연평균 성장률을 고려하여 추계하였다. 한방의료기기의 경우 맥진기, 양도락기, 침, 온구기, 부항 등의 2000년 시장규모를 기초로 하여 연평균 신장률을 고려하여 추계하였다.

개호지원 및 실내외이동지원 시스템의 경우, 이동지원(휠체어, 휠체어 리프트, 장애인 차량) 개호용품의 2002년 시장규모를 기초로 하여 장애인 증가율과 고령자인구 증가율을 고려하여 추계하였으며 간호지원 및 실내외이동지원 시스템의 경우, 이동지원(휠체어, 휠체어 리프트, 장애인 차량) 간호용품의 2002년 시장규모를 기초로 하여 장애인 증가율과 고령자인구를 고려하여 추계하였다.

표 8-15 의료복지기기 관련 실버산업의 노인장기요양보험제도의 효과

전략 품목	정부지원 부재시(A)			정부지원시 (B)			정책효과 (B-A)		
	2002	2010	2020	2002	2010	2020	2002	2010	2020
재택, 원격진단/치료, 휴대형 다기능 건강정보 시스템	2,202	5,074	14,408	2,202	7,691	26,049	0	2,617	11,641
한방 의료기기	122	281	798	122	538	2,374	0	257	1,576
간호지원 및 실내외이동 지원 시스템	1,336	3,082	8,752	1,336	4,184	13,145	0	1,102	4,393
합 계	3,660	8,437	23,958	3,660	12,413	41,568	0	3,976	17,610

자료: 한국의료기기공업협동조합(2004, 재인용)

표 8-16 의료복지기기 관련 실버산업 투자유발 효과

	투자유발효과(100억 원 투자 시)			
	생산 유발액	부가가치 유발액	수입 유발액	취업유발 인원
의료복지기기 관련 실버산업	91억 원	64억 원	23억 원	170명

자료: 한국은행(2003, 재인용)

(3) 통합측면

시장규모를 중심으로 볼 때, 의료복지기기 관련 실버산업에 대한 전략품목에 대해 노인장기요양보험제도 적용의 경우 (표8-15)과 같이 재택, 원격 진단/진료 및 휴대형 다기능 건강정보 시스템이 2010년도에 2,617억 원, 2020년도에 11,641억 원으로, 한방의료기기는 257억 원, 1,576억 원으로, 그리고 간호지원 및 실내외 이동지원 시스템 분야가 1,102억 원과 4,393억 원으로 각각 기대된다.

한편 100억 원을 의료복지기기 관련 실버산업에 투자할 경우, 국민경제 전반에 걸친 투자 유발효과는 대략 생산유발액이 91억 원, 부가가치 유발액 64억 원, 수발유발액 23억 원, 그리고 취업유발인원 170명으로 전망된다(표8-16참조).

또한 의료복지기기산업은 앞으로 우리나라의 대표적인 고부가가치 핵심 산업으로서 수출 및 고도산업화를 주도할 것이며 이에 따른 수출증대가 예상되며, 단독 또는 고령자 부분(전체 고령자 가구의 41%)들의 요양시설 입주를 막고 지역사회에서 건강한 삶을 보장해 줄 것으로 전망된다.

4. 관련 산업과제 및 활성화 방안

의료복지기기 관련 실버산업은 앞에서 살펴본 바와 같이 우리나라의 세계적 IT 및 반도체 기반기술을 토대로 네트워크 및 원격장치 분야, 한방의료 원천기술 보유 등에서 상당한 경쟁력을 가진 반면에 전문실무·기술인력이 부족하며, 영세한 기업현황, 좁은 내수시장, 제도적 지원 미비 등 과제를 안고 있다. 따라서 여기서는 관련 산업의 경영과제 및 활성화 방안에 대해 살펴보고자 한다.

1) 관련 산업의 과제

(1) 연구개발 및 상용화 지원책 부족

연구개발 종료 후 상용화 및 후속 지원 시스템이 미약하여 제품의 경쟁력이 취약하며 기기개발이 성공하여도 일반 공산품과는 달리 인체에 적용을 위한 임상시험 및 품목허가를 받기까지 오랜 시간이 소요되며 이에 따른 경제적 부담이 가중된다. 현재 의료기기의 상용화를 위한 제조(수입) 품목허가 요건은 안정성·유효성 및 기술문서 심사에 75일이 소요되며 허가에 25일이 각각 소요된다.

또한 산·학·연 등의 공동 생존전략 마련 및 지원책이 절실하다. 산업주체간의 분명한 역할분담과 함께 기술력, 경쟁력 증대를 위한 산업화 방안과 융합 기술개발 추진체계가 미흡한 실정이다. 현행 한국공업규격(KS)은 고정형 휠체어 리프트 등 3개밖에 없을 정도로 의료복지기기 분야에서 품질규격 인증 및 표준화 체계가 미확립된 상태이다. 특히 한방 의료기기의 경우 성장 잠재력이 크고 공공보건의료 부문에서 양·한방 협진이 시작되고 있으므로 한방의 표준화가 시급하다. 그럼에도 불구하고 제품개발을 위한 정확한 측정 목표나 개발 방향 제시가 미흡하며 의료기기 임상실험을 하기 위한 임상데이터가 절대 부족하다.

(2) 원격의료 관련법 제정 지연

의료법 시행규칙 제23조의 3항(원격의료의 시설 및 장비) 등에 시설 및 장비에 대한 규정이 있을 뿐 범위, 책임, 수가 등에 대한 규정 및 합의가 미흡한 상황이다. 또한 의료

표 8-17 산업화 지원센터 사업내용

구분	내용	비고
고령친화환경 구축 및 상용화 지원	· 산업화 지원센터 구축 및 운영 · 고령친화 환경 시범사업 및 대국민 체험관 운영 · 의료복지기기 종합정보 지원사업 추진 · 상용화 지원 및 개발 인프라 구축	
시험인증 센터 및 베스트 베드[3] 구축	· 의료복지기기특화 개방형 테스트베드 구축 및 운영 · 표준화된 시험절차 및 시험 인증규격 개발 · 국제 상호인증 체계 구축 · 해외규격인증 획득지원	
의료복지기기 전문인력양성	· 전문인력양성 지정대학 운영 · 사이버 의료복지기기 교육센터 구축 및 운영 · 전문가 자격제도 등의 인재 활성화 지원 · 해외전문가 유치 및 연수 프로그램 운영	
의료복지기기 표준화 기반구축	· 의료복지기기 표준화 포험 구성 및 운영 · 관련 법 · 제도 정비 및 규제 완화 추진 · 국제표준화 대응 지원 · 국제협력 체계 구축	
한방 임상용 테스트 베드 구축	· 한방의료기기 종합시험실 구축 및 운영 · 시험실 운영을 위한 각종 기술 자료의 표준화 · 관련 산 · 학 · 연 활용방안 수립 및 홍보	

자료 : 고령및미래사회위원회(2005)[4] 『고령친화산업 활성화전략』

법 시행규칙 제30조의 2항(원격의료)에 의료인과의 원격의료에 대한 규정은 있으나 환자에 대한 책임 규정이 애매하며 환자와 의료인과의 원격의료 규정이 없다. 이는 전국적인 유선통신망의 고도화 및 이동전화의 확대, 초고속 인터넷 접속망 구축 등의 분야에서 세계적 수준의 정보기술 인프라를 적절히 사용히지 못하고 있는 실정이다. 관련법 제정의 지연은 관련된 제품 및 서비스 수요에 능동적으로 대처하지 못할 뿐만 아니라 관련 기술의 세계적 기술표준에 뒤처지게 됨으로써 지적재산권 및 관련기술 수입국으로 전락하여 고가의 기술사용료를 부담하게 될 가능성도 배제할 수 없다.

(3) 전문인력부족

의료복지기기의 전문인력들은 11개의 4년제 대학과 8개의 전문대학에서 배출되고 있으나 수요에 비해 공급이 부족한 실정인데 2010년경 수요대비 13,000명의 부족이 예상된다. 또한 사회복지사 및 방문 간호사의 부족으로 고령자 진료 및 간호가 제대로 이

---

3) 광통신 부품이나 시스템 내에서 원활히 작동하는지 테스트하는 시스템 (네이버 백과사전 www.naver.com)
4) 고령및미래사회위원회(2005), 『고령친화산업 활성화 전략』

루어지고 있지 않아 고령자들의 고통지수가 급속히 증가하고 있다. 전문실무 기술인력 부족은 영세한 기업현황과도 맞물려 대부분의 중소규모의 기업들로서는 고액의 기술인력을 쉽게 채용하지 못하고 있고 이는 완제품 위주의 생산체계 방식을 고수할 수밖에 없고 핵심부품은 고스란히 해외에 의존하는 결과를 낳고 있다. 우리나라는 선진국 고가 제품과 중국 등의 저가 기기 공세에 따른 샌드위치 입장에 직면하게 되고 선진국의 경우는 오히려 실버산업관련 정책에 적극적 지원과 투자를 늘리고 있는 상황이다. 뿐만 아니라 국내의 의료 서비스 시장 개방정책에 비추어 볼 때에도 관련분야의 경쟁력 확보가 시급한 실정이다.

2) 관련 실버산업의 활성화 방안

(1) 연구개발 추진강화

노령 인구증가와 국민소득 향상에 따라 국민들의 건강에 대한 관심이 증가하고 있으며 신기술(BT, IT, NT 등) 산업의 도약을 가능케 하는 새로운 융합기반이 조성되는 등 내부역량이 강화되고 있으며 대외적으로도 신규시장 진입의 적기를 맞고 있는 상황이다. 따라서 연구개발 추진강화를 위해 관련부처 간 역할분담을 통한 단일 아이템에 대해 중복투자를 방지하고 집중적인 지원책을 수립하도록 하여야 한다. 예를 들어 산업자원부는 부품, 시스템 개발 및 상품화를 지원하도록 하고 보건복지부는 임상 및 인증 시험 연구를 지원하는 방식의 태스크포스팀(TFT; Task Force Team)을 국무총리실 산하에 추진기획단을 설치한다. 그리고 중규모 프론티어 급 연구개발 혁신사업 등을 추진하도록 하여 유망품목 중 세계 일등 상품 개발을 목표로 국가 시범 R&D 사업단 구성을 추진한다. 또한 중·저위 기술이나 단순 기능 제품개발에 대해서는 라인업(line-up)을 지원하여 사후점검(상업화) 체계 확립 및 지속적인 업그레이드 제품에 대한 인센티브 부여(연구개발 지원금 외에 임상시험 및 해외 인허가 시험인증 지원)방안을 강구하도록 한다. 5개 이상 선도기업(star-company)를 선정하고 집중 육성하는 방안을 수립하여 금융지원(EDCF; Economic Development Cooperation Fund: 대외경제협력기금 또는 구상무역 확대 및 리스금융회사 설립 지원 등)등을 촉진하도록 한다.

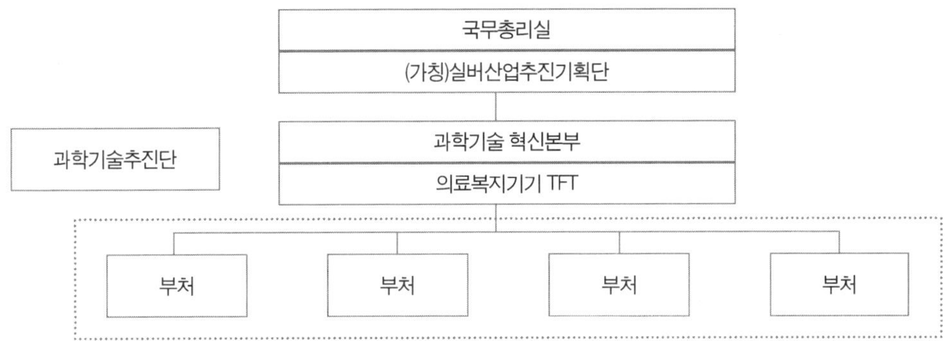

자료: 고령및미래사회위원회(2005) 『고령친화산업 활성화전략』

[그림8-2] 연구개발 사업 추진 기획을 위한 부처 간 TFT

(2) 산·학·연 공공연구 산업화 기반구축

산업화 지원센터를 통해 전문인력을 향성하고 상용화 기술개발, 기술 컨설팅, 시제품 제작지원, 표준화 지원, 시험분석 지원 등의 서비스를 할 수 있는 기술혁신의 거점을 구축한다(표8-17참조). 사용자 및 수요자 중심의 마케팅 전략 수집 및 정보 교류의 활성화가 극대화되면 병원 및 의사 등의 역할 증대를 통해 상호 이익 창출 모델을 구축해야 한다. 그 방안으로 새로운 장비를 의료복지기기 사용자인 의사, 환자들이 사용한 후 사용자의 의견이 충분히 반영될 수 있는 채널을 마련하고 이들이 직접 마케팅에 참가함으로써 수출 증대 등의 상승효과를 노려야 한다.

(3) 원격의료법의 시행

공공보건의료체제의 강화와 함께 원격의료법을 제정하여 장기요양보호대상자(고령자 인구의 21.4%)에 대해서 제한적인 원격의료를 실시하도록 한다. 특히 거동이 불편한 노인단독가구의 노인이나 독거노인, 병·의원이나 보건·진료소에서 멀리 떨어져 있는 경우 노인환자들을 우선 대상으로 하여 실질적인 혜택을 주도록 한다.

(4) 전문실무 인력양성

전문실무 인력을 양성하기 위해 다 학제 간 실무교육 과정을 개설하고 인턴쉽 연계운영 등을 통하여 실무인력을 양성하도록 한다. 예를 들어 고령자용 의료기기학 등을 사회복지학+공학+간호학 연계 교육과 같은 방식으로 운영토록 한다. 또한 현재 병역특례 인원은 2003년 7만 5천 명에서 2004년 7만 2천 명으로 감소하는 추세이다. 병역특례의 일정부문을 의료복지기기관련 중소기업체 등에 우선 배정하여 인력을 보급한다면 전문 실무 인력의 탄력적 배치로 의료복지기기 산업의 인력난을 어느 정도는 해소할 수 있을 것이나 장기적인 인재 육성프로그램을 도입·추진하는 방안을 마련해야 할 것이다.

제 9 장 여가활동관련 실버산업

1. 개요

여가활동관련 실버산업은 대부분의 시간을 노동보다는 휴식을 취하는 경우가 많은 노인들의 여가시간을 이용한 각종 활동을 산업화하고 이를 새로운 사업기회로 발전시킬 필요에 의해 민간이 참여하는 사업을 말한다. 이를 가능케 하는 요인은 연금혜택의 보편화이다. 2000년 말 연금이 보편화되면서 노인들의 구매력은 더욱 증가하여 실버시장은 지속적으로 성장할 수 있고 소득증가로 노인들은 적극적인 여가활동에 관심을 가질 것이다.

또한 2008년 7월 시행 예정인 노인장기요양보험제도 역시 노인들의 의료 및 요양비용을 덜어주기 때문에 가처분 소득의 상승효과도 여가활동 관련 실버산업에는 긍정적으로 작용할 것이다.

1) 여가의 개념

노년기로 갈수록 일하는 시간보다 여가시간이 많아진다. 여가란 일에 대치되는 개념으로 일에 비하여 임의적인 면이 강한 것으로 학자에 따라 그 개념은 다양하게 정의되고 있다(장인협 · 최성재, 2002). 2006년 여가백서에는 '여가(餘暇)'라는 용어는 영어 '레저(leisure)'의 우리식 표현이다. 두 용어는 같은 의미이지만, 개념적으로 다르게 사용되기도 한다. 일반적으로 레저라는 말은 스포츠나 산업 등의 용어와 복합적으로 사용되면서 보다 협의로 형상화된 반면, 여가는 '여유나 겨를'이라는 매우 포괄적인 의미를 포함하는 것으로 받아들인다. 여기서 여가란 그 자체로 자유로운 시간, 그 시간동안 이루어지는 구체적인 활동, 자유로운 심리 상태 등을 포괄하는 매우 광범위한 용어이며, 구체적인 활동으로 스포츠 활동, 예술작품 관람, 예술 창작 활동, 국내외 관광, 취미 오락 활동 등을 모두 포함한다(문화관광부, 2006).

한편, 여가활동은 여가와 관련된 활동으로 다른 활동과는 달리 제3자가 대신하여 수행할 수 없고 주체가 직접 참여하여야만 비로소 그 효용이 발생되는 주관적인 것이다. 그 동안 노년학 분야에서는 성공적 노화, 건강한 노화, 생산적 노화, 능동적 노화와 같은 용어와 관련된 연구를 진행하여 왔으나 무엇이 성공적인 노화인지에 대해서는 일관적인 연구결과가 없다. 다만, 한 가지 분명한 사실은 성공적 노화에 대해 보고되고 있는 것은 제반활동 참여에의 수동성은 최적 노화에의 도달을 불가능하게 만드는 요인으로서 일상에 의미 있는 참여가 성공적 노화를 위해 필수적이라는 점이다(정순희 · 최혜경, 2006). 또한 노인의 여가활동 참여가 스트레스 대처(Payne et al., 2006)[1] 및 건강관리에 매우 긍정적이며 조기사망을 현저히 줄이는 효과(Bucksch, 2004)[2] 등이 있다고 보고되었다.

이러한 측면에서 볼 때, 노인의 경우 하루 중 대부분을 여가시간으로 보내기 때문에 평소의 생활습관이나 여가활동의 형태가 건강을 좌우하며 나아가서 성공적 노화 여부를 결정짓는 요인이 될 뿐만 아니라 삶의 질도 달라진다고 볼 수 있다.

2) 노인여가의 현황

정부는 노인보건복지 증진을 위해 해마다 정부 예산 증가율보다 높은 노인복지 예산

---

1) 여가활동은 스트레스에 완충 및 조절역할, 그리고 여가활동과 건강간의 관계에서 중재역할 및 과정지향적 구조를 제공하는 역할 등을 함
2) 주 2회 이상의 여가활동 참여는 대장암 발생을 30% 정도 줄이며, 아주 자주 여가활동 참여자나 직접적으로 육체를 많이 사용하는 경우는 대장암 발생을 50% 낮춤.

표 9-1 노인의 여가시간 활용 의향

(단위 : %)

	휴식 수면	TV시청 라디오	여행	문화예술 관람	스포츠	컴퓨터	자기 개발	사교 관련	가족과 함께	가사일	기타
전 체	50.7	56.7	12.4	8.2	90.0	18.9	4.3	30.0	24.7	32.9	10.7
65세 이상	57.1	58.0	4.5	0.5	4.4	0.6	0.5	27.3	15.8	35.7	8.4
남 자	58.8	60.2	8.5	0.7	8.7	1.3	0.9	28.6	17.0	21.7	8.5
여 자	55.9	56.5	1.9	0.4	1.6	0.2	0.3	25.4	15.0	45.0	8.3

자료 : 통계청, 『2004년 사회통계조사보고서』

을 증액해 왔으며 지난 2002년부터는 66만여 명의 노인에게 경로연금을 지급하는 등 노인보건복지 증진을 꾀하여 왔다. 사회복지서비스 예산에서 노인복지 정책이 차지하는 비율은 큰 폭으로 증가하고 있으나 사회복지 예산자체가 국가 전체예산에서 차지하는 비율이 미미하기 때문에 늘어나는 노인복지 수요를 충당하기에는 크게 부족한 실정이다.

2004년 65세 이상 인구가 원하는 여가활동방법은 (표9-1)에서와 같이 'TV시청, 라디오 청취'가 56.7%로 가장 높았고, '휴식 및 수면' 50.7%, '가사일' 32.9%, '사교관련(친구만남, 친가방문, 동호인 모임 등)' 30.0%, 그리고 '가족과 함께' 24.7% 순으로 나타났다. 이렇듯이 우리나라 노인들은 여가활동의 대부분 시간을 효율적으로 활용하지 못하고 단순히 TV시청이나 라디오 청취 또는 특별한 프로그램이 개발되어 있지 못한 경로당이나 노인학교에서 연령이 비슷한 노인들과 잡담을 하면서 여가시간의 대부분을 보내는 것으로 나타났다. 이것은 노인들의 여가생활에 대한 뚜렷한 정책이나 여가 프로그램의 다순화, 여가생활에 대한 우리 사회의 인식부족, 또는 노인 자신이 노후여가에 대한 계획부재, 노인을 위한 여가시설 미비 등으로 볼 수 있다(남궁완 · 엄정식, 2006).

3) 노인여가관련 지원정책

노인에 대한 여가관련 지원정책으로 사회적 관심과 경로의식을 높이고자 「노인복지법」을 제정(81. 6. 5 법률 제3453호) 후에는 「노인복지법」제26조(경로우대), 동법시행령 제19조(경로시설의 종류)에 의거하여 노인우대제도 확대 시행되고 있다.

현행 노인우대제도는 공영기관의 경우는 철도, 전철, 고궁, 능원 및 국 · 공립 박물관, 미술관, 국악원, 공원이며, 민영기관으로는 국내 항공기와 국내 여객선 요금할인 혜택이 있으며 목욕, 이발 등 경로우대업종은 자율적으로 실시되고 있다.

시내·외버스, 지하철, 철도, 고속버스, 항공기 등 교통수단의 할인율은 증가추세이나 숙박시설, 위락시설 등의 경우는 극히 일부에서만 시행되고 있는 실정이다.

노인 여가욕구의 상당한 비중을 차지하는 노인관광을 지원하는 정책은 전무한 가운데 노인여가활동과 관련되는 지원정책 및 프로그램은 앞서 설명한 보건복지부의 복지시설 지원 및 경로우대제도외에는 노인의 날, 경로의 달 행사, 어버이날 행사 개최 및 노인결연사업과 문화관광부의 노인생활체육의 활성화 관련 프로그램에 불과하다(김현, 2003).

따라서 앞으로의 고령사회는 개인적으로 노인기의 연장을 의미하므로 노년기를 의미 있고 유익하게 보낼 수 있도록 노인의 여가활동과 여가프로그램의 다양성 추구 측면에서 실질적 여가관련 지원정책이 더욱 확대되어야 할 것이다.

4) 여가활동 관련 실버산업의 개념

노인의 여가활동은 사회적 역할상실에 따른 고독감 해소, 자기 존중과 자아 정체성 유지 그리고 여가 만족 및 생활만족 등에 기여하는 중요한 역할을 한다. 특히 여가활동은 노년기 에 발생하는 경제적 문제와 정신적·심리적 문제를 완화시킴으로써 노후의 적응은 물론 만성화된 무료함에서 벗어날 수 있는 효과적인 활동으로 인식되고 있다(이혁·위성식, 2007).

앞에서 살펴보았듯이 여가활동 관련 실버산업은 대부분의 시간을 노동보다는 휴식을 취하는 경우가 많은 노인들의 여가시간을 이용한 각종 활동을 산업화하고 이를 새로운 사업기회로 발전시킬 필요에 의해 민간이 참여하는 사업을 말한다. 2000년 말 연금이 보편화되면서 노인들의 구매력이 증가하게 되었고 또한 2008년 7월 시행 예정인 노인장기요양보험제도 역시 노인들의 의료 및 요양비용을 덜어주기 때문에 가처분 소득의 상승효과로 여가활동 관련 실버산업에는 긍정적으로 작용할 것으로 보인다.

여가활동 관련 실버산업은 문화산업, 여행/레저산업, 스포츠산업으로 분류할 수 있다. 노인들이 중요하게 생각하는 여가활동에는 TV시청, 놀이·오락, 음주·차 마시기, 취미활동, 문화활동, 운동, 여행, 만남, 종교활동, 노인회관참여, 학습활동, 사회봉사활동, 쇼핑 등이 있는데, 이중에서 산업과 관련된 것만을 대상으로 하면 ① TV, 영화, 음악 등 문화산업, ② 여행, 레저 등 관광레저산업, ③ 운동, 스포츠시설운영 등 스포츠 산업

시기	내용
80. 5. 8	· 70세 이상 노인을 대상으로 8개 업종에 대하여 경로우대 제도화 　- 업종: 철도, 지하철, 고궁, 능원, 목욕, 이발, 시외버스(완행), 사찰
82. 2. 10	· 65세 이상으로 대상 확대 및 우대업종 13개로 확대 　- 추가업종 : 박물관, 국 · 공립공원, 극장, 여객선박, 시내버스 　- 할인율 : 국 · 공립공원, 시내버스 무료, 기타 50%
84. 6. 8	· 지하철 할인 확대: 50% · 무료
90. 1	· 노인승차권지급제도 실시
96. 1	· 노인승차권지급제도를 현금지급제도(노인교통비)로 전환
96. 6. 1	· 국내 항공기 10% 할인
97. 8. 1	· 철도 무궁화호 30% 할인 실시 　- 수도권 전철 국철구간 전액할인 실시
99. 8. 7	· 국 · 공립미술관 100%, 국 · 공립국악원 50% 할인 실시

자료: 김현(2004), 「노인복지관광활성화 방안」로 추가 구성

등 크게 3가지로 나눌 수 있다(고령및미래사회위원회, 2005).

이러한 여가활동관련 실버산업을 활성화시키는 이유는 첫째, 고령자들이 휴식과 오락을 즐길 수 있는 노인여가시설을 확충하는 효과가 있기 때문이다.

현재 우리나라에서는 고령자들이 집 가까운 곳에 즐길 수 있는 여가시설이 절대적으로 부족할 뿐만 아니라 다양한 운영프로그램의 운영이 미흡한 실정이다. 둘째, 고령화에 따라 노인들에게 찾아오는 외로움과 고독을 해소하는데 기여하기 때문이다. 핵가족화, 급격한 사회변화, 세대별 문화격차의 증가, 개인주의 문화의 팽배 등으로 사회와 가정에서 느끼는 노인들의 소외감은 더욱 커질 것으로 보여, 고령친화 여가산업의 활성화는 반드시 필요한 부분이다. 셋째, 고령자들을 대상으로 여가분야에서의 잠재수요를 개척한다. 고령자들이 점차 증가함에 따라 수요도 다양해질 것으로 예상되어, 이들에게 적합한 맞춤형 사업들을 개발하고 새로운 여가산업을 발굴하는 등 여가부분에서의 잠재 수요를 개척할 필요가 있다.

2. 여가활동 실버산업의 현황 및 전망[3)]

1) 여가활동 실버산업의 현황

(1) 산업의 환경
가. 고령화 사회

지난 2000년 우리나라 65세 이상 노인 비중이 전체 인구의 7.3%로 고령화 사회에 진입한 이래 2006년에는 노인 비중이 전체 인구의 9.5%를 넘어섰다. 이런 추세대로라면 2018년에 14%를 초과하여 UN이 정한 고령사회로 진입할 것이고 OECD 평균 예상치인 17.5%에 근접할 것으로 보여 세계에서 가장 단기간 내에 고령화 사회에서 고령사회로 이행되는 나라가 될 것으로 예측하고 있다.

이와 같이 고령화 사회가 빠르게 진행되면서 여가 문화산업이 주목받고 있다. 특히 인간의 평균수명이 연장되면서 정년 이후나 자녀가 독립한 이후의 노년기가 큰 폭으로 확대되어, 대략 20년 이상의 시간이 노년기에 편입됨으로써 노후 생활이 무려 인생의 1/3 이상을 차지하게 되었다(최혜경 · 정순희, 2001). 따라서 오늘날 노인들은 스포츠에 적극적으로 참여하려는 태도를 보이고 있다. 이러한 사회현상의 변화는 건강에 대한 새로운 인식, 스포츠에 대한 가치 및 규범의 변화, 노년층의 놀이 문화 및 신체활동 참가 기회의 확대 등과 원인에서 비롯된다고 할 수 있다. 따라서 각 개인은 기회만 된다면, 퇴직 후 사회적 역할 상실과 고독감에서 벗어나 창조적이고 생산적인 활동을 하길 원하며, 노인을 위한 여가?문화 서비스는 그 욕구를 충족시켜 줄 수 있는 유효한 방안이 될 것이다. 그러나 우리나라는 현재 노인층을 위한 여가 · 문화 시설이나 프로그램이 미흡한 실정으로 노인층의 욕구를 충족시켜 줄 다양한 여가 · 문화 상품을 필요로 하고 있다.

나. 생활양식의 변화

주체적이고 적극적인 삶을 추구하는 신노인층은 자신들의 부모세대처럼 조용히 노령을 맞을 생각이 없다. 소외와 배려의 대상에 머물러 있던 노령층이 적극적으로 문화를 향유하고 생산해내는 '문화실버족'으로 자리를 잡아가고 있다. 지난 2005년부터 시

---

3) 주로 고령및미래사회위원회(2005)의 『고령친화활성화 전략』을 발췌 인용

표 9-3 노인의 생활양식 변화

	과거의 노인층	신세대 노인층
심신 상태	병약, 어둡고 고집이 셈	건강, 밝고 융통성 있음
생활의식	보수적, 비관적인 인생관	합리적, 미래지향적 인생관
노년기의 인식	인생의 종말기	자기실현의 기회, 제3의 인생
삶의 태도	검약, 소박, 무취미	여유, 즐김, 여러 가지 취미
독립성	자녀 등에 의지, 의존적	배우자와 사회체제에 의지, 강한 독립심
노후설계	자녀세대에 의존	계획적 노후설계, 독립세대 유지
가치관	노인은 노인답게	나이와 젊음은 별개
여가관	일하는 재미, 여가는 수단	여가 자체에 가치 부여
여행형태	친목단체 등 단체여행	여유있는 부부여행
자산처분관	자손에게 상속	자신을 위해 처분
취미생활	노인끼리의 교류	다양한 취미, 다른 세대와의 교류
생활스타일	한국식 선호, 애연, 애주가 많음	다른 문화권과의 교류생활, 금연가 많음
유행감각	둔하고 후기 추종자 혹은 외면	민감하고 초기 추종자

자료: 야마우치 히사시(1991), 고령및미래사회위원회(2005)에서 재인용

작된 '땡땡땡! 실버문화학교'가 바로 그것이다. 노령층의 문화 역량을 발굴·개발하고 문화를 통해 다른 세대와 소통하며, 지역과 연계해 실버세대의 사회참여 및 봉사활동, 일자리까지 창출하겠다는 목표를 갖고 출범한 이 프로젝트는 해를 거듭할수록 성과를 더해가고 있다. 초고령사회로 치닫고 있는 한국사회에서 노령층의 일자리 창출은 향후 한국경제의 진퇴를 판가름할 중요 변수로 이미 자리 잡고 있다. 이에 착안해 지방문화원에서 실버 세대에게 지역의 문화리더로서의 위치를 부여하고, 아마추어 아티스트로 커나갈 수 있도록 프로그램을 짰다. 사업대상 연령은 60세 이상이며 수강 인원의 10% 이내에서 50대도 참여시켰다.[4] 우리보다 앞서 고령화 사회를 경험하고 있는 미국, 일본, 유럽 사람들의 인생은 자유로운 삶을 추구하는 라이프스타일로 탈바꿈하고 있다. 미국에서는 일을 그만두고서도 자기 페이스를 잃지 않고 적극적으로 여가를 즐기거나 다시 공부를 하거나 사회적인 활동에 종사하고 있다. 인터넷 사이트에서 노년(senior)이라는 검색어를 치면 고령층의 가입을 유도하는 각양각색의 동호회가 새 회원을 뽑는다는 광고가 넘쳐난다. 이처럼 미래의 신노인층은 이데 더 이상 젊은이들이 부양해야 할 대상이 아니라 시장을 움직이는 경제주체로서 자리매김하고 있는 것이다. 따라서 신노인층의 라이프스타일의 변화가 여가·문화 부문의 실버산업에 있어서 긍정적인 작용을 하게 될 것으로 예측된다.(표9-3참조)

---

4) 문화일보, 2007년 11월 20일자

다. 여성노인의 적극적 여가활동

현재 우리나라 노인들은 노후생활에 대한 대비가 부족했던 세대이며, 과거 여가경험도 부족하다. 또한 유교적인 전통사회에 익숙하며 가족 공동체 내에서 심리적·물질적 부양문제 해결을 실천했던 세대이다. 그러나 현재 노인세대가 겪고 있는 가족문화나 사회문화·여가문화는 그들의 경험과 기대와는 다른 흐름을 보이고 있다(원형중·김숙자, 2006). 특히 여성노인들의 경우는 더욱 그러하다. 그들은 예전에는 전업주부로 조용히 살다가 노년에 이르러서는 특별히 하는 일없이 쉬거나 집안일을 하고 간혹 노인정이나 교회에 나가 친구 노인들을 만나는 것으로 소일하였다(1장의 표1-11 참조). 그러나 미래의 여성 노년층은 여성의 사회진출 확대와 고학력화, 여권신장, 여성 경제력 향상 등으로 이와 같은 소극적 노년 여가 행태를 탈피할 것으로 전망된다.

특히 노년 여성은 동년배의 노년 남성보다도 발랄하고 활동적이고 자주 외출하며 여행을 매우 즐기고 있다. 일본 여행자에 관한 조사에 의하면 18~34세 여성이 전체 여행자의 41%, 35~54세가 46%, 55세 이상이 되면 53%라고 한다. 따라서 일본 여행업계에서는 노년 여성을 소중한 단골손님으로 인식하고, 노년 여성을 위한 상품 개발을 위해 그들의 심리에도 주목하고 있다. 일례로, 노년기에 이성과 만나는 기회를 갖고 싶어 하는 여성의 잠재 심리를 포착하여 남성호스트와 함께 하는 크루즈 투어 아이디어 상품을 기획하여 성황을 이뤘다. 이 성공을 선례로 뒤따라 남성 참가자를 무료로 해서 운영하는 상품도 나왔다. 나이가 들어도 아름답게 보이고 싶은 마음은 항시 존재한다. 여성의 미용, 건강과 관련된 상품은 성장 가능성이 높아 〈Fortune〉誌가 선정한 장래 유망 산업 4가지 중 하나로 꼽히고 있다. 따라서 노년 여성이 여가시간을 활용하도록 미용 관련 여가·문화 프로그램을 구성하고 교육상품, 레저스포츠 상품을 개발하여 건강에 대한 관심을 자극한다면 여가·문화 실버산업 분야의 시장 규모가 확대될 것으로 예상된다(고령및미래사회위원회, 2005).

라. 노인층의 여가인식 변화

여가인식은 여가에 대해 현재 주관적으로 어떻게 인지하고 있는가와 관련된 것으로, 노인자신이 직관적으로 연상되는 여가의 이미지를 말한다(문화관광부, 2006). 노인의 여가는 노년기에 일정한 사회적, 가정적 역할을 추구하는 과정에서 자유 재량적 시간이나 인지된 자유도의 개념으로서의 여가가 아닌 공식적인 역할을 부여받지 못하고 만성적인 무료함의 시간을 의미한다. 따라서 사회경제적 역할 박탈의 문제와 더불어 생리적, 심리적 문제가 보다 중요한 문제로 부각되고 있는 노인에게 있어서 여가는 노인의 현실적 욕구는 물론 잠재적 욕구를 충족시킬 수 있는 수단이자 도구로 인식될 필요가 있다(이혁 · 위성식, 2007).

노인여가활동에 대한 사회일반의 인식변화와 함께 일본에서는 실버세대를 대표하는 계층을 '단카이 세대' 라고 부른다. 이는 1947년부터 1949년 사이에 태어난 전후세대를 이야기한다. 수동적이고 허약한 과거의 고령세대와는 달리 이들은 경제력이 풍부하고 건강과 자신감도 충만하다. 일본에서 차기 고령층인 현재의 50대, 40대와 현재의 고령층인 60대 이상의 여가인식을 비교한 연구에서 차기고령층이 현재의 고령층보다, 50대보다는 40대가 보다 뚜렷한 여가수요를 갖고 있다. 이는 시간이 지날수록 노인여가산업이 크게 성장할 것임을 예고해 주고 있다.

최근 우리나라에서도 생활수준의 향상으로 풍요롭고 아름다운 삶을 원하게 되었고 이를 이루기 위해 새로운 라이프스타일인 웰빙(well-being) 스타일에 열광하고 있다. 웰빙이 등장한 배경은 성숙사회의 도래, 소비자 지식의 용량 증가, 자연주의 확산, 그리고 고령화사회등장에서 찾을 수 있다(이화선, 2005 재인용). 웰빙의 중심에는 고령화시대의 뉴실버세대(1955년생~1976년생)들이 존재하고 있다.

경제적 안정을 기반으로 오염이 없는 안전한 곳에서 건강하고 행복한 삶을 살고 싶어 하는 뉴실버세대들이야말로 진정한 웰빙족이며 이들의 라이프스타일을 웰빙라이프 스타일이라 할 수 있다(김복주 외, 2007). 여가에 대한 인식도 실버세대에서 건강하고 행복한 삶을 추구하는 뉴실버세대로의 이행과 함께 바뀌게 되어 저극적인 여가활동 참여로의 변화가 기대된다.

많은 연구를 통해 운동이 노년층의 전체 웰빙무드에 지대한 영향을 미치는 것으로 나타나고 있다. 이러한 연구들은 운동이 분위기를 개선하거나 고조시키고(Emery et. al., 1990) 신체 이미지에 긍정적 효과를 미칠 뿐만 아니라 신체적 활동을 증가시킴으로써 인지적 기능을 향상시키고(Rogers, 1990) 자아존중감(Parent et al., 1984)을 증대시켜 우울증 발생을 낮춘다고 하였다(Kivela S.L, and PahkalaK, 1991; Ruuskanen et. al., 1994). 결과적으로 신체적 운동은 삶의 만족에도 매우 큰 영향을 미친다는 것이다(Kelly et al., 1987).

이러한 웰빙을 포함하는 포괄적 개념으로 건강성(wellness)이라는 것은 '건강' 의 개념이 확장된 것이며 단순히 질병이 없는, 건강에 이상이 없음 그 이상을 의미하며 진정한 건강성이란 어떻게 우리의 삶을 활기차고 의미 있게 살아 갈 것인가를 결정하는 것

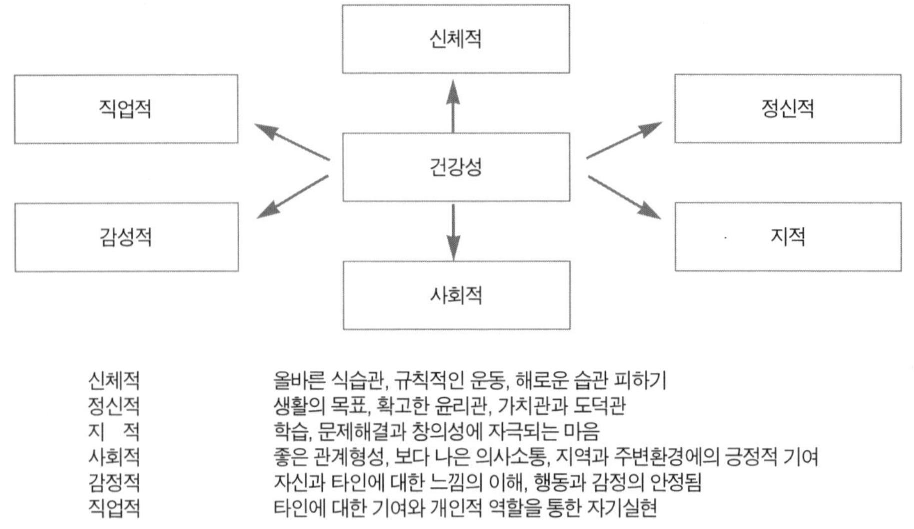

신체적	올바른 식습관, 규칙적인 운동, 해로운 습관 피하기
정신적	생활의 목표, 확고한 윤리관, 가치관과 도덕관
지 적	학습, 문제해결과 창의성에 자극되는 마음
사회적	좋은 관계형성, 보다 나은 의사소통, 지역과 주변환경에의 긍정적 기여
감정적	자신과 타인에 대한 느낌의 이해, 행동과 감정의 안정됨
직업적	타인에 대한 기여와 개인적 역할을 통한 자기실현

자료: Hettler, B.Paula and sthephanie, (1978 재인용-), "Six dimensions of wellness" 을 재구성

[그림9-1] 건강성의 6가지 차원들

에 달려 있다. 이를 결정하는 구체적인 차원을 6가지로 제시한 것이 [그림9-1]이다.

(2) 여가시설의 현황

현재 노인여가복지 시설 중 경로당은 시설 수나 이용노인 수에서 최대 규모이다. 현재 경로당의 수는 약 4만 9천 개로 60세 이상 전체 노인수의 절반 정도가 가입하고 있으나 이중에서 약 절반 정도만 실제로 경로당을 이용하는 것으로 알려지고 있다. 경로당에서의 소일내용도 대부분 친구와 대화를 나누거나 바둑, 장기, 화투를 두는 일에 국한되어 있는 것으로 나타나고 있다.

정보화, 세계화 및 노인의 의식구조의 변화에 따라 노인의 여가에 대한 욕구가 다양하고 전문화되고 있는 추세이다. 그러나 현재 우리나라 여가시설은 이러한 추세에 적절하게 대응하지 못하고 있다. 노인대학이나 노인문화센터, 일부 대학교에서 평생교육원이라는 명칭으로 고령자를 위한 교육프로그램이 운영되고는 있으나 일부 중년층을 중심으로 운영되고 있는 것이 현실이다.

기업의 차원에서 보면, 문화, 관광, 스포츠 분야에 참여하고 있는 기업들은 노인들만을 대상으로 한 사업에 참여하는 것은 아니고 계층을 초월하여 전 소비자를 대상으로 참여하고 있다. 즉 노인전용 실버산업을 하는 기업은 그리 많지 않고 기업의 관련사업

표 9-5 노인여가복지시설의 설치목적 및 대상

시설	설치목적	입소대상자	설치
노인복지회관	무료 또는 저렴한 요금으로 노인에 대하여 각종 상담에 응하고, 건강의 증진·교양·오락 기타 노인의 복지증진에 필요한 편의를 제공	60세 이상의 자	시장·군수·구청장에 신고
경로당	지역 노인들이 자율적으로 친목도모·취미활동·공동작업장 운영 및 각종 정보교환과 기타 여가활동을 할 수 있도록 하는 장소를 제공	65세 이상의 자	〃
노인교실	노인들에 대하여 사회활동 참여욕구를 충족시키기 위하여 건전한 취미생활·노인건강유지·소득보장 기타 일상생활과 관련한 학습프로그램을 제공	60세 이상의 자	〃
노인휴양소	노인들에 대하여 심신의 휴양과 관련한 위생시설·여가시설 기타 편의시설을 단기간 제공	60세 이상의 자 및 그와 동행하는 자, 다만, 이용인원이 정원에 미달하는 때에는 정원의 100분의 30의 범위내에서 그 외의 자도 이용할 수 있다.	〃

자료: 보건복지부 홈페이지(http://www.mohw.go.kr)

다각화 차원이나 고객층의 확대차원에서 노인용 상품이나 서비스를 제공하고 있는 상황이다. 산업의 각 분야별로 진입하고 있는 대기업들도 일반소비자를 대상으로 하고 고령자계층을 주 소비자로 생각하지 않고 있다. 스포츠의 경우 프로구단, 스포츠시설 운영업체들 대부분은 젊은 층이 주로 스포츠 시설을 이용하기 때문에 지금까지 고령자계층을 주요 마케팅의 대상으로 간주하지 않았다. 그러나 최근 들어서는 건강한 노인층이 증가하면서 노인층 확보를 위해 시장을 세분화하고 노인층에 맞는 시설을 설치하는 등 다각적인 노력을 하고 있다. 또한 노인층을 스포츠클럽의 회원으로 끌어들여 불황을 극복하고자 하는 기업들도 나타나고 있다.

문화산업의 경우 대기업은 CJ 엔터테인먼트, 오리온 그룹, 롯데그룹 등이 있으나 이들 기업도 주요 타깃층은 역시 청소년들로서 노인은 마케팅 대상이 아니다. 하지만 일부 중소기업은 노인을 위한 음악, 공연 등의 콘텐츠를 선보이고 있고 대기업에서도 시장개척차원에서 시험적 판매를 하고 있다. 관광레저산업의 경우에는 카지노, 경마, 여행 등 다양한 분야에서 시간이 많고 자금상의 여유가 있는 노인층 확보를 위한 경쟁이 치열하다. 노인들의 여가 대상으로 가장 선호되는 것이 여행인데 이들은 여행 시 각종 오락이나 가벼운 도박시설 등을 활용한다. 또한 노인들을 대상으로 한 효도관광이나 세계여행 패키지 능 여행상품도 선보이고 있고 간혹 고급 관광레저상품도 나오고 있다.

또한 여행관광을 위한 교통인프라나 문화산업을 위한 문화인프라는 최근 상당 수준

표 9-6 노인여가 복지시설

(단위 : 개소, 천 명)

시도	65세이상 노인인구 추계	합계	노인복지회관		경로당			노인 교실	노인 휴양소
		시설수	시설수	종사자수	계	신고	미신고	시설수	시설수
계	3,969	49,633	145	1,684	48,800	48,436	364	684	4
서 울	638	2,698	24	627	2,527	2,527		147	
부 산	272	1,903	7	58	1,761	1,676	85	135	
대 구	177	1,188	5	37	1,156	1,132	24	27	
인 천	165	1,152	10	68	1,133	1,104	29	9	
광 주	91	890	5	45	875	875		10	
대 전	91	664	5	58	637	637		21	1
울 산	50	606	2	14	594	587	7	10	
경 기	646	7,067	25	337	6,927	6,903	24	114	1
강 원	173	2,194	4	35	2,171	2,171		19	
충 북	164	3,439	9	82	3,418	3,418		11	1
충 남	252	4,771	7	79	4,720	4,699	43	7	
전 북	237	5,009	9	64	4,993	4,950	43	7	
전 남	304	6,379	14	71	6,354	6.322	32	11	
경 북	355	5,906	5	51	5,844	5,844		56	1
경 남	305	5,413	9	1	5,364	5,265	99	40	
제 주	50	354	5	17	326	326		23	

주: 2003년 기준
자료: 보건복지부 홈페이지

정비되어 있고 향후에도 정비될 전망이다. 고속도로가 발달되어 있고 서울 부산 간, 서울 목포 간 KTX가 운행되고 있으며, 비행기 운항도 비교적 발달되어 있다. 문화를 위한 투자도 지자체를 중심으로 활발하게 진척되어 있으며 정부에서도 많은 관심을 가지고 투자하고 있다. 체육시설의 경우에는 그 동안 우리나라가 체육 전문가를 중심을 한 체육정책으로 전문가용 체육시설은 정비되어 있으나 일반생활체육을 즐길 수 있는 시설은 그리 많지 않은 실정이다.

2) 선진국의 사례

(1) 일본의 사례

일본의 경우 교양 및 오락 중에서 중요한 부분을 차지하는 것은 교육과 여행이다. 은퇴 후 제2의 인생의 삶을 위해 새로운 목표를 세우고 이를 도전하는 고령계층들은 평생교육차원에서 교육에 관심을 가지고 있다. 특히 일본인들은 평균수명이 세계 최고이고 건강수명(건강을 유지하면서 장생하는 수명) 역시 세계 최고로 세계선진국과 다르게 일본만의 독특한 비즈니스의 형태가 유지되고 있다.

이론 학습이나 연구를 직접 참여하는 비율은 나이가 들수록 감소하는 추세이나, 60세 이상의 경우에도 여전히 교육 및 연구에 대한 열의를 가지고 있다. 특히 개호관련, 가정·가사, 인문사회·자연과학, 예술문화 등은 나이가 들어도 참여율이 꾸준해 참여율이 크게 감소하지 않고 있다. 반면 외국어나 컴퓨터의 경우에는 나이가 들수록 학습능률이 떨어져 참여율이 크게 하락하고 있다.

실버여행상품은 저가격형, 고가격형, 배리어프리(barrier free)형 등 크게 세 가지로 나누어지는데, 최근 각사에서는 고가격형에 초점을 맞춘 상품에 주력하지만 배리어프리형에도 관심을 가지고 있다. 저가격형은 건강고령자계층을 주로 대상으로 회원제로 운영하는 패키지 여행상품인 경우가 많다. 고가격형은 부유층을 대상으로 주문형 여행상품으로 JTB 등 많은 기업들이 참여하고 있는 한편, 배리어프리형은 개호를 동반한 여행으로 시장이 점차 확대되고 있다. 향후 60세 이상의 인구가 증가함에 따라 실버여행비스니스의 시장규모는 급속히 확대될 것으로 보인다. 과거와는 달리 젊은 시절에 여행이나 해외출장의 경험이 많고, 동시에 배리어프리형 여행상품에 대한 여행사들의 노하우도 축적되었기 때문에 앞으로는 다양하고 복합적인 여행상품의 발굴이 가능할 할 것으로 전망된다. 특히 미래의 여행상품 중에서 제1위에 해당하는 것이 여행이란 점을 감안하면 기업들의 여행상품 개발을 위한 노력은 지속될 것으로 보인다.

(2) 미국의 사례

미국은 민간기업 주도로 실버산업이 크게 발달한 나라이다. 미국의 실버산업 중에서 국내외 일반여행 및 학습을 겸한 여행, 야외스포츠(골프, 게이트볼 등), 스포츠지도, 휴양지 여행 등 여행 및 레저분야가 인기이다. 국내외 여행은 노인들에게 가장 큰 관심사 중의 하나이며 앞으로 베이비붐 세대들에게 있어서 더욱 선호되는 상품이 될 것이다. 특히 여행프로그램 중 학습과 문화 유적답사 등을 겸한 여행이 개발되어 많은 사람들이 참여하고 있다.

55세 이상 미국노인들이 국내여행비중은 사업 및 레저관광을 포함하여 전체의 31%(1999년)인 1억8천 만 명에 이르고 있다. 타 계층보다도 많은 매년 3번 이상 국내여행을 하는데, 차로 여행하는 비중은 전체의 46%, 휴식을 위한 여행은 승마, 뉴질랜드에

표 9-7 국내문화산업 시장규모(2002년)

(단위 : 억 원)

	방송영상	영화	애니메이션	음반	게임	캐릭터	공예	총계
문화산업	95,233	12,119	2,149	11,093	34,026	52,772	12,708	220,100
실버문화산업	6,460	136	5	313	81	123	1,512	8,633

자료: 문화산업백서(2003)

서의 번지점프 등 과거에는 젊은이들의 전유물이었던 모험여행도 크게 늘어나고 있는 추세이다. 또한 노인들은 카지노 등 오락을 위한 여행을 즐겨 이용하고 있는데, 이들은 비행기를 이용하는 경우가 많고, 호텔이나 모델에서 평균 4일 정도를 숙박하는 것으로 알려져 있다. 노인들을 위한 각종 프로그램을 마련해서 운영하고 있는 노인촌락, 호텔, 노인용 캠프 등도 인기다. 미국 커네티컷주에 있는 '헤리티지 빌리지(Heritage Village)'[5]는 은퇴한 노인들에게 다양하고 잘 짜여진 프로그램을 통해 활동적인 은퇴생활을 할 수 있게 해주는데, 특히 취미활동 클럽은 볼링 클럽, 체스클럽, 컴퓨터 클럽, 댄싱클럽 등 100여 개가 넘는다.

3) 국내시장 규모 및 전망

(1) 국내시장 규모

고령및미래사회위원회(2005)에 의하면 먼저, 국내 문화산업의 시장규모는 약 22조 원인데, 방송영상 시장 규모가 가장 크고 이어서 캐릭터, 게임의 순이라 한다.

방송영상의 경우 노인층의 인구비율과 TV시청자 간 비율을 고려하여 실버산업 시장 규모를 추계하였다. 60세 이상의 노인층의 인구비율은 2002년 현재 11.9%이고, 노인의 상대적인 TV시청 시간 비중은 평균을 1로 보았을 때 1.176으로써 노인들의 TV 시청시간이 평균에 비해 상대적으로 높다. 방송광고시장은 소비가 왕성한 청년층이나 중년을 대상으로 하기 때문에 노인들의 시청시간이 많다고 하더라도 노인에 대한 광고효과는 반감될 것이다. 이를 반영하여 여기에는 일반인보다 고령자를 대상으로 한 시장은 50% 할인해서 계산하면 실버산업 방송영상시장 규모는 6,460억 원으로 추산된다.

마찬가지로 음악, 영화 등도 노인층의 인구비율, 평균과 비교한 상대적인 입장비율을

---

5) www.villagers.com

표 9-8 국내 실버문화 산업 시장규모(2002년)

(단위 : 억 원)

방송영상	영화	애니메이션	음반	게임	캐릭터	공예	총계
95,233	12,119	2,149	11,093	34,026	52,772	12,708	220,100

자료: 고령및미래사회위원회(2005), 『고령친화산업 활성화전략』

표 9-9 국내 실버관광레저 시장(2002년)

(단위 : 억 원)

복권	카지노	여행관광	테마파크	경마	합계
923	394	5,681	546	6,370	13,914

자료: 고령및미래사회위원회(2005), 『고령친화산업 활성화전략』

표 9-10 여가활동 관련 실버산업의 시장규모(2002년)

(단위 : 억 원)

실버문화시장	실버스포츠시장	실버관광레저시장	총계
8,633	1,840	13,914	24,387

자료: 고령및미래사회위원회(2005), 『고령친화산업 활성화전략』

고려하여 실버산업을 추계했다. 영화의 경우 상대적 이용률이 0.094, 음악의 경우 0.237 이므로 영화시장 규모는 136억 원이고 음악의 경우는 313억 원으로 나타났다. 게임, 캐릭터, 애니메이션 등은 주로 어린이나 젊은 층에서 이용하는 분야이므로 노인들의 사용 비중이 매우 낮다고 보아 상대적인 비중을 0.02로 하여 시장규모를 산출하면 212억 원으로 추산하였다. 공예의 경우는 1,512억 원 등 이들을 모두 합하여 실버문화산업 시장 총계를 구하면 15,092억 원이 된다(표9-8참소).

다음으로 스포츠 산업은 2001년 기준으로 시장규모는 국내총생산대비 2.15% 수준인 7조 6,946억 원으로 각 부문별로 보면 스포츠 시설업이 4조 4천억 원, 스포츠서비스업이 3조 3천억 원이 시장을 형성하고 있다. 이중에서 실버스포츠산업은 문화산업의 시장추계방법과 마찬가지로 스포츠산업총계에 노인비율과 상대적 소비비율을 곱하여 계산하면 60세 이상의 이용률은 1.8%로 전체평균 9.5%에 비해 매우 낮은 수준이다. 이에 따라 2001년 실버스포츠산업 시장규모는 1,672억 원으로 추산된다. 국내 총 관광레저산업은 2002년 기준으로 약 15조 3천억으로 추정된다. 이중 여행관광시장의 경우 국내 여행관광객수에 인당지출액을 곱하여 계산하였다. 한편 2003년 레저백서에서 복권, 카지노, 테마파트, 경마 등 레저시장은 약 9조 1천억 원으로 추정하고 있다. 전체 관광레저시장 중에서 노인들을 대상으로 하는 실버관광레저시장은 총 1조 3,914억 원으로 추산된다.

이중 실버여행관광시장은 5,618억 원인데, 이는 국내여행관광시장인 62,434억 원에 61세 이상 노인 여행객 비중인 9.1%를 곱하여 계산하였다(표9-9참조).

따라서 총 실버산업 여가시장규모는 앞의 실버문화시장, 실버스포츠시장, 실버관광 레저시장을 합친 약 2조 4천억 원의 규모가 된다(표9-10참조).

(2) 국내시장 전망

통계청에 따르면 고령인구는 매년 2010년까지 3.599%씩 증가하고, 이후 2020년까지 4.227%씩 증가할 것으로 예측하고 있다. 따라서 노인인구는 2010년에는 751만 명으로 이 기간 동안 32.3% 증가할 것이다. 2020년에는 노인인구가 1,137만 명으로 2010년에 비해 51.3% 증가할 것이다. 또한 연금 및 건강한 노인들의 확대로 근로에 따른 수입이 늘어나 매년 노인소득은 약 4% 정도 증가할 것으로 전망된다.

또한 2008년 7월부터 시행될 노인장기요양보험제도에 따라 여가활동 관련 실버산업 은 활성화될 것으로 예상된다. 이 제도가 시행되면서 고령자들의 소득이 증가하고, 의 료기술의 발달에 따라 건강한 노인들이 증가하며 특히 베이붐세대(1953~1965년생)가 고령자가 되는 시기에 여가산업은 개화될 것으로 보인다. 국내 여가활동관련 실버산업 시장규모는 2010년에는 약 7조 3천억 원, 2020년에는 약 26조 4천억 원으로 성장할 것 으로 예상된다.

3. 관련산업의 과제 및 활성화 방안

여가활동관련 실버산업은 노인인구의 빠른 증가, 의료기술발달로 인한 건강한 노인

표 9-11 여가활동 관련 실버산업의 시장전망

(단위 : 억 원)

구분		2002	2010	2020	연평균 성장률
모태산업		449,950	864,176	1,699,965	7.7
여가관련 실버산업	비중(매출액기준)	5.42	8.49	15.53	-
	매출액	24.387	73.370	263.941	14.1

자료: 고령및미래사회위원회(2005), 『고령친화산업 활성화전략』

비중의 증가, 그리고 노인들의 소득이 증가하고 교육수준도 높아져 여행 등 여가에 대한 수요확대로 여가활동관련산업의 발전이 기대되나 시설수준의 고급화에 따른 가격상승으로 부익부빈익빈현상이 우려되며, 너무 빠른 고령화 속도에 수요확대에 부응하지 못하고 부족한 시설이나 상품을 수입에 의존할 가능성 등의 과제를 안고 있다. 따라서 여기서는 관련 산업의 경영과제 및 활성화 방안에 대해 살펴보고자 한다.

1) 관련 산업의 과제

(1) 인적자원의 부족

고령화가 워낙 빨리 진행되다보니 노인들을 대상으로 한 비즈니스가 거의 없었던 관계로 실버산업에 대한 인적자원이 크게 부족하다. 일부 실버산업에 진출해 있는 기업들의 경험이 우리나라의 실버산업 노하우의 전부라고 할 수 있을 정도로 인적 및 기술적인 면에서 열악하다. 다만 복지차원에서 여가활동을 지원하고 노인들의 고독을 해소해주는 다양한 봉사활동이 있긴 하지만 이것 역시 사업의 관점이 아니기 때문에 한계가 있다. 인적자원의 부족은 참여기업의 수가 적다는 것이고 참여가 활성화 되지 않은 경우, 실버산업에 대한 노하우나 마케팅 능력이 부족하여 시장 실패가 예상된다. 또한 기본적으로 여가산업의 소비자층이 청소년이나 중년이기 때문에 문화, 여가, 스포츠 분야에서 노인들을 위한 서비스나 상품에 대한 선문가가 부족하다. 즉 고령자의 소비성향과 여가 특성에 맞는 실버마케팅을 전개할 필요가 있다. 현재는 시장이 작고 서비스 계약을 하는 주체가 주로 자녀들이지만 점차 시장이 커지고 노인들이 소비주체로 되면서 노인들을 대상으로 하는 서비스와 상품을 개발하는 전문가가 필요하다. 빠른 고령화 속도에 대응하지 못하고 수입에 의존하거나 부가가치가 낮은 부문에만 치중할 경우 핵심시장에서의 역량을 키워나갈 수가 없게 된다.

(2) 시장의 미성숙

노인층이 사용하는 여가상품의 시장규모는 2조 4천억 원으로 무시할 수 없을 만큼 매우 크나 노인용 제품이 별도로 존재하기보다는 일반상품과 동일한 경우가 많다. 여가산업은 인당소득의 변화에 영향을 받으므로 경제성장률과 밀접한 관련을 가지고, 소득이 증가할수록 문화오락비 지출에 소요되는 비중은 점차 증가하는 추세를 보인다. 또한 고령화 사회의 진전에 따라 노인인구가 많아지면서 여가활동관련 실버산업도 영향을 받으며, 노인들의 소득증가에 의해 노인들의 소비수준이 높아진다는 점을 고려해 보면 앞으로의 성장가능성은 매우 큰 분야라고 할 수 있다. 그럼에도 불구하고 아직까지 시장이 성숙되지 못한 제약요인에 대한 연구에서 김현(2003)은 복지관 이용자를 대상으로는 '관광 흥미 없음', '비용부족', '교통수단부족', '동반자의 관광 관심 다름', '동반자 비용·시간부족', '주변관광시설 부족' 등이, 한편 요양원 입소자를 대상으로는 '관광 흥미 없음', '교통수단부족', '가족에 대한 미안함', '동반자의 관광 관심 다름', '주변 관광시설 부족' 등의 결과를 얻었다. 이는 노인관광의 복지적 요소가 고려되어야 할 것이며 이런 시각은 관광분야 뿐만 아니라 다른 여가활동 분야가 활성화되지 못하는 점에 대해서도 시사하는 바가 있다고 할 것이다.

(3) 여가 · 문화 프로그램 미흡

각종 조사에서 노인들의 여가활동을 위한 수요는 매우 크고 다양한 것으로 나타나고 있다. 이처럼 노인들의 여가활동 내용의 욕구는 적극적이지만, 실질적인 여가활동에 대해 소극적인 것은, 노인들의 여가활동 욕구를 충족시킬 수 있는 여가·문화 프로그램이 미흡하기 때문이다. 즉 여가활동에 대한 중요성과 인식의 변화에 부응하는 다양한 여가?문화 프로그램이 부재하다는 것이다. 젊은이들보다 상대적으로 거동이 불편한 노인들도 쉽게 참여할 수 있는 다양한 형태의 건강관리, 레저스포츠, 문화교양, 취미활동, 국내외 여행, 사회봉사활동 등과 관련된 적절한 프로그램이 마련되어야 할 것이다. 정보화, 세계화 및 노인의 의식구조의 변화에 따라 노인의 여가에 대한 욕구가 다양하고 전문화되고 있는 추세이나 현재 우리나라 여가시설은 이러한 추세에 적절하게 대응하지 못하고 있다. 노인대학이나 노인문화센터, 일부 대학교에서 평생교육원이라는 명칭으로 고령자를 위한 교육프로그램이 운영되고는 있으나 일부 중년층을 중심으로 운영되고 있는 것이 현실이다. 또한 일부 전문단체가 생기긴 했으나 프로그램의 내용이 회원들 상호간의 친선도모에만 맞추어져 있어 고령자의 다양한 욕구를 수렴하지 못하고 있다.

(4) 시설의 부족과 낮은 서비스 수준

현재 우리나라 노인복지법상 36조에 나오는 노인여가시설로는 노인복지 회관, 경로당, 노인교실, 노인휴양소 등 4가지가 있으나 민간부문에서 영리를 목적으로 참여한 사례는 많지 않다. 노인복지회관은 저렴한 요금으로 노인 건강의 증진, 교양, 오락 등을 제공하는 것이고, 경로당은 지역주민의 친목도모, 취미활동 등을 위해 제공하는 장소이며, 노인교실은 노인을 위한 학습프로그램을 제공하는 곳이다. 한편 노인 휴양소는 노인에게 휴양과 위생시설, 여가시설 등을 단기간 제공하는 것을 목적으로 한다. 이러한 노인여가시설들은 아직까지 그 수도 부족하거니와 수준도 낮아 고급시설에 익숙해 있는 부유한 노인의 욕구를 충족시키지 못하고 있다. 여가활동과 관련된 노인복지시설은 그 동안 노인들의 휴식, 오락, 친목의 유일한 거점으로써 다양한 역할을 수행해 왔으나 노인들의 사회참여에 대한 다양한 욕구의 증대 등으로 인해 새로운 역할과 기능이 요구되고 있다. 하지만 이러한 시대적 요청에도 불구하고 대부분의 복지시설은 낙후된 시설과 관리, 적절한 프로그램의 미비 등으로 인하여 지역사회 노인들로부터 외면을 당하고 있는 실정이다(남궁관 · 엄정식, 2006 재인용).

2) 관련 산업의 활성화 방안

(1) 인적자원 확보

여가산업 종사자는 해당산업 고유의 직무에 맞는 능력을 잘 개발하여야 한다. 더불어 노인 소비자를 대상으로 하는 여가활동 관련 실버산업 종사자는 기본적으로 노인의 특성을 잘 이해하고 이들의 소비성향에 맞는 상품과 서비스를 제공하여야 한다. 고령자를 대상으로 펼치는 소위 실버마케팅 전문가를 양성하여야 한다. 예를 들면 서비스 제공자는 노화에 따른 시력이나 신체능력의 감퇴, 식사, 기호 등 다양하게 요구되는 니즈에 대응할 필요가 있으며 거동이 불편한 노인의 경우에는 가족처럼 서비스에 만전을 기할 수 있도록 하여야 한다. 마케터들은 노인욕구 파악의 기초자료가 되는 노인소비자의 각종 소비자행동 특성과 라이프스타일 등 노인층의 특정행동과 의식에 대한 마케팅 노하우의 축적이 필요하다. 또한 노인층을 겨냥한 마케팅 활동 시 노인심리학의 양면성에 주의를 기울여야 한다. 노인이 가장 싫어하는 것은 노인으로 취급 받았을 때이며, 노인이 가장 화가 났을 때도 역시 노인으로 대접받지 못할 때이다. 또한 노인층의 달라진 라이프스타일을 충분히 반영한다든지 인간적 · 감성적 측면에 기초를 둔 관계마케팅을 구사히며 예비노인층에 대한 사전 마케팅도 필요하다. 즉 참여업체는 양질의 서비스를 개발할 뿐만 아니라 서비스 정신이 투철한 인력을 양성하도록 하여야 할 것이다. 이를 위해 정부도 실버산업을 위한 전문가 육성과 자격증 제도를 도입하고 참여기업은 지역사회

의 교육기관과 산학협력을 통해 시장의 상황과 업체의 요구가 반영된 교과편성과 양성
과정 운영으로 필요한 인적자원을 적절히 확보하도록 하여야 한다.

(2) 복지와 시장의 조화

시장이 성숙하지 못하다 보니 기업의 차원에서 보면, 문화, 관광, 스포츠 분야에 참여
하고 있는 기업들은 노인들만을 대상으로 한 사업에 참여하지 않고 계층을 초월하여 전
소비자를 대상으로 참여하게 된다. 심지어는 노인층을 스포츠클럽의 회원으로 끌어들
여 불황을 극복하고자 하는 기업들도 있다. 여가활동 관련 실버산업의 주된 대상은 중
산층 이상으로 경제적 지불능력이 있는 노인이 되어야 한다. 그리고 대응하는 욕구나
문제의 수준에 있어서도 기초적이고 공통적인 욕구나 문제보다는 부가적이고 발전적
욕구나 문제가 되어야 할 것이다. 그렇다고 저소득층이 될 수 없다는 것은 아니지만, 실
버산업의 주된 대상은 역시 지불능력이 있는 노인이 되어야 할 것이다. 국가적 재정의
효율성을 위하여 사회시장과 경제시장인 실버산업 간에는 분명한 역할의 한계를 정하
여 노인의 기초적 공통 욕구는 국가가 보장(또는 사회시장이 대응)해 주어야 하고, 노인
의 부가적이고 자기 발전적 욕구는 참여기업들이 대응하는 것이 바람직하다(전채근,
2003). 즉 정부에서는 고령노인에 대한 최저생활 보장에 목표를 두고 사회적 최저기준
이하의 여가 욕구나 전체 노인을 위한 최소한의 예방적 · 보편적 여가 욕구를 중심으로
공공부문인 여가복지시설을 맡고 민간에서는 고령노인들의 다양한 여가 욕구 충족을
목표로 하여 사회적 최저기준 이상의 고급화된 여가욕구나 문화욕구, 다양화되고 개인
화 된 욕구를 중심으로 서비스를 개발 · 제공하도록 한다. 여가활동에 대한 수요확대를
위해 실버산업에 대한 세제혜택 제공, 중장기 마스터플랜의 마련 등 정부의 적극적 육
성책이 선행되어야 할 것이다.

(3) 여가 · 문화 프로그램 확대

노인들의 여가활동 욕구를 충족시킬 수 있는 여가 · 문화 프로그램이 미흡한 이유는
아직 여가활동 관련 실버 시장이 성숙되지 않고 참여기업들이 부족하여 경쟁을 통한 다
양한 프로그램 개발 및 제공이 이루어지지 못하기 때문이다. 즉 여가활동에 대한 중요
성과 인식의 변화에 부응하는 다양한 여가 · 문화 프로그램이 부재하다는 것이다. 젊은
이들보다 상대적으로 거동이 불편한 노인들도 쉽게 참여할 수 있는 다양한 형태의 건강
관리, 레저스포츠, 문화교양, 취미활동, 국내외 여행, 사회봉사활동 등과 관련된 적절한

프로그램이 마련되어야 할 것이다. 실버산업 참여업체의 서비스는 경제시장의 원칙에 따라 완전 유료로 제공되기 때문에 비용의 정도에 따라 차등이 있을 수 있지만 비용에 상응하는 만큼의 수준은 되어야 한다. 다만 국가의 통제가 경제시장의 기본원리를 침해하지 않는 범위 내에서 행해져야 할 것이고 통제를 위한 통제가 되어서는 안 될 것이다. 관련 산업이 궤도에 오르기 까지는 적절한 지원정책도 수반되어야 한다.

고령자는 많은 여가시간을 가지고 있어 여가활동 관련 실버산업은 가능성이 많은 분야로 전망된다. 노인인구의 증가와 의료기술의 발달로 건강한 노인이 증가하고 소득수준이 향상되어 과거의 노인과 달리 현재의 실버세대는 경제력을 갖추고 보다 적극적인 여가활동을 찾고 있기 때문에 참여기업은 시장조사를 통해 노인소비자의 다양한 욕구를 파악하고 그에 맞는 적절한 상품과 서비스를 개발하여야 하겠다. 즉 프로그램을 여가활동 참여 노인의 연령, 경제, 생활, 건강수준별로 다양화할 필요가 있다.

(4) 시설확충과 서비스 수준 제고

노인여가시설들은 아직까지 그 수도 부족하거니와 수준도 낮아 고급시설에 익숙해 있는 부유한 노인의 욕구를 충족시키기에는 역부족이다. 따라서 정부는 각종 세제 혜택 등 인센티브제도를 통해 민간기업의 참여를 유도하고 국가나 민간이 집중해야 할 전략 품목을 선정하여 적극적으로 육성하도록 하여야 한다. 예를 들어 고령및미래사회위원회(2005)가 선정한 고령친화휴양단지는 도심인근에 복합레저, 요양, 오락 시설을 갖추어 국내의 휴양객 및 관광객을 유치하는 휴양단지를 말한다. 이는 국제적인 시설을 깃추고 해외의 고령자들을 대상으로 마케팅 활동도 펼치며 언어, 인프라, 서비스 등 외국인이 한국을 방문하여 불편을 느끼지 않을 정도로 하드웨어 면에서나 소프트웨어 면에서 철저한 준비도 필요하다. 한방클리닉 등과 연결하여 동양적인 분위기를 조성하여 외국인들을 유치하고 게이트볼 등 노인용 스포츠시설 등도 구비할 필요가 있다.

이러한 시설은 노인들이 원하고 있는 사회참여 및 교류를 진작할 수 있도록 '격리'가 아닌 '교류' 관점에서 입지를 선정해야 한다. 따라서 도시 내 혹은 도시인근 지역에 설치하는 것이 바람직하다. 우리나라는 기존서비스산업과 연관산업이 비교적 발달되어 실버산업 기반이 조성되어 있다. 또한 노인들의 여가 및 여행에 대한 높은 관심, 그리고 소득의 증가로 웰빙 노인들의 숫자 증가와 정보통신 발달로 커뮤니티 등 스포츠나 문화시설 분야 등에서도 이 같은 여건을 살린다면 여가관련 시설부족과 서비스 문제 해결에 도움이 될 수 있을 것이다.

제 10 장 금융 관련 실버산업

1. 개요

우리나라 노인계층을 위한 노후 소득보장체계는 아직까지도 초보단계이며 성숙기에 도달하기 까지는 앞으로 많은 시간이 필요한 상황이다. 특히 국민연금제도의 실효성에 많은 의문이 제기됨에 따라 미미한 공적연금제도를 개선할 방안으로서 고려되는 것이 역모기제도와 연금저축 그리고 가종 보험과 같은 금융상품들이다. 앞으로 실버계층을 대상으로 하는 민간의 각종 연금저축과 간병보험과 같은 다양한 상품들이 개발될 것으로 전망되며 실버계층의 인구 비중 증가 및 경제력 확대에 따라 향후 관련 산업은 성장이 기대된다.

1) 노후생활의 불안요소

인구의 빠른 고령화에도 불구하고 공적, 사적인 노후 보장이 충분하지 않은 상황에서 노후소득 보장문제가 심각하게 부각되고 있다. 의료기술의 발달과 소득증가 등으로 생활수준이 향상되면서 평균수명이 늘어나 은퇴 이후 기간이 길어질수록 젊었을 때부터 노후를 준비할 필요성은 더욱 커진다고 하겠다. 이 밖에 예기치 않은 사고나 재난에 대

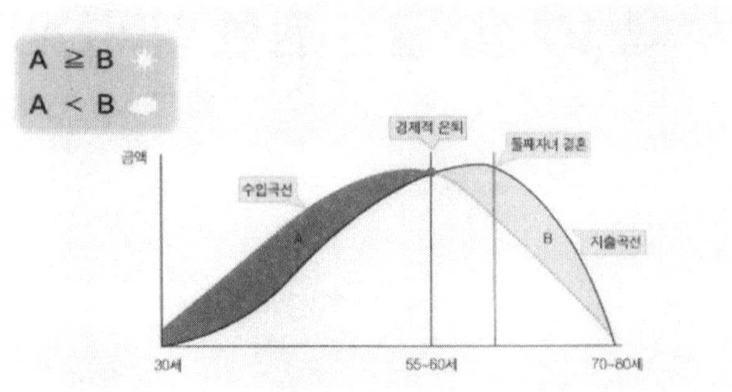

자료: 한국은행(2007), 『금융생활 길라잡이』

[그림 10-1] 장기 생활설계

비하기 위한 자금도 생각해 두어야 한다. 누구나 살아가면서 화재나 천재지변 등으로 뜻하지 않게 재산을 잃을 수 있으며 가족 중 누군가 질병이나 사고 등으로 일시에 목돈이 필요할 수 있기 때문이다. 사람은 누구나 장기 생활설계를 해야 한다고 생각하지만 노후를 계획적으로 준비하는 사람도 있는가 하면 그렇지 못한 사람도 있다.

흔히 라이프 사이클 상 경제적 은퇴 이전에 저축과 투자로 자산을 축적해야만 편안한 노후를 맞이할 것이다. 즉 그림에서 A부분이 B부분보다 커야 한다.

우리나라 국민들은 노후생활을 영위하는데 불안 요소로서 사망 위험보다도 의료비·신체기능장애 등 건강관련 위험과 소득감소·인플레이션 등 소득 관련 위험을 더 크게 인식하고 있다(표10-1참조). 이렇게 노후생활에 닥치는 위험을 인식하는 정도가 높아지면서 노후에 대한 준비는 점차로 개선되는 것으로 나타나고 있으나 18세 이상 인구 중 노후를 위하여 「준비하고 있다」고 응답한 사람은 61.8%로 2005년(55.0%)에 비해 6.8%p 증가하였으며, 이들의 노후준비 방법으로는 국민연금이 51.7%로 가장 많고, 예금·적금(50.2%), 사적연금(31.9%) 순이다. 노후 준비방법으로 남자는 국민연금, 여자는 예금·적금가장 많았으며 연령대별로 보면 노후 준비율은 40대가 76.6%로 가장 높고 30대(74.4%), 50대(73.2%) 순이며, 노후준비 방법으로 40대, 50대는 국민연금을, 30대, 60세 이상의 경우는 예금·적금 많이 하고 있었다. 노후준비를 하고 있지 않은 사람(38.2%) 중에 앞으로 준비할 계획임이 34.9%로 가장 많고, 준비할 능력 없음(32.6%), 아직 생각하고 있지 않음(19.8%) 순이다.

한편 노후를 준비하고 있지 않은 60세 이상의 경우 준비할 능력 없음이 48.0%, 자녀에게 의탁이 41.9%로 나타났다. 그런데 노후 준비의 수단적 측면에서 볼 때는 2003년에

표 10-1 계층별 노후생활 불안요소

(단위 : %)

		사례 수	의료비 신체기능 장애 등 건강관련 위험	소득감소 인플레이션 등 소득관련 위험	배우자사망, 본인의 장수 등 사망관련 위험	기타	없다
		(1,200)	50.2	36.4	13.2	0.1	0.2
세대주 연령별	20대	(131)	49.6	40.5	9.9	0.0	0.0
	30대	(357)	49.3	40.1	10.4	0.0	0.3
	40대	(368)	51.4	36.7	12.0	0.0	0.0
	50대 이상	(344)	50.0	30.8	18.6	0.3	0.3
월평균 소득별	100만원 미만	(40)	45.0	37.5	17.5	0.0	0.0
	100~150만원 미만	(120)	54.2	31.7	12.5	0.0	1.7
	150~200만원 미만	(235)	52.3	35.3	12.3	0.0	0.0
	200~300만원 미만	(474)	50.4	37.1	12.2	0.2	0.0
	300~400만원 미만	(237)	47.7	38.8	13.5	0.0	0.0
	400만원 이상	(93)	46.2	35.5	18.3	0.0	0.0

자료: 보험개발원, 『2003년 보험소비자 설문조사』

표 10-2 가구주의 노후준비 방법

(단위 : %)

	계	준비하고 있음	국민 연금	기타 공직 연금	사적 연금	퇴직금	예금, 적금	부동산 운용	주식, 채권	기타	준비하고 있지 않음	소계	아직 생각하지 음	준비할 계획	준비 능력 부족	자녀에게 의탁
2005	100.0	55.0	51.6	11.2	37.2	9.7	50.5	11.2	2.0	1.7	45.0	100.0	28.0	35.5	26.0	10.4
2007	100.0	61.8	51.7	8.2	31.9	8.6	50.2	11.5	3.1	0.2	38.2	100.0	19.8	34.9	32.6	12.6
도시(동부)	100.0	62.6	51.8	8.2	32.6	8.9	49.9	11.4	3.5	0.1	37.4	100.0	21.1	36.3	32.0	10.6
농어촌 (읍면부)	100.0	58.2	51.0	8.0	28.7	7.2	51.8	12.0	1.5	0.3	41.8	100.0	14.8	29.1	35.2	20.8
남 자	100.0	66.9	58.5	8.3	29.5	10.2	46.2	11.4	3.4	0.2	33.1	100.0	24.3	37.2	31.1	7.4
여 자	100.0	57.0	44.1	8.0	34.6	6.9	54.6	11.7	2.8	0.2	43.0	100.0	16.6	33.3	33.7	16.4
30~39세	100.0	74.4	51.3	7.8	40.1	9.4	52.4	8.3	4.0	0.1	25.6	100.0	18.1	58.5	23.2	0.2
40~49세	100.0	76.6	54.8	7.8	36.9	8.7	45.8	11.1	2.8	0.1	23.4	100.0	13.0	47.9	38.3	0.8
50~59세	100.0	73.2	56.6	8.3	25.7	8.1	46.7	14.5	2.3	0.2	26.8	100.0	8.1	34.3	50.6	7.0
60세 이상	100.0	42.2	30.4	12.5	16.2	7.9	52.8	24.6	1.9	0.6	57.8	100.0	3.1	7.0	48.0	41.9

자료: 통계청, 『2007 사회통계조사결과』를 30세 이상으로 재구성

는 공적연금의 비중이 28.4%로 가장 높았는데, 예·적금 비중이 52.85%로 가장 높고 국민연금을 포함한 공적연금 비중이 42.9%로 나타나 재정적자에 대한 우려로 국민연금 보장수준을 60%에서 50%로 낮추는 계획이 추진되고 있는 점이 인식되어 다소 개선되고 있으나, 공무원 연금 등 특수직 연금의 경우도 심각한 재정적자가 발생하고 있거나 발생할 것으로 전망하고 있어 노후소득보장에 대한 불안감은 커지고 있다(표10-2참조).

2) 금융 관련 실버산업의 범위

우리나라의 경우 노후소득보장을 위한 제도적 장치는 국민연금, 퇴직금(퇴직보험 및 퇴직신탁), 개인연금 제도 등을 통해 어느 정도 다층체계를 갖추고 있었고 최근에 진행되고 있는 바와 같이 퇴직금제도가 퇴직연금제도로 정착하는 경우 보다 정연한 3층 연금체계[1]를 이루게 된다(신종욱·이정호, 2004). 금융 관련 실버산업은 이러한 공적 노후소득보장체계를 보완하여 노후의 안정된 생활을 영위하기 위한 노후설계 자금 및 자산관리로 연금, 보험, 부동산 등을 활용하여 각종 질병과 불의의 재해로부터 안정된 노후생활보장을 하고자 하는 것이다. 즉 금융 관련 실버산업은 인구의 고령화에 대응하여 개인 금융자산의 축적과 관리를 통해 노후소득의 안정과 흐름을 유지하는 금융서비스 고령및미래사회위원회(2005)에서는 이를 직접적으로 개별 금융상품으로 판매하여 제공하는 방안과 이들 상품을 적절히 조합하여 금융자산을 축적·관리할 수 있도록 자산관리서비스(wealth management)로 제공하는 방안을 제시하였다. 이는 과정상의 측면에서 금융자산 축적을 위한 과정과 금융자산을 관리하는 과정으로 나뉘는데, 이 두 과정은 병렬적으로 진행된다.

금융관련 실버산업의 범위는 고령자가 안게 될 위험으로서 생존위험, 건강위험, 재무위험 등 세 가지를 중심으로 선정될 수 있다. 생존위험과 관련해서는 노후소득 마련을 위한 개인연금(즉시연금보험 포함), 퇴직연금, 역모기지 제도 등의 금융상품 및 서비스가 포함된다. 건강위험의 경우는 건강보험(암보험, 상해보험 포함), 장기간병보험 등의

---

1) 3층 연금체계란 제1층: 소득재분배 기능, 강제가입, 공적관리, 조세재정, 적립방식의 사회보장제도로서의 국민연금, 제2층: 저축기능, 강제가입, 사적관리, 적립방식의 기업보장제도로서의 기업연금, 퇴직연금, 제3층: 추가보장기능, 자발적 개인저축방법으로서 개인보장의 개인연금 등을 말함(신종욱·이정호, 2004).

구분	사회보험	금융관련 실버산업
생존위험	국민연금, 특수직연금	개인연금(즉시연금보험포함), 퇴직연금, 역모기지 제도
건강위험	국민건강보험, 노인요양보험	건강보험(암보험, 상해보험 포함) 장기간병보험
재무위험	-	-

주: PB=Private Banking, WA=Wrap Account, FP=Financial Planning
자료: 고령친화산업 활성화전략(2005)

금융상품 및 서비스가 포함된다. 그리고 재무위험 관리를 위해서는 자산관리를 위한 금융서비스가 각각 포함된다(표10-3참조).

3) 실버금융 상품 및 서비스의 특징

금융관련 실버산업의 상품 및 서비스는 근본적으로 노년기에 이르러 겪게 될 여러 가지 위험들을 미리 대비하고자 하는 내용을 담고 있다. 고령및미래사회위원회(2005)가 제시한 그 특징들을 살펴보면

첫째, 미래의 부담을 일시에 지지 않기 위해서 장기간에 걸쳐서 준비되어야 하는 특징을 갖는다. 이를 위해서는 30대~50대 층과 노후소득관리 서비스를 받는 60대 이상 층으로 구별할 수 있나. 이는 대개의 경우 금융지산을 축적하는 과정과 관리하는 과정이 동시에 진행되기 때문에 명확하게 구별되기는 어렵다. 다만 라이프 사이클 상의 주기에 맞추어 수입과 지출의 규모가 변동하게 되는데, 60대 이후에는 일반적으로 자산의 축적보다 소비의 규모가 커지게 된다.

둘째, 금융관련 실버산업 상품 및 서비스는 정부가 사회보장제도 등을 통해 보장하는 기본적인 수준에 추가하여 개인의 필요에 따라 준비하기 때문에 선택이 가능하다. 따라서 금융관련 실버산업의 상품 및 서비스는 사회보장제도와 적절하게 조합됨으로써 보장의 충분성과 안전성을 제공할 수 있게 된다.

셋째, 사회보장제도와 달리 민영보험 및 금융의 원리에 의해 운영되기 때문에 형평성의 원리보다는 효율성 및 수익성의 원리가 중시된다. 즉 사회보장제도가 소득재분배를 도모하는 형평성을 중시하는 데 비해, 민영보험은 위험 간 형평성을 중시하며 민영금융은 수익성을 중시한다.

표 10-4 자산관리 서비스의 범위

은행 서비스	투자관리				위험 관리	신탁 및 부동사	부가가치 서비스
	정보제공	재무자문	국내외투자	투자관리			
은행수신상품 은행여신상품 외환 신용카드 Bill Payment	시황 기업보고서 펀드평가	투자자문 서비스 • 자산배분 • 각종재무 계획	은행신탁상품 MMF,MMDA 주식, 국공채회사 채 대체투자 수익증권 뮤츄얼펀드 선물/옵션 해외투자 부동산계획 및 투자	위험관리및 정기적 포트폴리오 성과보고서	각종보험 연금	상속계획 및 실행 Custody	세금상담 법률자문 미술품/ 골동품 자문 및 투자
	Wrap Account, 일임형 자산관리 자문형 자산관리						

주: · 금융우대 서비스 : 예금/대출금리 우대, 각종 수수료 면제 또는 할인, 환전시 환율우대, 전용창구의 제공, 우대 신용카드 발급 등
· 종합자산관리 서비스 : 은행, 증권, 투자신탁, 보험 등의 금융상품 및 부동산 투자 등을 종합하여 고객자산의 포트폴리오 구성 및 관리 등
· 부가 서비스 : 금융상품 및 시장정보 세공, 상속 및 증여 관련 법률/세무 자문, 무료 보험가입, 해외유학생 관리, 재테크 강연회, 문화 및 오락 이벤트 초정 등
자료: 김우진(2003), 『국내은행의 PB사업 현황과 과제』 한국금융연구원

넷째, 금융관련 실버산업 상품 및 서비스는 일반제조업과 달리 일부 상품 또는 서비스만 수출하는 것이 가능하지 않으며, 별도의 법인 또는 지점의 설립을 통해서만 가능하다. 이에 따라 다른 산업에 비해 제도상의 규제 요인, 문화적 차이 등에 의한 영향을 크게 받는다.

대부분의 선진국에서는 노령사회로의 진입에 대응하여 공적부담을 줄이기 위해 각종 사회보장제도를 재조정하고 있는 추세이며, 우리나라도 마찬가지로 연금제도의 개혁 등 노령사회에 대한 대응방안 마련에 부심하고 있다. 국민연금의 보험료 인상과 지급시기 및 급부율 조정과 같은 사회보장의 축소는 노후에 불안감을 증폭시키는 반면에 이를 보완하기 위한 민간부문 참여의 필요성을 부각시키는 계기가 될 수 있으며, 실버계층의 인구 비중 증가 및 경제력 확대에 따라 향후 이 분야의 국내 실버산업의 발전이 기대된다.

2. 실버금융상품의 유형

실버산업 중 금융관련분야는 실버산업의 대표적인 분야라고 할 수 있다. 1980년대 생명보험회사에서 내놓은 연금보험을 시작으로 고령화 시대에 맞는 금융상품들이 실버시장의 잠재고객인 중·장년층을 대상으로 속속 개발되어 출시되고 있다. 노후대비 장기생활설계와 연관된 방법에는 여러 가지가 있으나 여기서는 주로 노후자금 마련을 위한 금융상품, 보험관련 금융상품, 그리고 기타상품으로 구분하여 그 유형들을 살펴보기로 한다.

1) 금융상품

(1) 연금저축

연금저축은 개인의 노후생활 및 장래의 생활안정을 목적으로 일정금액을 적립하여 연금으로 원리금을 수령할 수 있는 장기 금융상품이다. 2001. 2월부터 신규 도입된 상품으로 취급기관별로 연금신탁, 연금투자신탁, 연금보험, 연금공제 등의 명칭으로 판매되고 있다. 소득공제혜택이 있으나 연금수령 시 소득공제분과 연금이자에 대해 세금이 부과되는 방식이다. 개인연금저축은 1994. 6월부터 2000. 12. 31일까지 판매된 상품으로 이자(배당)소득이 전액 비과세되며 소득공제 혜택도 있다. 신규가입은 2001년부터 중단되었으나 기존계약은 연금저축과 별도로 만료 시까지 분기별 300만 원 한도 내에서 추가 납입이 가능하며, 소득공제 및 비과세 혜택도 계속 유지된다.

연금저축의 특징은 노후대비 장기 금융상품으로서 세금우대와 소득공제 혜택이 있다는 점이고 각 은행, 보험회사, 우체국(보험), 자산운용회사(투자신탁), 농·수협중앙회·회원조합 및 신협중앙회(생명공제), 증권투자회사(뮤츄얼펀드)에서 취급한다. 가입대상은 18세 이상의 국내 거주자이며 저축한도는 분기별로 300만 원까지이다. 저축(납입)기간은 적립기간과 연금지급기간이 구분되어 있으며 적립기간은 10년 이상 1년 단위로 수익자가 만 55세가 넘을 때까지이며 연금지급기간은 적립기간 만료일로부터 5년 이상 1년 단위로 정하게 되어 있다. 수익률은 실정배당방식, 금리연동형 또는 확정형 등이 가능하며 연금수령 주기는 월 단위나 3개월, 6개월, 1년 단위로 수령이 가능하고

표 10-5 연금저축 취급기관별 주요 상품특징 비교

구 분	신 탁 형		보 험 형	
	은행 (농·수협중앙회)	자산운용회사, 뮤추얼 펀드	생명보험회사, 우체국, 생명공제(농·수협중앙 회·회원조합, 신협중앙회)	손해보험
납입방식	·자유적립식	·자유적립식	·정액식	·정액식
연금 지급방식	·확정기간형	·확정기간형	·확정기간형 ·종신연금형	·확정기간형
상품형태	·채권형 ·주식형(주식10%이 내)	·국공채형, 채권형 ·주식형 ·혼합형	·고정금리형 ·금리연동형	·고정금리형 ·금리연동형
수익률 및 원금보장 여부	·실적배당(원금보 장)	·실적배당(수익률에 따라 원금손실 가 능)	·원리금 보장형	·원리금 보장형
예금자보호	·5천만원까지보호	·보호대상아님	·생명보험회사는 5천 만 원까지보호 ·우체국은 정부에서 지급 보장 ·생명공제는 보호대상이 아님	·5천만원까지 보호
주요특징	·자유적립식이므로 소득수준에 따라 신축적으로 납입 가능	·좌동	·원리금보장형이므로 운 용수익률에 관계 없이 약정한 금리로 연금수령	·좌동
	-	-	·추가 보험료로 다양한 보장성 특약제동	·좌동
	·납입원금 보장	-	·종신연금형의 경우 사망 시까지 연금보장	-

자료: 한국은행(2007), 『금융생활 길라잡이』

정액식 지급(수익자 요청 시 체증식 가능)방식을 따른다.

요약하면, 연금저축은 대부분의 기관에서 취급하고 있으므로 수익률, 연금지급방식, 부대서비스 등 제방 계약조건을 비교한 후에 선택하는 것이 바람직하다(표10-5참조). 또한 개인연금저축 가입자가 기본상품에 추가로 납입할 것인지 연금저축에 가입할 것인지는 개인의 소득수준 및 가입금액 등에 따라 판단하여야 하며 2001. 3월부터 기존의 세제혜택을 계속 받으면서 금융기관 간(동종, 이종 모두가능)에 개인연금을 이전할 수 있게 되어 있다.

(2) 노후생활연금신탁

노후생활연금신탁은 개인의 노후생활 및 장래의 생활안정을 목적으로 일정금액을 5

년 이상 거치 또는 적립하고 만기 후에는 계약내용에 따라 원리금을 일시금, 연금 또는 일시금과 연금을 혼합한 형태로 지급받을 수 있는 실적배당형 장기금융상품이다.

가입 대상은 만18세 이상의 개인이며 신탁기간은 5년 이상 1년 단위로 정하되 만기 시의 수익자 연령이 만 40세 이상이 되도록 정해져야 한다. 신규가입은 2004. 7월부터 중단되었다.

상품의 특징은 가입대상은 만 18세 이상 개인(1인 1통장)이 위탁자와 위탁자 본인 또는 위탁자가 지정한 개인(즉시 연금식은 가입일 기준 만40세 이상)의 수익자로 제한되며, 실적배당, 연금 지급형의 성격을 띠고 일반은행에서 취급하고 있다. 신탁기간은 5년 이상 1년 단위(수익자의 연령이 만40세 이후가 되는 기간까지)로 하며 최저신탁금액은 적립식의 경우, 1만 원 이상(다만, 적립기간 종류 후 적립금액이 100만 원 이상이어야 함) 그리고 즉시 연금식은 100만 원 이상이어야 한다. 적립방식은 매월 또는 매분기마다 일정금액을 정기적립 또는 자유적립하는 적립식과 신탁금액을 일시에 납입하는 즉시연금식이 있다. 신탁재산 운용은 안정형의 경우, 주식은 10%이내에서 운용하고 나머지는 채권 등에 운용하며 채권형은 주식에는 운용하지 않고 채권 등에 전액을 운용한다. 수익률은 실적배당방식이며 배당금 지급방식은 수익자의 연령이 만 40세가 경과하고 적립기간이 경과한 때이며 일시금식은 신탁원리금을 신탁기간 만료 시 일시에 지급하며, 연금식은 신탁원리금을 5년 이상(연 단위) 매월, 3개월, 6개월, 1년 단위로 지급한다.

참고로 은행에서 취급하는 노후생활연금신탁은 실적배당 상품이나 원금 이하로 운용될 경우 원금을 보전해 주며 계좌 신규일로부터 1년 이상 경과한 경우에는 중도 해지 수수료 없이 해지가능하고 2004. 7부터는 신규가입이 중단되었지만 이미 가입한 계좌에는 만기일까지 추가적립이 가능하다.

2) 보험상품

(1) 연금보험

연금보험은 장래 노후생활 준비는 물론 장기 저축성 상품으로서도 큰 장점을 가진 상품이다. 즉 연금으로 수령 시 다양한 지급방법을 통해 필요시점에 필요한 방법으로 노후자금을 받을 수 있을 뿐만 아니라 시중 금리변화를 반영하는 공시이율로 분리 적립되어 일정한 고수익을 보장해주는 저축기능도 가지고 있으며 10년 이상 경과 시 보험차익

표 10-6 연금보험 보장내용(연금지급 개시선)

구 분		보 장 내 용
거 치 형	재해사망	일시납호험료의 20% + 책임준비금
	일반재해사망(재해사망 이외의 사망)	일시납호험료의 10% + 책임준비금
적 립 형	재해사망	1,200만원 + 책임준비금
	일반재해사망(재해사망 이외의 사망)	600만원 + 책임준비금

주: 보장내역과 지급금액은 보험회사의 상품별로 차이가 있음
자료: 한국은행(2007), 『금융생활 길라잡이』

에 대한 이자소득세를 비과세하는 혜택도 부여되어 고령화 사회의 노후복지 마련에 적합한 상품이다.

연금수령방법은 다양하고 다양한 선택부가특약으로 연금지급 개시 전 보장기능을 강화시킬 수 있는 특징이 있으며 생명보험회사에서 취급한다. 회사별·상품별 상이하나 가입연령은 대체적으로 15~72세이고 연금개시연령은 45세~80세이다. 연금지급방법은 종신형, 확정형, 상속형 등이 있다. 종신형은 연금지급개시 후 사망 때까지 매년 연금을 받는 방식으로 피보험자가 일찍 사망하면 연금보증기간(10년 또는 20년)동안 유족에게 대신 연금을 지급하도록 되어 있다. 확정형은 연금지급개시 후 연금지급기간(10·15·20년)동안 매년 연금을 지급받는 방식이며, 피보험자가 연금지급기간 중에 사망하면 잔여연금 지급기간동안 미지급된 연금액을 매년 연금지급일에 지급받을 수 있다. 한편, 상속형은 연금지급 개시 후 사망 때까지 가입한 목돈의 이자를 매년 연금으로 지급받는 방식이며, 피보험자가 사망 시에는 사망시점의 연금계약 적립금을 지급받는다. 이율은 공시이율을 따르며 연금지급 개시 전 보장내용은 (표10-6)과 같다.

세금혜택은 비과세(10년 이상 가입 시, 단 2003년 말까지 가입분에 대하여 7년 이상 가입 시 비과세) 조건이 있으며 예금보호는 예금자보호법에 의거 보호된다. 연금보험상품은 업계공동상품이 아니므로 회사별로 구성상 다양한 상품을 판매중이다.

(2) 종신보험

종신보험은 한 번의 가입으로 종신토록 보장되며, 사망원인에 관계없이 보험금이 지급되는 보험이다. 각 개인의 재무상황 및 필요성에 따라 맞춤형으로 설계하여 각종 특약을 조립함으로써 다양한 보장을 받을 수 있다. 종신보험은 획일적으로 만들어진 상품이 아니며 고객의 개인별 수요 및 재정 상태를 충분히 파악한 뒤 보장프로그램을 설계한다. 즉 가입에 앞서 설계사와 상담을 통해 향후 본인의 필요자금(자녀교육비, 자녀결혼자금, 가족 생활비 등)과 준비자금(퇴직금, 적금, 연금)을 결정한 후 생활설계프로그

지급사유	지급액
보험기간(종신) 중 피보험자가 사망하였거나 장해지급률이 80%이상인 장해 상태가 되었을 때	보험가입금액 전액

주: 계약자의 선택에 따라 각종 특약으로 다양한 보장내용 추가 가능 (장기특약, 입원특약, 암특약, 재해관련특약, 체감정기특약, 성인병
특약 등)
자료: 한국은행(2007), 『금융생활 길라잡이』

램을 통해 나타나는 필요보장자금에 따라 가입금액, 보장금액과 지급범위 및 기간 등을
산정할 수 있다.

종신보험은 생명보험회사에서 취급하며 납입기간은 일시납, 5·10·15·20년 납,
55·60·70세 납 등 다양하며 가입연령은 통상 15세~60세이며 납입방법은 일시납, 월
납, 3개월납, 연납 등이다. 보장내용은 (표10-7)과 같고 세금혜택은 소득공제(보장성보
험 해당 보험료에 대하여 1인당 합계액 연 100만 원)가 있고 예금보호는 예금자보호법
에 의거 보호된다.

판매회사에 따라 종신보험은 보험회사에 따라서는 우량체 계약자(비흡연자, 혈압·
체격 등이 정상인 자)에 대하여 보험료를 10~30% 수준까지 할인해주는 경우도 있으며
사망보험금이 체증, 체감하도록 하는 상품도 있다. 계약자의 사정에 따라 감액완납보험
및 연장정기보험으로서의 전환이 가능한 상품도 있다. 또한 일정기간 이내에 사망할 경
우에만 보험금을 지급하는 정기특약에 가입하면 보험료를 절감할 수 있다. 종신보험은
2001. 7월부터 납입보험료 중 적립보험료로 별도의 펀드를 구성하여 그 운용 실적에 따
라 투자수익을 계약자에게 배분함으로써 보험금(사망보험금, 해약환급금 등)이 변동하
는 변액종신보험이 도입, 판매되고 있다.

(3) 변액보험

변액보험은 보험의 기능에 투자의 기능을 추가한 일종의 간접투자 상품으로 보장도
받으면서 높은 투자수익도 기대할 수 있는 보험상품이다. 일반적으로 보장금액이 가입
당시 정해져 있는 정액보험과 달리 변액보험은 지급되는 보험금이 투자수익에 따라 달
라지는 것이 특징이다. 기존의 다른 금융권 간접투자 상품과 같이 보험료 중 투자부분
에 해당하는 보험료를 주식이나 채권 등에 운영하여 얻은 이익을 고객에게 실적 배당해
준다는 측면에서 은행권의 금전신탁이나 자산운용회사의 투자신탁, 뮤추얼펀드와 유사
하다. 하지만 보험의 특성상 변액보험은 다른 간접투자상품과 달리 위험보장이 기본적

표 10-8 변액연금보험의 보장내용(연금지금 개시 전 기준)

구 분		보 장 내 용
거 치 형	재해사망	일시납호험료의 20% + 계약자적립금
	일반재해사망(재해사망 이외의 사망)	일시납호험료의 10% + 계약자적립금
적 립 형	재해사망	1,200만원 + 계약자적립금
	일반재해사망(재해사망 이외의 사망)	600만원 + 계약자적립금

주:계약자적립금은 특별계정의 운영실적에 따라 개별 계약자별로 배분된 금액. 보장내역과 지급금액은 보험회사의 상품별로 차이가 있음
자료: 한국은행(2007), 『금융생활 길라잡이』

표 10-9 변액유니버셜보험의 보장내용

구 분	보 장 내 용
사망 또는 장해지급률이 80% 이상인 장해 상태 발생시	보험가입금액 + 계약자적립금 (단, 이미 납입한 보험료보다 적은 경우는 이미 납입한 보험료 지급)

자료: 한국은행(2007), 『금융생활 길라잡이』

으로 전제되며 특약을 통해 다양한 보장을 추가로 받을 수 있다. 변액보험의 가장 큰 특징은 인플레이션으로 인한 보장기간가치 하락에 대한 보완기능이다. 변액보험은 보장기능에 따라 변액금액보험, 변액종신보험이 있으며, 보험료 자유납입 및 중도인출의 특성을 결합한 변액유니버셜보험이 2004년부터 도입 판매되고 있다.

현재 생명보험회사에서 판매중인 변액연금보험은 투자실적이 악화되더라도 연금개시 시점의 일정금액(기납입 보험료)에 대해서는 최저보증을 하고 있다. 변액연금보험은 사망보험금 및 환급금이 펀드의 운용실적에 따라 변동, 고객의 투자성향에 따른 자산운용이 큰 특징이며 가입연령은 15세~73세이고 연금개시연령은 45세~75세이다. 연금지금방법은 종신형, 확정형, 상속형 등이며 보험납입기간은 단기납(7, 10, 15, 20년납), 일시납 등이 가능하며 이율은 실적에 따라 배당한다. 변액연금보험과 변액유니버셜보험의 보장내용은 보면 (표10-8)과 (표10-9)과 같다.

(4) 연금저축보험

연금저축보험은 장래 노후생활 준비는 물론 장기 저축성 상품으로서도 큰 장점을 가진 상품이다. 즉 연금으로 수령 시 다양한 지급방법을 통해 필요시점에 필요한 방법으로 노후자금을 받을 수 있을 뿐만 아니라 시중 금리변화를 반영하는 공시이율로 부리, 적립되어 일정한 고수익을 보장해 주는 저축기능도 가지고 있는 고령화 사회의 노후복지 마련에 적합한 상품이다.

구 분	지급사유	지급금액
일반상해	상해사고로 사망 시 또는 80% 이상 후유 장해 시	가입금액
	상해사고로 80% 미만 후유 장해시	가입금액×지급률
상해의료비	상해사고로 의사의 치료를 받은 경우 국민건강보험법에서 정한 본인부담분(180분 한도)	가입금액한도
임시생활비	상해 사고로 입원하여 치료시(180일 한도)	약정된 일당액
암치료비용	책임개시일 이후 최초의 암으로 진단 확정된 경우(1회 한)	가입금액 전액
	책임개시일 이후 최초로 기타 피부암, 상피내암 및 경계성종양으로 진단이 확정된 경우(각1회에 한함)	가입금액×0.2
질병사망	계약일 이후 감염/발병된 질병으로 사항 또는 80% 이상 후유 장해 시	가입금액

주:보장내역과 지급금액은 보험회사의 상품별로 차이가 있음
자료: 한국은행(2007), 『금융생활 길라잡이』

표 10-11 보험금 지급사유 및 지급금액(생명보험,연금지금 개시 전)

구 분		보 장 내 용
거 치 형	재해사망	일시납호험료의 20% + 책임준비금
	일반재해사망(재해사망 이외의 사망)	일시납호험료의 10% + 책임준비금
적 립 형	재해사망	1,200만원 + 책임준비금
	일반재해사망(재해사망 이외의 사망)	600만원 + 책임준비금

주:보장내역과 지급금액은 보험회사의 상품별로 차이가 있음
자료: 한국은행(2007), 『금융생활 길라잡이』

연금저축보험은 손해보험과 생명보험회사에서 각각 취급하며 가입연령은 청약일 기준 만 18세 이상 국내 서주사이너 보험료닙입기긴은 10, 15년, 전기납 등이 가능하다. 납입방법은 월납, 3개월납이 가능하며 연금지급기간은 5년, 10년, 15년, 20년, 25년 등이며 연금은 정액지급방식을 취하며 연금개시연령은 55세~70세이다. 적용금리는 생명보험회사(공시이율), 손해보험회사(약관대출이율-2%)이며 배당은 연간자산 운용수익률에 따라 배당금이 지급될 수 있으며 예금은 예금자보호법에 의거 보호된다.

보험금 지급사유 및 지급금액을 손해보험회사와 생명보험회사별로 제시하면 각각 다음 (표10-10), (표10-11)과 같다.

3) 기타상품

기타상품에서는 역모기지론이 있다. 미국 등 여러 나라에서는 이미 활발하게 시행되

고 있지만 아직까지 우리나라에서는 활성화 되고 있지 않다. 정부는 2007년부터 역모기지론 활성화 방안을 마련하여 시행할 예정이다. 역모기지는 부부가 모두 만 65세 이상인 고령자(1세대 1주택)이며 대상은 6억 원 이하의 주택이며 지급금액은 주택가격과 가입시점에 따라 다르고 가입시점은 부부 중 나이가 적은 사람을 기준으로 한다. 2006년 중 한국주택금융공사법 일부 개정안이 국회를 통과하여 한국주택금융공사가 역모기지론을 보증할 수 있게 되었으며 상품설계, 세법개정 등 관련법령 정비를 완료하고 2007년부터 시행에 들어간다. 예를 들어 주택가격이 3억 원 이하인 주택에 거주하면 연간 종합소득이 1,200만 원 이하인 고령자에게는 근저당 설정에 대한 등록세 면제, 재산세 25% 감면 등의 세제혜택을 주며 불가피한 경우 대출액의 30% 이내에서 대출금을 미리 받을 수 있도록 하고 있다.

3. 금융관련 실버산업의 현황 및 전망

1) 3층 현황

노후란 인플레이션이나 투자위험 등으로 노후자산의 가치가 감소할 수 있는 가능성과 함께 지출의 크기 또한 장수나 건강관련 비용으로 예상치 이상으로 늘어날 수 있는 노후재정의 수요와 공급 모두에 있어 불확실성의 세계이다. 노후재정상의 위험을 은퇴 이전 및 은퇴 이후의 위험으로 나누었을 때 은퇴 이후 위험 관리상 최선의 방안은 연금제도이다. 이는 연금제도를 통할 경우 일반저축 등과 같은 노후재정방식과는 달리 노후의 대표적 위험인 장수위험이나 인플레이션 위험에 대한 관리가 가능하기 때문이다. 그렇다면 이들 제도들의 현실은 어떠한지를 살펴보기로 한다(신종욱·이정호, 2004).

(1) 국민연금제도
국민연금제도는 우리나라의 공적연금제도로서 강제가입을 원칙으로 하고 있으며 이러한 가입방식은 우선 낮은 소득대체율 저하위험을 어느 정도 방어하는 기능을 가지고 있다. 즉 사회보험의 기능 중에 나타나있듯이 강제가입은 개개인의 근시안적(myopic)

태도로 말미암은 노후저축 회피나 부족현상을 막을 수 있다. 한편 소득재분배기능은 저소득자의 소득대체율을 높여주는 기능을 한다. 그러나 국민연금제도는 우선 공적연금으로서 청치적 위협, 즉 약속된 급부가 지켜지지 않거나 시간이 가면서 낮아지는 것에 대한 우려가 현실화되고 있는 실정이어서 이 제도가 가지고 있는 위험관리기능의 가치를 축소시키고 있다. 더 큰 문제는 실제 연금보험료를 납부하는 연금가입자가 가입대상자의 반 정도밖에 되지 않는다는 사실인데 사실 이들에게 있어 소득대체율 저하위험은 심각하다고 볼 수 있다.

(2) 퇴직금, 퇴직(기업)연금제도

우리나라 현존 퇴직연금제도는 공적연금제도와 마찬가지로 법적강제제도이기 때문에 소득대체율 저하위험에 대한 방어기능이 있다. 그러나 약 5.6년(2002)의 낮은 근속년수와 함께 중간정산제도, 일시금지급체계는 노후소득원으로서의 역할로는 미미하다.

퇴직연금 적립금 규모는 2005년 12월 163억 원에서 2006년 12말 현재 7,567.5억 원으로 증가하여 전년 대비 46배의 뚜렷한 증가추이를 나타내고 있다. 이처럼 퇴직연금 적립금 규모면에서 뚜렷한 증가추이를 보이고는 있으나 2006년 12월 현재 전체 퇴직연금 적립금 규모는 1조 원에도 미치지 못하고 있는 실정이다. 금융권별로 적립금 점유율을 비교하는 경우, 2006년 12월 현재, 은행권, 37.8%, 보험권 54.0%, 증권사 8.1%의 점유율을 보여 보험권이 은행권 및 증권사에 비해 높은 점유율 비중을 보이고 있는(류건식 · 이봉주, 2007) 실정이다.

(3) 개인연금제도

기본적으로 개인연금제도는 개인의 부가적 노후저축제도이긴 하나 퇴직금이나 퇴직연금과 같은 기업연금제도가 없는 자영업자 등에 있어서는 3층 제도로서의 의미를 가지고 있다. 개인연금은 퇴직연금의 DC(Defined Contribution)제도와 유사하며 은퇴 후 위험측면에서는 동일한 모습을 가진다고 할 수 있다. 개인연금은 1994년에 도입되어 연간 240만 원 한도에서 납입한 보험료에 대해 개인소득세 공제 혜택을 부여하고 있고 2003년 현재 보험료 및 수신 기준으로 3조 2천억 원 규모의 시장에서 생명보험, 은행, 투자신탁, 손해보험 등의 순서로 높은 비중을 차지하고 있는데, 생명보험 내에서는 대형보험사와 외국계보험사를 중심으로 시장을 선도하고 있다.

표 10-12 국내 민간 역모기지 상품종류

	신한 · 조흥은행	농협	흥국생명
대출대상	· 40세 이상의 주택 소유자	· 65세 이상의 농업인	· 20세 이상의 주택소유자
대출기간	· 변동금리: 15년 · 고정금리: 5년	· 담보대출: 10년 · 신용대출: 5년	· 15년 또는 20년
지급방식	· 1~3개월 중 선택	· 1개월 단위	· 1~3개월 중 선택
대출한도	· 가용담보금액 이내	· 담보인정비율 60%	· 담보인정비율 60%
대출금리	· 변동금리: CD(91일)또는 금융 채(6개월,1년)+2.1% · 고정금리:7.7%~8.4%	· 고정금리:6% 내외에서 조합 이 자율결정	· 변동금리: CD(91일)+3~4%
상황방법	· 만기 일시상환: 주택매각 또는 주택담보대출 전화(중도상환 가능)	· 만기 일시상환	· 만기 일시상환
담보대상	· 아파트, 주택, 근린생활시설	· 주택, 전 · 답 및 기타 부동산 (공장제외)	· 시 단위 지역 아파트

자료: 강종만 · 이석호(2006)

(4) 종합

각 연금제도별 각종 노후위험에 대한 노출정도를 종합할 때, (표10-13)에서 알 수 있는 것은 먼저 우리나라의 국민연금제도의 경우 국가가 약속한 급부 크기를 지급하지 않을 수 있는 정치적 위험을 배제하였을 때 사적연금제도가 가지고 있는 각종 사후적(은퇴 후)위험을 어느 정도 완충시켜주는 매우 긍정적인 모습을 가지고 있다는 것이다. 따라서 위험관리측면을 고려할 경우 가능한 한 국민연금제도의 현행 구조를 대체적으로 유지할 필요가 있다는 것이다. 한 가지 고려할 점은 소득대체율 위험과 정치적 위험은 모두 제도가입회피현상의 직간접적 영향을 받는다는 것으로서 이것은 공적연금제도에 대한 정치적 신뢰나 교육, 홍보가 국민연금제도의 의의를 살리고 우리나라 노후재정을 안정화함에 매우 중요하다는 것을 의미한다.

기타 장기간병보험의 경우 기존에 출시된 상품이 높은 보험료, 소비자의 인식부족 등으로 호응을 얻지 못하였으나 2003년에 새로운 상품이 출시되면서 시장에서 호응을 얻기 시작하고 있다. 2003년 현재 65세 이상 고령자 대상 시장은 230억 원 규모이다. 한편, 역모기지제도의 경우 2004년 들어 일부 금융회사가 상품을 출시하여 판매중인데, 2004년 10월말 현재 300억 원에 달할 정도로 아직 시장은 형성되지 않아 역모기지 이용실적은 아주 저조한 편이다(고령및미래사회위원회, 2005; 강종만 · 이석호, 2006).

표 10-13 모기지와 역모기지의 비교

	목적	대출	대출기간	상환	계약종료후	대출금의증감
모기지	주택구입자금	계약시 일시대출	사전대출 기간확정	원리금 분할상황	주택소유	Falling Debt Rising Equity
역모기지	생활자금확보	대출약정기간 동안 매월대출	종신 또는 확정 기간	대출기간 종료시 원리금 일시상환	주택처분	Falling Equity Rising Debt

자료: 김선주 · 유선종(2006), 역모기지 선택 결정요인에 관한 연구: 민간 역모기지 이용자 특성 분석, 『국토연구』 50.

2) 역모기지 현황

역모기지란 본인명의의 주택에 대해 담보 및 대출계약을 체결한 뒤 일정금액을 연금의 형태로 수령하는 최신 금융기법 중 하나이다. 역모기지(RM; Reverse Mortgage)란 모기지(MBS; Mortgage Backed Securities)의 반대로 주택은 소유하고 있으나 생활 자금이 필요한 고령자에게 주택을 담보로 사망 시(주택이전 시)까지 노후생활자금을 연금형식으로 지급하는 제도이다. 역모기지의 이용은 대출자의 자산 포트폴리오 구성을 다양화하고 유동성 증가를 통해 소비를 증가시킬 수 있을 뿐만 아니라 주거안정을 도모할 수 있다(손상호, 2004). 그러나 이러한 역모기지를 공급하는 금융기관과 이의 이용자는 시장의 불확실성과 법 · 제도적인 요인으로 인한 위험에 노출되어 있다.

(1) 운영현황

국민은행 등 민간금융기관들이 역모기지 형태의 금융상품을 1995년에 도입하였으나 수요부진으로 이하여 2002년 이후 계약을 중단한 상태이다. 2004년에 신한, 조홍은행, 농협 및 흥국생명에서 역모기지 취급을 재개하였으나, 제도상 문제로 인하여 역모기지 이용실정은 아주 저조한 편이다. 신한, 조홍은행의 역모기지 취급건수는 2004년 5월 시작한 이후 2005년 6월까지 332건(405억 원)이고, 농협은 2004년 7월 이후 15건(11억 원)에 불과하였다.

(2) 모기지와 역모기지의 차이

대출결정 시 역모기지와 일반 모기지는 담보제공 목적의 차이로 인한 개인의 상환능력 및 신용도 반영에서 차이가 난다. 즉 모기지의 경우 대출이 이루어지기 위해서는 신청자의 미래 상환능력 및 신청시점까지의 신용기록이 중요하게 고려되며, 이때 주택소유권은 추가적인 담보의 역할을 하게 된다. 그러나 역모기지의 경우, 주택소유권을 기초로 대출계약이 성립되기 때문에 대출 신청자의 신용상태 및 상환능력보다는 미래의 특정시점에 예상되는 주택가치에 근거하여 대출금액이 결정되는 차이점이 있다.

(3) 역모기지의 장단점

역모기지의 이용은 대출자(특히 노년층)의 자산 포트폴리오 구성을 다양화하고 유동성 증가를 통해 소비를 증가시킬 수 있을 뿐만 아니라 주거안정을 도모할 수 있게 해준다는 장점이 있다. 즉, 미국, 일본의 주요 도시(뉴욕, 도쿄)의 경우 가계자산 대비 주택가치 비율이 50% 내외로 높게 나타났으며 주택가격 변동성 역시 높은 것으로 나타났다. 또한 노년층의 경우 역모기지를 이용하여 자산 포트폴리오로 구성의 다양성뿐만 아니라 유동성 증대로 소비증가가 일어난다. 부수적으로는 대출상환 시점에 담보대상 주택이 시장에서 매각되기 때문에 시장의 거래양이 늘고 부동산 시장 정보 효율성을 제고하반면, 역모기지의 이용이 단기에 그칠 경우 대출시점에 발생한 거래 비용에 대응하는 편익을 얻지 못할 가능성이 잇고 역모기지 이용을 통해 수령한 금액의 성격이 연금으로 규정될 경우 더 높은 한계세율을 적용받을 가능성도 배제할 수 없다.

(4) 역모기지 관련 위험

역모기지를 공급하는 금융기관은 장수위험(longevity risk), 이자율 위험(interest rate risk), 일반주택평가위험(general house appreciation risk), 특정주택가격평가위험(specific house appreciation risk), 비용위험(expense risk) 등에 노출되어 있다.

장수위험이란 대출자가 계약 당시 예상 수명보다 더 오래 살게 되어 총대출 금액이 주택가격을 초과할 확률이 높아질 경우 발생하는 위험을 의미한다. 장수할 확률이 높아질수록 역모기지 수요가 증가하는 역선택(adverse selection)문제가 발생할 수 있다. 이 자율 위험은 대출시 적용하는 이자율이 고정이자율인가 아니면 변동이자율인가에 따라 다르게 나타나는 문제이다. 고정이자율의 경우 대출시점에서 자산이 현재가치를 산정할 수 있지만 시장이자율 변동에 따라 자산가치가 변동하는 위험이 존재한다. 변동이자율의 경우 대출시점에서 자산가치 산정 어려움으로 인해 불확실성이 존재하게 된다. 또 일반주택가격평가위험이란 담보대상 주택의 가격상승률 예측과 미래가치 예측에 대한 어려움으로 인해 발생하는 위험을 의미한다. 특정주택가경평가위험이란 답보대상 주택의 미래 예상 가격의 확률분포 중 손실이 발생할 수 있는 확률을 의미한다. 마지막으로 비용위험이란 역모기지 시장 형성과정에서 발생하는 마케팅 비용 및 규제 관련 비용 그리고 효과적인 전략을 선택하는 과정에서 발생하는 시행착오 비용을 의미한다.

따라서 역모기지를 이용하는 입장에서는 거래 금융기관의 파산가능성과 과세문제와 관련된 위험에 직면할 수 있게 된다. 역모기지 계약이 유효한 기간 중에 거래 금융기관이 파산할 경우 연금수령에 불리한 영향을 미치게 되며 주택 매매에 있어 구입가격과 매매가격의 차액은 자본이득으로 과세대상이 분명 하지만 역모기지 계약의 경우 차액 발생 시 그 성격을 자본이득으로 파악할지의 여부 등에 문제가 있다.

(5) 역모기지제도의 보완

역모기지는 미국 등 여러 나라에서는 이미 활발하게 시행되고 있지만 아직까지 우리나라에서는 활성화되고 있지 못하다. 하여 정부는 2007년부터 역모기지론 활성화 방안을 마련하여 시행하고자 하며 대상은 부부가 모두 만 65세 이상인 고령자(1세대 1주택)이며 대상은 6억 원 이하의 주택이며 지급금액은 주택가격과 가입시점에 따라 다르며 가입시점은 부부 중 나이가 적은 사람을 기준으로 한다. 2006년 중 한국주택금융공사법 일부 개정안이 국회를 통과하여 한국주택금융공사가 역모기지론을 보증할 수 있게 되었으며 상품설계, 세법개정 등 관련법령 정비를 완료하고 2007년부터 시행에 들어간다.

역모기지론은 주택가격이 3억 원 이하인 주택에 거주하며 연간 종합소득이 1,200만 원 이하인 고령자에게는 근저당 설정에 대한 등록세 면제, 재산세 25% 감면 등의 세제 혜택을 주며 불가피한 경우 대출액의 30% 이내에서 대출금을 미리 받을 수 있도록 하고 있다.

3) 선진국의 사례

(1) 일본의 사례

일본은 세계에서 가장 평균수명이 길 뿐만 아니라 고령화 속도도 가장 빠른 나라이다. 1995년에 이미 65세 이상 노인비중이 14%에 도달했으며 이에 따라 일본정부는 1989년 12월 노인인구문제를 근본적으로 해결하기 위한 New Gold Plan이라는 10년 기간의 중장기 전략사업계획을 세워 대응해왔다.

가. 연금

일본의 퇴직연금은 적격연금 및 비적격연금과 후생연금기금으로 구성되어 있다. 적격퇴직연금은 해당 법률에서 규정하는 모든 요건을 충족하는 것으로, 부금은 전액 손금처리되는 제도이다. 후생연금기금은 퇴직금과 공적연금을 조정하는 성격을 가지고 있는데, 공적연금인 후생연금의 일부를 국가를 대신해서 지급함과 동시에 기업의 실정에 맞게 독자적인 추가 급부를 행하여 종업원의 노후를 보장하였다. 그러던 것이 2001년 10월 확정갹출연금법이 시행되고 2002년 4월에 확정급부기업연금법이 시행됨으로써 퇴직연금은 확정급부형(DB; Defined Benefit)과 확정갹출형(DC; Defined Contribution)으로 구성되게 되었다. 신(新)퇴직연금제도하에서 DB형 퇴직연금의 경우는 신탁은행이 시장을 주도하는 가운데, 보험회사는 중소기업시장을 중심으로 운영하고 있다.

나. 건강보험

일본의 의료보험제도는 전 국민을 대상으로 하는 국민개보험으로 모든 국민을 강제가입시키고 있다. 또한 직장근로자와 지역자영자가 여러 가지 형태의 의료보험에 가입해 있어 의료보험의 종류에 따라 받는 급여가 다르다. 이러한 의료보험제도에는 건강보험, 공제조합, 선원보험, 국민건강보험 등이 있다. 민간의료보험은 공적의료보험제도에서 보장하지 않는 비급여 부분의 비용을 보장하고 있다. 비급여 부분은 주로 입원병실 차액, 검사비, 수술비, 약제비 등이 있다. 이러한 민간의료보험은 전체적인 비중이 크지는 않지만 점차 확대되어 가고 있다.

다. 장기간병보험

노인문제 해결의 일환으로 공적장기간병보험제도를 도입하여 2000년 4월부터 시행되고 있다. 일본의 공적장기간병보험의 특징은 보험금 지급조건이 연령층에 따라 다르게 구성되어 있다는 것이다. 40세~64세의 국민은 15가지의 한정된 질병에 의한 장기간병 필요 시에만 보험금이 지급되는 반면, 65세 이상의 국민은 질병의 종류에 관계없이 보험금을 지급받을 수 있다.

민영장기간병보험 시장은 공적보험이 도입되기 훨씬 이전부터 발달되어 현재 200만 건 이상의 민영보험상품이 판매되고 있다. 생명보험의 경우 1985년부터 정액급부방식의 상품을 주로 부가계약(특약)위주로 판매하였고, 손해보험의 경우 1989년부터 실손보장 중심의 상품을 주계약(단독상품) 위주로 판매하고 있는데 손보업계가 행보업계보다

보유계약 기준으로 약 3배 정도 이상의 시장 점유율을 보이고 있다.

라. 역모기지 제도

일본의 역모기지 제도는 1981년 동경도 무사시노시의 복지공사가 부동산을 담보로 하는 복지자금 대부제도를 창설한 것에서 시작되었다. 일본의 역모기지 제도는 지방자치단체의 일부예산을 대출원으로 해서 이용자에게 직접 융자하는 무사시노 방식과, 민간금융기관의 협력 하에 민간금융기관의 자금을 대출원으로 하는 세타가야 방식으로 대별된다.

a. 무사시노 방식

무사시노 방식은 지방자치단체인 무사시노가 부동산은 소유하고 있으나 현금수입이 적어 시의 복지공사가 제공하는 유상복지서비스의 대가를 지불할 수 없는 고령자를 대상으로 부동산을 이용해 융자해주는 제도를 고안해낸 데서 시작된다. 대상자는 시내에 1년 이상 거주하는 장애자나 65세 이상의 고령자로, 융자기간은 종신을 원칙으로 하지만, 만약 담보부족이 발생하면 그 시점에서 융자는 정지된다. 변제는 계약자 사망 후 담보부동산을 처분해서 변제하거나, 상속인이 현금으로 할 수 있다.

b. 세가타야 방식

세가타야 방식은 복지공사가 민간금융기관과 제휴하여 복지서비스의 제공과 힘께 원금은 금융기관에서 제공하고, 이자상당액에 대해서는 복지공사가 무이자를 대출해주는 시스템이다. 이 방식은 무사시노 방식에 비해 이용자가 늘어남에 따라 자금회수의 지체로 지방자치단체의 재정 부담이 커지는 것을 막고, 고령자에게는 복리 대신에 단리의 이자부담을 하게 하는 효과가 있다. 이용대상자는 지방자치단체 내에 1년 이상 거주하는 70세 이상 고령자로, 법적 상속인의 동의가 필요하고, 의사능력에 하자가 없어야 하며, 이용자가 거주하는 부동산에 대상이 한정된다.

(2) 미국의 사례

미국의 연금제도는 3층 사회보장제도의 틀에 가장 적합하게 만들어져 있으며, 특히 사적 연금인 퇴직연금과 개인연금 부문은 세계적으로 가장 잘 정비되어 있다. 공적연금인 Social Security 제도는 미국 정부가 기여와 운용 및 급부 제공을 관리한다는 측면에서 우리의 국민연금과 비슷하지만, 부과장식으로 운영된다는 점에서 우리의 국민연금과 큰 차이가 있다.

가. 기업연금

미국 기업연금제도는 근로자퇴직 소득보장법(Employee Retirement Income Security Act)과 국세법(IRC) 401조에 의해 법률적 뒷받침을 받고 있으며, 제도의 유형은 크게 DC plan과 DB plan으로 나누어진다. 확정급부형(DB)은 종업원 전체를 위한 연금 펀드가 존재하며 연금 급부가 미리 정해진 공식에 의해 정해지는 방식이고, 확장기여형(DC)은 종업원 개인별 계정을 가지면서 갹출된 재원의 수익에 따라 연금 급부가 결정되는 방식이다. 시장규모 면에서 볼 때 DC형 기업연금의 신장세가 두드러져 1995년 이후에는 DB형 기업연금을 추월하고 있다. 1985년 대비 2002년 현재 기업연금자산은 DB형 기업연금이 199% 증가에 그친 반면, DC형 기업연금은 481%나 증가하는 추세를 보이고 있다.

나. 건강보험

미국은 공적 건강보험으로 메디케어(Medicare)와 메디케이드(Medicaid) 제도를 운영하고 있는데, 메디케어는 65세 이상의 노인을 대상으로 하고 있으며 메디케이드는 저소득층을 대상으로 하고 있다. 그리고 메디케어와 메디케이드의 가입대상이 아닌 경우에는 일반적으로 민간건강보험에 가입하여 건강의 상실로 인한 손실을 대비하고 있다. 미국의 민간건강보험은 기업이 근로자에게 제공하는 고용혜택의 하나로서 영리보험사인 생명보험회사, 건강보험회사, 손해보험회사와 비영리단체인 Blue Cross, Blue Shield 등에 의해 제공되고 있다. 그리고 의료비 억제를 위해 HMO, PPO, POS와 같은 관리의료(Managed Care) 형태의 민간보험이 존재한다.

다. 장기간병보험

미국에서 65세 이상의 고령자에게 제공되는 메디케어는 장기간병비용을 지불하지 않으며, 입원에 따른 의학적으로 필요한 숙련된 간호시설 또는 자택건강관리(home health care)에 한하여 지불하고 있다. 메디케어는 단기간 입원에 따른 숙련된 너싱홈 간병(nursing home care)만을 제공하며, 그것의 가정 내 도움의 범위도 숙련된 간호간병과 재활처방을 필요로 하는 사람들에 한정하고 있다. 이에 따라 미국인들은 건강보험과 마찬가지로 장기간병서비스에 대해서도 민간이 공급하는 장기간병보험에 의존하고 있다.

라. 역모기지 제도

미국의 역모기지 제도는 자금기급의 안전성을 기준으로 연방정부 보장형, 자금대출자 보장형, 비보장형으로 구별할 수 있다. 연방정부 보장형은 주택자산전환 역모기지보험으로 알려져 있는데, 역모기지 대출의 대상이 되는 주택의 평가액은 지역별로 그 지역 주택가치의 중간값에 근거하여 설정되어 있는 한도에 의해 제한을 받는다. 대출자 보장형 역모기지 제도는 차입자가 발생이자 외에 위험부담금 혹은 보험료를 별도로 부담하게 되며, 소수의 금융기관만 채택하고 있다. 비보장 역모기지 제도는 연방정부에 의한 보장이 없는 제도로 일반적으로 확정기간제 역모기지 제도를 말한다.

마. 자산관리서비스

미국의 부유층은 은행, 신용금고, 뮤추얼펀드회사, 증권사, 보험회사 등을 통해 자산관리를 하고 있다. 미국 부유층의 54% 정도가 재무설계를 갖고 있으며, 은퇴소득, 투자계획, 생명보험, 세금, 상속, 자산배분 등의 순서로 만족도를 보이고 있다. 그러나 미국 부유층 고객의 50% 이상은 자산을 하나의 금융기관으로 통합하여 관리하기를 꺼리는데, 이는 프라이버시 보호, 금융기관의 안전성에 대한 우려 등으로 인해 다각화를 선호하기 때문이다.

4) 국내시장규모 및 전망

금융관련 실버산업은 한국은행(2002)의 산업연관표상에서 산출액 기준으로 1조 408억 원에 달하는 것으로 추정된다. 이러한 규모는 향후 인구의 고령화율 및 고령자 가구의 구성, 경제성장 및 소득의 증가, 사회보험의 보장 수준 등에 의해 영향을 받아 증가하여 2010년에는 5조 5,240억 원에 이르고 2020년에는 18조 5,241억 원에 이를 것으로 전망된다. 이렇게 되면 금융관련 실버산업이 모태산업에서 차지하는 비중도 2002년 1.5%에서 2010년에는 4.6%, 2020년에는 9.5%에 달할 것으로 전망된다(표10-14참조).

이러한 전체 규모를 분야별로 살펴보면, 먼저 개인연금의 경우 2002년 3,372억 원에서 2010년 5,588억 원으로 다시 2020년에는 1조 8억 원으로 성장할 것으로 전망된다. 퇴

표 10-14 금융관련 실버산업의 규모(총괄)

(단위 : 억 원)

	2002	2010	2020
개인연금	3,372	5,588	10,008
퇴직연금	6,826	27,167	84,762
역모기지 제도	0	1,306	11,144
민영건강보험	198	700	6,295
장기간병보험	12	125	429
자산관리서비스	0	20,353	72,603
합계	10,408	55,239	185,241
모태산업	699,573	1,201,657	1,957,373
비중(%)	1.5	4.6	9.5

자료: 고령및미래사회위원회(2005), 『고령친화산업 활성화전략』

직연금의 경우에는 2002년 현재 도입되어 있지 않지만 퇴직보험 및 신탁을 기준으로 6,826억 원으로 추정되는데 5인 이하의 사업장까지 적용이 완료되는 2010년에 2조 7,167억 원으로, 2020년에는 8조 4,762억 원까지 성장할 것으로 전망된다. 그리고 역모기지 제도의 경우 2002년 현재 실적이 없지만 2010년 1,306억 원에서 2020년 1조 1,144억 원으로 성장할 것으로 전망된다.

민영건강보험의 경우 65세 인구의 대상으로 2002년 198억 원으로 추정되는데 2010년 700억 원, 그리고 2020년에는 6,295억 원으로 성장할 것으로 전망된다. 그리고 장기간병보험의 경우도 65세 인구의 대상으로 2002년 12억 원으로 추정되는데 2010년 125억 원에서 2020년 429억 원으로 성장할 것으로 전망된다. 마지막으로 자산관리 서비스의 경우 2002년 관련법규 미비로 시장이 형성되지 않았으나 2010년에는 2조 353억 원으로 성장한 후 2020년에는 7조 2,603억 원으로 성장할 것으로 각각 전망된다. 특히 자산관리서비스는 향후 개인의 금융자산 추적뿐만 아니라 자산관리 및 노후설계 등에 광범위하게 활용될 가능성이 있다. 현재 이 서비스는 거액자산가를 대상으로 한정적으로 이루어지고 있음에도 조사 대상의 83.2%가 활용할 의사가 있는 것으로 나타나고 있다. 따라서 자산관리 서비스 제공대상의 기준을 낮출 경우 많은 고객들이 활용하여 개인의 노후소득을 준비할 수 있을 것으로 기대된다.

4. 관련 산업의 과제 및 활성화 방안

금융관련 실버산업은 자질 측면에서 우수한 금융인력 기반을 광범위하게 가지고 있으며, 향후 금융혁신의 기초가 되는 통신 인프라 측면에서 세계적인 수준에 있는 강점이 있다. 반면에 아직은 글로벌 수준에서 볼 때 규모 및 범위의 경제 측면에서 열위에 있으며, 그 결과 금융산업의 효율성이 선진외국의 금융산업에 비해 떨어지는 문제점을 안고 있다.

1) 관련 산업의 과제

(1) 전문기술 부족

우리나라 국민들은 높은 교육수준을 갖고 있을 뿐만 아니라 수학 및 통계분야에서 탁월한 능력을 보이고 있어 자질 측면에서 우수한 금융인력 기반을 광범위하게 가지고 있으나 전문영역에 들어가 보면 세부적인 금융기법의 적용 및 전개, 그리고 위험관리 능력에서 외국계 금융회사의 전문인력과 비교할 때 열위에 있다. 그 결과 금융산업의 효율성이 선진외국의 금융산업에 비해 떨어지는 문제점을 안고 있다. 또한 자본시장의 발달이 미흡하여 장기자산운용에 제약요인으로 작용하고 있다. 또한 판매 분야에서 있어서도 자문서비스 및 컨설팅 능력을 갖춘 인재도 부족하다. 향후 금융산업의 경쟁력은 단일한 상품을 제공하는 능력보다는 재무설계에 기반한 서비스 제공이 중요할 것이므로 이제 대한 준비를 갖추는 것이 필요하다. 즉 글로벌 수준의 인력확보가 미흡하다는 점이다.

(2) 규모의 열위

금융관련 실버산업을 활성화시키기 위해서는 국제적 금융회사와의 경쟁이 불가피한데, 우리나라 금융회사들은 규모 및 범위의 경쟁에서 열위에 처해 있다고 할 수 있다. 그 결과 금융산업의 효율성이 신진외국의 금융산업에 비해 떨어지는 문제점을 안고 있다. 먼저 규모측면에서는 세계 100대 은행에 속하는 은행으로 국민은행 정도를 손에 꼽을 정도이다. 또한 범위의 경제 측면에서도 오랫동안 분업주의 전통을 이어온 관계로 금융 서비스를 통합하여 제시하는데 아직 경쟁력이 부족한 상황이다. 자본시장에서 기관투 자가의 역할이 미약할 뿐만 아니라 자산운용의 대상이 되는 장기채의 발행이 크게 부족 한 상황이다.

(3) 자산관리 서비스 제도의 미비

현행 금융관련 법률 체계 내에서 자산관리서비스를 별도로 규제하는 법률은 존재하 지 않으나 은행의 프라이빗 뱅킹(Private Banking; PB)은 은행법, 랩어카운트(Wrap Account)는 증권거래법, 재무설계 서비스는 보험업법의 규제를 받고 있다. 그러나 이들 법에서도 자산관리서비스(wealth service)를 명확하게 정의하여 규제하고 있지는 않다. 또한 자산관리서비스의 특성상 종합금융서비스를 제공할 수 있어야 하는데, 업무영역 상의 규제로 인해 제약이 존재하고 있다. 특히 방카슈랑스의 허용으로 금융업과 보험업 의 영역허물기가 본격화 되었음에도 불구하고 금융산업은 업무영역에 대한 분업주의적 규제로 인하여 타금융권의 상품을 취급하는데 제한이 있다.

(4) 역모기지제도의 부진

역모기지는 고령자 지원을 위한 사회적 부담을 경감시키고 고령자가 스스로 경제적 문제를 해결하도록 함으로써 적은 규모의 재정지원으로 고령층의 복지문제를 해결할 수 있어 저비용·고효율의 예산운용을 촉진하고 부동산 시장의 안정에도 기여할 수 있 는 제도이다. 그럼에도 불구하고 일부 금융기관의 취급건수는 매우 저조한 실정이다. 이는 역모기지 취급 금융기관의 손실을 보전하는 보증제도의 미흡, 대출종류의 기한제 시행으로 단기 역모기지 대출로 인한 노후생활 안정에 도움이 안 되는 점, 주택담보대 출에 비해 대출금리가 오히려 높아 고령자 소득지원 효과가 제한적인 점, 그리고 역모 기지는 실질적으로 장기 부동산담보 분할대출로서 저소득 고령자를 위한 소득지원 기 능이 매우 제한적이라는 문제점 등을 안고 있어서이다.

2) 관련 실버산업의 활성화 방안

(1) 전문기술 강화

금융관련 실버산업을 새로운 부가가치를 창출하고 신규고용을 창출할 수 있는 산업으로 활성화시키기 위해서는 우리나라 금융산업의 경쟁력을 강화하여야 한다. 강화시켜야할 금융산업의 경쟁력에는 금융시스템을 포함한 여러 가지가 있겠으나 인적자원 및 금융노하우를 축적하는 일은 다른 것에 우선하여 시행되어야 한다. 이를 통해서 금융시스템이 잘 갖추어진 선진외국과의 경쟁에서도 당당히 맞설 수 있을 것이며 글로벌 수준의 금융산업을 주도해 나갈 수 있을 것이다. 판매분야에서 있어서도 자문서비스 및 컨설팅 능력을 갖춘 인재를 육성할 수 있도록 하여야 한다. 향후 금융산업의 경쟁력은 단일한 상품을 제공하는 능력보다는 재무설계에 기반한 서비스 제공이 중요할 것이므로 이에 대한 글로벌 수준의 인재를 길러야 할 것이다. 또한 금융기법과 위험관리 능력을 향상시켜야 한다. 금융이란 위험을 적절히 관리하여 그를 통해 수익을 얻는 과정임을 고려할 때 상품개발, 자산운용, 마케팅, 위험관리 등의 분야에서 능력을 향상시켜 다소 높은 위험도 적절히 통제함으로써 수익성을 높일 수 있도록 해야 할 것이다.

(2) 금융기관의 대형화

국내시장이라는 영업지역의 한계를 뛰어 넘어 업종 간 장벽의 한계를 넘어서 경쟁력을 확보하기 위해서는 규모의 경제효과를 바탕으로 범위의 효과도 도모해야 하기 때문에 금융회사의 대형화를 추진해야 한다. 특히 우리나라 금융산업의 강점이라 할 수 있는 통신 인프라의 효율적 활용을 위해서는 대형화를 통한 단위당 비용의 최소화에 노력을 기울일 필요가 있다는 것이다. 국제적 금융회사와의 경쟁이 불가피한데, 우리나라 금융회사들은 규모 및 범위의 경제에서 열위에 처해 있다고 할 수 있다. 그 결과 금융산업의 효율성이 선진외국의 금융산업에 비해 떨어지는 문제점을 안고 있다. 따라서 국제적 경쟁력을 갖춘 글로벌 금융회사들과 경쟁할 수 있는 국내금융회사를 육성하고, 국제적 경쟁력을 갖춘 금융회사에 의한 글로벌화를 선도할 수 있도록 해야 할 것이다.

(3) 자산관리 서비스 제도의 정비

자산관리 서비스 제도는 향후 복합금융수요 확산에 대응하여 복합금융상품의 개발이 활발해질 것으로 예상되므로 이에 대한 규제방안을 만드는 것이 필요할 것이다. 이와 관련하여 재정경제부는 금융겸업화의 진전에 대응하여 규제의 효율성 및 형평성을 확보하기 위하여 통합금융법 제정을 추진하고 있는데 이러한 과정에서 금융자산관리 서비스와 관련한 규제를 전면적으로 검토할 수 있을 것이다. 이를 위해서는 금융권역 또는 금융기관별 규제시스템을 기능별 규제시스템으로 전환하여 복합금융상품 개발에 저해되는 규제 요소를 철폐해야 할 것이다. 그리고 복합금융상품의 개발, 판매 등에 대한 감독을 위한 새로운 규제 시스템을 마련해야 할 것이다. 또한 업무영역 규제를 완화하여 판매채널에서 적절한 자격취득을 전제로 전금융권의 상품을 취급할 수 있도록 허용하는 것이 필요하다.

(4) 역모기지제도의 활성화

역모기지는 고령층의 복지문제를 해결할 수 있어 저비용·고효율의 예산운용을 촉진하고 부동산 시장의 안정에도 기여할 수 있는 제도이다. 따라서 역모기지 취급 금융기관의 손실을 보전하고 정부 부담을 적정수준으로 유지하기 위해 역모기지 대상 고령자의 최소연령을 부부의 최소연령자의 나이를 기준으로 65세로 제한할 필요가 있다. 또한 역모기지 조기정착과 시장 활성화를 위해 정부가 지원하는 공적보증기관이 역모기지 취급금융기관의 손실을 보전하도록 한다. 그리고 역모기지가 고령자의 실질적인 노후생활이 되도록 역모기지 신청에 따른 비용절감을 지원하도록 한다. 장기적으로는 역모기지 보증기관에서 역모기지 채권을 인수하여 역모기지 시장 확대에 필요한 자금을 지원하는 방안을 사전에 마련할 필요가 있다. 마지막으로 역모기지제도의 안정적인 정착과 활성화를 위해 고령자 및 일반인을 대상으로 한 역모기지 제도의 이점과 이용방법에 대한 홍보 및 교육을 실시하도록 한다.

제 11 장 생활용품관련 실버산업

1. 개요

우리나라 노인의 절대다수는 지역사회 내 일반 가정에서 생활하고 있다. 가정에서의 노인의 생활용품관련 욕구는 노인의생활, 노인식생활, 그리고 일상생활용품 등과 관계가 깊다.

노년의 생활세계에서도 이미지 메이킹을 하기 위해 필요로 하는 것들로는 우선 의생활을 들 수 있다. 자신의 이미지를 시각적으로 뿐만 아니라 청각, 후각적으로 호감이 가도록 만드는 일은 노년기 사회생활에서도 여전히 신경 써야 할 부분이다(정지영 외, 2003). 이미지는 더 이상 정치가나 연예인과 같은 대중을 설득시키거나 인기를 얻어야 할 사람들만이 신경 쓰는 문제가 아니라는 것이다. 이러한 이미지 메이킹의 중요한 부분이 의상효과이다. 의상은 체격과 상황이나 목적에 맞게 착용하여야 하며 연령과의 관계도 고려한다. 또한 신체의 결점이나 장애의 보완 목적 등 기능성 의류를 노인의생활에 맞도록 디자인, 생산·유통하여야 할 것으로 보인다(조성남, 2004).

또한 노년기는 에너지 요구량이 감소하나 체내 이용률이 저하되므로 충분한 양의 에너지 섭취가 필요하다. 특히 정상 범위의 체중에 비해 과체중이거나 체중미달인 경우, 사망률이 크게 증가하므로 적절한 체중을 유지할 수 있는 에너지를 섭취하도록 하여야 한다. 이를 위해 건강식이나 장수식 등과 관련된 서비스나 상품을 개발하여 노년기 소

표 11-1 생활용품관련 실버산업의 범위

부 문	내 용
노인의생활	일상복, 정장복, 환자복
노인식생활	건강식품, 기호식품, 치료식, 급식배달서비스
생활용품	가전제품, 일상용품
	가정의료용품, 의료보조용품

비자의 능동적 참여가 가능하도록 제조·유통하여야 할 것으로 이해된다. 기타 케어용품, 일상실버용품, 그리고 의료보조용품 등을 노년기 심신의 기능적 저하와 장애가 초래되는 시점에서 장애인과 마찬가지로 각종 복지기기와 보장구가 필요하다. 휠체어 보행보조장구, 보장구, 대소변기, 욕조 및 샤워기, 기타 많은 생활용품들이 필요하다. 우리나라는 이러한 생활용품에 대해 인식과 수요가 점차 늘어가는 추세이지만 아직까지 초보단계에 있다(현외성 외, 2005).

여기에서는 생활용품관련 실버산업의 범위를, 노인의 의생활분야, 노인의 식생활분야, 그리고 노인의 일상생활분야 등으로 구성하기로 한다. 따라서 생활용품관련 실버산업이란 정부가 제공하는 공익적 서비스는 한계가 있으므로 경제력이 있는 고령자를 중심으로 수익자 부담의 원칙에 따라 보다 질 좋은 생활 관련 서비스와 재화를 소비할 수 있도록 하기 위한 산업이라 정의내리고자 한다.

2. 실버패션산업

21세기 의류산업은 세계화를 통한 기술경쟁, 브랜드 경쟁의 시대로 접어들었다. 우리나라도 실버세대를 위한 기능적이고 심미적인 의복설계를 위한 기술개발과 실버패션산업의 표준화를 위해 표준인체 치수를 활용한 기성복 사이즈 체계화는 물론 노인과 장애노인의 활동상황, 거동하기에 편리한 의류소재의 활용 및 연구, 디자인의 개발과 더불어 의류생산에 필요한 생산자동화 시스템과 정보시스템 등을 구축하여 디지털 통합 솔루션 지원체계를 열어가고 있다(정상호, 2007). 따라서 여기서는 우리나라 실버패션 산업의 현황과 전망, 외국의 사례 등을 살펴보고자 한다.

1) 실버패션 산업의 개념

노년층은 연령으로 보아 인간발달의 마지막 단계로서 다른 연령층과는 현저하게 다른 신체적, 심리적, 사회적·경제적 변화를 경험하게 된다. 즉 노화에 따른 역할상실, 신체 및 정신적 능력의 감퇴, 경제력 상실, 사회적 접촉의 감소 등으로 인하여 노인들은 심리적으로 위축되기 싶다. 의복측면에서도 일반적으로 고령화와 함께 의복에 대한 관심이 감소하는 경우가 많으며, 의복선택에 있어서도 타인의 눈을 의식해 연령에 의한 제한을 크게 받아왔다.

그러나 노인들의 경제력 향상과 활발한 사회참여 등은 의복에 대한 관심을 높이며, 때로는 의복으로 상실된 신체적·심리적 변화를 보완하여 자아상을 높일 수 있으므로 노년층에 있어서의 의복의 중요성은 오히려 높아지며 실버층이 중년층보다 의복에 더 많은 관심을 보인다(정삼호, 2005; 남윤자·유희숙, 1996). 그럼에도 불구하고 대부분의 의류업체들은 노인의 다양한 신체적 특성과 연령에 따라 체형변화를 분석하기 보다는 균형 잡힌 젊은 층을 대상으로 한 디자인과 기성복 치수에 의존하여 의복을 제작하고 있다. 나이에 맞는 노인다운 가치관을 가지던 시대와 달리 오늘날의 고령층은 나이는 단지 숫자에 불과하다고 인식한다. 스스로 노인으로 인식되어짐을 거부하고, 삶에 대한 태도나 자아에 대한 인식, 사회에 대한 참여와 관심이 바뀌고 있다. 이에 따라 문화적 교류와 함께 여가 자체에 가치를 부여하는 변화된 생활상을 보여줄 것으로 기대된다.

고령층을 위한 의류는 건강한 고령층과 노화에 따른 장애로 인해 타인의 도움을 받아야 하는 고령층을 대상으로 하는 영역으로 구분되어야 한다. 고령인구 중 많은 수가 노인성 장애를 경험하게 되지만, 이들을 위한 의류는 현재 기능성과 체형, 장애정도, 색상 및 무늬의 선호도가 고려되지 않아 불편정도가 매우 크다. 건강하게 잘 살기를 원하는 고령층을 위해 심미성을 고려할 뿐만 아니라 노인 특유의 체취와 땀 배출, 건조한 피부 등을 감안한 소재의 사용이 요구되어지기도 한다. 그리고 건강의 증진을 도울 수 있는 기능성과 신체의 노화를 시각적으로 보완해 줄 수 있는 디자인을 고려한 스마트웨어(smart wear)의 개발이 필요할 것이다.

따라서 이러한 고령층의 변화된 의식과 요구를 적극적으로 반영해 줄 수 있는 신산업으로 노인패션산업의 활성화가 필요한 것이다.

표 11-2 신체적 특성에 따른 적절한 의복

구분	신체적 특성	적절한 의복
근골격계의 변화	팔과 다리는 가늘어지는 반면, 가슴둘레와 배 둘레가 늘어나 엉덩이 둘레와 같아지고 허리둘레 역시 현저하게 늘어난다.	상, 하의가 분리된 것보다 원피스형이 좋고 투피스라면 허리에 치마나 바지를 고정시킬 수 있는 어깨끈(멜빵)을 사용하는 것이 편리하다.
	연골조직이 약화되어 신장이 줄어들고 등뼈가 굽음에 따라 등의 길이가 길어지고 목이 굽어서 머리가 앞으로 처지게 된다	등이 굽은 노인들을 위해선 등 뒤에 뒷주름이 있는 상의가 적합하다.
순환계의 변화	근육의 강도(근력)가 저하되고 근육조직이 굳어져 동작이 둔하며 민첩하지 못한 경우가 대부분이다. 또한 균형감각이 저하되고 현기증이 난다.	의복은 입고 벗기가 쉬워야 하며 몸에 부담이 가지 않도록 가벼워야 한다.
	혈압이 높아지고 혈액순환과 신진대사가 감소하고 온도의 변화에 민감하게 된다.	몸에 꼭 맞는 옷보다는 약간 넉넉한 사이즈가 좋고 체온을 유지할 수 있어야 한다.
신경계의 변화	신경이 둔화되기 때문에 정교한 손동작을 요구하는 작은 단추를 사용하는 것이 어렵다.	손에 쥐기 쉬운 큰 단추나 다루기 쉬운 지퍼가 있는 의복이 좋다.
호흡계, 감각기관의 변화	피부가 약하고 건조하므로 옷감의 재료에 신경을 써야 한다.	가공 처리된 화학섬유의 소재보다는 천연섬유(면, 모, 견, 마 등)의 소재가 적당하다.
	피부의 색이 칙칙하게 되므로 옷감의 색상에도 신경을 써야 한다.	수수한 색상은 더 나이를 들어 보이게 하므로 명도가 높고 고운 색으로 선택하고 무늬는 자신이 좋아하는 것으로 선택한다.

자료: 김혜경(1999) 재인용(현외성 외, 2005)

2) 실버패션 산업의 범위 및 특징

(1) 산업의 범위

한국섬유산업연합회(2004)와 저출산고령사회위원회(2006)는 의류산업을 (표11-2)와 같이 소비대상별로 남성복, 여성복, 아동 · 청소년복, 유아복, 이너웨어(inner wear)로 구분하였다. (표11-2)의 복종구분을 기능에 따라 세분화하면 포멀웨어(formal wear), 스포츠웨어, 레저웨어, 캐주얼웨어, 유니폼, 언더웨어(under wear), 양말 등으로 나눌 수 있다(표11-3참조).

여기서 실버패션으로 다룰 내용은 (표11-3)의 전체 의류소비시장에서 아동 · 청소년복과 영 · 아복을 제외한 남성복, 여성복, 이너웨어 시장의 공급중심이 아닌 소비중심으로 보며 실버패션산업의 범주는 다시 포멀웨어, 남성과 여성의 여성캐주얼웨어, 레저스포츠웨어, 이너웨어, 유니폼, 스마트웨어 등이 된다.

복종구분	세부내역
남성복	19세 이상의 남성시장
여성복	19세 이상의 여성시장
아동 · 청소년복	4~18세의 아동 청소년 시장
유아복	0~3세의 유아시장
이너웨어	0세 이상의 전 연령 시장

자료: 한국섬유산업연합회, 2004년 Fashion Index, 2005

(2) 산업의 특징

실버패션산업은 다른 산업에 비해 중소기업이 차지하는 비율이 높고 대기업의 독점율이 낮아 의류관련 실버산업을 통해 중소기업을 활성화시킬 수 있다. 또한 고령층 소비자들은 다른 소비자군에 비해 소비자의 요구, 만족도, 체형, 불편부위 등이 매우 다양하다. 따라서 다양한 소비자의 욕구를 만족시키기 위해 다품종 소량생산 체제를 갖추어야 한다.

실버패션산업은 상품이 지닌 물리적 가치에 상품 외적인 가치를 더하는, 즉 심리적 가치를 창조하는 산업으로 고령친화의류산업은 고령층의 심리적 만족도를 높여 상품의 고부가가치 창출이 가능하다. 그리고 실버패션산업은 고령자들의 변화하는 라이프스타일이나 욕구에 신속히 대응해야 하는 산업이다. 뿐만 아니라 고령층의 건강한 삶을 영위하는 데 도움을 줄 수 있도록 친환경 소재, 나노소재, 소취소재, 논앨러겐(non allergen)[1] 소재, 인체공학적 패턴의 적용, IT와의 접목 등 다양한 시도를 필요로 하는 지식정보 집약산업이다.

3) 실버패션 산업의 현황 및 전망

(1) 산업의 현황

우리나라의 의류산업의 핵심 경쟁요소인 디자인 수준, 브랜드 이미지, 마케팅 능력이 세계 일류 패션 창출국인 이탈리아, 프랑스 등 선진국의 50~80%에 그치고 있다. 현재 실버패션 산업은 산업기반을 위한 자료수집 및 데이터베이스는 이루어 있으나 고령층

---

1) 알레르기 항원이 되는 물질을 제거하기 위해서 피부에 자극이 적은 염료나 가공제 만을 사용하는 섬유소재(http://www.wtn21.com/spboard1/board.cgi?id=board2&action=for_print&number=81)

표 11-4 의섬유 및 의류산업

분야	품목	세부항목
섬유산업	쾌적 건강성 섬유소재	흡한, 속건, 보온, 축열, 발수, 방수, 방오, 신축성 섬유
		향균, 소취, 은나노 섬유
		향기 테라피 섬유
	고감성 하이패션 섬유소재	표면변화 및 질감 강화 소재, 패딩 소재
		컬러, 염색 가공 소재
		무늬, 패턴, 프린트 디자인 소개
어패럴 산업	포멀웨어 (남성복, 여성복)	정장 재킷, 바지, 셔츠, 조끼, 코트, 투피스, 앙상블, 블라우스 바지, 스커트, 니트류, 원피스 등
	캐주얼웨어	단품위주, 아이템 코디 중심 티셔츠, 블라우스, 바지, 스커트, 가디건, 점퍼, 니트류, 패딩류, 피혁 모피류 등
	레저스포츠	골프웨어, 등산복, 조깅웨어, 수영복
	이너웨어	속옷, 잠옷(수면복 등)
	유니폼	요양복, 환자복
	패션잡화	양말, 가방, 모자, 스카프, 숄, 무릎덮개 등

자료: 저출산고령사회위원회(2006)

표 11-5 의류/패션산업의 지식경쟁력 국제 비교

구분	이탈리아	프랑스	미국	일본	대반	한국
디자인수준	100	100	90	80	60	50
브랜드 이미지	100	100	95	90	50	50
마케팅, 산업화	100	80	90	85	70	60
QR체제[2]	100	85	100	90	65	60

주: 각 항목별로 최상위 국가를 100으로 본 지수
자료: 저출산고령사회위원회(2006)에서 재인용

의 경제적 특성을 고려하였을 때, 향후 시장성이 불확실함으로 인해 기업 스스로 실버산업으로의 진입을 주저하고 있는 실정이다.

세계적 섬유강국으로 세계 섬유교역량의 3.9%를 점유하면서 중국, 독일, 이태리, 미국 다음으로 세계 5위인 우리나라는 대단위 선진 물류 및 유통단지 전무, 기존 정보센터(대구)의 지역적 활용 및 기능취약, 업-다운 스트림(up-down stream)간 정보공유 및 협업체제 미비 등 첨단 선진 종합 인프라가 부족한 실정이다. 한편, 스마트웨어는 선진국에 비하여 시장진입이 늦었으나, 정보의 지원으로 국내 한 대학 의류과학 연구소를 중

---

2) 신속대응시스템(Quick Response System)을 말하며 신속대응이란 제품의 제조에서 소비자에게 전달되기까지의 제조 과장을 단축시키고 소비자의 욕구 및 수요에 적합한 제품을 공급함으로써 제품 공급 사슬의 효율성을 극대화 하려는 기법을 말함(네이버 사전, www.naver.com)

표 11-6 국내 의류시장 복종별 시장 현황과 전망

(단위 : 억 원)

구 분	2000년	2002년	연평균증가율 2000-2002	2010년 전망치	2020년 전망치
합계	99,742	110,990	5.49	170,687	294,218
남성복	36,905	40,157	4.31	56,294	85,871
여성복	53,567	60,494	6.27	98,395	180,737
이너웨어	9,270	10,339	5.61	15,998	27,610

주 : 한국섬유산업 연합회(2004)에서 아동청소년복과 유아복을 제외
자료 : 저출산고령사회위원회(2006), 『고령친화산업 활성화전략』

표 11-7 각 연령별 의료소비 지출 비중(2002년 기준, 대상: 정장)

(단위 : 억 원)

	남성복		여성복		합계	
	규모	비중	규모	비중	규모	비중
합계	40,157	100.00	60,494	100.00	100,651	100.00
19-24세	4,281	10.66	6,133	10.14	10,414	10.35
25-29세	3,779	9.41	6,471	10.70	10,250	10.18
30-34세	6,461	16.09	8,552	14.14	15,013	14.92
35-39세	5,184	12.91	8,300	13.72	13,484	13.40
40-44세	6,155	15.33	10,606	17.53	16,761	16.65
45-49세	6,541	16.29	8,352	13.81	14,893	14.80
50-54세	3,714	9.25	6,483	10.72	10,197	10.13
55-59세	2,689	6.70	2,613	4.32	5,302	5.27
60세 이상	1,353	3.37	2,983	4.93	4,336	4.31

자료 : 저출산고령사회위원회(2006)에서 재인용

심으로 섬유 대기업과 중소기업, IT업체와 공동으로 관련기술을 개발 중에 있다.

(2) 국내시장 규모 및 전망

저출산고령사회위원회(2006)는 고령친화 섬유 및 의류산업의 사장규모를 공급자료로부터 시장규모를 직접 추정하는 것은 불가능하여 수요측면에서의 시장규모를 현재 한국섬유산업연합회의 조사자료를 토대로 추정하였다.

가. 국내시장규모

국내 의류시장에서 아동청소년복과 유아복을 세외한 외류시장의 총규모를 추정해 보면 (표11-6)와 같다. 2000년 약 10조 원 규모에서 2002년 약 11조 원 시장규모로 증가하여 2년간 평균증가율이 5.49%로 나타났다. 복종별로 보면 남성복과 여성복인 정장과

표 11-8 60세 인구의 의료소비 지출비중 변화

구분	2002년	2010년	2020년
정장 고령층 점유율	4.31%	5.55%	8.34%
이너웨어 고령층 점유율	2.64%	3.40%	5.11%
고령인구비	11.95%	15.39%	23.11%
60세 이상 인구(명)	5,690,196	7,574,055	11,543,828

자료: 저출산고령사회위원회(2006), 『고령친화산업 활성화전략』

내의시장에서 모두 시장이 확대되었음을 볼 수 있다. 세 복종의 경우 2년간 평균증가율이 각각 4.31%, 6.27%, 5.61%로 나타나 여성복이 상대적으로 증가율이 높게 나타났으며 시장점유율도 50%가 넘었다.

한국섬유산업협회에서 조사한 자료를 토대로 저출산고령사회위원회(2006)는 연령별 의류산업 소비지출규모(표11-7참조)를 활용하여 60세 이상을 고령연령층으로 설정한 후 소비지출 비중을 구하였다(정장, 내의류 중심).

우선 정장중심의 의류소비 지출비중은 (표11-8)과 같이 2002년 기준으로 볼 때 60세 이상의 소비자가 차지하는 소비지출 비중은 4.31%이다. 여기에 예비노인 55세까지 포함하면 지출비중은 9.58%로서 시장규모가 확대된다. 남성복과 여성복을 구분해 보면 남성의 경우 60세 이상의 의류소비 지출비중이 3.37%, 55세 이상이면 10.07%, 여성의 경우 60세 이상이면 4.93%, 55세 이상이면 9.25%로 나타났다. 이처럼 성별로 보면 60세 이상에서는 여성의 소비지출의 비중이 다소 높고 예비노인의 경우는 남성이 다소 높은 것으로 나타났다.

저출산고령사회위원회(2006)가 한국섬유산업연합회의 자료와 통계청의 고령인구비 중관련 자료를 토대로 고령자의 시장점유율을 구한 결과, 2010년에는 5.55%, 2020년에는 8.34% 등의 비중을 차지하는 것으로 나타났다. 자세한 내용은 (표11-7)과 같다.

실버패션 산업의 규모는 2002년 현재 전체 시장규모는 5,298억 원으로 나타났으며 이 중에서도 캐주얼웨어가 2,083억 원으로 가장 높게 나타났다. 다음으로 포멀웨어, 1,488억 원, 레포츠의류 763억 원, 스마트의류 544억 원, 이너웨어 273억 원, 유니폼 148억 원 순으로 나타났다. 2010년 2020년 전망치는 전체시장규모에서 평균증가율이 적용되어 구해진 시장규모에 대해 60세 이상 고령자의 인구증가 비중과 소비지출 비중을 동시에 적용하여 고령인구의 소비비중을 구한 후 이를 전체 시장규모에 적용하여 추정한 결과는 (표11-9)과 같다.

(단위 : 억 원, %)

구분	2002년	2010년 전망치	2010년 전망치	연평균 증가율	비중
포멀웨어	1,488	2,868	7,136	9.10	21.60
캐주얼웨어	2,083	4,799	14,923	11.56	45.18
레저스포츠웨어	763	1,715	5,173	11.22	15.66
이너웨어	273	544	1,411	9.56	4.27
유니폼	148	218	388	5.50	1.17
스마트의류	544	1,268	4,000	11.72	12.11
합계	5,298	11,412	33,030	10.70	100.00

자료: 저출산고령사회위원회(2006), 『고령친화산업 활성화전략』

품목별로 볼 때, 가장 높은 증가율은 스마트의류로 11.72% 증가율을 보여주었고, 다음으로 캐주얼의류가 11.56%, 레저스포츠의류가 11.22% 등으로 나타났고 2020년 시장규모를 보면 캐주얼웨어의 경우가 14,923억 원, 포멀웨어 7,136억 원 순으로 나타났다.

4) 선진국의 사례

(1) 일본

일본은 급격히 진행되는 고령화 현상에 대비하기 위해 수년 전부터 고령자에 대한 제품개발, 생활환경의 개선 및 근로환경에 이르는 많은 문제점들을 검토하였다. 검토된 문제점의 개선 방향을 도출하기 위한 노력의 하나로 고령자의 인간특성 데이터를 수집하여 고령자에 대한 데이터베이스를 정비하고 있다.

일본의 의류산업관련 실버산업은 미국, 유럽과 달리 노인들 중 뇌혈관 장애에 의한 치매가 많아 남자 노인의 50%, 여자 노인의 40%를 차지하고 있는 치매성 노인에 대한 의복 연구가 활발히 진행되고 있다. 노년기 소비자를 대상으로 하는 실버의류산업은 유명 백화점에 실버 존이 구성되어 있다. 일본의 실버 의류산업은 주로 작업복, 원터치 내의, 특수건강내의를 중심으로 착용이 간편하며 고급소재를 사용하여 노년층 소비자의 욕구에 맞추고 있다.

일본은 90년대에 들어 일본 정부가 '골드플랜'을 추진하여 공적부분에 의한 재가복지정책을 강화하면서 기업들은 '실버마크인증제도' 등을 통해 서비스의 고급화, 고품질화를 시도하였다. 노령인구가 크게 늘어나면서 노인을 전문으로 한 실버잡지가 등장

해, 실버세대의 오락, 문화정보, 음식, 건강정보, 의학정보, 패션정보 등 관심사항을 제
공하고 있다.

(2) 미국

미국에서는 글로벌 마켓을 겨냥하여 의류제품의 인터넷상의 전자상거래 및 자동생
산시스템에 이르는 통합 솔루션의 개발을 추진하여 이 분야의 기술을 선점하기 위해 노
력중이다. 산학이 연계된 대규모 인체측정 표준화가 매우 체계적이며, 인체의 치수 및
형상에 대한 기술적으로 진보된 데이터를 확보하여 각 산업분야에 가공 데이터 및 각종
활용 프로그램을 제공하고 있다.

또한 의류산업의 전자상거래 및 의류제품 생산에서 고객관리에 이르는 모든 과정에
필요한 3차원 인체형상 데이터를 제공하고 있다. 또한 데이터의 마케팅적 활용 가능성
을 높이기 위해 피측정자의 사회적 환경 및 구매행동을 조사하여 인체측정자료로 활용
하는 업체의 마케팅적 인체측정 정보에 대한 다양한 요구에 대응할 수 있도록 정보를
제공하고 있다.

미국의 Medtronic 사는 환자가 집이나 직장에서 입는 컴퓨터를 통해 심장 박동의 데
이터를 의사에게 보내는 환자관찰시스템인 CareLink 시스템[3]을 개발하였다. 이에 따라
많은 다른 업체들도 의료기관 사무실이나 병원을 직접 방문하지 않고도 집에서 진단을
받을 수 있는 입는 의료모니터링 장치가 개발되었다. 이런 개발들은 군사용으로 우선
개발되었다가 그 후 의료용으로 응용되는 방식으로 진행되고 있다.

3. 실버식품 산업

일반적으로 노인계층은 생리적 변화로 소화기능이 약해지고 미각이 변화하며, 우울
증이나 인지장애 등의 다양한 요인에 의해 음식에 대한 관심이 줄면서 영양섭취가 불량

---

3) CareLink는 1997년에 설립된 비영리 서비스조직으로 고품질, 통합케어를 위해 지역사회보호 서비스 제
공시 유자격자를 투입하여 독립주거, 지원주거, 그리고 간호주거 상태에 있는 노인들의 건강프로그램
및 응급처지를 돕는 네크워크의 일종이다(http://www.carelink-ri.com/).

표 11-10 실버식품관련 산업의 구분

구분	세부내역
일반식품	고령노인비율에 따라 시장규모 산정
특수의료용도 식품	소화, 흡수 또는 대사능력이 제한되거나 손상된 노인들을 위해 특별히 제조·가공
건강기능식품	인체의 생리활성 및 생체조절 기능의 식품으로서 그 자체로 건강한 식생활을 유지하면서 우리에게 부족할 수 있는 성분 등을 보충해주는 개념의 식품

자료: 노년시대신문(2007.3.30)과 저출산고령사회위원회(2006)을 재구성함

해지기 쉽고 이에 따라 건강 침해가 일어나기 쉽다(임경숙·이태영, 2004). 노년기는 에너지 요구량이 감소하나 체내 이용률이 저하되므로 충분한 양의 에너지 섭취가 필요하다. 이러한 인체의 노화와 그에 따른 기능적인 쇠퇴를 최소화하고자 개발·판매되고 있는 다양한 건강기능식품은 일반식품에 비해 부가가치가 높을 뿐만 아니라 실버 식품관련 분야의 유망산업으로 평가받고 있다.

1) 실버식품 산업의 개념

고령화사회의 진전은 노동생산성의 하락, 연금 및 건강보험의 고갈, 노인부양문제 등 다양한 문제점을 야기할 수 있으나 실버식품관련 산업분야에서 새로운 사업기회가 탄생될 수도 있다. 인간은 나이가 들어감에 따라 신체의 생리적인 노화가 진행되어 면역기능의 약화, 소화기능의 저하, 근골격의 약화 등으로 각종 질병이나 상해에 쉽게 노출되게 된다. 이러한 인체의 기능적인 쇠퇴를 최소화하고자 개발·판매되고 있는 다양한 건강기능식품은 일반식품에 비해 부가가치가 높을 뿐만 아니라 고령친화 식품산업분야의 유망산업으로 떠오르고 있다.

의료기술의 발달로 평균수명이 연장되고 소득수준의 향상으로 '웰빙 라이프'에 대한 관심이 고조되고 있는 가운데 건강기능식품이 수요증가와 건강기능식품법의 시행에 따른 식품업체의 건강기능식품 신소재·신제품 개발욕구가 증대하고 있다. 이렇게 소비자와 공급자 모두가 고무되어 있는 사회적 분위기 속에 실버식품관련 산업의 전략적인 육성이 필요하다고 할 수 있다. 고령사회 진전에 따라 필연적으로 나타나는 위협요인을 정부차원에서 감소시키려는 노력과 실버식품관련 산업계에서는 새로운 사업기회를 발굴하여 시장을 개척하는 노력이 필요한 상황이다.

2) 실버식품 산업의 범위 및 특징

(1) 산업의 범위

식품산업은 특성상 오랜 식문화와 기후, 관습에 따라 주요 섭취 및 기호도가 국가에 따라 상이하다. 그러나 인간의 생명 유지 및 성장에 필요한 영양성분을 제공하는 식품의 1차 기능과 기호성, 포만감 등 식도락의 즐거움을 주는 2차 기능을 위하여 남녀노소 누구나가 일상적으로 섭취해야 하는 식품은 필수적인 중요한 산업이라고 할 수 있다(표 11-11참조). 식품산업의 범위를 관련 근거법령에 따라 분류하면 식품위생법 소관의 식품가공업, 식품첨가물제조업, 즉석판매제고가공업, 기구 · 용기포장제조업, 식품판매업, 집단급식소업, 식품운반업, 식품보존업, 식품접객업 등이 있으며 건강기능식품판매업, 건강기능식품법의 관리 하에 있는 건강기능식품제조업, 건강기능식품판매업, 건강기능식품수입업 등 매우 광범위하다.

일반식품과 건강식품 간 차이를 구분하기 위해 미국의 스탠포드 연구소의 장기기획 서비스 분야의 분류에 의한 건강식품의 분류를 참고로 살펴보면 다음과 같다(조태형, 1992).

한편, 일본의 경우에는 식품의 기능을 다음과 같이 분류하고 기능성식품이라는 군(群)을 설정하고 있다.

표 11-11 건강식품의 분류

구 분			세 부 내 역
건강식품 (광의)	건강식품	건강식품 (협의)	영양보조식품(비타민, 미네랄 등)
			약효식품
		자연식품	무첨가 식품
			저정제
			저가공식품
			미네랄 워터
		유기식품	유기재배식품
			무농약식품
			저농약식품
	특수용도식품		저칼로리 식품
			고칼로리 식품
			저지방, 저콜레스테롤 식품
			저염식품

자료: 조태형(1992)에서 재인용

1차 기능 - 영양기능

2차 기능 - 감각기능

3차 기능 - 생체조절기능(기능성 제품)

- 생체리듬의 조절
- 생체방어기능
- 질병예방기능
- 질병회복기능
- 노화억제기능

이 분류를 스탠포드 연구소의 분류에 대입시켜 보면 기능성 식품은 협의의 건강식품 중 약효식품에 해당된다고 볼 수 있으며, 일본에서는 1991년 이전까지는 영양보조식품을 포함하여 기능성 식품에 해당하는 협의의 건강식품군을 후생성 산하기관의 지도하에 (재)일본건강식품협회의 자율적인 관리에 의해 주도 되어 왔었으나 1991년 기능성 식품이라는 식품군을 일본후생석이 법적으로 인정, 특정보건용식품으로 분류하여 이 군은 후생성에서 직접허가 및 관리를 하고 있다.

한편, 우리나라는 2002년 건강기능식품법이 제정, 2004년 한 차례 개정되어 시행해 오다 2007년 2월 재개정이 입법 예고된 상태이다. 기존에는 정제, 캡슐, 분말, 과립, 액상, 환 등 6가지 제형으로민 건강기능식품을 만들 수 있었던 규정이 삭제돼 다양한 형태의 신소재, 신제품 개발이 가능하게 된다. 그 동안 정부에서는 건강기능식품산업을 고부가가치산업으로 인식하여 지원·육성하고자 하는 의지가 강했으며 전통적으로 동양의학에 대한 관심이 증대되어 있어 이들 한방 원료를 건강기능식품의 기능성 소재로 한 기능성 신소재·신제품 개발의욕 또한 매우 높다.

실버식품관련 산업은 타 산업과 달리 식품의 1차, 2차, 3차 등 복합적인 기능을 동시에 만족하여야 하기 때문에 일반 식품뿐만 아니라 기능성 식품도 실버식품관련 산업에 포함하여야 할 것이다. 그러나 여기서는 실버식품관련 산업으로서 대표적인 건강기능식품에 주로 초점을 두고 논의를 전개하고자 한다.

(2) 산업의 특징

일본에서는 일반 식품 식습관과 수명과의 상관관계를 70세 이상의 노인 600명을 대상으로 10년간 추적조사 하였는데 높은 상관관계를 나타내었고, 특히 육류, 유지류, 우유 등을 섭취한 노인들이 지적활동성이 우수하였다고 결과를 얻은 바 있다. 이렇게 고령 노인들이 섭취하는 식품은 노인들의 건강한 생활을 영위하는데 직접적으로 영향을 미칠 수 있는 매우 중요한 산업적 의의를 갖는다.

실버식품관련 산업 중에 건강기능성 식품들은 대부분이 당뇨, 혈압, 관절염, 허혈성 심질환 등 질병과 관련이 있다. 그러나 국내에서는 이러한 실버식품관련 산업분야에 대한 별도의 연구가 매우 부족한 실정이다. 최근 몇몇 식품산업체에서는 고령인구에 대한 기초연구를 시작하였지만 특별히 고령인구만을 대상으로 개발된 신제품은 거의 없다. 기능성식품산업은 기능성, 유효성, 안정성이 동시에 보장되어야 하기 때문에 새로운 기능성분에 대한 임상시험이 필요하다. 국내 인체시험 인프라는 취약한 상태로 비용도 고가여서 업계에 큰 부담으로 작용하고 있다. 따라서 건강기능식품 임상시험산업과도 밀접한 관계가 있다고 할 수 있다.

3) 실버식품 산업의 현황 및 전망

(1) 산업의 현황

우리나라 국민은 2005년 현재 1인 1일 평균 2,016.3kcal의 에너지를 섭취하여, 2001년 1,975.8kcal보다 약 40kcal 증가되었으며, 단백질의 평균 섭취량은 75.8g, 지방은 46.0g, 탄수화물은 306.5g이었고, 칼슘은 553.1mg이었다. 나트륨의 평균 섭취량은 5,279.9mg으로 2001년의 4903.4mg보다 역사 증가되었다(보건복지부 2006). 이 결과에서 눈에 띄는 것은 65세 이상 노인층의 영양소 섭취량이 대부분의 주요 영양소에서 7세~12세 연령층의 섭취량보다도 낮게 나타난 점이다. 이는 에너지 이외의 다른 영양소에 대한 노인들의 영양권장량이 7세~12세 연령층의 권장량보다 높다는 것을 고려한다면 노인의 전반적인 영양섭취수준에 문제가 있음을 단적으로 보여주는 결과라고 하겠다.

이는 주관적 건강수준에서도 확인되고 있다. 즉 19세 이상 성인 중 자신의 건강을 '매우 좋다' 고 응답한 대상자는 전체의 4.8%이었으며, '좋다' 가 42.0%, '보통' 은 34.5%, '나쁘다' 는 16.1%, '매우 나쁘다' 는 2.5%로 좋다 혹은 매우 좋다고 평가한 대상자는 전체의 46.8%였다. 20세 이상 성인을 대상으로 분석하면 이러한 비율은 46.5%로

11-12 영양소별 영양섭취준에 대한 평균섭취비율

(단위 : %)

영양소 \ 연령	전국	1~2	3~6	7~12	13~19	20~29	30~49	50~64	65세 이상
에너지	98.4	105.8	100.9	108.7	94.7	92.7	99.9	98.7	93.2
단백질	169.0	243.1	242.3	214.7	154.9	166.9	165.7	155.3	124.4
칼슘	76.3	100.9	77.5	68.7	55.4	76.9	83.9	77.7	65.4
인	174.0	141.3	170.3	139.0	135.8	186.7	193.2	179.6	149.9
철	126.3	94.9	115.0	102.7	84.8	124.5	132.6	156.8	133.8
칼륨	61.1	52.4	54.9	54.0	55.6	63.0	67.2	62.3	50.1
나트륨	376.0	190.4	267.1	292.0	329.2	377.7	402.0	436.2	401.3
비타민A	121.9	155.1	153.1	122.8	95.7	117.6	127.9	129.2	96.9
티아민	122.3	138.0	171.3	152.6	126.8	127.9	123.3	101.8	79.5
리보플라빈	95.8	150.3	134.1	124.5	89.8	98.0	95.5	81.9	61.9
나이아산	121.5	123.9	135.0	134.6	112.0	129.1	127.7	113.0	88.2
비타민C	106.6	131.6	144.8	116.2	89.6	102.3	114.5	100.9	75.7

자료: 보건복지부(2006), 『2005국민건강영양조사』를 재구성함

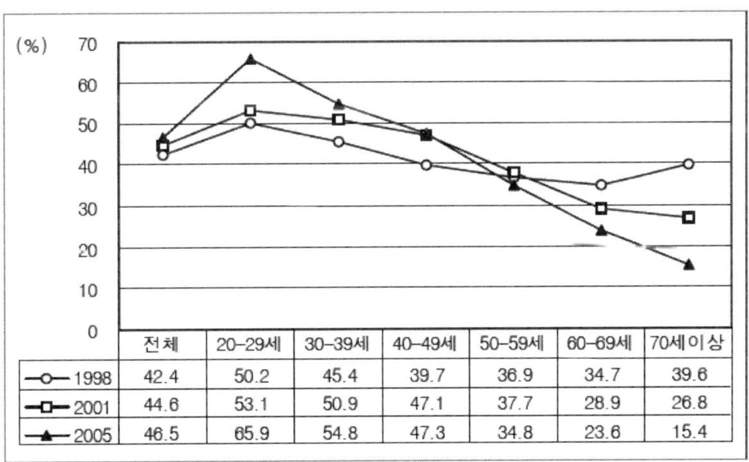

주: "당신의 건강은 대체로 어떻다고 생각하십니까" 의 문항에 '매우 좋음' , 또는 '좋음' 이라고 응답한 경우
자료: 보건복지부(2006), 『2005국민건강영양조사』

[그림11-1] 주관적 건강수준이 양호한 성인의 비율(시계열)

1998년과 2001년에 비하면 다소 상승한 것이다. 그러나 50대부터 이러한 추세는 감소하는 양상을 보였고 특히 60세 이상 노인 중에서는 이와 같은 경향이 두드러지게 나타나서 70세 이상 노인의 경우 주관적 건강수준의 하락 폭이 다른 연령대보다 큰 것으로 분석되었다(그림11-1참조).

또한 이와 함께 우리 국민이 평생 의사진단 유병율 2005년『국민건강 영양조사 제3기』자료와 2005년 실시된 미국의 건강면접조사(National Health Interview Surver: NHIS)를 비교한 결과 대체로 주요질환의 유병율은 미국의 NHIS결과가 보건복지부 조사의 결과보다 높았다(표11-12참조).

결과적으로 우리나라 노인은 에너지 이외의 다른 영양소에 대한 노인들의 영양권장량이 7세~12세 연령층의 권장량보다 높음에도 불구하고 영양소 섭취량이 대부분의 주요 영양소에서 아동기의 섭취량보다도 낮게 나타났으며 의사진단 유병율은 선진국에 비해 크게 낮은 수준이다.

(2) 국내시장 규모 및 전망

가. 국내시장규모

저출산고령사회위원회(2006)는 국내 식품산업을 생필품 산업에 속하며 1999년과 2000년 연평균 14%의 성장을 지속해 탄탄한 내수시장을 확보하고 있는 대표산업으로 보고 있다. 1995년부터 2004년까지 최근 10년간 성장률은 최대성장률 18.58%, 최소성장률 -16.70%로서 연평균 성장률은 5.72%로 산정되었다. 한편 실버 식품관련 산업은 건강기능식품(2002년 8월 이전 건강보조식품), 특수의료용도식품(2002년 8월 이전 환자

표 11-13 한국과 미국의 평생 의사진단 유병률 비교: 19세이상

질환	구분	19~44세	45~64세	65세~74세	75세 이상
암질환 전체	한국	4.42	26.03	53.35	46.68
	미국	22.55	82.51	191.77	246.64
당뇨병	한국	12.20	84.28	173.11	131.53
	미국	24.20	105.10	185.79	152.74
고혈압	한국	26.53	21.01	418.67	409.59
	미국	101.86	350.88	539.51	596.11
뇌졸증	한국	1.22	23.52	67.35	67.53
	미국	3.77	21.58	62.09	124.85
심근경색	한국	0.76	10.47	15.50	19.06
	미국	3.96	37.00	104.07	128.31
협심증	한국	1.02	16.42	50.46	42.63
	미국	3.33	29.78	68.31	96.63
천식	한국	8.84	25.35	59.70	94.79
	미국	108.88	104.62	109.26	87.20

자료: 보건복지부(2006), 『2005국민건강영양조사』를 재구성함

용식품), 인삼·홍삼, 특수영양식품 등 4가지 품목군을 선정하고 시장규모를 추정한 결과 이들 품목군의 출하액은 약 8,664억 원을 확보하고 있으며 모태산업 대비 약 2.5%의 점유율을 나타내는 것으로 파악하였다. 2003년 시장규모 위축은 국내 경기침체로 인한 단기적 현상으로 보이며, 이는 경기회복과 더불어 빠르게 회복될 것이며 연평균 성장률도 10% 내외를 이룰 것으로 예상하고 있다.

나. 국내시장 전망

저출산고령사회위원회(2006)는 경제성장률, 모태산업, 고령친화 식품산업 및 전략품목의 연평균 성장률, 노인인구의 변화 등을 고려하여 국내 실버 식품관련 산업을 예측하였다. 식품산업은 소득의 변화에 영향을 받으므로 경제성장률과 밀접한 관계를 가지고, 소득이 증가할수록 식음료비 지출에 소요되는 비중은 점차 증가하는 추세이다. 또한 고령사회의 진전에 따라 노인인구가 많아지면서 실버 식품관련 산업도 영향을 받으며 노인층의 소득증가에 따라 노인들의 소비수준이 높아진다는 점을 고려하고 있다.

우리나라의 경제성장률을 성숙기에 접어든 2002년 이후 2010년까지 매년 5.5%, 2010년부터 2020년까지는 약 4.5%로 하고 고령인구의 증가율을 2010년까지는 3.599%, 이후 2020년까지는 4.227%로 하여 시장을 예측한 결과, (표11-14)와 같이 2002년 34조 1,300억 원, 2010년 53조 2,591억 원, 2020년 약 92조 8,892억 원 성장할 것으로, 그리고, 실버 식품관련 산업은 8,664억 원에서 2010년 1조 7,416억 원, 2020년 약 4조 1,678억 원으로 각각 성장할 것으로 예상된다(표11-14참조).

표 11-14 국내 식품산업(일반 및 실버) 시장규모

(단위 : 억 원)

연도	구분	시장규모	성장률(%)
2000	일반식품	266,650	14.25
	실버식품	5,513	36.73
2001	일반식품	287,830	7.94
	실버식품	6,609	19.88
2002	일반식품	341,300	18.58
	실버식품	8,664	31.09
2003	일반식품	217,640	-
	실버식품	7,235	-16.49
2004	일반식품	308,140	41.58
	실버식품	7,349	1.58

주: 2003년 일반식품부문 수치누락은 농림부의 축산물 부분의 누락으로 인함
자료: 저출산고령사회위원회(2006)를 재구성함

표 11-15 실버 식품관련 산업 시장전망

(단위 : 억 원)

구분	2002년	2010년	2020년	연평균성장률
모태산업	341,300	532,591	928,892	5.72%
실버식품산업	8,664	17,416	41,687	9.12%
(모태산업대비 비중)	2.5%	3.3%	4.5%	-
전략품목	3,257	6,921	17,756	9.88%
(실버식품산업대비비중)	37.6%	39.7%	42.6%	-

자료: 저출산고령사회위원회(2006), 『고령친화산업 활성화전략』

실버식품관련 산업의 규모는 다음에 설명될 전략품목에 대한 정부의 지원이 이루어
짐으로써 고령자의 소비촉진이 이루어진 것으로 가정하고 추정하였다. 따라서 모태산
업에 비해 실버식품관련 산업의 연평균 성장률이 월등히 높은 것으로 전망되었다.

4) 선진국의 사례

세계 식품시장의 규모는 2002년 2조 8천5백 억 달러로 미국 30%, 유럽 29%, 중국
10%, 기타 31%로 구성되어 있다. 이 중 국내 식품시장은 280억 달러로 세계 시장의 1%
에 해당된다. 세계 식품시장은 유럽 및 북아메리카 등이 선진국에서 아프리카 및 아시
아 지역으로 성장축이 이동하고 있기 때문에 우리나라를 포함한 중국, 일본 등이 세계
식품시장의 중심에 놓일 것으로 예상된다.

세계 식품산업체 매출액 상위 70개 사 중 스위스의 Nestle 가 510억 8천5백만 달러로
1위를 점유하고 있으며, 국내 식품업체는 제일제당이 24억 4천5백만 달러로 53위를 차
지하고 있다. 우리나라의 시장규모는 세계에서 18위 권이다.

2006년 1월 '미국의 식품시장에는 어떤 식품들이 뜰까?' 라는 주제에 대해 CNN방속
은 미국의 식품시장 4대 트랜드를 다음과 같이 전망하고 있다(저출산고령사회위원회,
2006).

첫째, 성인병 예방식품의 부상을 예상하고 있다. 오랜 기간 인기를 끌어왔던 낮은 탄
수화물 식품은 2005년 하반기부터 소비자에게 외면당하기 시작했기 때문에 저칼로리 ·
저탄수화물에 초점을 맞춰 식품을 개발해온 기존의 전문식품업체들도 최근에는 콜레스
테롤 · 당뇨 · 골다공증 · 고혈압 등 성인병 예방에 조준한 식품을 개발, 이들 식품이 다

수 시장에 선보이고 있다.

둘째, 전곡식품(whole grain)의 부상을 예고하고 있다. 미국정부가 발표한 '식사 가이드라인 2005'에도 권장되고 있는 전곡식품은 섬유질이 풍부하고 열량은 낮은 건강식품 중의 하나로서, 현재 관련업체들은 전곡식품을 주원료로 하는 식품을 다양하게 선보이고 있다.

셋째, 노년층을 대상으로 하는 식품을 전망하고 있다.
미국에서도 베이비붐 세대가 노년기에 접어들면서 관련업체들은 앞 다투어 이들에 맞는 식품개발에 열을 올리고 있다.

넷째, 유기농식품의 유통이 늘 것으로 예상하고 있다. 2005년 20억 달러로 비약적인 성장을 한 유기농식품 시장은 2006년에도 큰 폭으로 성장할 것으로 전망되고 있다. 이는 비싼 값을 치르더라도 좀 더 신선하고 안전한 식품을 먹고자하는 소비자가 증가하고 있기 때문이며 이 시장에 진출하려는 업체도 늘어나 유기농 식품시장은 인기를 지속할 것으로 보인다.

4. 실버용품 산업

우리나라 노인의 절대 다수는 가정에 머물고 있기 때문에 노인의 재택간호와 관련하여 노인이나 장애인의 활동을 보조하는 기기로써 실버 생활용품은 노인의 수발시 가족이나 재택간호사의 작업보조 및 노인들에 대한 보다 나은 편의제공을 위해 그 중요성이 크게 인식되고 있다. 국내에서 시판중인 실버생활용품으로는 대개 건강체크용품, 물리치료용품 등 여러 종류가 있으나 대부분 수입품에 의존하고 있으며 이들 제품은 국내제품보다 고가이면서 시장점유율이 높다(정순희·최혜경, 2000).

따라서 여기서는 초보단계에 있는 실버생활용품 산업을 육성하여 제품의 수준을 끌어올려 사용자의 편익을 도모하고 만족도를 높여 수입대체효과를 노릴 뿐만 아니라 수출산업으로의 성장가능성 등에 대해 살펴보고자 한다.

1) 실버용품 산업의 개념

고령사회의 도래로 현재 우리나라 65세 이상 고령자 5명 가운데 4명이 만성질환에 시달리고 있다. 또한 2005년 고령자계층의 재가 장애인 출현율은 (표11-16)와 같이 인구 백 명 당 65세~69세는 12.8명, 70세 이상은 16.6명으로 나타났다. 이를 성별로 보면 남자는 65세~69세가 15.6명, 70세 이상이 20.9명이고, 여자는 65~69세가 10.5명, 70세 이상이 14.1명으로 남자가 여자에 비해 재가장애인 출현율이 높은 것으로 나타났다(한국보건사회연구원, 2006).

노인복지용품이란 노인이 생활을 정상적으로 유지하거나 장애를 가진 고령자가 재활을 하기 위해 필요한 도구를 말한다(최혜경·정순희, 2001). 이러한 노인복지용품과 관련이 깊은 용어로는 '재활보조기구'라는 용어가 있다. 장애인 복지법(2000년 1월1일 시행)에의 정의에 따르면 재활보조기 수는 '장애인이 장애의 예방과 보완 및 기능의 향상을 위하여 사용하는 의자·보조기 기타 보건복지부장관이 정하는 보장구와 일상생활의 편의 증진을 위하여 사용하는 생활용품'이다(김정석·박현민, 2006).

노인의 절대 다수가 집에 머물고 있는 우리나라의 실정을 감안하면 만성질환과 고령화에 따른 재가 장애인들의 재택용 실버용품의 욕구는 클 수밖에 없다. 일본에서는 1993년에 '복지용구의 연구개발 및 보급촉진에 관한 법률'을 제정하여 노인 및 장애자의 일상생활의 편의를 도모하기 위한 용구 및 이들이 기능훈련을 위한 용구와 보조기구를 복지용구로 명시하고, 이의 연구개발 및 보급촉진책을 마련하였다. 또한 1994년 10월부터 실버산업이 서비스 실 확보를 위하여 실버마크제를 실시하고 있다(송순영, 2001 재인용).

그러나 우리나라에서는 노인생활용품에 대한 법적인 개념이 없기 때문에 이에 대한

표 11-16 고령층의 재가장애인 출현율

(단위 : 천 명, %)

	계		남자		여자	
		출현율		출현율		출현율
전 연 령	2,101	4.5	1,258	5.5	843	3.5
60~64세	221	11.1	130	14.1	90	8.6
65~69세	226	12.8	124	15.6	102	10.5
70세 이상	456	16.6	209	20.9	246	14.1

자료: 한국보건사회연구원, 『2005년 장애인실태조사』

통일된 관리체계도 세워져 있지 않다. 노인용품에 대한 가장 가까운 개념으로 장애인을 위한 '재활보조기구'에 대한 정의만 존재하고 있으나, 장애인복지법, 국가유공자 예우 등에 관한 법률, 관세법, 산업재해보상보험법에서 각기 재활보조기구 품목을 달리 규정하고 있어 재화보조기구 개념도 통일된 개념구정이 없다고 할 수 있다. 시판되고 있는 노인용품들 중 건강기기의 종류는 의료기기나 일반 전기용품으로 분류되어 의료기기는 약사법에 의해, 일반 전기용품에 속하는 기기들은 전기용품안전관리법에 의해 관리되고 있으며, 그 외 대부분의 일상생활용구는 공산품으로 분류되어 품질경영촉진법에 의해 관리되고 있으나, 노인용품관리기준이 없기 때문에 노인에 적합한 기준적용이 이루어진다고 볼 수 없다(김만수 외, 2003).

한편, 2002년 산업자원부 기술표준원에서는 노년층의 생활편의를 위해 앞으로 실버제품에 한국산업규격을 제정하고 이를 업계에 적극 보급할 계획이라도 하였다. 해당되는 품목은 우선적으로 성인용 기저귀, 목보호대, 허리보호대, 베개 등 4종이지만 앞으로 지팡이, 휠체어 및 노년층 의류제품으로까지 제품의 고품질화를 보증할 수 있는 KS규격 도입을 검토하고자 한다는 계획을 밝힌 바 있다.

표 11-17 노인의 주요 생활용품

구 분	관련용품
침구용품	침대, 욕창방지 매트리스, 개호용 시트, 체위변환기 등
목욕용품	자동목욕장치, 자동샤워장치, 욕조리프트, 입욕용 도움장치, 미끄럼장지용품, 욕조 등
배변용품	배뇨배변기, 휴대용 화장실, 기저귀, 세면대, 집뇨기 등
가사용품	식기, 주방용품, 의료, 신발, 승강의자, 높낮이테이블, 가구, 기능성화장품 등
주거설비 용품	슬로프, 손잡비, 단차해소기, 계단승강기, 높낮이 세면대, 미끄럼 방지제품(타일 등) 등 건물에 부착하는 제품
수발예방 용품	헬스기구, 신체기능 증진기기, 보행훈련기 등 노인 신체기능을 강화, 유지, 획복하기 위해 사용되는 제품
정보통신 기기	보청기, 전화기, 컴퓨터, 키보드, 확대독서기, 긴급통보시스템, u-health care 기기, 원격진단시스템, 치매노인배회방지시스템 등
이동기기	워커(실버카, rollrator), 노인용 휠체어, 전동 스쿠터, 저상버스, 노인배려자동차 등
여가용품	스포츠용품, 원구, 세임, 악기, 레크레이션 기기, 노인용 컨텐츠 등 노인의 여가 문화활동에 사용되는 용품
개인건강 의료용품	안마기, 족탕기, 훈증기, 황토팩, 혈압계, 체온계, 혈당계, 체성분분석기, 온열치료기, 전자기파치료기, 적외선치료기, 물리치료기, 침, 부항기, 쑥뜸기 등

자료 : 건양대학교 산학협력단(2007), 『고령친화제품 실태조사 및 초기시장육성전략』

표 11-18 노인의 활동 상태에 따라 필요한 노인복지용품

상태	스스로 걸을수 있는 경우	스스로 걸을수 있으나 불안정한 경우	간호하는 사람이 부축해야 하는 경우	주로 침상에 누워 있는 경우
침상에서 필요한물품		▶ 침대	▶ 침대(2단 또는 전동) ▶ 방수시트	▶ 침대(2단 또는 전동) ▶ 방수시트 ▶ 에어메트 ▶ 욕창방지용 쿠션
식사시 필요한물품			▶ 휠체어보조식탁 또는 구동형 식탁	▶ 구동형 식탁 ▶ 식사용에이프린 ▶ 튜브영양식이
배뇨배변시 필요한물품	▶ 변기옆 안전대 ▶ 요실금 팬티	▶ 변기옆 안전대 ▶ 요실금 팬티	▶ 좌변기 ▶ 요실금 팬티 ▶ 소변기	▶ 좌변기 ▶ 침상용 변기 ▶ 소변기 ▶ 기저귀 ▶ 기저귀 커버
목욕시 필요한물품	▶ 목욕의자 (등받이나 바퀴없음) ▶ 미끄럼방지매트	▶ 목욕의자 (등받이나 바퀴없음) ▶ 미끄럼방지매트	▶ 목욕의자 (등받이나 바퀴있음)	▶ 목욕카트 ▶ 노린스 샴푸 ▶ 세발기 ▶ 투스타올
이동시 필요한물품	▶ 지팡이(일자) ▶ 미끄럼방지 양말	▶ 지팡이(일자) ▶ 사발 지팡이 ▶ 실버카 ▶ 미끄럼방지 양말	▶ 보행차 ▶ 휠체어	▶ 휠체어 ▶ 환자이동기

자료: 유니실버(www.unisilver.com)

2) 실버용품 산업의 범위 및 특징

(1) 산업의 범위

실버용품 산업은 노인생활과 관련된 생활용품들로서 노인복지용품, 노인용품, 혹은

실버용품, 실버제품 등으로 혼용되어 불리고 있다. 최혜경과 정순희(2001)는 '복지용품'이란 노인이 생활을 정상적으로 유지하거나 장애를 가진 고령자가 재활을 하기 위해 필요한 도구'를 말하는데, 복지용품 분야의 사업은 주택분야처럼 시설설치와 같은 노인복지법상의 규제가 없고 일반개별법에 의해 규제되기 때문에 일반 상품과 별로 다르지 않다고 하였다. 그리고 노인용품에 대해서는 가정에서 이루어지는 재택간호 및 요양과 관련하여 노인이나 장애자의 활동을 보조하는 기기로서 특히 고령화 사회를 맞이하여 재택 간호 및 요양사의 작업보조 및 노인들에 대한 보다 나은 편의제공을 위해 그 중요성이 대두되고 있다하였다.

현재 시판중인 실버제품은 고령자용 침대, 신발, 휠체어, 의료기기를 비롯하여 POC(point of care)에 이르는 노인들의 생활과 건강 보조기능 등을 갖춘 제품으로 개인이 갖고 다니면서 진단진료기능이 있는 기기(예: 혈당, 혈압, 체지방 측정기 등), 비상시 호출버튼을 누르면 위치를 파악할 수 있게 하는 기기 등 범위가 다양하다(한국은행, 2007).

(2) 산업의 특징

노인복지용품관련 전문가들에 의하면 현재 시장에 나와 있는 노인복지용품은 적게는 1,000여종, 그리고 많게는 4,000여종으로 추정되고 있다. 이 용품들은 주로 노인의료기관, 노인복지시설 및 장애인요양시설 등에서 많이 사용하였으나 일반가정과 재가복지서비스 기관에서도 점차 수요가 많아지고 있다(유기상, 1997). 이와 함께 2008년 7월 시행될 예정인 노인장기요양보험법에서 재가복지서비스의 비중이 높아짐에 따라 향후 노인용 보장구와 일상용품에 대한 급격한 수요증가를 예측할 수 있겠다.

고령후기 노인들의 대부분은 병을 앓고 있는 상태에서 장수하는 현상을 나타내고 있다. 의학이 발달하지 못했던 전통사회에서는 병이 발생해서 사망할 때까지의 기간이 비교적 짧았던 것에 비해 오늘날의 만성질환은 장기화되어가는 특징이 있다. 더욱이 신체적·경제적으로 독립된 노인도 연령이 증가함에 따라서 일상생활에서 자녀의 도움을 더욱 필요로 하게 된다. 세수와 목욕 시 도움의 필요도는 60세~64세 노인에 비해 80세 이상 노인의 경우 6배나 높게 나타나고 있다(한국보건사회연구원, 1991). 특히 가족 동거노인의 경우 노인의 수발을 맡을 사람이 한정될 수밖에 없고 부양의 성격상 사적인 보호나 신체접촉을 요하는 과업의 수행이 요구되기 때문에 신체·서비스 부양자의 과중한 부담이 문제점으로 나타나고 있다. 따라서 가족 부양자의 과중한 부담을 완화하고

표 11-19 실버용품관련 제조업 현황(2005년 기준)

(단위 : 개, 명)

	전체 제조업	실버 제조업
업체 수	340,183	177(0.05%)
종업원수	3,450,893	3,378(0.1%)

주: ( )는 전체 제조업대비 비중
자료 : 건양대학교 산학협력단(2007),『고령친화제품 실태조사 및 초기시장육성전략』

효과적으로 부양할 수 있도록 정보적 지원, 직접적인 신체 · 서비스의 지원과 함께 부양자를 위한 실버용품의 개발과 지원이 요구되어진다(정순희, 최혜경, 2000). 결국 실버용품의 개발은 노인 자신 뿐만 아니라 그 부양자의 부양부담을 덜어줌으로써 가족 구성원의 삶의 질을 높이는데 일익을 담당하게 된다.

3) 실버용품 산업의 현황 및 전망

2005년 기준으로 실버용품의 제조업체수(177개) 및 종업원수(3,378명)가 전체 제조업에서 차지하는 비중은 각각 0.05%, 0.1%로 미미한 수준에 지나지 않는다(표11-19참조).

세부품목별로는 개인건강 · 의료용품, 정보통신기기, 이동기기 제품을 중심으로 시장이 형성되어 있다. 실버제품 시장규모는 실버제품 전체가 5,923억 원이며 분야별로는 개인건강 · 의료용품이 3,548억 원으로 59.9% 비중을 차지하며 정보통신기기가 688억 원으로 11.6%, 그리고 이동기기가 589억 원으로 9.9%를 각각 차지하고 있다(표11-20참조). 제조업체의 규모를 보면, 자본금 10억 원 미만인 업체가 89%에 달하며, 업체가 소유하고 있는 지적재산권은 평균 7.5개이며 이중 실용신안(2.0개)이 가장 많았으며 특허취득(1.2개), 품질인증(0.6개) 등으로 매우 취약한 상태이다.

그럼에도 불구하고 노인장기요양보험제도, 실버제품 · 서비스종합체험관 구축사업(건물개조, 체험관 제품 구입) 등의 시행을 앞두고 있어 관련 제품에 대한 정부 구매가 증가할 전망이다. 사업기간 및 사업비(산업자원부, 2006) 기준으로 보면 2007년부터 2010년 동안 정부출연 총 90억 원에 달할 것으로 보이며 단 2007년 예산은 30억 원으로 2개 내외가 개소할 예정에 있다. 또한 고령친화산업화지원센터 구축에 2005년 10억 원,

(매출액 기준, 억 원)

실버제품 전체	5,923(100.0%)
개인건강 · 의료용품	3,548(59.9%)
정보통신기기	688(11.6%)
이동기기	589(9.9%)

주: ( )내는 전체 시장대비 비중
자료 : 건양대학교 산학협력단(2007), 『고령친화제품 실태조사 및 초기시장육성전략』

2006년 18억 원을 지원하였다.

4) 선진국의 사례(일본의 경우)

일본의 경우에도 고령친화 제조업이 노인장기요양보험제도인 개호보험(介護保險, long- term care insurance)제도 시행(2000년 4월)을 앞두고 요양 및 용품 · 기기 산업을 중심으로 빠르게 성장하면서 시장규모가 급속히 확대된 경험이 있다.

노인장기요양보험제도로 2000년에 처음 도입되었으며 이후 고령친화 제조업 및 서비스업의 급속한 팽창에 크게 기여했다. 1989년부터 시작된 고령자 보건복지추진 10개년 전략의 후속작업으로서 고령자에 대한 수발문제를 국가가 본격적으로 담당하게 된 계기를 마련하였던 것인데 이용자수가 큰 폭으로 증가하여 관련 제조업 및 서비스업이 빠르게 성장하였다. 다만 최근에는 재정부담 등으로 경중(요지원~요개호 1등급, 2006. 3월 현재 전체 대상자의 49.5%를 차지) 노인성질환자는 개호 인정자에서 제외하는 등 개혁을 착수하였다. 개호보험의 피보험자는 65세 이상인 자(제1호 피보험자)와 40세 이상 65세 미만의 의료보험가입자(제2호 피보험자)가 대상이다. 이들 피보험자중 노인성 질환을 앓고 있는 자가 수혜대상이다. 수발필요시간에 따라 요지원(25분~32분, 1일 기준), 요개호1(32분~50분) 등 6등급으로 분류하고 있으며 통상 요지원에서 요개호2까지를 경중, 요개호3에서 요개호5까지를 중증으로 분류하고 있다.

최근 5년 동안 개호보험인정자수는 69% 증가하였는데 특히 경중환자가 급증하고 있다. 재정부담이 크게 늘어남에 따라 시설이용자에 대한 거주비용과 식비를 보험급여에서 제외(2005.10월)하고 경중(요지원~요개호2) 대상자를 개호인정자에서 「예방급여」대상자로 전환(2006. 8월)하였다(한국은행, 2007).

표 11-21 개호보험대상자 추이

(단위 : 만 명)

	2001.3월	2002.3월	2003.3월	2004.3월	2005.3월	2006.3월
고령자수	2,242	2,317	2,393	2,449	2,511	2,588
전기고령자[1]	1,319	1,342	1,371	1,374	1,387	1,412
후기고령자[2]	923	974	1,022	1,076	1,124	1,175
개호보험인정자수	256	298	345	384	409	432

주: 1) 65세 이상~75세 미만 2) 75세 이상
자료: 한국은행(2007)에서 재인용

이와 같은 개호보험의 도입 이후 일본 실버시장은 보험이 적용되는 관련용품 및 요양서비스시설 등을 중심으로 급성장하였다. 2001년 39조 엔에서 2005년 90조 엔 수준으로 시장이 성장하였으며 노인계층을 대상으로 의료서비스를 제공하는 업체가 대폭 증가하였다. 특히 복지용구대여, 방문개호시설 등에서 영리법인 수가 크게 늘어나는 모습을 보이고 있다.

5. 생활용품관련 실버산업의 과제 및 활성화 방안

실버용품 산업을 육성하여 고령자의 삶의 질 향상은 물론 중소기업을 활성화시켜 산업의 기반을 튼튼히 다지고 지역균형발전을 꾀할 수 있는 기회로 삼아야 하겠다. 이를 위해서는 어떤 과제들이 있는지를 살펴보고자 한다.

1) 관련 산업의 과제

실버식품관련 산업의 경우, 현재의 건강기능식품법은 실버식품산업의 지원 · 육성하는데 관련 일부 법조문의 미비로 한계가 있다는 것이다. 이는 2002년 건강기능식품법이 제정 · 공포된 이후 건강기능식품산업을 고부가가치산업으로 인식하여 지원 · 육성하고자 하는 강력한 의지를 가졌던 정부차원의 산업육성 노력을 상쇄시키는 결과를 가져온다. 또한 우리나라는 잠재성 있는 기능성 소재는 풍부하나 이에 대한 정부나 기업차원의 정보 공유체계의 미비와 기술수용자와 공급자 간 연계기반 취약으로 실버식품산업의 국산 소재에 대한 상품화 사례가 부족하다. 또한 실버식품산업에 대한 소비자의 이해 부족과 소비자 교육·홍보에 대한 제도적 장치의 미흡으로 실버식품산업에 대한 올바른 소비자의 인식이 부족하다.

실버의류산업에서도 제기되는 문제점은 정보화 기반과 금융기반 낙후, 공장용도로의 활용을 제약하는 법규로 인한 공장부지의 확보 어려움, 기업표준화 미흡과 섬유산업에 대한 공해산업 및 3D산업으로의 인식, 산·학·연 연계의 기술개발활동 미흡, 지방정부로의 중앙정부 권한 이양 부재 등으로 지역섬유산업의 발전과 성장에 제약이 따르고 있다.

실버생활용품산업에 있어서도 정부의 정책적 지원이 부족하여 아직 초기단계에 머물고 있는 실정이며 실버산업은 국민(특히 고령자)의 건강권 및 생존권을 민간을 통해 보장하려는 접근방식이라는 인식과 이해가 아직은 국민일반에게 부족한 편이다.

(2) R&D 부족

먼저 실버식품관련 산업을 볼 때, 기존의 국가연구 개발사업으로 개발된 기능성소재에 대한 상품화 사례가 부족한 실정이다. 건강기능식품에 대한 소비자의 이해를 확산시키고 국가연구 개발사업으로 개발된 연구사업 결과를 데이터베이스화하여 민관이 서로 공유할 수 있는 연계시스템을 만들어 대외환경 변화에 대처해야 할 것이다. 일례로 건강기능식품 기준·규격 설정에서 비타민 및 무기질의 일일섭취량 결정에서 외국과 통상마찰이 발생하는 경우, 동양인에게 요구되는 섭취량과 다음에도 불구하고 국내 영양학자들의 근거 있는 지적이 상당한 합리성을 갖추고 있음에도 이를 증명할 수 있는 과학적인 근거, 즉 우리국민의 일일평균섭취량, 적절한 일일섭취량 설정 사유 등이 부족하여 이를 보완하는 연구 및 개발이 필요한 실정이다.

더불어 건강기능식품과 관련된 식이섭취조사, 부작용모니터링, 기능성 원료성분 인정에 있어 일관된 원칙과 국제사회의 동의를 얻을 수 있는 논리개발과 과학적 근거 확보가 필요하다. 우리나라는 잠재성 있는 기능성 소재는 풍부하나 이에 대한 정부나 기업차원의 R&D 지원이 미비한 관계로 경제성 있는 수입원료의 선호도가 증대하고 있다. 특히 기능성 강조표시를 위해서는 인체시험으로 증명되어야 한다는 제안이 일본의 특정보건용식품, 미국의 건강강조표시, 호주의 식이보조제, 캐나다의 자연건강식품의 인허가 과정에서 인체시험결과를 필수사항으로 요구하고 있다.

실버의류산업에서도 실버마켓에 대한 관심은 높아지고 있으나 생활과 문화 등 다양한 사회활동을 영위하거나 신체적 장애를 가진 고령층을 위한 기능성과 심미성을 갖춘 노인전문의류는 부족한 실정이다. 특히 고령층의 체형 특성을 고려한 기능적 의복설계 및 신소재의 개발 역시 미미한 실정이다.

2) 관련 실버산업의 활성화 방안

(1) 제도적 장치 보완

정부의 건강기능식품법 제정과 정비로 식약청에서는 건강기능식품 원료에 대한 기능성을 과학적(때로는 임상실험도 병행)으로 직접 평가·확인 및 인정 과정을 거쳐 제품을 생산할 수 있도록 관리와 감독을 지속해 나가야 할 것이다. 관련 영업허가와 품목신고, 수입관리업무를 체계적으로 전개하여 무자격자가 건강기능식품을 다루는 일이 없도록 해야 할 것이다. 또한 소비자에게는 올바르게 건강기능식품을 선택하고, 허위·과대광고로 인한 피해를 예방하기 위하여 교육 및 홍보를 한층 강화하여야 할 것이다. 적법하지 않게 판매하거나 수입되는 제품의 유통을 차단하기 위해 전국에 모니터링 요원을 지정, 정보 수집과 감독을 상시 병행함으로써 소비자에게 바른 정보 제공과 불법 제품 유통을 차단하는 소비자 보호를 최우선 정책으로 삼아야 할 것이다.

우리나라의 의류산업은 사양산업으로 인식되고 있는 편이다. 그러나 새로운 블루오션으로 작용할 수 있는 고령시장의 개척 및 실버의류산업의 활성화와 국가적 차원에서 의료제품 치수표준화 및 한국인의 3차원 형상자료를 이용한 미래형 생산체재 구축, 유비쿼터스(ubiquitous)[4] 시대를 주도할 의료 생산·유통문화 개선 등 다양한 사업을 추진 중에 있다. 이러한 노력들이 결실을 맺기 위해서는 고령자 등 특화계층 동적치수조사사업, 유니버셜 디자인을 위한 고령자의 인체치수 및 기능설정 등의 사업 등 연계사업들이 종합적으로 펼쳐져야 할 것이다. 또한 이를 위해 산·학·연 간의 연계협력은 필수적이라고 할 수 있다.

---

4) 물이나 공기처럼 시공을 초월해 '언제 어디에나 존재한다'는 뜻의 라틴어(語)로, 사용자가 컴퓨터나 네트워크를 의식하지 않고 장소에 상관없이 자유롭게 네트워크에 접속할 수 있는 환경을 말한다. 1988년 미국의 사무용 복사기 제조회사인 제록스의 와이저(Mark Weiser)가 '유비쿼터스 컴퓨팅'이라는 용어를 사용하면서 처음으로 등장하였다.(네이버사전 www.naver.com)

한편, 실버용품산업에서는 초기단계에 머물고 있는 실버산업을 활성화하기 위해서는 정부의 정책적 지원을 바탕으로 민간의 적극적 참여를 유도할 필요가 있다. 새로이 시행을 앞두고 있는 노인장기요양보험제도는 실버산업의 성장동력으로 작용할 것이 확실 시 되기 때문에 제도를 차질 없이 준비하여 2008년 7월 시행과 함께 조기에 정착시키고 운용실태의 지속적 평가를 통해 제도의 내실화를 도모할 필요가 있다. 여기에는 급여대상자의 범위, 서비스 수요 대비 물적·인적 인프라 구축, 서비스의 질 등이 중요한 고려대상이 될 것이다.

(2) R&D 확충

앞으로 기능성 원료·성분 및 제품에 대한 기준·규격은 통상마찰과 같은 문제가 발생할 소지가 많기 때문에 철저한 과학적 근거를 축적해야 한다. 따라서 건강기능식품과 관련된 식이섭취조사, 부작용모니터링, 기능성 원료성분 인정에 있어 일관된 원칙과 정책과 함께 국가 R&D 사업에서 종합계획을 수립하여 면밀히 추진하여야 할 것이다. 특히 인체시험으로 증명되어야 한다는 제안이 국제적으로 크게 호응을 얻고 있는 점을 기억하고 우리나라도 기능성 소재에 대한 안전성 및 기능성 평가 시 인체시험을 포함하여 국제적으로 통용이 가능한 수준의 과학적 근거자료 확보가 시급하다. 따라서 많은 비용과 전문 인력이 소요되므로 국가 R&D 사업에서 적극적으로 지원·추진하여야 한다.

실버의류산업의 경우, 의학·바이오산업의 발달에 따른 건강한 노인의 증가로 인해 향후에는 실버의류산업의 소비자층의 폭은 더욱 넓어질 것으로 예상된다. 특히 미국이나 유럽 등에서는 이미 수년 전부터 스마트웨어와 관련된 연구가 진행되어 왔으며 이미 내수용으로 상용화 단계에 이르렀다(필립스&리바이스 'IDC+', 독일 인피니언-로즈너 'MP3-BLUE' 미국 센사특스사 라이프셔츠 등). 그러나 국내는 아직도 초기 연구 및 개발 단계에 머물러 있다. 이에 따라 고령친화형 기능성 섬유의 개발과 고령층을 대상으로 하는 레저스포츠웨어 등 다양한 상품개발과 마케팅 전략을 적극 개발하여야 할 것이다. 고급화, 전문화, 차별화를 지향하는 섬유패션제품을 생산하고 고부가 가치브랜드를 개발함으로써 구매력을 가진 잠재적 수요자인 고령층을 대상으로 시장을 확대할 수 있으며 실버의류산업 활성화를 통하여 의류시장 전반에 걸쳐 새로운 큰 시장규모 형성과 중소기업 활성화를 기할 수 있을 것이다.

실버생활용품 산업은 아직도 제품에 대한 인지도가 낮고 영세기업이 많아 성장에 한계를 겪고 있는 분야이다. 업체가 소유하고 있는 지적재산권은 평균 7.5개이며 그것도 실용신안(2.0개)위주이다. 따라서 기업의 R&D 지원책을 통한 특허기술과 같은 실질적 지적재산권을 많이 보유할 수 있도록 정부와 기업 측 모두의 지원과 노력이 필요할 것이다.

참고문헌

강종만 · 이석호(2006), 『역모기지 활성화 방안』, 한국금융연구원.

고령화및미래사회위원회(2005), 『고령친화 산업 활성화 전략』.

고정자(2005), 「노인과 실버산업에 관한 연구」, 동아대학교, 『대학원 논문집』 30.

권정희(2006), 「고령화 사회의 노인보호에 대한 법적 고찰」, 『가족법연구』 20(1).

김기원(2007), 『사회복지법제론』, 서울: 도서출판 나눔의집.

김동환(2006), 「사회복지기관의 관계마케팅 적용에 관한 연구」, 『한영대학논문집』 14.

김두섭(2000), 『변화하는 노인의 삶과 노인복지』, 서울: 한양대학교 출판부.

김만수 외 11인(2003), 『실버산업의 이론과 실제』, 서울: 양서원.

김민형(2002), 『유료노인주거시설 시장 전망과 진입전략』, 한국건설산업연구원.

김복주 · 조오순 · 박혜원(2007), 「발표쪽 소재와 전통디자인을 활용한 뉴실버세대의 요양복 개발」, 『한국
　　의류학회지』 31(9).

김상균 외(2005), 『사회복지개론』, 서울: 나남출판.

김상현(1997), 『노인소비자 시장의 특성과 실버마케팅 전략』, 한국경상논총 15: 2.

김선주 · 유선종(2006), 「역모기지 선택 결정요인에 관한 연구: 민간 역모기지 이용자 특성 분석」, 『국토연
　　구』, 50.

김성국(2006), 『경영과 사회』, 서울: 명경사.

김옥희(2006), 「일본의 지역포괄케어시스템에서의 케어매니저역할에 관한 연구」, 『사회보장연구』 22(4).

김정석 · 박현민(2005), 「노인요양보호 관련 실버산업: 노인복지용품지원 활성」, 『동국대학교 사회과학연
　　구』, 11(2), pp.124-125.

김중의(1999), 『소비자행동론』, 서울: 형설출판사.

김진성(1997), 『마케팅』, 서울: 법경사.

김찬우 외(2005), 『OECD 국가의 노인장기요양서비스 체계비교와 정책적 함의』, 한국보건사회연구원.

김태성(2007), 『사회복지정책입문』, 서울: 청목출판사.

김태현 · 이인수(1999), 『실버산업의 미래』, 서울: 미래연구센터.

김태현(2001), 『노년학』, 서울 : 교문사.

김현(2003), 『노인복지관광 활성화 방안』, 한국문화관광정책연구원.

나항진(2002), 「성공적 노화를 위한 노인의 여가에 관한 연구」, 『노인복지연구』 겨울호, 한국노인복지학회.

남궁관 · 엄정식(2006), 「노인여가시설의 정책적 발전방안」, 『한국스포츠리서치』 17(3).

남윤자 · 유희숙(1996), 『노인계층의 의생활 실태에 관한 연구』, *Journal of the Korean Society of Clothing and Textiles* 20(6).

노명근 · 노혜련 역(1998), 오쿠마 유키고, 『노인복지혁명』.

류한호 역(2000), 닛케이 비즈니스 편저, 『2000년 경영 신조류』, 서울: 21세기북스.

대한건설협회(1995), 『실버산업의 현황과 개발방향』.

류건식 · 이봉주(2007), 「퇴직연금제도의 운용실태 분석 및 대응과제」, 『보험학회지』 77.

문화관광부(2006), 『2006 여가백서』.

박남희 · 백재은(2003), 「고령화사회와 실버산업」, 연세대학교 생활과학연구소, 『생활과학』 제17호, p.2.

박명호 · 윤선오 · 김명희(2007), 「노인장기요양보험제도에 관한 정책적 제안」, 『복지행정논총』 17(1).

박상안 외 3인(2007), 『기업의 사회적 책임중시 경영』, 서울: 한국학술정보(주).

박성훈 · 김태일(2007), 「정책수단의 변화에 따른 재가복지 만족도 차이에 관한 연구」, 『한국정책학회』.

박수천(2005), 「일본의 실버산업을 통해 본 우리나라 고령친화 산업의 정책 대안」, 『노인복지연구』 28.

박재간(2000), 「실버산업의 현황과 과제」, 『지역복지정책』 14.

박영란(1987), 『한국노인의 부양체계에 관한 연구 : 사회적 지원망의구조와 기능의 분석』, 연세대학교 석사학논문.

박용옥(2005), 『고령친화산업 중 요양산업의 현황과 장래전망』.

박윤서(1997), 「장애인 보장구분야 활성화 방안」, 『보건복지포럼』 7.

백병성(2005), 『고령소비자의 안전 확보 방안연구』, 한국소비자보호원.

보건복지부(2006), 『국민건양영양조사 제3기 (2005)』.

보건복지부(2007), 『노인복지시설현황』.

보건복지부(2004), 『2004년 주요업무 참고자료』.

보험개발원(2003), 『2003년 보험소비자 설문조사』.

삼성경제연구소, 삼우설계(1992), 『실버산업의 현황과 전망』.

삼성경제연구소(2002), 『고령화 사회의 도래에 따른 기회와 위험』.

서미경(1990), 「노인의 정신건강과 부양의 완충작용에 관한 연구」, 『한국노년학』 10호, pp.68-86.

서유석(2003), 「노인주거의 입지와 근린생활권」, 『건축』.

석재은 · 유은주(2007), 「노인의 경제적 부양과 신체적 부양:가족의무와 국가책임의 균형」, 『가족법연구 』 21(1).

손상호(2004), 「역모기지 상품의 이해」, 『은행경영 브리프』.

신영호(1997), 「고령화 사회에 있어서의 후견제도」, 『가족법 연구』 11.

신종욱 · 이정호(2004), 「노후재정의 핵심과 3층 노후보장체계의 역할」, 『사회보장연구』 20(2).

안현숙(2006), 『노인소비자 피해예방을 위한 제도 개선방안 연구』, 숙명여자대학교 대학원 석사논문.

원융희(2002), 「우리나라 실버타운의 개발방향에 대한 연구」, Tourism research 17.

원형중 · 김숙자(2006), 「우리나라 여성노인의 성공적 노화를 위한 여가정책: 활성화 방안」, 『체육과학연구』 17(4).

유기상(1997), 『21세기 최대의 황금시장 실버산업을 잡아라』, 서울: 글사랑.

윤영모, 『용어풀이_89』, 『국토』 291.

이가옥 외 3인(1993), 『노인복지정책개발을 위한 연구』, 한국보건사회연구원.

이기춘(1988), 『소비자교육학』, 서울: 교문사.

이기춘(1999), 『소비자교육의 이론과 실제』, 서울: 교문사.

이민표(2000), 「21세기 실버산업의 방향과 대책」, 『노인복지연구』 2000, 봄호.

이성림 · 이기춘(1991), 「노인소비자문제에 관한 연구」, 『대한가정학회지』 29(1).

이윤숙(1993), 「핵가족화와 노인의 위치와 역할」, 『사목』 172.

이인수(1997), 『노인복지와 실버산업』, 서울: 일진사.

이인수(2006), 『실버산업의 전망과 과제』, 서울: 대왕사.

이정서 외2인(2005), 『재가노인복지론』, 유풍출판사.

이정애(2004), 「노인요양보장제도 시안에 대한 고찰」, 『한국노년학연구』.

이주신 · 권순만(2006), 「의료서비스 산업의 문제점과 정책대안」, 『한국경제연구원』, 22.

이혁 · 위성식(2007), 「사회체육에 참여하는 노인의 여가만족도가 생활만족도에 미치는 영향」, 『한국사회체육학회지』 30.

이현기 외 2인(1998), 「실버산업의 활성화방안연구」, 『경기개발연구원 연구보고서』.

임경숙 · 이태영(2004), 「노인의 영양섭취상태에 영향을 미치는 인구사회학적 요인분석」, 『한국영양학회지』 37(3).

임춘식(2001), 『고령화 사회의 도전』, 서울 : 나남출판.

장인협 · 최성재(2002), 『노인복지학』, 서울: 서울대학교 출판부.

저출산고령사회위원회(2006), 『2006년도 일본고령사회백서』.

전재근(2003), 「우리나라 실버산업의 활성화 방안」, 『노인복지연구』 20.

정경희 외 6인(2005), 「2004년도 전국 노인생활실태 및 복지욕구조사」, 한국보건사회연구원, 『정책보고서』.

정삼호(2007),「고령화시대, 삶을 리드하는 아름다운 실버의류산업의 선도자」,『섬유기술과 산업』11(2).

정삼호(2005),『국내외 실버 브랜드에서의 패션 트랜드 반영에 관한 연구』.

정수영(1996),『신경영학개론』, 서울: 박영사.

정순희·최혜경(2000),「실버용품사용실태 및 요구도 분석」,『노인복지연구』2000 가을호.

정익진(1999),『지방자치단체의 실버타운 개발방안에 관한 연구』, 배제대학교 정보통신대학원 석사논문.

정지영 외(2003),『실버라이프에 대한 이해』, 서울 : 학문사.

정혜영(1991),「노화·활성산소·동맥경화」,『생명과학』1(1).

전진용(2007),「UD(Universal Design)를 통한 기업의 디자인 경영전략 연구」,『디지털디자인학연구』16.

전혜연(2005),「노화설과 운동」『코칭능력개발지』7(2).

조성남(2004),『에이지붐 시대』서울 : 이화여자대학교 출판부.

조소형·이창석·김경호(1997),『노인시설관리론』, 서울: 학문사.

조태형(1992),「건강식품의 발전배경」,『생물산업』5(2).

최성재(2002),「고령화 사회의 실버산업 육성방안」,『국토연구』.

최성재·남기민(2006),『사회복지행정론』서울: 나남출판.

최혜경·정순희(2001),『노인과 실버산업』서울: 동인.

통계청(2006),『가계자산조사보고서』.

통계청(2002),『인구주택총조사보고서』.

통계청(2002),『장래인구추계』.

통계청(2005),『장래인구추계』.

한국보건사회연구원(1991),『가정봉사원제도의 정착화 방안』.

한국보건사회연구원(2001),『노인장기요양보호 욕구실태조사 및 정책방안』.

한국보건사회연구원(2006),『2005 장애인 실태조사』.

한국보건사회연구원(2004),『전국 노인생활실태 및 복지욕구조사』.

한국보건사회연구원(1996),『실버산업의 현황과 정책과제』.

한국노년학회(2002),『노년학의 이해』, 서울 : 대영문화사.

한국노인문제연구소(1993),『실버산업개발전략: 노인복지와 민간부분의 역할』, 서울:홍익제.

한국산업개발연구원(1995),『실버타운 개발계획에 관한 연구』.

한국은행(2007),『고령친화산업의 현황과 과제』.

한국은행(2007),『금융생활 길라잡이』.

한국토지개발공사(1995),『실버산업관련 노인주택에 관한 조사연구』.

한국토지개발공사(1995), 『실버타운 개발계획에 관한 연구』.

황의록·이은경(1992), 「한국노인산업의 현황과 전망」, 한국소비자학회 학술대회 『노령사회와 노인소비자』.

현외성 외(2005), 『실버산업론』, 서울: 학현사.

홍형옥 외 5인(2004), 『노후에는 어디서 살까』, 서울: 지식마당.

Alfred C(1993), "Long-term-care financial strategies for the elderly". :*The CPA Journal* 63(n3).

Amanda, D(2004), "Senior moments: this is not your grandparents' nursing home–today's facilities offer a wide range of features, amenities and services", *Journal of Property Management* 69(7).

Anne Duffy and Claire Woodland(2006), "Introducing the Liverpool Care Pathway into nursing homes. (gerontological care and practice)" , *Nursing Older People,* 18(9).

Baila Miller(1999), "Families and Paid Worker: The Complicities of Home Care Roles", *The Provision of Home Care.*

Barbara, B.D(2001), *Communication Skills for Working With Elders,* New York: Springer Publishing Company.

Emery G.F and Gatz M, "Psychological and cognitive effects of an exercise program for community residing older adults", *Gerontologist,* 30.

Harry R. Moody(1992), *ETHICS in an Aging Society,* The Johns Hopkins University Press.

Jane E. M and Suzanne D. W(2007), "Aging well in an upscale retirement community: the relationships among perceived stress, mattering, and wellness", *Adultspan Journal 6(2).*

Karen M.G., James R.L., and George P.M(1997), "Mature consumer awareness and attitudes toward retirement housing and long-term care alternatives", *Journal of Consumer Affairs* 31(n1).

Jens Buckch and Uwe Helmer(2004), "Leisure time sports activity and all-cause mortality in West Germany(1984-1998)", *Public Health* 12.

Kathleen, E, Paula, A. and Stephanie, S(2007), "Promoting social capital for the elderly", *Nursing Economics* 25(5).

Kelly J.R and Steinkamp M.W(1987), "Late-life satisfaction does leisure contribute?", *Leisure Science 9.*

Kivela S.L and Pahkala K(1991), "Relationships between health behaviour and depression in the aged", *Aging Milano 3.*

Laura L., Payne, Andrew J. Mowen and Julian Montoro-Rodriguez, "The Role of Leisure Style in Maintaining the health of Older Adults with Arthritis", *Journal of Leisure Research* 38(1).

Nancy A.Pachana(1999), "Development in Clinical Interventions for Older Adults: A Review", *New Zealand Journal of Psychology*, 28(2).

Parent C.J and Whal A.L(1984), "Are physical activity, self-esteem and depression related?", *Journal of Gerontological Nursing*.

Robert Morris, Francis G. Caro & John E. Hansan(1998), *Personal Assistance, the Future of Home Care*, Maryland: The Jonhs Hopkins University Press.

Robert L. Rubinstein(1993), "Special Community Settings", *Severely Vulnerable Aged and Long-Term Care*.

Robin Means, Hazel Morbey & Randall Smith(2002), *From Community Care to Market Care?*, The Policy Press.

Rogers R.L, Meyer J.S, and Mortel K.F(1990), "After reaching retirement age physical activity sustains cerebral perfusion and cognition", *Journal of American Geriatrics Society*, 38.

Ruuskanen J.M and Parkatti T(1994), "Physical activity and related factors among nursing home residents", *Journal of American Geriatrics Society*, 42.

Susan Tester(1996), *Community Care for Older People*, New York: St. Martin's Press, Inc.

Victor W.M and Mary Altpeter(2005), "Cultivating social work leadership in health promotion and aging:strategies for active aging interventions", *Health and Social*, 30(2).

(고령화및미래사회위원회) http://www.precap.go.kr/index.jsp

(대한실버산업협회) http://www.kasinet.or.kr/intro_04.asp

(건강종로의료기) http://www.healthjongro.co.kr

(Law and Business) http://www.lawnb.com/lawinfo/law/info_law_searchview.asp http://www.carelink-ri.com/

(대한노인회) http://www.koreapeople.co.kr/

(한국고령친화용품산업협회) http://www.kspa.org/

(대한실버산업협회) http://www.kasinet.or.kr/

(한국노인복지시설협회) http://www.elder.or.kr/

(한국은퇴자협회) http://www.karpkr.org/(미국은퇴자협회) http://www.aarp.org/

(가정간호사회) http://www.hcna.or.kr/

용어 찾아보기

인명 찾아보기